THE STORY OF 人類的故事 MANKIND

亨德里克·房龍／著　劉海／譯

170多種世界各大博物館珍藏文物

180多幅世界經典攝影作品

好讀出版

漢斯和威廉：

當我十二、三歲的時候，那位引導我愛上書籍和圖畫的舅舅，答應帶我進行一次永難忘懷的探險——他要我跟他一起爬上鹿特丹古聖勞倫斯教堂的塔樓頂。

於是，在一個風和日麗的日子裡，一位教堂司事拿著一把足以與聖彼得之鑰相媲美的大鑰匙，為我倆打開了那扇通往塔樓的神秘大門。「過一會兒你們若想出來，」他說，「拉一下鈴就可以了。」說完，在生鏽的鉸鏈發出的吱吱聲中，他關上了門，一下子將我們同繁華街道上的喧囂隔絕開來，把我們鎖進了一個嶄新而陌生的世界裡。（《聖經‧馬太福音》第16章，耶穌將鑰匙交給了十二門徒之首彼得，並對他說：「我要將天國的鑰匙交給你，凡你在地上所捆綁的，在天上也要捆綁。」後人將彼得看成鑰匙的象徵。）

在我的生命中，頭一回發覺「可聽見的寂靜」。當我們爬上了第一層樓梯時，在我對自然現象的有限知識裡，又增加了另一種體驗──可觸摸得到的黑暗──很人柴為我們指引出向上的路。我們走到第二層、第三層、第四層……一層層不斷往上，數不清是第幾層，前面的樓梯卻彷彿無窮無盡。最後，我們猛然走進一片巨大的光澤之中。塔樓的這一層與教堂的頂部齊平，作為儲藏室，散亂地堆放著許多古老信仰的聖像。這座城市的善良居民們在很多年前就棄絕了這種信仰，在被棄的聖像們身上積滿了厚厚的灰塵。那些對我們的先人意味著生和死的重要事物，在這裡淪為塵埃和垃圾。勤勞的耗子在這些雕像間搭了窩，永遠警覺的蜘蛛還在一尊仁慈的像伸出的雙臂間結了網。

再上一層樓梯，我們終於發現光亮來自這裡敞開的窗戶。沈重的鐵條嵌在巨大的窗戶上，其間出入的上百隻鴿子把這個高處不勝寒的地方當成牠們愜意的居所。風透過鐵柵吹進來，空氣中浸潤著一種神秘而令人愉悅的音樂。仔細一聽，原來那是從我們腳下傳來的城市的聲音。遙遠的距離將它們過濾得澄澈而乾淨了。

樓梯到這一層就沒有了，再往上必須爬梯子。爬完第一架梯子，（它又舊又滑，你必須小心翼翼踩穩每一級），迎接我們的是一個嶄新而偉大的奇跡——城市的時鐘。我彷彿看見了時間的心臟，我聽見了飛速流逝的時間那沈重的脈搏聲，一秒、兩秒、三秒，一直到六十秒。這時，隨著一陣猛然的震顫聲，所有的齒輪彷彿一起停止了轉，被從永恆的時間長河中切割了下來。

再上一層是許許多多的鐘。有優雅的小鐘，還有體形巨大、令人害怕的巨型大鐘。房間正中是一口大鐘，當它在半夜敲響，告知某一處大火或洪水的消息時，我總是嚇得渾身僵硬、汁不敢出。而現在，大鐘卻籠罩在寂寞莊嚴氣氛裡，彷彿正在回思過去600年裡，它和鹿特丹人民一道經歷了那些歡樂和哀愁。大鐘的身邊懸掛著一些小鐘，它們整齊規矩的樣子活像老式藥店裡放的大口瓶子。

我們接著往上爬，再度進入一片漆黑當中。此時，梯子也比剛才的更陡峭、更危險。爬著爬著，突然間，我們已經呼吸到廣闊天地的清新空氣了。我們到達了塔樓的最高點。頭卜是高遠的碧空，腳下是城市——一個積木搭建的玩具般的城市。人們像螞蟻似的匆匆來去，人人專注於自己的心思，忙著自己的事情。遠處，在一片亂石堆外，是鄉村寬廣的

綠色田野。

這是我對遼闊世界的最初一瞥。

從此一有機會，我就會到塔樓頂上去自得其樂。登上樓頂是一件很費力氣的事情，可我體力上的付出卻得到了充分的精神回報。

並且，我清楚這份回報是什麼。我可以極目縱覽大地和天空，我可以從我好心的朋友——塔樓看守人那裡聽到許許多多的故事。在塔樓的一個隱蔽角落裡搭著一間小房子，看守人就住在裡面。負責照顧城市的時鐘，也是呵護其他大小鐘的細心父親。他還密切地注視著城市，一有火災的跡象就敲鐘發出警訊。

他熟悉歷史故事，它們對他來說都是活生生的事情。「看那兒。」他會指著一處河彎對我講道：「就是在那兒，我的孩子，你看見那 樹了嗎？那是奧蘭治親王挖開河堤、淹沒大片田地的地方。為拯救萊頓城，他必須這麼做。」他還給我講老梅茲河源遠流長的故事，講解這條寬闊的河流如何由便利的良港變成壯觀的大馬路。還有著名的德‧魯伊特與特隆普的船隊的最後出航。他倆為探索未知的海域，讓人們自由航行於茫茫大洋之上而一去不返了。（奧蘭治親王來自中世紀的奧蘭治公國，即下面所說的「沈默者威廉一世」，曾領導16世紀末的尼德蘭反西班牙起義。決堤一事詳見本書《宗教革命》一章。德‧魯伊特與特隆普均為17世紀荷蘭的海軍將領，在謀取荷蘭的海上霸主地位的戰爭中發揮過關鍵作用。）

再看過去是一些小村莊，圍繞在護佑它們的那座教堂四周。很多年前，這裡曾是守護聖徒們居住的家。遠處還能望見德爾夫的斜塔。它高聳的拱頂曾目睹了沈默者威廉遭暗殺的過程。格羅斯特就是在這裡開始了他最初的拉丁文語法分析的。再遠些，那長而低的建築就是高達教堂。高達教堂收養孤兒，一位智慧的威力超過國王軍隊的偉人早年曾居住在這裡，他就是舉世聞名的埃拉斯穆斯。（格羅斯特，16世紀末17世紀初荷蘭著名政治家、神學家和人文主義者，近代國際法的莫基人，8歲便寫拉丁文輓歌。埃拉斯穆斯，荷蘭哲學家、人文主義學者，約1466～1536年，《新約全書》希臘文編訂者，16世紀初歐洲文藝復興運 中的主要代表人物。）

最後，我們的目光落在了浩瀚海洋的銀色邊際線上。它與近在腳下的大片屋頂、煙囪、花園、學校、鐵路等建築形成了鮮明的對照。我們把這片拼湊的大染繪稱為自己的「家」，但塔樓卻賦予了這舊家新的啟示。從塔頂上俯瞰下去，那些混亂無章的街道和市場、工廠與作坊，歷歷變成了人類能力和目標的井然有序的展示。更有益的是，縱覽圍繞在我們四周的人類的輝煌過去，能使我們帶著新的勇氣回到日常生活中，直接面對未來的種種難題。

歷史是一座雄偉壯麗的經驗之塔，它是時間在無盡的逝去歲月中苦心搭建起來的。要登上這座古老建築的頂端去一覽眾山並非易事，這裡沒有電梯，可年輕人有強健有力的雙腳，能完成這一艱苦的攀登。

在這裡，我送給你們一把打開世界之門的鑰匙。當你們返回時，你們就會理解我為何如此熱情了。

亨德里克‧威廉‧房龍

THE STORY OF MANKIND
CONTENTS

CHAPTER 1

人類歷史舞台的形成

人類一直以來都生活在一個巨大問號的陰影下面

我們是誰？

我們從哪兒來？

我們要去向哪裡？

憑著堅持不懈的勇氣與毅力，人類慢慢將這個問題推向越來越遠的邊界，朝著我們希望找到答案的天際步步逼近。

可迄今為止，我們還沒能走出多遠。

我們知道的依然少得可憐，但我們至少能以相當精確的程度，推測出許多事情來。

在這一章，我要告訴你們，人類歷史的舞台是如何被搭建起來的。如果我們以一定長度的直線來代表動物生命可能存在於地球上的時間，那麼在它下面那條最短的線則表示人類（或多少類似人的生命）生活在這塊土地上的時間。

人類是最後出現在地球上，卻最先學會用腦力征服大自然的。這就是我們打算研究人，而非研究貓、狗、馬或其他動物的原因。要知道，在這些動物身後，同樣也留下了許多就其自身來說非常有趣的歷史。

最初，我們居住的這顆行星（就目前所知），是燃燒著的一個巨大球體。可相對於浩瀚無邊的宇宙，它只不過是一塊微小的煙雲。幾百萬年過去了，它的表面漸漸地燃燒殆盡，並覆上了一層薄

上帝創造亞當

布萊克 版畫 1795年
米開朗基羅 壁畫 1508年
（前者右頁圖，後者左頁圖）

　　每一個民族或宗教都有有關宇宙及人類由來的傳說，其中最著名的當數希伯來人有關上帝用7天創造天地萬物的故事。18世紀英國著名的詩人和畫家威廉·布萊克用巨幅版畫的形式，再現了傳說中的上帝從塵土創造人類始祖亞當的場景：從上帝的面孔中可以窺見，他的疲勞和後悔遠勝於創造的喜悅，亞當哭衰著臉橫躺著，他被巨蛇糾纏，正當試用無力的肉體抵抗。布萊克的作品與米開朗基羅著名的同名畫相比，恰好反映了自古以來人類對生命與生活的兩種態度：後者認為生命是神賜予的絕佳禮物，而在布萊克看來，人類因為神的創造，只好從無盡的精神世界墮落到有限的物質世界中，所以他筆下的亞當充滿著痛苦表情。

薄的岩石。在這片生機全無的岩石之上，暴雨無休無止地下著，雨水將堅硬的花崗岩慢慢地侵蝕掉，並把沖刷下來的泥土帶到了霧氣籠罩的高峰之間的峽谷。

最後雨過天晴，太陽破雲而出。遍佈這顆星球上的眾多小水窪逐漸擴展成了東西半球的巨大海洋。

隨後的某一天，最美妙的奇跡發生了：這個死氣沈沈的世界終於出現了生命。

第一個活著的細胞漂流在大海之上。

牠毫無目標地隨波飄蕩了幾百萬年。在此過程中，牠慢慢發展著自己的某些習性。這些習性使牠在環境惡劣的地球上能更容易地生存下去。這些細胞中的部分成員覺得待在黑沈沈的湖泊和池塘的底部最舒適不過，於是牠們在從山頂沖刷到水底的淤泥間紮下根來，變成了植物。另一些細胞則情願四處遊蕩，牠們長出了奇形怪狀的有節的腿，就像蠍子一樣，在海底植物和狀似水母的淡綠色物體間爬行。還有一些身上覆著鱗片的細胞，牠們憑藉游泳似的動作四處來去，尋找食物。慢慢地，牠們變成了海洋裡繁若星辰的魚類。

與此同時，植物的數量也在不斷滋長，海底的空間已經不夠容納牠們。為了生存，牠們不得不開闢新的棲息地，很不情願地在沼澤和山腳下的泥岸上安了新家。每天早晚的潮汐淹沒了牠們，讓牠們品嘗到故鄉的鹹味。除此之外的時間裡，牠們不得不學習如何適應不舒適的環境，爭取在覆蓋地球表面的稀薄空氣裡生存下來。經過長時間的訓練，牠們終於學會了如何自在地生活於空氣裡，就像以前在水中一樣。牠們的體型逐漸增大，變成了灌木和樹林。最後，牠們還學會如何開出美麗的花朵，讓繁忙的大黃蜂和鳥兒將自己的種子

一隻青蛙變成「阿波羅」的歷程

約翰納·卡斯特·拉瓦特爾　諷刺畫 1829 年

一隻青蛙逐漸「進化」，最終變成了「阿波羅」。這幅發表於1829年的繪畫足以證明在達爾文與華萊士於1858年提出「進化論」假說之前，類似的學說已經是一個足以引發議論或嘲諷的話題。

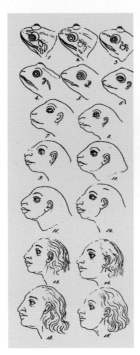

帶到遠方，使整個陸地都佈滿碧綠的原野和大樹的濃蔭。

此時一些魚類也開始遷離海洋。牠們學會既用鰓，也用肺呼吸。我們叫牠們兩棲動物，意思是：牠們在水裡和陸上都能活得同樣悠遊自在。你在路邊看見的第一隻青蛙就能告訴你身為兩棲動物穿梭於水陸之間的樂趣。

一旦離開了水，這些動物會變得越來越適應陸上生活，其中的一些成為了爬行動物（那些像蜥蜴一樣爬行的動物）。

牠們與昆蟲們一起分享森林的寂靜。為便於更迅速地穿過鬆軟的土壤，牠們逐漸發展自己的四肢，體形也相對應地增大。最終，整個世界都被這些身高三十到四十英尺的龐然大物佔領。若牠們跟大象玩耍，就如同體形壯碩的成年貓逗弄自己的小崽子般。這些龐然大物就是被生物學手冊稱為魚龍、斑龍、雷龍等等的恐龍家族。

後來，這些爬行動物家族中的一些成員開始到上百英尺高的樹頂去生活。牠們不必再用腿來走路，可迅速地從一根樹枝躍到另一根樹枝，卻變成了樹上生活的必需技能。於是，牠們身體兩側和腳趾間的部分皮膚逐漸變成一種類似降落傘的肉膜，這些薄薄的肉膜上又長出了羽毛，尾巴則成為了方向舵。就這樣，牠們開始在樹林間飛行，最終進化成真正的鳥類。

這時，一件神秘的事情發生了——所有這些龐大的爬行動物在短時間內悉數滅絕。我們不知道其中的原因。也許是由於氣候的突然變化，也許是因為牠們的身體長得過於龐大，以致行動困難，再不能游泳、奔走和爬行。牠們只能眼睜睜地看著肥美的蕨類植物和樹葉近在咫尺，卻活活餓死。不管出於什麼原因，統治地球數百萬年的古爬行動物帝國到此就覆滅了。

現在，地球開始被不同的動物佔據。這些動物屬於爬行動物的子孫，但其性情與體質都迥異於自己的先祖。牠們用乳房「哺育」自己的後代，因此現代科學稱這些動物為「哺乳動物」。牠們褪去了魚類身上的鱗甲，也不像鳥兒那樣長出羽毛，而是周身覆以濃密的毛髮。由此，哺乳動物發展出另一些比之其他動物更有利於延續種族的習性，比如雌性動物會將下一代的受精卵孕含在身體內部，直至牠們孵化；比如當同時期的其他動物還將自己的子女暴露於嚴寒酷熱，任其遭猛獸襲擊時，哺乳動物卻

將下一代長時間留在身邊，在牠們無法應付各種天敵的脆弱階段保護牠們。這樣，年幼的哺乳動物便能得到更佳的生存機會，因為牠們能從母親身上學習到很多東西。如果你看過母貓是如何教小貓照顧自己、如何洗臉、如何捉老鼠等等，你就能理解這一點了。

不過關於這些哺乳動物，不用我告訴你很多。牠們遍佈你的四周，你早已熟悉。牠們是你日常生活的同伴，出沒於街道和你家的房屋。在動物園的鐵柵欄後面，你還能一睹你那些不太熟悉的表親們的尊容。

現在，我們來到了歷史發展的分水嶺。此時，人類突然脫離了動物沈默無言、生生死死的生命過程，開始運用腦子來掌握自己種族的命運。

一頭特別聰明的哺乳動物，在覓食和尋找棲身之所的技能方面，大大超越了其他動物。牠不僅學會用前肢捕捉獵物，並且透過長期的訓練，牠還進化出類似手掌的前爪。又經過無數次的嘗試之後，牠還學會了用兩條後腿站立，並保持身體的平衡。（這是一個非常困難的動作，儘管整個人類已經有上百萬年直立行走的歷史，可每一個小孩子在成長過程中都得從頭學起。）

這種動物一半像猿，一半像猴，可比兩者都要優越，成為了地球上最成功的獵手，

山地猿骨骼
化石 托斯卡那
約西元前1400萬年 新生代末期

山地猿猴有著猿的長臂，也有著足夠寬的骨盆，得以支撐半直立行走的姿勢。

並且能在各種氣候條件下生活。為了更安全、更便於相互照顧，牠們常常成群結隊地行動。一開始，牠只能發出奇怪的咕嚕聲、吼聲，以此警告自己的子女們正在逼近的危險，可經過幾十萬年的發展，牠竟然學會了如何用喉音來交談。

你也許覺得難以置信，這種動物就是我們最初「類人」的先祖。

人類最早的祖先

對於「真正」的人類最初是什麼模樣，我們知之甚少

　　他們沒有照片和圖畫留傳下來。不過在古代土壤的最深處，我們能不時地挖到他們的幾片骨頭。這些骨頭與一些早已在地球表面消失的動物們的碎骨靜靜地躺在一起，昭示著地球的巨大變遷。人類學家，也就是那些把人類當作動物王國的一員，終其一生潛心研究的淵博科學家們，拿著這些碎骨，長時間的加以揣摩，現在已能相當精確地複製出我們早期始祖的模樣來了。

　　人類最早的祖先是一種外表醜陋、毫無魅力的哺乳動物，他

人類最早的祖先

chapter 2

萊托里的腳印

火山灰遺跡　坦尚尼亞
約350萬年前

　　這行穿過坦尚尼亞萊托里地區的腳印保留下了距今350萬年前原始人類的足跡。這是三個步行人──最大的腳印屬於一個成年雄性，卻又被一個較小的大約是雌性的腳印重踏了一遍，旁邊還有一個年輕的伙伴，也許是個孩子同行。他們走過被雨水澆淋過的火山灰的泥濘，隨後，腳印被曬乾、變硬，再被火山灰覆蓋，並保存了下來。目前學術界一般認為：古猿轉變為人類始祖的時間為700萬年前。

不僅身材比現代人矮小許多，而且長期的風吹日曬，還使他的皮膚變成了難看的暗棕色。他的頭上、手上、腿上以及全身的大部分皮膚都覆著長而粗糙的毛髮。他的手指細而有力，看上去像猴的爪子。他長著一個低陷的前額，下顎看起來像那些慣於把牙齒當刀叉的食肉野獸。他赤身裸體，除偶爾看見咆哮的火山以燃燒的岩漿和濃煙吞噬大地外，還不知道什麼是火。

他住在大森林的陰暗潮濕處。直到如今，非洲的俾格米原始部落還住在這樣的地方。當他感到陣陣襲來的饑餓，他就大吃生樹葉和植物的根莖，或者從憤怒的鳥兒那裡偷走鳥蛋餵給自己的孩子。運氣不錯時，經一番漫長而耐心的追逐，他能抓到一隻松鼠、小野狗或老鼠什麼的開開葷。他吃什麼都生吞活剝，因為他還未發現經火烤過的食物味道要好一些。

白天，這些原始人在莽莽林海中四處潛行，尋找可吃的東西。

一待黑暗降臨大地，他便把自己的妻女藏進空樹幹或巨石後面。兇猛危險的野獸遍佈他的四周，牠們慣於在夜間悄悄活動，為牠們的配偶和幼仔尋找食物。它們很喜歡人肉的味道。這是一個你要就吃野獸，要就被野獸吃的世界，人類早期的生活非常悲慘，充滿了恐懼和痛苦。

夏天，人類被烈日炙烤；冬天，他的孩子凍死在自己懷裡。當他不小心弄傷了自己（追獵野獸是很容易摔斷骨頭或者扭傷腳踝的），沒人可以照顧他，他只能在驚恐和疼痛中自生自滅。

就像動物園會充斥著動物們林林總

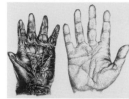

猿與人的比較

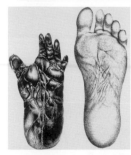

雖然猿類和人類的手在結構上明顯相似，但人手的拇指更長，活動範圍也更大。有趣的是，猿的手掌的平坦部分比人的大些，因而握東西也更有力。大猩猩有著長腳趾和分開的大腳趾，可用來抓握東西。人類整齊而短的腳趾則提高了直立的平穩。人類足底的足弓則能減少每一步行走所產生的衝擊。

湯恩頭骨

這枚頭骨因於1924年發現於南非的湯恩採石場而得名。此頭骨因顱骨的高度和圓形形狀而表明其不屬於猿類。根據牙齒推斷為幼年個體（相當於現在3～6歲兒童）。目前多數人類學家認為人類的起源地應該在非洲。包括湯恩頭骨所屬的南方古猿生存於440萬年前到100萬年前。雖然南方古猿被命名為「猿」，但他們已經有了兩足直立行走這一最重要的人類特徵，因此當屬原始人類。

THE LONDON SKETCH BOOK.

PROF. DARWIN.

This is the ape of form.
Love's Labor Lost, act 5, scene 2.

Some four or five descents since.
All's Well that Ends Well, act 3, sc. 7.

達爾文教授
霍金斯 插圖畫 英國 1880年

這是英國收藏家霍金斯所畫《巨大的海龍》一書中的插圖，很獨到的表現了達爾文《人類起源》中的論述：「人類最早的祖先是外表醜陋、毫無魅力的哺乳動物，並且身體矮小，由於經常被風吹日曬，皮膚變成了難看的暗棕色。全身大部分皮膚都覆著長而粗糙的毛髮。」

總、稀奇古怪的叫聲一樣，早期的人類也喜歡發出急促不清的怪叫。也就是說，他不斷地重複著一些相同的胡言亂語，因為他喜歡聽見自己的聲音。日子長了，他突然意識到可以用這種喉部發出的聲音去提醒同伴；當某種危險悄然接近的時候，他便發出具有特定涵義的尖叫，比如「那兒有一隻老虎」或者「這邊來了五頭大象」。同伴聽見他的警告，也向他回吼幾聲，表示「我看見牠們了」或者「我們快跑開藏起來吧」。這大概就是所有語言的起源。

可正如我前面講過的，我們對這些起源知道的非常之少。早期的人類不會製造工具，不會修建房屋。他活著、死去，除了留下幾根鎖骨與頭骨的碎片外，再沒有其他線索可以追尋他們生存的蹤跡。我們只知道在幾百萬年前，地球上曾生活著某種哺乳動物，他們與其他所有的動物都截然不同，他們可能是由一種像猿的動物進化而來的。他們學會了用下肢直立行走，把前爪當手來使用。他們與恰巧是我們直接的祖先的動物可能具有某種聯繫。

總之，我們對人類祖先知道的就只有這些，其他的秘密仍然隱匿於黑暗之中。

CHAPTER 3

史前人類

史前人類開始為自己製造工具

　　早期的人類不懂得時間的涵義，他們從不記錄生日、結婚紀念日或者悼念亡日，也不理解什麼叫日、月、年。但透過一種普遍的方法，他們跟上了季節變遷的軌跡。他們發現，寒冷的冬天過後，溫暖愜意的春天總是翩然而至；隨著春天慢慢地變成炎夏，樹上的果實飽含漿汁，野麥穗迎風招展，等待收割；然後夏天結束，陣陣狂風掃光樹上的葉子，一些動物已準備好進入漫長的冬眠了。

　　這時，一件不同尋常的恐怖事情發生了，它與氣候有關。暖和的夏日姍姍來遲，果實無法成熟。那些本來覆蓋著如茵綠草的群山之頂，現在卻為一層厚厚的積雪所籠罩。

　　隨後的一天早上，一群野人突然從山上搖搖晃晃地衝下來。他們與住在山腳下的居民很不相同。他們瘦弱乾枯，看起來已經挨餓好久。本地的居民聽不懂他們唧唧咕咕的語言，可看樣子，他們好像在說自己想吃東西。本地的食物不足以同時養活老居民和新來者，當過了幾天他們還賴著不走時，一場可怕的戰鬥於是發生了。人們相互撕咬，發瘋般地肉搏。有的全家被殺死，其他人則逃回山區，死於下一場來襲的暴風雪。

　　可住在森林裡的居民也嚇壞了。現在，白晝變得一天比一天短，而夜晚卻冷得異乎尋常。

　　最後，在兩山之間的裂縫裡，出現了星星點點的綠色小冰塊。它們迅速地變大，長成巨大的冰川，沿山坡滑下來，把巨大的石塊推進山谷。在雷鳴般的響聲中，裹夾著冰塊、泥漿和花崗岩的巨流呼嘯著捲過森林，許多人在睡夢中就遭受了滅頂之災。百年的老樹被齊腰折斷，倒在燃燒起來的森林裡。隨後，大雪紛紛揚揚地下了起來。

　　綿綿不絕的大雪下了一個又一個月，所有的植物都凍死了，大批動物逃往南方去尋找溫暖的太陽。人類肩挑手扛，背起年幼

早期人類的工具
約35萬～5萬年前

　　這兩枚石製品是早期人類製造和使用工具的證明，類似的石製品在世界各地有大量發現。上圖為距今35萬年前的石錘，僅經過粗礪的敲製和打磨。相比而言，下圖的石錛有了更精細的做工，它還可以與木棒聯結變成省力的挖掘工具，大約製作於5萬年前。

THE
STORY
OF
MANKIND

的孩子，跟動物一起踏上了逃難的旅程。可他們跋涉的速度比用四肢奔跑的動物慢了許多，嚴寒卻毫不留情地在身後緊緊追趕。他們不得不迅速地想出辦法，否則只能坐以待斃。事實證明，他們更情願動動腦子。在冰河期，有四種情形對地球上的人類構成了致命的威脅，可他們都一一想出了對付的辦法，使自己倖免於難。

首先，人類必須穿衣服禦寒，否則只能凍死。於是，他們學會了怎樣製造捕獵的陷阱：挖一些大坑，上面覆以枝條和樹葉，一等熊和鬣狗掉下去，便用石塊砸死牠們，用牠們的毛皮做大衣。

接下來是解決住房的問題。這很簡單，許多動物都有睡在黑漆漆的山洞的習性。現在，人類也學動物的樣子。他們把動物們趕出溫暖的巢穴，自己住了進去。

即便有毛皮大衣穿、有山洞住，天氣對大部分人來說還是太寒冷了，老年人和小孩成批地死去。這時，人類中的一個天才想出了用火禦寒的主意，他記得有一次在森林裡差點被火燒死。那時，火是一個凶險的敵人，可在眼下的冰天雪地裡，火很有希望變成一個助人為樂的朋友。這位天才把枯樹幹拖進山洞，從一棵著火的樹上取下一根燃燒的枝條，點著了洞裡的枯樹幹。熊熊的火光一下子使得黑暗寒冷的洞穴變成了一個溫暖宜人的小房間。

一天傍晚，一隻死雞不小心掉進了火堆。一開始，沒人在意這事兒，直到烤熟的陣陣香味飄進人們的鼻孔。啃一口嘗嘗，人們發現烤熟的肉味道比生吃好上許多，於是，人類終於拋棄了長期以來與動物一樣生吃食物的習慣，開始做起熟食來了。

慢慢地，幾千年的冰川紀過去了，只有那些腦子最聰明、最肯動手的傢伙們倖存了下來。他們必須日夜不停地與寒冷、饑餓搏鬥，他們被迫發明出種種工具。他們學會了怎樣磨製鋒利的石斧，製造石錘；為度過漫長的寒冬，他們必須儲存大量的食物；他們發現能用黏土製成碗和罐子，放在陽光下曬硬後使用。就這樣，時時威脅著要毀滅整個人類的冰川紀，到頭來卻變成了人類最偉大的導師，因為它迫使人類運用自己的腦子去思考。

骨製品
約3萬～1萬年前 現存大英博物館

上圖骨製的矛發現於英國東約克郡，它出現於10000年前，是遠古時代致命的武器，由鋒利的工具刮製而成，用於捕獵大型的動物如麋鹿或紅鹿，反映了冰川後期天氣轉暖後狩獵工具和捕獵物件的轉變。

左圖為12500年前的骨雕。在骨頭上雕有馴鹿和野山羊的頭像，這一時期的岩畫上也大量出現類似的動物，這類動物是當時人類的主要獵食對象。

右圖這些35000年前的骨製笛應該是歐洲發現的最古老的樂器。人類最早的岩畫、雕刻和飾物大約也出現於這一時期。

象形文字

埃及人發明了書寫術，
有文字記錄的歷史從此拉開了序幕

我們這些最早的祖先生活在歐洲的荒野上，他們迅速學習著許多新事物。可以肯定，到某個時候，他們必將脫離野蠻人的生活，發展出一種屬於自己的文明。不出所料，他們與世隔絕的狀態完結了。他們被發現了。

一個來自神秘南方的旅行者，勇敢地跨過海洋，越過沿途的高山，發現歐洲大陸的野蠻人。此人來自非洲，他的故鄉名叫「埃及」。

在西方人看見刀叉、車輪、房屋等等文明之物前的幾千年，位於尼羅河谷的埃及便已發展出一種高級的文明。現在，我們要離開自己尚處穴居階段的祖先，去拜訪一下地中海南岸和東岸的人們。那裡是人類文明的第一個搖籃。

古埃及人教會了我們許多東西。他們是優秀的農夫，精通灌溉技術。他們建造的神廟不僅被後來的希臘人仿效，而且還是我們現代教堂的最初藍本。他們發明的日曆能精確地計量時間，稍加修改後，一直沿用至今。最重要的是，古埃及人發明了為後人保存語言的方法——文字。

如今，我們每天都在閱讀報紙、書籍、雜誌。我們理所當然地認為，讀書寫字是從來都有的事情。可事實上，作為人類最重要的發明，書寫和文字是人類歷史上最近才出現的創舉。如果沒有文字記錄

埃及人的生活圖
浮雕 古埃及

古埃及的富足主要來自尼羅河的供養。上圖描繪了一個漁夫正在下網捕魚，網的右邊一條魚已經被魚鉤鉤住。人物、水草以及草上的昆蟲都很生動。下圖中更為有趣地畫上了母牛的眼淚。畫面中農夫正在擠奶，卻把幼牛拴在了母牛的腿上。這也反映出當時埃及農牧業的發達。

鑿壁畫的古埃及人
馬克費爾德·帕里什
油畫 1902年

一個古代的埃及雕刻師正在端詳自己剛剛刻在巨石上的一組圖案。在古埃及，人們的一切都是為著死和死後的事。能夠給法老的陵墓雕刻，不僅表示著技藝和地位，甚至雕刻者本人也具有了某種神秘的色彩。

THE
STORY
OF
MANKIND

15

的文獻，人類便會像貓狗一樣。貓狗只能教下一代一些簡單的東西，因為牠們沒有掌握一種方法，能把前面一代代貓狗的經驗保存下來，全部傳給下一代。

西元前1世紀，古羅馬人來到埃及。他們發現整個尼羅河谷遍佈一種奇怪的小圖案，它似乎和這個國家的歷史有關。可羅馬人對任何「外國的」東西都不感興趣，也就沒對這些雕刻在神廟和宮殿牆上，或是描畫在無數紙莎草紙上的奇怪圖案追根究柢。最後一個懂得這種神聖宗教藝術的埃及祭師，在好幾年前就已經死去。失去獨立的埃及此時就彷彿是一個充斥著重要歷史記錄的大倉庫，沒有人能夠破譯，也沒人想去破譯。因為它們對人或獸都沒有任何塵世的價值。

1700多年過去了，埃及依然是一片神秘的國土。到1789年時，一位姓波拿巴（即拿破崙·波拿巴）的法國將軍正好率兵路過東非，準備對英屬印度殖民地發動進攻。他還沒能越過尼羅河，戰役就失敗了。不過很湊巧的是，法國人這次著名的遠征卻在無意之中解決了古埃及圖像文字的難題。

一天，一位年輕的法國軍官厭倦了羅塞塔河邊（尼羅河口）窄小城堡裡的單調生活，決定到尼羅河三角洲的古廢墟去遛達一番，翻檢古文物。就這樣，他找到了一塊讓他迷惑不解的石頭。像埃及的其他東西一樣，它上面刻有許多小圖像。與此前發現的不同的是，這塊特別的黑玄武岩石板上刻有三種文字的碑文，其中之一是人們知道的希臘文。「只要把希臘文的意思和埃及圖像加以比較，」他推論道，「馬上就能揭開這些埃及小圖像的秘密。」

這辦法聽起來簡單，可要完全揭開這個謎底，也是20年過後的事情了。1802年，一位名叫商博良的法國教授開始對著名的羅塞塔石碑上的希臘和埃及文字進行比較。到1823年，他宣佈自己已破譯了石碑上14個小圖像的涵義。不久，商博良因為勞累過度而死，可埃及文字的主要法則此時已大白於天下了。今天，我們瞭解的尼羅河流域的歷史要比密西西比河的清楚得多，因為我們擁有了整整4000年的文字記錄。

羅塞塔石碑（Rosetta stone）
埃及 約西元前195年 倫敦博物館

這是一塊具有劃時代意義的黑玄武岩石，碑上刻有三種文字，是為頌揚國王托勒密五世而做，長約107公分，寬約76公分。其中有人們熟悉的希臘文，透過與它的對照，18世紀的考古學家很快便揭開了失傳已久的埃及文字之謎。

埃及的歷史書
製作於圖特摩斯一世

歷史書中記述當天狼星在地平線上升起的那天，即夏季第三個月的第28天，便是一年一度的祭祀日。該圖右起第三欄的中間可以看到天狼星的圖像。

古埃及碑刻
西元前12世紀

埃及人信奉多神，並且像許多國家一樣，認為王也是神，所以在一切神或王的名字四周都裝飾有特別的圖案，墓碑上更是如此。這組象形文字就出現在裝飾圖案之中，代表西元前12世紀上、下埃及的國王拉美西斯九世的名字。

古埃及的象形文字（這個字眼的原義為「神聖的書寫」）在歷史上扮演了一個異常重要的角色，其中幾個字歷經變動，還融入了我們現代的字母中。所以，你應該稍微瞭解一下這個5000年前使用的極富天才的文字體系，要知道，是它首次為後人保留了前人說過的口語。

當然，你是知道圖像語言的。西方流傳的每一個印地安故事都有專門的一章，用以介紹印地安人使用的奇怪小圖案。它們傳遞著諸如有多少野牛被殺，或者有多少獵手參加某一次圍獵之類的訊息。一般來說，理解這些訊息是不難的。

不過，古埃及文字可不是簡單的圖像語言，尼羅河畔的人民早就聰明地跨越了這一原始的階段，他們的小圖像代表著比圖案本身更多的意思。現在，我將試著為你們解釋一下。

設想你就是商博良，你正在檢視著一疊寫滿了古埃及象形文字的紙莎草紙。這時，你遇上一個圖案，畫的是一個男人拿著一把鋸子。你會說：「好啊，它的意思當然是指一個農夫拿著鋸子出去伐木。」然後，你又看另一張紙，它講的是一位皇后在82歲高齡時死去的故事。在句子中間，你再次看見了這個男人拿著一把鋸子的圖像。82歲的皇后當然不會去做伐木之類的事情，

這個圖像肯定代表著別的意思，可到底是什麼意思呢？

這就是法國人商博良最終為我們揭示的謎底。他發現，古埃及人是第一個運用了「語音文字」的人。這種文字再現了口語單詞的聲音，憑著一些點、劃、撇、捺，它讓我們能夠把所有的口頭語言都以書面的形式記錄下來。讓我們回到一個男人拿著一把鋸子的圖案上。「鋸」（saw）這個單詞，它一方面意味著你在木工店看見的一件工具，另一方面，它又代表動詞「看」（to see）的過去式。

這個單詞在古埃及是這樣變化的：首先，它只代表著圖案中特定的工具「鋸子」。後來，這個音義逐漸失去了，它變成了一個動詞過去式。經過了幾百年，古埃及人把這兩種意義都扔掉了，圖案 只代表一

THE
STORY
OF
MANKIND

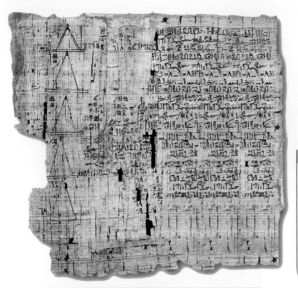

個單獨的字母，即「S」。我舉一個簡單的句子來說明我講的意思。這裡有個現代的英文句子，用古埃及文字表達如下：

圖案 或者表示長在你臉上、讓你能夠看見大千世界的圓圓的東西（眼睛），或者代表「我」（I），也就是那個正在說話的人。

圖案 或者表示一種採蜜的昆蟲（蜜蜂），或者代表動詞「是」（to be）。最後，它變成了「成為」（be-come）或「舉止」（be-have）之類動詞的字首。在這個句子中，緊隨其後的圖案為 ，它的意思是「樹葉」（leaf）、「離開」（leave）或「存在」

（lieve），這三個詞的發音相同。

接下來的圖案又是「眼睛」，前面已經講過它的意思。

最後，你遇上了圖案 ，它是一隻長頸鹿。這個詞屬於古代埃及圖像語言保留的一部分，而象形文字就是從這種古老的圖像語言中發展而來的。

現在，你可以根據讀音很容易的讀出這句用象形文字寫的話。

「我相信我看見了一隻長頸鹿。」（I believe I saw a giraffe.）

發明這種象形文字體系後，古埃及人又用了數千年的時間不斷完善它，直到他們能夠用它記錄任何想表達的東西。他們用這種文字告知朋友消息、記錄商業帳目、描述自己國家的歷史，以便後人能從過去的失誤中汲取教訓。

CHAPTER 5

尼羅河河谷

人類文明發源於尼羅河河谷

　　人類的歷史也是一部人們四處覓食、逃避饑餓的記錄。哪裡食物豐足，人們就遷徙到哪裡去安家。

　　尼羅河河谷肯定在很早的時期就已名聲在外。從非洲內陸、從阿拉伯沙漠、從亞洲西部，人們成群結隊地湧入埃及，分享那裡富饒的農田。這些外來者組成了一個新的種族，稱自己為「雷米」或「人們」，正如我們有時稱美洲為「上帝的國土一樣」。他們有理由感激命運之神把他們帶到了這塊狹長的河谷地帶。每年夏季，氾濫的尼羅河將兩岸變成淺湖；洪水退去，留下幾英寸厚的肥沃黏土，覆蓋著所有的農田和牧場。

　　在埃及，仁慈的尼羅河替代了大量的人力，使人類歷史上第一批大城市的居民得以存活。當然，並不是所有的耕地都位於河谷地帶。透過一個由許多小運河及長竿吊桶構成的複雜提水系統，河水從河面被引至堤岸的最高處，再由一個更精密的灌溉溝渠網將水分配到各處的農田。

　　史前人類通常要1天勞動16個小時，為自己的家人和部落成員尋找食物，可是埃及的農民和城市居民卻擁有一定的閒暇時間，他們把這些空餘的時間用於製作許多僅具裝飾性而毫無實用價值的東西。

　　不僅如此，有一天，他突然發現自己的腦子能用來想各式各樣、稀奇古怪的念頭。這些念頭與日常的吃飯啊、穿衣啊、睡覺啊、為小孩子找個住處等都毫無關係。比如星星來自哪裡？那些

埃及的船

浮雕 西元前2400年

　　肥沃的尼羅河谷孕育了燦爛的埃及文明，這種文明是以農耕和水上工作為基礎的。埃及在8000年前就有了發達的航運。

埃及的祭司和墓地監工

阿爾瑪・苔德瑪 油畫 1836～1912年

古埃及對死亡的崇拜，使得祭司和監工成了擁有
重要權利的人。苔德瑪的繪畫形象地表現了這兩種人
的狀態。祭司端坐位上，手握權杖，身後牆上繪著對死
亡的崇拜和紙莎草的圖案。監工則坐在下手，展開紙
卷，像是在清點陵墓建造情況。

電閃雷鳴究竟是誰製造的？是誰使尼羅河
水規規矩矩的按時漲落，讓日曆可以據此
制定出來？還有他自己，一個被死亡和疾病
團團包圍，卻同樣能感受幸福與歡笑的奇
怪生物又是誰呢？

他問了許多這樣的問題，有人則懇切
地走上前來，盡其所能地加以解答。古埃

及人把這些負責解答問題的人稱為「祭
司」，他們是思想的守護者，倍受一般老百
姓的尊重。他們學識淵博，被委以用文字書
寫歷史的神聖職務。他們懂得人不能只考
慮眼前的利益，這是大有害處的。他們將人
們關注的目光引向來世。到那時，人的靈魂
將居住在西部的群山之外，並將向威力無
窮、掌管生死的大神奧塞利斯彙報自己前
世的作為，神則根據他們的德行做出裁
決。事實上，祭司們過分強調在大神奧塞利
斯與艾西斯（Isis 奧塞利斯之妻）國土裡的
來世生活了，這使得古埃及人將此生僅僅當
作是為來世所做的短暫準備，把富饒而生
機勃勃的尼羅河谷變成了一塊奉獻給死者
的國土。

很奇怪的是，古埃及人漸漸相信：一
個人如果失去了今世的寄身之軀，他的靈
魂也就不可能進入奧塞利斯的國土。因此
當人一死，他的親屬們馬上便對其屍體進
行處理，塗上香料和藥物防腐。然後放在氧
化鈉溶液裡浸泡數星期，再填以樹脂。在

波斯文裡，樹脂讀作「木米乃」（Mumiai），因此經過防腐處理的屍體便被稱為「木乃伊」（Mummy）。木乃伊用特製的亞麻布層層包裹起來，放在事先準備好的特製棺材中，運往死者最後的安居之所。不過，埃及人的墳墓倒是像一個真正的家，墓室裡擺放著家具和樂器（以打發等待進入奧塞利斯國土的沈悶歲月），還有廚師、麵包師和理髮師的小雕像環立四周（這樣墓室的主人就能體面地梳洗、進食，不至於鬍子拉雜的四處亂走）。

最初，這些墳墓是建在西部山脈的岩石裡面，隨著埃及人向北遷移，他們不得不在沙漠裡為死者建造墳墓。不過，沙漠裡充斥著兇險的野獸和同樣兇險的盜墓賊。他們闖進墓室，搬動木乃伊，竊走隨葬的珠寶。為防止這種褻瀆死者的行為發生，古埃及人在死者的墳墓之上建起小石塚。後來，隨著富人們相互比較，石塚被越建越高，大家都爭著要建最高的石塚。創造最高紀錄的是西元前13世紀的埃及國王胡夫法

吉薩金字塔群
埃及 西元前2613～前2563年

這座建成於4000多年前的金字塔，是古埃及繁榮和強大的直接證明。

拉美西斯二世的木乃伊
埃及 西元前13世紀

古埃及人對死亡的崇拜使得他們要保存一個經過防腐處理的屍體，以便使靈魂能夠進入來世。

老，也就是希臘人所說的芝奧普斯王。他的皇陵被希臘人稱為金字塔（在古埃及文裡，「高」為Pir-em-us），高達500多英尺。

胡夫金字塔佔地13英畝，其佔地面積相當於基督教最大建築聖彼得教堂的3倍。

在20多年的漫長時間裡，10餘萬奴隸馬不停蹄地從尼羅河對岸搬運石材，將其運過河（他們是怎樣完成這項不可思議的工作的，我們仍不知道），再有條不紊地將巨石拖過寬闊的沙漠，最後將其吊裝到適當的位置。胡夫法老的建築師和工程師們異常出色地完成了工作。一直到今天，雖然幾千噸巨石從各個方向經歷了長達數千年的重壓，但是通往法老陵墓中心的狹長過道仍絲毫未曾變形。

CHAPTER 6

埃及的故事

埃及的盛衰

奧古斯都雕像
羅馬 約西元前30年

被描繪成像神一樣的奧古斯都，被公認為是非常狡猾的皇帝。他常會透過與敵人的妻子、女兒發生關係來監視他的敵人。就是這個人訴責了猶太的輝性

24方格遊戲
埃及 西元前17世紀

這個遊戲是透過擲木棍來決定先後次序和步驟的。埃及的繁榮、奢華不單表現在它的墓穴文化上，就是這簡單的玩具和日常生活用品，信手拈來，也無處不散發著富足與驕奢的氣息。

尼羅河是人類的好友，可有時候，它又像一位嚴厲的監工。它教會了生活在兩岸的人們「團隊合作」的藝術。他們依賴彼此合作的力量，一起建造灌溉溝渠，修築防洪堤壩。這樣一來，他們也學會了如何與自己的鄰人和睦相處。這種互利互惠的聯繫，很容易發展成一個有組織的國家。

後來，有一個精明強幹的人，他的權力和威望逐漸膨脹，超過了所有的鄰居們。這個人不但順理成章的成了社區的領袖，而且當嫉妒的西亞鄰居入侵這個富饒河谷時，他還擔當了抵禦外敵的軍事首腦。到後來，他終於變成人們的國王，統治著從地中海沿岸到西部山脈的廣闊土地。

不過，古埃及法老（法老一詞意為「住在大宮殿裡的貴人」）的種種政治冒險事業，很少讓那些勤苦耐勞的農夫們感興趣。只要不被強徵超過合理限度的賦稅，只要不加重過分繁重的勞役，他們就願意像敬畏大神奧塞利斯一樣，接受法老們的統治。

可一旦某個外族入侵者闖入，剝奪掉他們的所有，情況便會變得很悲慘。經過2000年的獨立之後，一個名為希克索斯的野蠻的阿拉伯遊牧部落闖入了埃及，統治了尼羅河河谷達500年之久。希克索斯人橫征暴斂，極不受歡迎。同樣不受歡迎的還有希伯來人（猶太人）。他們經長期流浪，穿過沙漠來到埃及的歌珊地定居。當埃及人喪失獨立的時候，他們卻

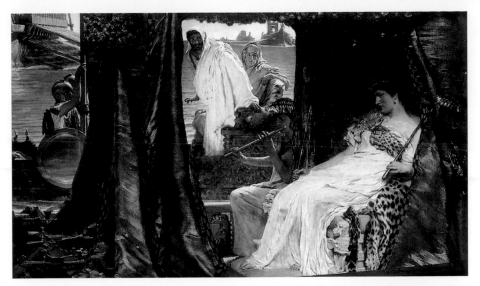

安東尼和克麗奧佩特拉
阿爾瑪·苔德瑪 油畫 19世紀

安東尼拋棄羅馬的江山,長期與克麗奧佩特拉駐留埃及而引發了羅馬的政變。圖中的克麗奧佩特拉見安東尼的敗局已定,並不出兵援助。畫面中匆匆趕來的將軍,看見的依舊是玫瑰帳中的美人。這恐怕已是他們最後的訣別。

幫助外國入侵者,充當入侵者的稅吏和官員,深為埃及人所憎。

西元前1700年後不久,底比斯的人民發動起義。經過長期的鬥爭,希克索斯人被逐出尼羅河谷,埃及重新獲得了獨立,1000年之後,當亞述人征服整個西亞時,埃及淪為了沙達納帕盧斯(亞述王)帝國的一部分。西元前7世紀,埃及再度成為一個獨立的國家,接受居住在尼羅河三角洲薩伊斯城的國王的統治。但在西元前525年,波斯國王甘比西斯佔領了埃及。到西元前4世紀,當亞歷山大大帝征服波斯時,埃及也隨之成為了馬其頓的一個行省。亞歷山大死後,他的一位將軍自立為新埃及之王,建都亞歷山大城,開創了托勒密王朝(西元前323至30年),埃及又一次獲得了名義上的獨立。

西元前39年,羅馬人來了。最後一代埃及君主豔后克麗奧佩特拉竭盡全力挽救自己的國家。她的美貌和魅力傾倒了羅馬的將軍們,其威力甚於數個埃及軍團。她先後使羅馬征服者凱撒大帝及安東尼將軍拜倒在她腳下,靠美色維持著自己的統治。可在西元前30年,凱撒的侄子兼繼承人奧古斯都大帝在亞歷山大城登陸。他不是像自己過世的叔叔一樣拜倒在這位妖豔女王的裙下,而是毫不猶豫地殲滅了埃及軍隊。他饒過克麗奧佩特拉一命,打算把她作為戰利品之一,在返回羅馬城的凱旋儀式上遊街,以供羅馬市民欣賞。克麗奧佩特拉知悉這一計劃後便服毒自殺了,埃及從此變成了羅馬的一個省。

THE
STORY
OF
MANKIND

美索不達米亞

美索不達米亞——東方文明的第二個中心

埃比·伊爾像

石雕 兩河流域
約西元前2400年

埃比·伊爾是神廟的管家，他穿著美索不達米亞特有的有穗飾的毛長裙，也像其他善男信女一樣拱著手，在祈求祭壇裡的神靈。

註① 亞美尼亞：亞洲西南部，高加索山脈以南的一個古國。

註②《舊約聖經》中所載，上帝命諾亞製作方舟以逃避洪水，是源自於美索不達米亞神話。

現在，我將帶你到最雄偉的金字塔之巔，讓你想像自己擁有一雙鷹般銳利的眼睛。將目光望向遙遠的東方，越過大沙漠的漫漫黃沙，你將看見一塊綠色的國土在閃爍微光，那是位於兩條大河之間的一個河谷，《舊約全書》曾提到的樂土。這塊充滿神秘的仙境被希臘人稱為「美索不達米亞」，意為「兩河之間的國度」。

這兩條河分別叫「幼發拉底河」（巴比倫人稱其為普拉圖河）和「底格里斯河」（也叫迪克拉特河）。它們發源於亞美尼亞①白雪皚皚的群山之中，就是諾亞②逃難途中曾駐腳休息的地方。然後，它們緩慢的流過南部的平原，抵達波斯灣泥濘的海岸。它們養育著兩岸的人民，將西亞乾旱的沙漠地區變成了肥沃的花園。

尼羅河谷吸引人們，是因為它供給了豐盛的食物。這塊「兩河之間的國土」同樣因此倍受青睞。它是一塊充滿希望的土地，來自北部高山的居民和遊蕩在南部荒漠的部落都曾試圖獨佔它，拒絕外人的進入。山區居民與沙漠遊牧部落的長期爭奪導致了無休無止的戰爭，只有最強悍、最聰明的人才能夠存活下來。這也解釋了為什麼美索不達米亞會成為一個最強壯種族的家園，他們何以能創造一個在各方面都足以與古埃及比肩的偉大文明。

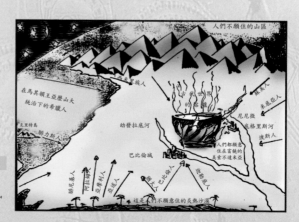

美索不達米亞

古代世界的熔爐 房龍 手繪圖

CHAPTER 8

蘇美人

蘇美人用刻在泥版上的楔形文字
給我們講述了閃族人的大熔爐

15世紀是一個地理大發現的世紀。哥倫布想要找到一條通往香料群島的水路，卻意料外地來到了美洲新大陸。一位奧地利主教出資裝備了一支探險隊，向東方去探尋莫斯科大公的家園，卻無功而返。直到一代人之後，西方人才首次造訪了莫斯科。與此同時，一個名為巴貝羅的威尼斯人考察了西亞的古跡，並帶回有關一種神秘文字的報告。這種神秘的文字有的刻在伊朗謝拉茲地區①許多廟宇的石壁上，更多的是刻在無數烘乾的泥版上。

不過，此時的歐洲正忙於許多別的事情。直到18世紀末，第一批「楔形文字」泥版（之所以如此稱呼，是因為該文字的字母呈楔狀）才由一個叫尼布爾的丹麥勘測員帶回歐洲。極富耐心的德國教師格羅特芬德花了30年時間，破譯了前面的四個字母，分別是D、A、R及SH，合起來正是波斯國王大流士的名字。又過了20年，英國官員羅林森發現了著名的貝希通岩壁楔形文字②，這才為我們打開了譯解這種西亞文字的大門。

與破譯楔形文字的難題相比，商博良的工作還算是輕鬆的。古埃及人至少運用了圖像，可是美索不達米亞最早的居民蘇美人，他們想出了把文字刻在泥版上的主意，決定完全放棄象形文字的記載方式，逐漸發展出一種全新的V形文字系統。相較之下，你很難看出它與象形文字之間有任何聯繫。我舉幾個簡單的例子，你就能明白我說的意思。

最初，將一顆「星星」用釘子刻在磚上，它的形狀如 ，不過，這個圖案太繁瑣了。不久之後，當把「天空」的意思加在「星星」上時，該圖案便被簡化成 。它當然更難讓人看明白了。同樣，一頭牛的寫法從 變為 ，一條魚從 變成 。太陽最初是一個平面的圓圈 ，後來變為 。如果我們現在仍然使用蘇美人的寫法，一條船 看起來就會是 。

蘇美古文字泥版
約西元前4000年

這是一塊出土於古蘇美城烏魯克的泥版，是目前已知的最古老的文字範例之一。所刻的內容是一系列有關各種木製品的名稱，一般認為這是一塊辭彙課本。

註① 謝拉茲（Shiraz）：今伊朗法爾省省會，以出產酒聞名。在伊朗歷史上享有重要地位。

註② 貝希通岩壁楔形文字：古代波斯的記功石刻，發現於伊朗的貝希通（Behistun），故名。

THE
STORY
OF
MANKIND

波斯國王大流士一世時期的銀板
兩河流域 西元前552～前486年

抄寫員用特製的尖筆將楔形文字刻在各種金屬上，這足以見到楔形文字被廣泛的使用。這個銀板是用巴比倫語、埃蘭語和古波斯語寫成的。

公牛雕像
亞述帝國 約西元前710年

這座石像由亞述國王薩爾貢二世建造，約有4公尺高，重達14噸。這座具有人的頭像、長著翅膀的巨大公牛石像，是用來守衛宮殿之門的。亞述人為這座雕像雕塑了5條腿，是為了使它無論從哪面看都有平衡感。如《聖經》中所論的，如此歲城終竟「像叢雜的荊棘，又如枯乾的碎稭全然燒滅。」

這種記錄思想的文字系統看上去相當複雜，可在3000多年的時間裡，蘇美人、亞述人、巴比倫人、波斯人以及所有那些曾進佔兩河之間富饒土地的種族，無一例外地使用過這種文字。

美索不達米亞的故事交織著連綿不斷的征戰與殺伐。最早，蘇美人從北部來到這裡，他們是住在山區的白種人，慣於在山頂上祭祀他們的眾神。進入平原地區後，他們開始堆造人工的山丘，並在山丘頂上修建祭壇。他們不會建造樓梯，因此用環繞高塔的傾斜長廊代之。現代的工程師借用了這個創意，正如我們今天的大火車站是由上升的迴廊與樓層之間連接起來的。我們可能還借用過蘇美人的其他創意，只是不自知而已。後來，蘇美人被佔領兩河流域的其他種族同化，再也找不到蹤跡，只有他們建造的高塔依然屹立在美索不達米亞的廢墟之中。猶太人在流浪途中經過巴比倫時，看見了這些宏偉的建築，便把它們稱為「巴別塔」（通天之塔）。

蘇美人於西元前40世紀進入美索不達米亞，不久後便為阿卡德人所征服。阿卡德人是阿拉伯沙漠中講同樣方言的諸多部落的一支，這些部族被通稱為「閃族人」，因為他們相信自己是諾亞三個兒子之一的「閃」的直系後裔。又過了1000年，阿卡德人被迫臣服於另一個閃族沙漠部落阿莫賴特人的統治。阿莫賴特人擁有一位偉大的國王——漢摩拉比。他在聖城巴比倫為自己建造了一座華麗

的宮殿，並向其子民頒佈了一套法律（漢摩拉比法典），使巴比倫成為古代世界管理最完善的帝國。接著，《舊約全書》曾記述過的西台人掠奪了這塊富饒的河谷，他們把一切不能帶走的東西統統摧毀。沒多久，他們被同樣信仰沙漠大神阿舒爾的亞述人所征服。亞述人以首都尼尼微為中心，建立了一個囊括全部西亞與埃及的恐怖帝國，並向統治下的無數種族徵收賦稅。到西元前7世紀，同為閃族的迦勒底人重建了巴比倫，使它成為當時世界上最重要的首都。迦勒底人最著名的國王尼布甲尼撒鼓勵科學研究，我們當代的天文學和數學就是從迦勒底人發現的最基本的原理中發展而來的。

西元前538年，一支野蠻的波斯遊牧部落侵佔了這塊古老的土地，推翻了迦勒底人的帝國。200年後，亞歷山大大帝擊敗了

巴別塔（Tower of Babel）
勃魯蓋爾 油畫 1563年

人類從降生就盼望著能進入到永恆，這座塔就是人為自己搭建的一個通往天國的梯子。人的虛妄足以使人認為自己可以做成一切的事情，於是招致了禍損。畫面中心，海螺形的巴別塔穿雲而上，卻已經成為了廢墟。前景中被懲罰而混亂了語言的人們，都在悲哀和恐慌中各自離去。

他們，把這塊富饒的河谷、眾多閃人部族的大熔爐，變成了馬其頓的一個行省。隨後又來了羅馬人，羅馬人之後是土耳其人。而美索不達米亞，這個世界文明的第二中心，終於淪為一片廣漠的荒原，只有那些巨大的土丘在述說著這塊古老土地昔日的光榮與滄桑。

CHAPTER 9

摩 西

猶太民族的領袖摩西的故事

摩西的生活

波提切利 壁畫（局部）
1481～1482年

　　波提切利的這幅壁畫以七個彼此相連的情節描繪了摩西的一生。這是摩西逃到米甸後在井邊遇見祭司的女兒，幫她們趕走壞人、打水飲羊的事情。畫面中，面向我們的就是摩西日後的妻子西坡拉。

　　西元前2000年的某一天，一支小而不重要的閃族遊牧部落踏上了流浪的旅程。他們離開位於幼發拉底河河口的舊家園烏爾（Ur，猶太族人最早的發源地），想在巴比倫國王的領土內找一塊新的牧場。國王的士兵驅趕他們，他們不得不繼續向西流浪，希望找到一塊無主的土地以便安營紮寨。

　　這支遊牧部落被稱為希伯來人，我們通常叫他們猶太人。他們輾轉而行，經過長時間的悲慘漂泊之後，終於在埃及得到了一小塊棲身之地。他們在埃及居住了500多年，一直與當地居民和睦相處。後來當接納他們的國家被希克索斯人征服時，他們轉而竭力為外國侵略者效勞，總算使自己的牧場得以保全。經過長期的獨立戰爭，埃及人將希克索斯人趕出了尼羅河谷。此時，猶太人的厄運臨頭了他們被貶為奴隸，被迫在皇家大道和金字塔工地上像牛馬一樣幹活。在邊境上還駐有埃及士兵嚴密看守，猶太人根本不可能逃出埃及

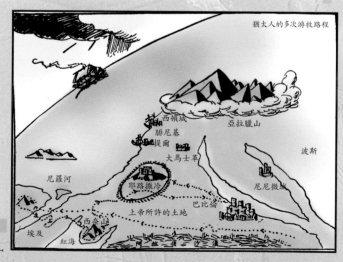

猶太人的多次游牧路程

西頓城
腓尼基
提爾
大馬士革
亞拉臘山
波斯
尼羅河
耶路撒冷
尼尼微城
巴比倫
上帝所許的土地
埃及
西奈山
紅海

猶太人的流浪歷程
房龍 手繪圖

銅版畫 杜雷 1861年

摩西被呼召上西奈山，接受神所頒佈的律法，就是「十誡」。這幅作品描繪了摩西懷抱刻有十條誡命的石版從西奈山下來，亞倫和眾人看到他臉上的榮光就怕接近他的場景。

歷經多年的磨難，終於有一位名叫摩西的年輕猶太人帶領族人逃出了苦海。摩西曾常年居住在沙漠，那裡的牧民遵循祖先的傳統，拒絕被外國文明的安逸奢華所污染。摩西很欣賞祖先們的質樸美德，決意喚回族人對他們的熱愛。

他成功地躲過了埃及追兵，帶領族人來到西奈山腳下的平原中心。他曾在漫長而孤單的沙漠生活中，學會了敬畏閃電與風暴之神的力量。這位神統治著天庭，牧人的生命、取火和呼吸都有賴於他。此神是西亞廣受崇拜的眾神之一，名為耶和華。透過摩西對族人的教誨，耶和華成為希伯來民族唯一的主宰。

一天，摩西突然離開猶太人的營地不見了，有人傳言他是帶著兩塊粗石板出去的。當天下午，烏雲蔽日，風暴大作，人們望不見西奈山的山頂。可當摩西返回時，看啊，兩塊粗石板上已經刻滿了耶和華在電閃雷鳴中，所欲對以色列民族說的話。從這時起，耶和華被所有猶太人奉為他們命運的最高主宰、唯一的真神。他教猶太人如何按十誡的訓示去過聖潔的生活。

摩西帶領猶太人繼續其穿越沙漠的旅程，人們都跟隨他。摩西告訴他們該吃什麼、喝什麼，以及怎樣做才能在炎熱氣候中保持身體健康，他們都一一遵從。經過

多年的艱難跋涉，猶太人終於來到一塊快樂而富饒的土地，此地名為巴勒斯坦，意思是「皮利斯塔人的國度」。皮利斯塔人（巴勒斯坦的最早居民）屬於克里特人的一支，他們被趕出自己的海島後，就在西亞海岸定居下來。很不幸的是，此時的巴勒斯坦內陸已經被另一支閃人部族迦南人佔據。然而猶太人奮力衝開道路，進入山谷，建立起許多城市。他們修築了一座敬奉耶和華的宏偉廟宇，並將廟宇所在的城市命名為「耶路撒冷」，意思是「和平之鄉」。

至於摩西，此時的他已不再是猶太人的領袖了。他安詳地望著遠方巴勒斯坦的群山，然後永遠閉上了疲倦的雙眼。他一直虔誠而勤勉地工作，取悅耶和華。他不僅把族人從外國的奴役中帶到了一個自由獨立的新家園，他還使猶太人成為歷史上第一個敬奉唯一神的民族。

CHAPTER 10

腓尼基人

腓尼基人為我們創造了字母

22字母泥版

敘利亞 西元前14世紀

　　在敘利亞沿岸的烏加里特產生了一種僅使用22個符號的楔形文字。這22個字母全是輔音，是迄今所知最早的字母文字。

註①提爾（Tyre）和西頓（Sidon）
　　均為黎巴嫩沿海城市，古代
　　著名的貿易中心。
註②錫利群島（Scilly islands），
　　位於英國英格蘭西南部。
註③加的斯（Cádiz），西班牙西
　　南部港口城市。

　　腓尼基人是猶太人的鄰居，同屬閃族。在很早的時候，他們沿地中海海岸定居下來。他們修築了兩座防備堅固的城市——提爾和西頓①。沒用多長節時間，他們便壟斷了西方海域的貿易。他們的船隻定期開往希臘、義大利和西班牙，甚至還冒險地駛過直布羅陀海峽，到錫利群島②採購錫。所到之處，他們建立起一些小型的貿易據點，稱為「殖民地」。許多現代城市都起源於腓尼基人建立的小貿易站，比如加的斯③和馬賽。

　　腓尼基人買賣有利可圖的一切東西，從未覺得良心不安。如果他們的鄰居沒有誇大其辭，那麼腓尼基人就是既不誠實、也不正直的人。他們把裝得滿滿的錢箱當成是所有正派公民的最高理想。事實上，他們極不惹人喜歡，也從未交到過朋友。不過，他們給後人留下了一筆極有價值的遺產——他們創造了字母。

　　腓尼基人當然熟悉蘇美人發明的楔形文字，不過他們覺得這些歪斜的筆劃既笨拙又浪費時間。他們是凡事講求實際的商人，不肯把大量的時間花在雕刻這些繁瑣的字母上，於是他們投入工作，發明了一種大大優於楔形文字的新文字體系。他們從埃及的象形文字中借來幾個圖案，並簡化了數個蘇美人的楔形文字，以犧牲舊有文字的優美外

形為代價，追求書寫的速度和效率，終於，他們將數千個不同的文字圖案簡化成短小而方便的22個字母。

後來，這些字母越過愛琴海傳入希臘。希臘人為其增添了幾個自己創造的字母，並將改進的字母系統帶到義大利。羅馬人對字母的外形稍加修改，又將它們教給西歐的野蠻部落。這些野蠻人即我們的祖先。這也是本書以起源於腓尼基人的字母文字而非以埃及的象形文字或蘇美人的楔形文字來寫作的原因。

腓尼基人的泥面具和首飾
西元前6世紀

出於對生死的未知，人們總是有太多的恐懼。右邊這個用紅色泥料製作的面具是放在墳墓裡用來驅邪的。迦太基人（迦太基為腓尼基人的殖民城市）不但是一個精通商務的民族，也是一個擁有精湛的金屬製造工藝的民族，圖為2500年前迦太基人製作的各種首飾。

腓尼基人的玻璃用品
西元前7世紀

腓尼基人採用「內核製作」的技術，製作了許多令人驚訝的玻璃製品，隨著他們的海上貿易廣為流傳，尤其受到他們的老師埃及人青睞。這是用來裝香水的玻璃瓶。

THE
STORY
OF
MANKIND

CHAPTER 11

印歐人

印歐語族的波斯人征服了閃族人與埃及人

　　古埃及人、巴比倫人、亞述人及腓尼基人的世界已存在了將近3000年。這些河谷地帶的古老民族日漸變得衰朽而疲憊。當一支精力煥發的新興民族出現在地平線時，他們便注定了覆滅的命運。我們稱這個新民族為「印歐種族」，因為它不僅征服了歐洲，還使自己成為印度的統治者。

　　和閃族人一樣，這些印歐人屬於白種人，但他們說一種全然不同的語言。這種語言被視為所有歐洲語言的共同起源，只有匈牙利語、芬蘭語及西班牙北部的巴斯克方言例外。

查拉斯圖特拉像
繪畫 中世紀

　　作為西元前6世紀伊朗的先知，古帕西人宗教的創立者，查拉斯圖特拉的名字在德國哲學家尼采的大力推崇後才得以使眾人皆知。實際上，在古代，只有《波斯古經》最早的篇章提到過這個神秘的歷史人物，他建立的宗教反對多神論，他的思想在當時和後世的雅利安人中都有著深遠的影響。

當我們最早聽說他們時，他們已經在裏海沿岸居住了許多世紀。但有一天，他們突然收拾好帳篷，開始向北遷移，尋找新的家園。其中的一些人進入了中亞的群山，在環繞伊朗高地的山峰間居住了多個世紀，這也是印歐人被稱為雅利安人的原因。其他人則朝著日落的方向前進，最終佔據了整個歐洲平原。在講到希臘和羅馬時，我將告訴你這段故事。

現在，我們到了該追隨雅利安人的時候了。在他們的偉大導師查拉斯圖特拉（又名瑣羅亞斯德）的帶領下，許多雅利安人離開了山中的家園，沿湍急的印度河而下，一直來到海邊。

其他人則寧願留在西亞的群山中，在此建立了米底亞人和波斯人的半獨立社區。這兩個民族的名字，都得自於古希臘的史書。在西元前17世紀，米底亞人建立起自己的米底亞王國。當安申部落的首領居魯士成為所有波斯部族的國王時，他消滅了米底亞王國，從此開始四處遠征，不久他和他的子孫成為了整個西亞及埃及中無可爭議的統治者。

憑著蓬勃的精力，這些印歐種族的波斯人繼續向西征戰，並連連獲勝。不久，他們便與數世紀前遷入歐洲並佔據了希臘半島及愛琴海島嶼的另一個印歐部族發生了嚴重的衝突。

這些衝突導致了希臘和波斯之間的三

拉庇泰人與半人半馬之戰

浮雕 希臘神廟 西元前5世紀

在希臘人眼中，半人半獸就像波斯人一樣野蠻，而右邊的拉庇泰人則象徵著文明的希臘人。

次著名戰爭。波斯國王大流士和澤克西斯先後率兵入侵半島北部，掠奪希臘人的領土，並竭盡全力要在歐洲大陸上得到一個根據地。可他們最終失敗了。雅典的海軍戰無不勝。透過切斷波斯軍隊的補給線，雅典的水手總是能迫使亞洲入侵者退回到他們的基地。

這是亞洲與歐洲的第一次交鋒。一方是古老的導師，一方是年輕氣盛的學生。這本書的其他章節還將給你講述許多東方與西方交手的故事，這種爭鬥一直持續到現在。

CHAPTER 12

愛琴海

愛琴海的人民將亞洲的古老文明帶到了蠻荒的歐洲

註① 海因里希‧謝爾曼（Heinrich Schliemann，1822～1890），德國考古學家，考古學最早的普及者，邁錫尼文化的發現者，著有《邁錫尼》。

註② 普里阿摩斯王（Priamus），希臘神話中特洛伊的最後一位國王。

當海因里希‧謝爾曼①還是個小孩子的時候，他父親給他講了特洛伊的故事。這些故事深深的迷住了他。他從此立下志願，一旦自己長大，能夠離家遠行的時候，他將前往希臘去「尋找特洛伊」。儘管謝爾曼的父親只是梅克倫堡村的一個貧寒的鄉村牧師，可這並未使他放棄理想。他知道尋找特洛伊所費不菲，所以決定先掙一筆錢，然後再進行考古挖掘。事實上，他在很短的時間內積攢了一大筆財富，足以裝備一支探險隊。於是，他啟程前往自己認為的特洛伊城舊址——小亞細亞的西北海岸。

在小亞細亞的那塊角落裡，坐落著一座長滿穀物的高丘。據當地的傳說，普里阿摩斯王②的特洛伊城便埋藏在下面。此時，謝爾曼高張的情緒超越了他的考古知識，他馬上著手挖掘。其熱情之高，挖掘速度之快，使他與自己夢寐以求的城市失之交臂。他的壕溝直接穿越了特洛伊城的中心，將他帶到了深埋於地下的另一座城市廢墟。這座城市比荷馬描寫的特洛伊城至少要古老1000年。如果謝爾曼只找到幾把打磨過的石錘或者幾個粗陶罐，沒人會為此吃驚。人們通常就是將這些器物與在希臘人之前定居此地的史前人類聯想在一起的。可事實上，謝爾曼在廢墟裡發現了做工精美的小雕像、貴重的珠寶和飾有非希臘圖案的花瓶。

根據這些發現，謝爾曼大膽提出：距偉大的特洛伊戰爭1000年以前，愛琴海沿岸就居住著一個神秘的種族。他們文化在許多方面都比入侵他們的國土、摧毀或吸收他們的文明的希臘野蠻部落要優越得多。謝爾曼的推測最後被證實了。

19世紀70年代末，謝爾曼考察了邁錫尼廢墟。這些廢墟曾讓古羅馬的旅行指南對其悠久的歷史表示過驚歎，更別說現代人了。在一道小圓圍牆的方石板下面，謝爾曼再度意外發現了令人驚羨的藏寶庫。留下這些寶物的仍是那個早於希臘人1000年的神秘種族。他們在希臘海岸到處修築城市，其城牆之高大、厚實、堅固，被古希臘人敬羨地稱為「巨人泰坦的作品」。泰坦相傳是古代希臘中像天神一樣的巨人，他常與山峰擲球為戲。

不朽的特洛伊戰爭
陶瓶 希臘 西元前7世紀

特洛伊之戰在希臘人心中是神聖的，每一個細節都被刻繪在各種地方接受頌揚。戰爭中發揮決定作用的木馬更是被深刻紀念。這幅陶瓶畫中的木馬昂首而立，全副武裝的敵人圍著它歡呼，卻沒有注意到木馬身上開著的窗口，裡面的希臘士兵正在偷看著經過的敵人。

經考古學家一番詳細的研究，揭開了籠罩在這些為數眾多的遺跡上的神秘面紗。這些早期工藝品的製作者及巨大城堡的建築師們並非什麼魔法師，而是淳樸的水手與商人，他們曾定居在克里特島和愛琴海的諸多小島上。他們辛勤地工作，把愛琴海變成了一個貿易繁忙的商業中心，在高度文明的東方與蠻荒落後的歐洲之間，源源不斷地交易著商品和物資。

這個繁榮的海島帝國維持了1000多年，發展出高超的工藝。其中最重要的城市克諾索斯位於克里特島北部海岸，它在衛生條件和舒適程度方面，達到了相當現代化的水準，宮殿的排水設施精良，住宅配有取暖的火爐。另外，克諾索斯人還是歷史上第一個把浴缸引入日常生活的民族。克里特國王的宮殿以其蜿蜒盤旋的樓梯和寬敞高大的宴會廳而蜚聲於世。宮殿下面建有儲藏葡萄酒和橄欖油的地窖，每個都碩大無朋，給第一批前來參觀的古希臘遊客留下過深刻印象。於是，他們據此創造了克里特「迷宮」的故事。迷宮常被我們用來形容一座有著許多複雜通道的建築物，一旦其前門在我們身後重重地合上時，我們將驚恐地發現自己找不到其他的出口。

然而這個偉大島國最後究竟發生了什麼事？是何人何事導致了它突然的衰落？本人對此也一無所知。

克里特人精通書寫術，可迄今為止，還沒人能破譯他們留下的碑文。因此，我們無法熟悉其歷史，只能從愛琴海人存留的遺跡中，推測他們英雄事蹟的點點滴滴。那些廢墟表明，愛琴海人的世界是一夜之間被來自歐洲北部平原的野蠻民族攻陷的。如果猜得沒錯，這個摧毀克里特人和愛琴海文明的野蠻種族，就是剛剛佔領亞得里亞海與愛琴海之間那個岩石半島的遊牧部族，也就是我們稱呼的古希臘人。

國王的面具
黃金製品 邁錫尼 西元前16世紀

這個死去國王的面部雕像是在邁錫尼發現的幾個黃金面具之一，曾被認為是領導特洛伊之戰的英雄阿迦門農的雕像。其實邁錫尼並沒有自己的金礦，它所顯示出的這些巨大財富，都是透過商貿和戰爭得來的。

金垂飾與金杯
邁錫尼 西元前16世紀

在伯羅奔尼撒南部瓦費安的一座邁錫尼古墓中發現的金杯，描述了捕捉野牛的情景。高超的工藝和高度的文明略見一斑。

克諾索斯王宮遺址

距今3000多年前，克里特島北部城市克諾索斯在衛生和舒適方面與現代化的水準相當，取暖、排水設施精良，更是歷史上第一個把浴缸引進日常生活的城市。

CHAPTER 13

希臘人

印歐語系的赫楞人佔據了希臘半島

木馬計

插圖畫 中世紀

　　這是使希臘成為希臘的關鍵一役，其進入內部而攻擊的策略也體現在希臘的各個方面，就如他們學會了愛琴海人的所有技術，卻最終把老師趕了出去。

　　在歷史上的某一天，當一支印歐種族的小遊牧部落離開多瑙河畔的家園，向南找尋新鮮牧場時，金字塔已經屹立1000年了，正開始顯出衰敗的徵兆，而巴比倫的睿智帝王漢摩拉比，此時也已長眠於地下數個世紀。這支遊牧部落自稱為赫楞人，即希臘人的祖先。根據古老的神話，很久以前，這個世界的人類曾一度變得異常邪惡。居住在奧林匹斯山的眾神之王宙斯對此大發雷霆之怒，以洪水沖毀了整個塵世，殺死所有人類，只有狄優克里安和他的妻子皮拉得以倖免。赫楞即狄優克里安與皮拉的兒子。

　　我們對這些早期的赫楞人瞭解不多，記述雅典衰落的歷史學家修昔底德①曾以鄙夷的口氣談起過自己的這些先祖，說他們「不值一提」，他說的多半是實話。這些赫楞人粗野無禮，過著牲畜一般的生活。他們對敵人異常殘忍，常常將他們的屍體扔給兇猛的牧羊犬分食。他們毫不尊重其他民族的權利，大肆殘殺希臘半島上的土著皮拉斯基人，掠奪其農莊和牲畜，並將他們的妻女賣為奴隸。亞該亞人曾充當赫楞人的前鋒，引導他們進入塞薩利和伯羅奔尼撒的山區，於是赫楞人寫了很多頌歌來讚美亞該亞人②的勇氣。

　　不過在各處的高山頂上，他們也看見了愛琴海人的城堡，卻沒敢下手。在見到愛琴海士兵所使用的金屬刀劍與長矛時，赫楞人知道，憑自己手裡的粗陋石斧，絕對是討不到任何便宜的。

在許多世紀裡，他們就這樣四處遊蕩，往來於一個又一個山谷與山腰。後來，等全部的土地都被他們佔領，他們便定居下來做了農民。

這就是希臘文明的開始。這些希臘農民住在看得見愛琴海人殖民地的地方，終於忍不住好奇心去拜訪了他們的高傲鄰居。他們發現，原來自己可以從這些居住在邁錫尼和蒂林斯（克里特島古城）的高大石牆後面的人們那裡學到許多有用的東西。

他們是絕頂聰明的學生，沒多久便學會了如何使用愛琴海人從巴比倫和底比斯買回的那些奇怪的鐵製武器，也弄懂了航海的奧秘。於是，他們開始自己建造小船出海航行。

當他們學會了愛琴海人的所有技藝，便掉轉矛頭，把自己的老師趕回了愛琴海島嶼。不久，他們冒險渡海，征服了愛琴海上的所有城市。最後，在西元前15世紀，他們洗劫了克諾索斯，將其夷為平地。就這樣，在赫楞人初次登上歷史舞台10世紀後，他們成為了整個希臘、愛琴海和小亞細亞沿岸地區的無可爭議的主人。西元前11世紀，古老文明的最後一個偉大貿易中心特洛伊被希臘人摧毀，歐洲歷史於此便真正開始了。

註① 修昔底德（Thucydides），希臘最偉大的歷史學家，生活在西元前5世紀。
註② 亞該亞人（Achaeans），希臘古代民族的統稱。

武裝搶劫
陶器 西元前520年

這個黑像式丘力克描繪了在划槳手的划行下，輕便快速的軍船襲擊商船的場面。航海的發展為赫楞人最終成為希臘人奠定了基礎。

歐亞兩洲之間的島嶼橋
房龍 手繪圖

CHAPTER 14

古希臘城邦

古希臘的城市其實是獨立的國家

奧林匹克競標場入口
攝影 希臘

希臘的迷人基於它對「適度與節制」的熱愛。這是奧林匹克競技場斯達迪恩的入場門。

年輕少女
大理石雕塑 古希臘
西元前520年

青春是古希臘雕刻的同名詞。區別於對各種神的表現，這幅雕刻明確展示著希臘的古典韻味。少女如陽光般的微笑塑造了典型的希臘式微笑，在自然的活潑之中，一切都那麼美好。

衛城遺址
攝影 希臘

雅典衛城曾是希臘式完美主義的最高典範。如今，輝煌已成歷史，希臘的完美之美也隨著神廟的破敗而荒蕪了，瓦礫中的廢墟與廢墟裡的瓦礫，一同訴說著希臘永遠過去了的過去。

我們現代人總喜歡「大」這個字眼。我們為自己屬於世界上「最大」的國家、擁有「最大」的海軍、出產「最大」的柑橘和馬鈴薯而自豪不已。我們喜歡住在數百萬人口的「大城市」，死後被葬在「全國最大的公墓」。

如果一個古希臘公民聽見我們諸如此類的說法，他很可能一頭霧水，根本不明白我們的意思。「萬事追求適度」，這是他們對理想生活的準則。單純的數量與體積的龐大根本引不起他們的興趣。並且，這種對適度與節制的熱愛並非特定場合的空洞說辭，它滲入了古希臘人由生到死的全部日常生活。它是他們文學的一個組成部分；它使他們造出了小巧而完美的神廟；它在男人穿著的服裝和女人佩戴的手鐲裡，也表現出自己的特性；它還隨公眾來到劇場，使他們對任何膽敢違反高雅趣味和優良理性的劇作家報以一片噓聲。

希臘人甚至要求他們的政治家和最受歡迎的運動員也具備這種平衡與適度感。當一位著名的長跑手來到斯巴達，吹噓自己能夠用單腳更時間站立，比希臘的任何人都來得久，這時人們會不留情面地把他趕出城市，因為任何一隻普通的鵝都能做到他引以為豪的「壯舉」。

「那很好啊！」你會說，「注重適度與完美當然是一種優秀的德行，可是為什麼在古代只有古希臘這個民族發展了這種素質呢？」作為對你問題的回答，我必須講一講古希臘人的生活狀態。

在埃及或者美索不達米亞，人們僅僅是一個神秘莫測的最高

統治者的「臣民」。這位統治者住在遙遠的宮廷裡面，統治著他龐大的帝國，他的絕大部分臣民一生都未見過他一面。可希臘人正好相反，他們是分屬數百個小型「城邦」的「自由公民」。這些城邦中最大的，其人口也不超過一個現代的大型村莊。當一個住在烏爾的農民說自己是巴比倫人時，他的意思是，他屬於數百萬個向當時正好是西亞統治者的國王納稅進貢的大眾之一。可當一個希臘人自豪地稱自己是雅典人或底比斯①人，他談到的是那個既是他的家園，又是他的國家的小城鎮。那裡不承認有什麼最高的統治者，一切由集市上的人們說了算。

對希臘人來說，祖國就是他出生的地方，是他在雅典衛城的石牆間玩捉迷藏度過童年的地方，是他與許多男孩女孩一起長大成人的地方。他對他們每一個人的熟悉就如同你知道班級裡所有同學的綽號一樣。他的祖國是他的父母親埋骨於此的聖潔土壤。它高大堅固的城牆庇佑著他的小屋，讓他的妻女能安樂無憂地生活。他的整個世界不過是四、五英畝岩石叢生的土地。現在你明白沒有，這樣的生活環境是如何影響一個人的所作所為、所思所想？巴比倫、亞述、埃及的人們僅僅是廣大賤民的一份子，就像一滴水消失在大河裡；可希臘人卻從未失去與周圍環境最切近的感觸，他從來就是那座人人相熟的小鎮的一員。他感覺到，那些聰明睿智的鄰居們時刻都在關注著他。無論他做什麼事情——寫一齣戲劇、雕一座大理石塑像或者譜幾首曲子，他都不能忘記一點：自己的努力將呈現在故鄉所有這些生而自由的公民們眼前，接受他們內行的評判。這種意識驅迫著他，使他不得不努力追求完美。而根據他從童年開始便接受的教導：缺少適度和節制，完美便如鏡中花、水中月，永不能企及。

在這所嚴格的學校裡，希臘人在許多方面都有卓越表現。他們創造了新的政治體制，發明了新的文學樣式，發展出新的藝術理念，其成就是我們現代人永難超越的。令人驚歎的是，他們創造了奇跡的場所，儘管是些相當於現代城市四、五個街區大小的小村莊。

看看最後發生了什麼吧！

西元前4世紀，馬其頓的亞歷山大大帝征服了全世界。一等戰事結束，亞歷山大就決意將真正的希臘精神傳播給全人類。他將希臘精神從那些小村莊、小城市裡帶出來，努力讓它們在自己新建立的遼闊帝國裡開花結果。可一旦遠離朝夕相處的熟悉廟宇，聞不到故鄉彎曲的小巷裡的親切聲響與味道，希臘人似乎一夜之間便喪失了激發他們創造出偉大作品的生氣勃勃的歡樂與良好的均衡感。他們的手和腦子失去了靈氣，淪為廉價的藝匠，僅僅滿足於二流的拙劣品。

從古希臘的小城邦喪失獨立②，被迫成為一個偉大帝國的屬地那天開始，古老的希臘精神即隨之死去了。它永遠地死去，再未曾復活過來。

註① 底比斯：古希臘中部維奧蒂亞的一個主要城邦。
註② 希臘城邦的發展可分為四個時期：
(1)建基時期，西元前1000～800年。(2)城邦的成長，西元前800～500年。(3)城邦文明的顛峰，西元前500～404年。(4)衰落，西元前404～338年。

CHAPTER 15

古希臘的自治制度

古希臘人是歷史上最早進行自治實驗的民族

梭倫像

梭倫是古希臘時期著名的文人與立法者。這位於西元前594年就任的雅典執政官深得尊重,他為雅典民主政治的發展打下了基礎。

一開始,所有希臘人貧富均等,人人都有一定數量的牛羊,泥糊的小屋就是自己的宮殿。平時,人們按自己的意願行事,一旦有重要的事務需公眾討論,所有市民便聚集在市場上議事。人們選出一位眾望所歸的老人作為會議主席,他的職責就是保證每一個人都能平等得到表達意見的機會。當有戰事發生,一位精力特別充沛且自信心極強的村民便會被推舉為軍事領袖,可選舉他為統帥、自願交給他指揮權,當然,人們同時也保留著等危機過去便解除他職務的權利。

可漸漸地,小村莊發展為城市。有些人工作勤奮,有些人好逸惡勞;有些人交了霉運,可另有些人卻靠欺詐手段發了財。於是,整個城市不再由許多財富均等的市民組成。相反地,城市的居民變成了一小群富人和一大群窮人。

同時還發生了另一個變化:那些因帶領人們取得戰爭勝利而被眾人心甘情願推為「首腦」或「國王」的老式軍事統帥從歷史舞台上銷聲匿跡了,他的位置被一群貴族佔據,那是在社會演進的過程中攫取了超額的土地與財產,是赫然得勢的富人階級。

阿戈拉市場
油畫 19世紀

依山而建、寬大的廣場、隨處而立的雕像以及悠閒的人們,這幅畫再現了阿戈拉市場的原貌。阿戈拉曾經是雅典真正的核心,是自由民參與議會的地方,是民事活動的中心,也是商業的樞紐。

這些貴族享有許多普通自由公民享受不到的特權，能夠到地中海東部的集市去購買最精良的武器，擁有大量閒暇時間來操練搏擊之術。他們住在防禦堅固的大宅子裡，並花錢僱傭士兵為他們作戰。為決定該由誰來統治城市，他們之間不斷發生爭吵。在爭鬥中獲勝的貴族於是僭奪王位，其地位超越所有的鄰人，並統治著整個城市，直到某一天他被另一個野心勃勃的貴族殺掉或驅逐。

這樣一位靠手下士兵保護的國王通常被稱為「暴君」。在西元前7到6世紀期間，幾乎每一個希臘城邦都由這樣一位暴君統治著。順便一提，他們中的許多人碰巧也會是特別有才幹的。可到頭來，這種統治終於發展到讓人無法忍受的地步，於是出現了許多革新的嘗試。世界上最早的民主制度，便是從這些革新的努力中成長起來的。

西元前7世紀初，雅典人決定廢除因襲已久的僭主制度，賦予為數眾多的自由公民們以發言權，讓他們參與政府的管理。這種權利在其亞該亞人的先祖時代就一直存在。他們讓一位名叫德拉古的人制定一套法律，以保護窮人免遭富人的侵害。德拉古立即投入工作。很不幸的是，他是職業律師出身，與普通人民的日常生活格格不入。在他看來，一項罪行就是一項罪行，無論輕重，都應受到嚴厲懲處。等他完成工作後，雅典人發現德拉古法典顯得過分嚴苛，根本不可能付諸實施。這套新的法律把偷盜一顆蘋果也定為死罪，照此施行，人們將沒有足夠的繩子來絞死所有罪犯。

雅典人於是去尋找一位更有同情心的改革者，最終，他們找到了一個做這項工作的最佳人選。他名叫梭倫，來自一個貴族家庭。他曾漫遊世界上的各個地方，考察過許多國家的政治體制，經過縝密的研究工作，梭倫給雅典人拿出了一套法典，它極好地體現了作為希臘人的「適度」原則。梭倫在盡力改善農民狀況的同時，又小心翼翼地不觸犯富人的利益，因為富人作為主要的兵源，對城市是極有用處的。為保護窮人階級免遭法官們濫用權力的危害（法官總是從貴族階級中推選出來，因為他們可以不拿薪水），梭倫特別擬訂了一項條款，讓利益受損的市民有權向一個由30位雅典公民組成的陪審團申述。

最重要的是，梭倫透過法律的形式，迫使每一個普通自由公民關注並參與城市的事務。現在，雅典人再不能待在家裡，託辭說：「哦，今天我太忙了。」或者「老天下雨，我最好是別出去。」每一個公民都應該履行其份內的義務，出席市議會的集會，並為城市的繁榮與安全出一分力。

在很多時候，這個公民自治的政府效率低下，遠遠說不上是成功的，有太多不著邊際的空談充斥其間，為了爭名奪利，常常發生相互詆毀與中傷的情形。可是至少有一點是好的：它教會了希臘人獨立自主，依靠自己的力量獲得自由。

CHAPTER 16

古希臘人的生活

古希臘人是怎樣生活的

我想你們會問，如果古希臘人總是一聽到召喚，就趕去集市討論城邦的事務，他們怎會有時間來照顧家庭和自己的生意？在這一章，我會為你們解釋這個問題。

對於政府的所有事務，希臘的民主制度只承認一類市民擁有參與的權利，那就是自由民。而每一個希臘城市都是由少數生來自由的市民、大量的奴隸和零星的外國人組成的。

只在少數時候（通常是發生戰爭，需要徵召兵員時），希臘人才願意給予他們所謂的「野蠻人」即外國人以公民權，但這種情形純屬例外。公民資格是一個出身問題。你是一個雅典人，因為你的父親和祖父在你之前就是雅典人。除此而外，無論你是一個多麼出色的士兵或商人，只要你的父母不是雅典人，你終其一生都只能是住在雅典的「外國人」。

因此，只要不是由一位「國王」或「暴君」統治時，希臘的各個城市便歸這個自由民階層管理，並為其利益服務。這種體制如果離開了一個數量六、七倍於自由公民的奴隸階層，根本就無法運轉。奴隸為有幸成為自由公民的古希臘工人承擔了種種繁重勞動，而現代人卻不得不為這些養家糊口的工作，付出他們大部分的時間與精力。

奴隸們把整個城市的烹飪、烤麵包、製作蠟燭等工作全部承包下來。他們是理髮師、木匠、珠寶製作工、小學教師和圖書管理員。他們負責看商店、照管工廠，主人們則要不就在出席公共會議，討論是戰是和的重大問題；要不就正在前往劇院，觀賞埃斯庫羅斯的最新悲劇；要不就聆聽對於歐里庇德斯的革命性觀念的激烈討論，因為這位劇作家竟敢

青銅雕塑的製作

瓶畫 古希臘
西元前5世紀

在這只陶碗上描繪了製作古希臘青銅雕塑的全部過程。從往壁爐裡添加燃料到分別鑄造、細部雕琢，整個過程非常清晰。

苦行的哲學家

格羅姆 油畫 1860年

西元前4世紀的希臘大儒派哲學家第歐根尼（Dio-genes，約西元前404～323年）在大白天點著燈，用以「尋找誠實的人」。作為一個苦行主義的身體力行者，他過著乞丐一樣的生活，一直試圖按照自然狀態描繪一種理想的生活。他的哲學思想為古希臘崇尚簡樸的生活理想奠定了基礎。

對大神宙斯的威嚴表示懷疑。

事實上，古代的雅典酷似一個現代俱樂部。所有的自由公民都是世襲的會員，而所有的奴隸則是世襲的僕人，隨時準備聽候主人的吩咐。當然，能成為這個組織的會員倒是件很愉快的事情。

不過當我們談到「奴隸」一詞時，我並非說他們就是你在《湯姆叔叔的小屋》裡讀到過的那種人。當然，每天替人耕田種地的日子確實不舒服，可那些家道中落的自由公民們也不得不受人雇傭，在富人的農莊做幫工，他們的生活其實跟奴隸一樣悲慘。而且在城市裡，許多奴隸甚至比下層自由公民更富有。對「萬事追求適度」的古希臘人來說，他們寧願以溫和的方式對待奴隸，而之後的古羅馬人卻要冷酷得多。羅馬人的奴隸不僅如同現代工廠裡的機器，沒有絲毫的權利，而且常常因微小的過失，便被主人投入獸欄餵野獸。

古希臘人視奴隸制為一種必要的制度，缺少這種制度，任何城市都不可能成為文明人舒適的家園。

奴隸們也從事像今天由商人和專業人員擔任的複雜工作。至於那些佔據了你母親大部分時間，並讓你父親下班之後愁眉不展的家務勞動，古希臘人則對之不以為然。他們深諳閒適生活的價值，透過居住在最為簡樸的環境裡，他們把家務勞動降到了最低的程度。

首先，古希臘人的房屋非常簡樸，甚至連富人們都居住在土坯的大房子裡。現代工人認為是應該享受的那些舒適條件，在他們的屋子裡可是一樣也沒有。希臘人的屋子由四面牆和一個屋頂組成，有一扇通向街道的門，但沒有窗戶。廚房、起居室、臥室環繞著一個露天庭院，庭院裡有一座噴泉或是一些小型雕塑，還有幾株植物，使整個環境顯得寬敞明亮。如果不下雨或者天氣不太冷，一家就生活在庭院裡。在院子的一角，有廚師（是奴隸）在烹調食

THE STORY OF MANKIND

物；在院子的另一角，有家庭教師（也是奴隸）在教孩子們背誦希臘字母和乘法表；在又一個角落，屋子的女主人和裁縫（也是奴隸）在縫補男主人的外套。女主人少有出門，因為在古希臘，一個已婚婦女經常出現在大街上，這被認為是不體面的事情。在緊挨門後的一間小辦公室裡，男主人正細心查看著農莊監工（也是奴隸）剛剛送過來的帳目。

當晚飯準備好時，全家人便圍坐在一起就餐。飯菜很簡單，不用多長時間便吃好了。古希臘人似乎把飲食當成一件無法避免的罪惡，不像娛樂，既能打發無聊的時光，又能怡情益智。他們主要吃麵包，喝葡萄酒，外加少許的肉類和蔬菜。他們只在沒有別的飲料可喝時才飲水，因為他們認為喝水不利於健康。他們喜歡請朋友一起進餐，但在我們現代人宴會上常常出現的胡吃海塞、縱情狂飲的情形，只能令古希臘人感到作嘔。他們喜歡在餐桌上聚集一堂，主要是為了更風趣的交談及品味美酒飲料。不過，他們懂得節制的美德，喝得酩酊大醉是遭人蔑視的行為。

古希臘人餐桌上盛行的簡樸之風，同樣表現在他們對衣飾的選擇上。他們熱愛乾淨，修飾整潔，頭髮和鬍子梳理得有條不紊。他們常常鍛鍊，比如去體育館游泳，比如練習田徑，好讓自己感覺強壯。他們從不追趕亞洲的流行式樣，穿那些色彩豔麗、圖案古怪的服裝。男人們通常著一襲白袍，看上去就像現代身披藍色披肩的義大利官員一樣時髦而有風度。

當然，他們也喜歡自己的妻子戴點珠寶首飾，可他們覺得在公眾場合炫耀財富是相當庸俗的行為。所以一旦女人們離家外出，她們都儘量不惹人注目。

簡而言之，古希臘的生活不僅節制，而且簡樸。椅子、桌子、書籍、房子、馬車等等「事物」，總會佔據其擁有者大量的時間，最終，它們會使佔有它們的人淪為自己的奴隸。他不得不耗神費力去照顧它們，擦拭、打磨、拋光。而古希臘人首先想要的是「自由」，是身體和心靈的雙重解放，所以他們將自己的日常需要壓縮至最低的程度，以便他們維持精神的真正自由。

吟遊詩人

格羅姆 油畫 1848年

　　這幅畫描繪的是古希臘的浪漫詩人阿克那里翁，他生活在西元前6世紀，是一位致力於歌頌愛情的詩人。畫家也用頗為浪漫的手法描繪了詩人在天使的簇擁下彈著里拉琴歌唱，旁邊的少年在吹笛相和。希臘人總是如此地自然與閒適。

CHAPTER 17

古希臘的戲劇

人類第一種公共娛樂形式——戲劇的起源

從很早開始，古希臘人便開始採集歌頌其英勇先祖的詩歌。這些詩歌講述了他們的先祖把皮拉斯基人逐出希臘半島以及摧毀特洛伊城的豐功偉績。吟遊詩人走村串戶，當眾朗誦這些詩歌，每個人都出來聆聽。可是，作為我們當代日常生活中必不可少的娛樂形式之一的戲劇，卻不是起源於這些當眾吟誦的史詩。它的起源奇妙無比，因此我想單獨用一章的篇幅來為你講述這個故事。

古希臘人向來喜歡遊行，每年他們都會舉行盛大遊行來讚美與敬奉酒神狄俄尼索斯。希臘人好飲葡萄酒（他們認為水的用處僅止於游泳與航海），因此這位酒神大受歡迎。我想，如果我們這個時代有汽水飲料之神，他也會受到同樣的待遇。

希臘人認為這位酒神是住在葡萄園裡的，終日與一群名為薩堤羅斯的半人半羊的怪物一起，過著快樂而放縱的生活。因此，參加遊行的人們慣常披著羊皮，發出咩咩的叫聲，像真正的公羊。在希臘語裡，山羊寫法為「tragos」，而歌手則拼作「oidos」。由此，學山羊發出咩咩之聲的歌手就被稱為山羊歌手。這一奇怪的稱呼後來演變為現代名詞——「悲劇」（tragedy）。從戲劇的角度來說，「悲劇」意味著一齣結局悲慘的戲，就如同喜劇（原意是歌詠、歡

酒神的祭禮

阿爾瑪·苔德瑪
畫布油畫 1889年

廣場上女祭司率領眾人以歌舞獻祭，慶賀酒神的節日。他們高舉手鼓簇擁著抬酒的人，邊走邊跳，老人和孩子也在其中，瘋狂扭曲的身體和迷醉的神情相映；畫面右邊的石榴，既是豐收又是放蕩的象徵。從類似的祭祀儀式中發展出了戲劇。

THE
STORY
OF
MANKIND

征戰的士兵一路風塵而歸，路邊的木偶劇正在上演戰爭與死亡的戲劇，平民們頭戴橄欖枝，平靜地注視著真真假假的殺戰。這幅極具象徵意味的繪畫至少告訴了人們兩個訊息：其一，古希臘時代戰爭已經頻繁到足以滲入普通人的生活；其二，古希臘時期戲劇形式已十分多樣，路邊街頭均可看見它的身影。

快、幽默之事）以大團圓收場。

你肯定會問，這些化裝成野山羊的歌手們嘈雜的合唱，究竟是如何發展成在世界各劇院上演2000年而不衰的高貴悲劇的呢？

山羊歌手和哈姆雷特之間的聯繫，其實非常簡單。我馬上就向你說明。

起初，山羊歌手的咩咩合唱很讓人著迷，吸引了大批的觀眾站在街道兩旁圍觀，笑聲不斷。可沒過多久，這種叫聲便讓人厭煩了。希臘人把沈悶乏味視為與醜陋、疾患同等的罪惡，他們強烈要求合唱隊拿出一些更吸引人的東西。後來，一位來自阿提卡地方伊卡里亞村的青年詩人，想出了一個頗富創意的新點子，他讓合唱隊的一名成員步出佇列，與走在遊行隊伍前列的首席排簫樂師對話。這位合唱隊隊員獲得了離開行列的特權，他一邊說話，一般揮舞雙臂，

做出種種手勢（這意味著當別的人站在一旁唱頌的時候，他卻是在「表演」）。他大聲問出許多問題，樂隊領隊則根據詩人事先寫在紙莎草紙上的答案，一一予以回答。

這一粗糙且事先準備好的談話，就是戲劇裡「對白」的前身。它通常是講述酒神狄俄尼索斯或其他某個神的故事。這種新穎的形式一出現，立刻大受群眾歡迎。由此，每一個酒神遊行儀式裡，便都有了這樣一段「表演場面」。過了沒多久，「表演」變得比遊行本身以及咩咩合唱更重要了。

埃斯庫羅斯①是古希臘最成功的「悲劇家」，在其漫長的一生裡（西元前526～455年），他寫了大約80部悲劇。他做過一個大膽的創新，為合唱表演引入兩名「演員」來取代原來的一名「演員」。其後，索福克勒斯②把演員的數量增為三人。西元前5世紀中期，當歐里庇德斯③開始創作他那些讓人毛骨悚然的悲劇時，他開始視劇情需要使用演員，想用多少便用多少。當阿里斯托芬④寫作他嘲笑所有人、所有事、甚至奧林匹斯山眾神的著名喜劇時，合唱隊已經被降到旁觀者的地位。他們列隊站在

主要角色的身後，當前台的英雄犯下了違反神意的罪行時，他們便齊聲高唱，「啊，這是個何等恐怖的世界！」

這種新穎的戲劇娛樂形式當然需要合適的場所。很快地，每個希臘城市都擁有了一座劇院。它開鑿在附近小山的岩壁旁，觀眾們坐在木製的長凳上，面向一個寬闊的圓形場地。這個半圓形場地上就是舞台，演員和合唱隊在此表演。他們身後有一座帳篷，供演員們化妝之用。他們在此戴上黏土製的大面具，分別代表幸福、歡笑、悲哀、哭泣等等表情。希臘文稱帳篷為「skene」，這就是「佈景」（scenery）一詞的由來。

一旦觀賞悲劇成為古希臘人生活的一部分，人們便非常認真地對待它，絕不僅僅為放鬆心靈而去劇院。一齣新戲的上演與一次選舉同等重要，一個成功的劇作家獲得的榮耀甚至超過一名剛剛凱旋而歸的將軍。

註① 埃斯庫羅斯（Aschylus，西元前526～前455年），古希臘三大悲劇家之一，代表作為《被縛的普羅米修斯》。
註② 索福克勒斯（Sophocles，西元前496～前406年）古希臘三大悲劇家之一，代表作為《俄狄浦斯王》。
註③ 歐里庇德斯（Euripides，西元前485～前406年）古希臘三大悲劇家之一，代表作為《美狄亞》。
註④ 阿里斯托芬（Aristophanes，約西元前446～前385年），古希臘著名喜劇之父，代表作有為《小鳥》、《青蛙》。

回答謎語（上圖）
陶畫 希臘
西元前1世紀

「哪一處漂泊地聽不到你的哭聲？塞特隆山上哪一處沒有你的回音？」這是出自索福克勒斯的著名悲劇《俄狄浦斯王》的詩句，他透過描寫一位國王在不知情的情況下弒父娶母的遭遇，闡釋了罪所帶來的、無法調和的人類社會的矛盾。

海洛迪斯劇場

劇場建於希臘時期，位於雅典衛城西南面，其恢宏的建築至今仍能令人想像希臘戲劇的壯觀場面。

CHAPTER 18

抗擊波斯入侵的戰爭

希臘人是如何成功地抵禦了亞洲對歐洲的入侵，
將波斯人趕回了愛琴海對岸

大流士接受供物
浮雕 波斯 西元前6世紀

波斯王大流士為政時已
經攫取了西亞大部分的土
地。

格鬥
瓶畫 希臘 西元前3世紀

這幅瓶畫表現了一個希
臘人被擊倒後反戈一擊、舉
刀砍向波斯人的場景。畫中不
但人物表情生動，各自的裝束
更是特點鮮明。

愛琴海人是職業商人腓尼基人的學生，之後希臘人從愛琴海人那裡學會了貿易之道。他們模仿腓尼基人的模式，建立許多殖民地，並廣泛使用貨幣與外國客商交易，成效大大超越了腓尼基人。到西元前6世紀，他們已牢牢控制了小亞細亞沿岸，憑藉更高的效率，他們奪走了腓尼基人的大部分生意。當然，腓尼基人對希臘人的後來居上懷恨在心，不過他們的實力還不夠對希臘人發動一場戰爭。他們不願冒險，只是將仇恨悄悄埋在心裡，等待著報復的機會來臨。

在前面的章節裡，我已經為你們講述過波斯帝國崛起的故事。一個來自波斯的默默無聞的遊牧部落踏上了四處征伐的路途，他們在短時間內攫取了西亞大部分土地。這些波斯人態度彬彬有禮，做事方式還算文明。他們並不劫掠歸順他們的臣民，只要這些臣民每年進貢一定的賦稅就心滿意足了。當波斯人挺進到小亞細亞海岸時，他們堅持要求呂底亞地區的希臘殖民地承認波斯國王是他們至高無上的主人，並按國王規定的數額繳稅。這些希臘殖民地拒絕了波斯人的無禮要求，並向愛琴海對岸的祖國求救。戰爭的大幕就此徐徐拉開。

如果史書記載得沒錯，波斯國王一直將希臘的城邦制視為心腹大患。因為歸順波斯帝國的諸多民族很可能以這種制度為榜樣，以至於反抗波斯的統治。因此，波斯人認為，這種危險的政治制度必須被消滅，讓波斯帝國的威嚴旗幟飄揚在希臘的上空。

當然，隔著洶湧波濤的愛琴海，希臘人擁有一定程度的安全感。波斯人雖可在雅典附近登陸，直搗希臘人的心臟。但此時，雅典的海岸線上已有重兵把守，波斯人只好撤回亞洲。馬拉松平原的勝利為希臘贏得了短暫的和平。

此後的8年，波斯人養精蓄銳、虎視眈眈，而希臘人也絲毫

不敢懈怠。他們知道，一場暴雨般的攻擊將是指日可待的事情，但在如何應對這場危機的問題上，雅典內部發生了分歧。一部分人希望增強陸軍的實力，另一部分人認為建立一支強大的海軍才是擊敗波斯人的關鍵。支援陸軍和支援海軍的兩派分別由阿里斯蒂里司和泰米斯托克利領導，他們彼此攻擊，爭執不下，而雅典的防禦問題就這樣徒勞的拖延著。終於，陸軍派的阿里斯蒂里司在政治鬥爭失敗後被流放，泰米斯托克利贏得了主動權。他放手大幹起來，傾盡人力財力建造戰船，並把比雷埃夫斯變成了一個堅不可摧的海軍基地。

西元前481年，一支龐大的波斯軍隊赫然出現在希臘北部省分色薩利地區，希臘半島再度面臨滅頂之災。在此危急存亡的關頭，英勇的軍事城邦斯巴達被推為希臘聯軍的軍事領袖。可斯巴達人對北方的戰事有些漫不經心，因為他們自己的城邦還未受到攻擊。在這樣的心態下，他們疏忽了防守從北方通往希臘腹地的要道。

斯巴達國王李奧尼達奉命率一支小軍團去防守連接色薩利和希臘南部省分的道路。這條道路位於巍峨的高山與大海之間，易守難攻。李奧尼達指揮勇猛的斯巴達士兵以寡敵眾、浴血奮戰，成功地阻擋了波斯大軍前進的步伐。但一個名叫埃非阿爾蒂斯的叛徒出賣了希臘人，他引導一支波斯軍隊沿梅里斯附近的小路穿越山隘，深入到李奧尼達的後方，從腹背發起攻擊。在溫泉關附近（德摩比勒），一場血腥的戰役打響了，雙方從白天一直拼殺到夜幕降臨。李奧尼達和斯巴達士兵全部陣亡，身邊躺滿了波斯士兵的屍體。

溫泉關的失守使波斯大軍得以長驅直

李奧尼達在溫泉關戰役中
大衛 油畫（局部）1814年

希臘是一個飽經戰亂的國家，從傳說時代的蕩，到伯羅奔尼薩戰爭和西元前5世紀的波斯人入侵，戰事似乎從未停止過。當然這其中也誕生了無數的英雄和傳奇。在法國畫家大衛描繪的西元前480年的希波溫泉關戰役中，斯巴達國王李奧尼達彷彿神般居於戰地的中心，他本身就如同一個不可摧毀的意志。據說在被敵人重重圍困時，李奧尼達解散了他的部隊，只留下300名近衛隊員戰鬥到全軍覆沒。關於斯巴達人永不投降的傳說就源自於他的事蹟。

入，希臘的大部分地區相繼陷落。波斯人氣勢洶洶地朝雅典挺進，要報8年前的一箭之仇。他們攻佔了雅典衛城，將其夷為平地。雅典人扶老攜幼逃往薩拉米島，眼看這場戰爭似乎是沒有希望了。西元前480年9月20日，泰米斯托克利率領雅典海軍，將波斯艦隊騙入希臘大陸與薩拉米島之間的狹窄海面。波斯艦隊被迫與雅典海軍決戰。幾個小時後，雅典人摧毀了四分之三的波斯艦船，取得決定性勝利。

這樣一來，波斯人在德摩比勒地區的大捷就變得毫無意義。失去了海上支援，波斯國王澤克西斯被迫撤退。他打算來年再與希臘人進行最後決戰，一舉殲滅他們。波斯軍隊撤至北部的色薩利地區休整，等待第二年春天的來臨。

不過這一回，斯巴達人終於意識到事關全體希臘半島的存亡，必須傾盡全力一搏。為保護城邦的安全，斯巴達人本已修建了一條橫跨柯林斯地峽的城牆，在希臘聯軍統帥波仙尼亞斯的率領下，他們離開了城牆的安全庇護，主動迎戰瑪爾多紐斯指揮的波斯軍隊。大戰在普拉提亞附近展開，來自12個城邦的約10萬希臘軍隊，向30萬波斯軍隊發起了總攻擊。跟馬拉松平原發生的戰鬥一樣，希臘重裝步兵再度突破了波斯軍隊的箭陣，徹底擊潰了波斯人。巧合的是，在希臘步兵贏得普拉提亞戰役的同一天，雅典海軍在小亞細亞附近的米卡爾角也摧毀了敵人的艦隊。

歐洲與亞洲的第一次較量就這樣落下了帷幕。雅典贏得了莫大榮譽，斯巴達也因英勇而馳名。如果這兩個城市能夠冰釋前嫌、攜手合作，如果他們願意忘掉彼此之間的小小嫉妒，他們是能夠組成一個強大而統一的希臘領袖的。

事情的發展往往不如人願，隨著勝利的狂歡和攜手的熱情悄悄流逝，這樣的機會也就一去不返了。

步兵對壘
瓶畫 希臘 西元前600年

在這個無釉的赤陶花瓶上描繪了希臘步兵的對壘情況。戰鬥是近距離展開的。一個士兵受傷躺在地上，血從腿上流出，痛苦的表情顯而易見。左邊士兵拿著的盾牌露出武器支架和握柄。戰鬥時，希臘士兵以方陣形式出擊，他們必須從重疊的盾牌構成的防禦後進行衝鋒。

CHAPTER 19

雅典與斯巴達之戰

為爭奪希臘半島的領導權，
雅典與斯巴達展開了一場漫長而災難深重的戰爭

雅典和斯巴達同屬希臘城邦，它們的人民講同一種語言，
但在其他方面，兩個城市則毫無共同點。雅典高高地矗立在平
原之上，享受著徐徐而來的清新海風。雅典的人民習慣用孩子
般熱切好奇的目光打量這個愜意的世界，斯巴達則坐落在峽谷
的底部，高聳的群山環繞四周，成為阻擋外來事物和新鮮思想
的天然屏障。雅典是生意繁忙的貿易之邦，是一個開放的大集
市；斯巴達卻是一座大兵營，人人厲兵秣馬，公民的理想都是成
為一名優秀的士兵。雅典人喜歡坐在溫暖和煦的陽光下，談論
詩歌或聆聽哲人智慧的言辭；斯巴達人正好相反，他們從不寫
下任何一行與文學有關的東西，卻熟諳戰鬥的技巧。事實上，他
們喜歡戰鬥，從內心裡渴望戰鬥。為了戰鬥，他們寧願犧牲人類
的所有情感。

難怪這些嚴肅的斯巴達人會對雅典的成功報以滿腔的惡
意與仇恨。反抗波斯的戰爭結束後，雅典人將保衛共同家園所
煥發的精力用於和平建設的目標。他們重建了雅典衛城，將其
作為祭祀雅典女神的大理石神殿。雅典民主制度的偉大領袖伯
里克利派人四處邀請著名的雕塑家、畫家和科學家，以重金禮
聘他們到雅典工作，好讓城市變得更優美，讓雅典的年輕一代
更有才德。與此同時，伯里克利還時刻注意著斯巴達的動向，
他修築了連接雅典與海洋的高大城池，使雅典成為當時防衛最
堅固、最完備的堡壘。

一段時間裡，雅典與斯巴達相安無事。可一件小小的爭執
卻引發了兩個希臘城邦間的仇恨。雙方兵戎相見、刀戈相向，戰
火一直持續了三十年，最終以雅典遭受災難性的失敗而告終。

在戰事發生的第三年，一場可怕的瘟疫突襲了雅典。雅典
的半數人口死於這場大災。更為可悲的是，他們英明睿智的領

希臘騎士和斯巴達戰馬
青銅雕像 約西元前6世紀

這兩尊青銅馬和騎士雕像，
分別是希臘時期斯巴達人和希臘
人的雕刻藝術典範。從這兩件倖
存的最早的青銅雕刻作品，可以
看出希臘雕塑藝術對斯巴達的影
響，以及它們共同的尚武精神。
希臘的雕像強調著武士的尊嚴和
地位，他戴一頂科林斯風格的頭
盔，穿一件短束腰外衣，手持一
柄長矛，攜著可能用銅線製成的
馬韁。斯巴達的馬有著誇張的腰
部和腿部肌肉造型，以突出戰馬
的奔跑能力。

THE
STORY
OF
MANKIND

袖伯里克利也在瘟疫中罹難。一位名叫阿爾西比阿德的年輕人大有作為，贏得了公眾的歡迎，被選為伯里克利的繼任者。他建議對西西里島上的斯巴達殖民地錫拉庫札進行一次遠征。這一計劃在阿爾西比阿德的周密指揮下有條不紊地實施起來。雅典人集結起一支遠征軍，儲備了大量的軍事物資，只待出發的命令。可不幸的是，阿爾西比阿德捲入了一場街頭鬥毆，被迫逃亡。繼任的將軍是一個毫無見識與謀略的莽漢，在他的指揮下，先是海軍損失了全部船隻，接著陸軍又遭到毀滅性打擊。少數倖存的雅典士兵被俘後押往錫拉庫紮的採石場做苦役，最終死於饑渴。

這次慘敗使雅典元氣大傷，幾乎所有的青年人都在戰鬥中陣亡。雅典人注定要輸掉這場戰爭。西元前404年4月，經過長時間無望的困守，雅典投降了。這真是一個黯淡的時刻，防護城市的高大城牆被斯巴達人夷為平地，海軍艦隻被全部掠走。在其強盛的頂峰，雅典曾征服幅員遼闊的土地，建立起一個以自己為中心的偉大殖民帝國，現在，它在政治軍事上已無可奈何地淪落，不復為帝國的中心。但是，那種求知、求真及探索未知的渴望，那種使雅典公民在其繁榮與強盛時期卓越於世的自由精神，卻並未隨城牆和艦隻一起消失，它繼續存在於雅典人的心中，甚至變得比以前更為輝煌。

雅典衰落了，它不能再決定希臘半島的命運，但可作為人類第一所大學的發源地，它繼續指導著熱愛智慧的人們的心靈，其影響遠遠越出了希臘半島的狹窄邊界，遠播世界。

勝利女神
大理石 希臘 西元前200年

佛曾聽說，古希臘白皙人圍家市郡的戰神普並了那顧智慧，但希臘人卻對智慧與戰爭同樣尊崇。這個叫「勝利」的勝利女神通常是站在雅典娜的手上的，因為希臘認為只有智慧才能帶來勝利。勝利的女神顯然沒有給希臘帶來最後的勝利，她甚至連自己的腦袋（智慧）也沒有保住。

菲迪亞斯展示帕特農神廟的中楣
阿爾瑪·苔德瑪 畫布油畫 1868年

雅典的帕特農神廟展了就是雅典的代表，這幅畫描繪了它的建造者古希臘的雕刻家菲迪亞斯向他的資助人和朋友們展示帕特農神廟的中楣的情景。人們走在臨時搭建的木板上，目光已經被雕刻完全吸引住，以致忘記了危險。菲迪亞斯本人則站在左邊，留給我們一個背影。

雅典與斯巴達之戰 *chapter 19*

CHAPTER 20

亞歷山大大帝

馬其頓的亞歷山大大帝建立了一個希臘式的世界帝國，
他的雄心壯志究竟結果如何呢？

　　當亞該亞人離開他們在多瑙河畔的家園，向南尋找新牧場時，他們曾在馬其頓的群山中度過了一段歲月。從此，希臘人一直與他們北部的鄰居保持著或多或少的正式關係。在馬其頓人這一方面，他們也一直關注著希臘半島上局勢的最新進展。

　　那時，斯巴達和雅典剛結束了他們爭奪希臘半島領導權的戰爭，馬其頓正好由一位名為菲利浦的才智超群的能人統治著。他傾慕希臘的文學與藝術，但對他們在政治事物中的缺乏效率和自制卻大為蔑視。看著一個優秀的民族把它的人力和金錢都浪費在毫無成效的爭吵之上，這讓菲利浦非常惱火。他出兵希臘，使自己成為它的主人，終於解決了這一難題。然後，他便要求新歸順的希臘臣民們加入他策劃已久的遠征，前往波斯，作為150年前對澤克西斯訪問希臘的「回訪」。

　　很不幸的是，精心準備的遠征還沒來得及出發，菲利浦便被謀殺了，為希臘復仇的任務落到了他的兒子亞歷山大身上。亞歷山大是偉大的希臘導師、哲學家亞里士多德心愛的學生，精通政治、軍事、哲學、藝術，對希臘文化抱有深厚的情感。

　　西元前304年春，亞歷山大揮師作別歐洲。7年之後，他的大軍抵達了印度。在漫長的征途中，他消滅了希臘商人的宿敵腓尼基，征服了埃及，被尼羅河谷的人民尊為法老的兒子與繼承人。他擊敗了最後一任波斯國王，推翻了整個波斯帝國。他下令重建巴比倫，並率兵進入喜瑪拉雅山的心臟地帶。現在，整個世界都變成了馬其頓的行省和屬國。然後他停下腳步，推行起另一個更為雄心勃勃的計劃。

　　熱愛希臘的亞歷山大宣佈：新建立的帝國必須置於希臘精神的影響之下。他要求自己的子民學習希臘語，居住在按希臘樣式建成的城市裡。現在，亞歷山大的士兵脫去甲冑，放下刀劍，變成了傳播希臘文化的教師。昨天的軍營成為了輸入希臘文明的和平中心。希臘的風俗習慣和生活方式像席捲世界的洪水般，一浪高過一浪。可就在此

羊皮書中的亞歷山大
1400～1450年

　　這是一本中世紀的羊皮書中的一頁，記錄了亞歷山大的事蹟。

THE
STORY
OF
MANKIND

時，年輕的亞歷山大突然遭到熱病的襲擊，於西元前323年死於漢摩拉比國王修築的舊巴比倫王宮。

之後潮水開始退去，但留下了一片希臘文明的肥沃土壤。憑著孩子氣的雄心與愚蠢的自負，亞歷山大做出了一項極有價值的貢獻。他的帝國在他死後不久便開始土崩瓦解，一批野心勃勃的將軍瓜分了世界，可他們仍舊忠實於亞歷山大的夢想——建立一個融合希臘文明與亞洲精神的偉大世界。

這些分裂出來的國家一直保持獨立，直到羅馬人發動遠征，將整個西亞和埃及囊括進自己的版圖。於是，亞歷山大留下的這份奇特的精神遺產（包括部分希臘、部分波斯、部分埃及和部分巴比倫），被新來的羅馬征服者照單全收。在接下來的幾個世紀裡，它牢牢地紮根於羅馬的世界，直到今天我們還能感受到它的影響。

有關文明起源的小結

現在我們回過頭來看一看，你將發現，文明地區已勾勒出一個半圓型的輪廓。它肇始於埃及，再經由美索不達米亞和愛琴海的島嶼向西，一直抵達整個歐洲大陸。在人類文明史的頭4000年裡，埃及人、巴比倫人、腓尼基人以及大批的閃族人（請記住猶太人就是這些閃族之一），都曾高舉火炬照亮過世界。現在，他們將文明火炬傳遞給印歐種族的希臘人，希臘人又將它交給羅馬人。他們是地中海東部無可爭議的擁有者。而與此同時，閃族人也正沿北非海岸向西推進，成為了地中海西半部的主人。

這種狀況發展下去，其結果可以想見，到歷史的某個時刻，人類兩大種族——印歐人和閃族人，為爭奪地中海和其他區域的統治權，展開了一場可怕的戰爭。在這個巨大的競技場上，誕生出戰功卓著的羅馬帝國。它將埃及——美索不達米亞——希臘的文明更深廣地與歐洲大陸結合起來，奠定了我們現代歐洲社會的精神根基。

我知道，這一切聽起來很複雜、很不可思議，但只要你領會了這幾條主要的線索，我們其餘的歷史將變得簡明許多。地圖將使我們明白很多文字難以言傳的東西。

在此簡短的小結之後，讓我們回到歷史前進的道路，看一看發生在迦太基和羅馬之間的著名戰爭。

阿貝勒斯之戰（局部）

勃魯蓋爾 油畫 16世紀

這幅畫描繪了亞歷山大與波斯王大流士決戰的場面。畫面左邊騎著白色戰馬奮力拚殺的就是驍勇的亞歷山大，而下面和坐騎一起躺在地上的就是戰敗了的波斯王大流士。

CHAPTER 21

羅馬和迦太基

迦太基是閃族在非洲北岸的殖民地。
為爭奪西地中海的統治權，
它和義大利西海岸的印歐族羅馬人發生了激烈的戰爭。
戰爭最終以迦太基的滅亡而告終。

阻止戰鬥的薩賓婦女
大衛 油畫 法國 1799年

羅馬建城初期，與其鄰近的薩賓部落經常發生激烈的衝突。這幅畫表現的是羅馬人與薩賓人的激戰的場景。畫面以高聳的城堡為背景，前景的兩邊是刀槍林立、兩軍對峙的戰場。中間的是一群薩賓婦女，她們帶著孩子，各自哀求男人們停止戰鬥。其中一位天使般的薩賓少女勇敢地站立著，試圖阻止一場致命決鬥的發生。這是法國大革命失敗後，畫家大衛對戰爭反思的結果，從此他的畫風轉向了冷靜的古典主義。

富人統治

腓尼基人的小貿易據點卡特·哈斯達特坐落在一座小山之上，俯瞰著一片90英里寬的平靜海面，這就是分隔歐洲與非洲的阿非利加海。作為商業中心和貿易中轉站，再沒有比它更理想的地理位置了！它幾乎是完美無缺，它發展得太快，變得太富有。當西元前6世紀，巴比倫國王尼布甲尼撒摧毀提爾的時候，哈斯達特就與母國割斷了一切聯繫，成為一個獨立的國家——迦太基（Carthage，今突尼西亞，與義大利遙遙相對）。從那時開始，它便一直是閃族向西方擴展勢力的一個重要前沿陣地。

很不幸的是，這座城市從母國那裡繼承了許多不良習性。它們也是腓尼基人在1000年的發展歷程中，因之興也因之亡的一些典型特性。從本質上講，這座城市無非是一個大商號，由一支強大的海軍護衛著。迦太基人是道道地地的商人，除了做生意，他們對生活中很多優美精緻的事物毫無興趣。這座城市、城市附近的鄉村以及許許多多遙遠的殖民地，全都由一個為數不多但權傾一時的富人集團統治著。希臘語中，富人為「ploutos」，因此希臘人把這樣一個由富人掌管的政府稱為「Plutocracy」（富人統治或財閥

迦太基的貨幣
西元前3世紀

這是在布匿戰役中，特用於迦太基軍隊發放軍餉的銀幣。幣面是一隻帶翅膀的馬，這也是迦太基的徽章。

THE
STORY
OF
MANKIND

統治）。

迦太基就是擁有這樣一個典型的富人政權。整個國家的真正權力實際操控在12個大船主、大商人及大礦場主的手中。他們在密室中集會，商討國家事務，將共同的祖國視為一個大公司，理應讓他們賺取豐厚的利潤。不過，他們精力充沛，工作勤奮，以警惕的目光隨時注視著周圍的事態。

隨著歲月不斷流逝，迦太基對臨近地區的影響力也日漸增強，直到北非的大部分海岸地區、西班牙以及法國的部分地區都成為了它的屬地，定期向這個阿非利加海濱的強大城市進貢、繳稅、上繳紅利。迦太基也因此富甲一方。

當然，這樣一個富人政權的存在，總是要經過民眾們的同意或默許的。只要它能夠保證較多的工作機會及充足的薪水，大多數的市民也就感到心滿意足，任由那些個「能人」和「菁英」們來發號施令，也不會問些令人尷尬的問題來為難政府。可是一旦船隻不能出海，也不再有礦石運進港口來供熔爐冶煉，當碼頭工人和裝卸工人無事可做，盡日面對饑腸轆轆的家人時，大眾就會怨聲四起，就會出現要求召開平民會議的呼聲。當迦太基還是一個古代的自治共和國時，這是一個慣例。

為防止平民騷動的發生，富人政府不得不盡力維持整個城市的商業運轉，不能有絲毫的懈怠。在500年的時間裡，他們兢兢業業地推進城市的商業擴張，非常成功地做到了這一點。可到了某一天，從義大利西海岸傳來了一些謠言，頓時讓這些統治迦太基的富人寢食難安。據說，台伯河邊的一個毫不起眼的小村子突然崛起，成為義大利中部所有拉丁部落公認的領袖。傳言還說，這個村莊名叫羅馬，它正打算大建船隻，積極謀求與西西里及法國南部地區通商。

迦太基可不能容忍這樣的競爭，新興強權的出現對它就如同夢魘，必須趁其羽翼未豐，扼殺掉這個年輕的對手，否則迦太基將威望大跌，失去作為西地中海絕對統治者的地位。經過仔細調查，終於搞清楚了大致的真實情形。

羅馬的興起

長期以來，義大利西海岸一直是被文明之光忽略的地區。在希臘，所有的良港都面朝東方，注視著商業繁忙、生意興隆的愛琴海島嶼，分享文明與通商的便利。而與此同時，義大利西海岸則一無所有，除地中海冰冷的波濤拍擊著荒蕪的海岸，再沒有任何激動人心的事情發生。這是一片極端貧窮的地區，外國的商人們少有造訪。當地的土著居民安靜寂寞地生活在綿延的丘陵和遍佈沼澤的平原之上，似乎與世隔絕。

這片土地上發生的第一次嚴重侵略來自北方。在某個日期不詳的時刻，一些印歐種族的遊牧部落開始從歐洲大陸向南遷移。他們在白雪皚皚的阿爾卑斯群山中蜿蜒前進，發現了翻越山脈的隘口，隨即如潮

迦太基人的鎧甲
西元前2世紀

這是迦太基人抗擊羅馬軍隊時使用的鎧甲，最堅固的部分是用來保護背部和胸部的。

羅馬的神
青銅小雕像 羅馬 約3世紀

借助古希臘和古埃及人卓越的想像力,羅馬人幾乎不費吹灰之力就締造了自己專有的神仙譜系。雖然是對前兩者的直接抄襲,但羅馬的神卻如同羅馬人一樣分工明晰,並缺乏與人世的直接溝通。圖為一組羅馬人鑄造的各種神的小雕像,處於中心位置的是被羅馬人賦予崇高地位的戰神馬斯。

水般地湧進亞平寧,延伸到部族的村莊與牲畜遍佈於這個形狀酷似長靴的半島。對於這些早期的征服者,我們知之甚少。如果沒有一個名叫荷馬的人曾歌唱過他們的輝煌往昔,他們的戰功與遠征則難作信史。他們自己對於羅馬城建立的記述,則產生於800年之後。當時這座小城已經成長為一個大帝國的宏偉中心。這些記述不過是些神話故事,與真實的歷史相去甚遠。羅慕洛斯和勒莫斯跳過了對方的城牆,但到底誰跳過了誰的牆,我一直記不清楚。它們是有趣的睡前讀物,讓不肯安睡的孩子們著迷。但說到羅馬城建立的真實過程,那無疑是一件乏味而單調的事情。

羅馬的起源就像1000座美國城市的起源,其發跡首先是由於地處要津,交通便利,四鄉八野的人們紛紛來此交易貨物、買賣馬匹。羅馬位於義大利中部平原的中心,台伯河為它提供了直接的出海口。一條貫通半島南北的大道經過這裡,一年四季都能使用,勞頓的旅人正好於此駐足稍憩。沿台伯河岸有7座小山,可為居民們用作抵禦外敵的避難所。這些兇險的敵人有些來自周圍的山地,有些來自地平線外的濱海地區。

住在山地的敵人叫作薩賓人,他們行為粗野,心懷惡意,總希望透過劫掠來維持生活。不過他們很落後,所使用的武器仍然是石斧和木製盾牌,難以匹敵羅馬人手中的鋼劍。比較而言,濱海地區的人們才是真正危險的敵人,他們被稱為伊特拉斯坎人,其來歷至今依舊是歷史學上的一個不解之謎,無人知曉他們何時定居於義大利西部濱海地區,屬於哪個種族,以及是什麼原因迫使他們離開了原來的家園?他們留下的碑文隨處可見,可由於無人通曉伊特拉斯坎文字,這些書寫資訊至今不過是些令人大傷腦筋的神秘圖形。

我們能做出的最接近事實的推測是:伊特拉斯坎人最初來自小亞細亞,可能是由於戰爭,也可能是因為一場大瘟疫,他們不得不離鄉背井,尋找新的棲居之所。不管他們流浪到義大利的原因為何,伊特拉

羅慕洛斯和勒莫斯
母狼與孿生子 青銅雕像
伊特拉斯坎 西元前480年

傳說為羅馬城的建立者,是戰神馬斯和西爾維亞所生的雙胞胎兄弟,由母狼餵養長大的,於是母狼餵食兩個嬰兒的形象從此成了羅馬的象徵。而後來兩兄弟失和,羅慕洛斯殺死了弟弟勒莫斯,以自己的名字命名為羅馬城,從此開創了所謂的「王政時代」。這個羅馬時期的青銅雕像中,狼機敏、警惕,體現了自然主義的風格,頸部的鬃毛則是早期希臘獅像的雕刻手法。到西元15世紀,可能是由雕塑家安東尼奧才將一對雙胞胎像加到了上面。

希律分封

繪畫 現代

羅馬是議會制的國家，他們各樣的事務都是經由元老院商定的。正如在耶穌時代設立分封王一樣，戰事中的各項舉措也是這樣出爐的。這幅畫描繪了希律被分封為猶太人的王以後，從羅馬議會走出，向人們揮手致意的場景。

發展，於是他們就毫不猶豫地如法炮製。最終，羅馬人不僅咬上了希臘文明的魚鉤，甚至連魚線和墜子都一股腦地吞了下去。

他們還歡天喜地地把希臘的諸神也請進了自己的國家。宙斯移居羅馬，新名字叫朱庇特，其餘的希臘神祇接踵而至。不過，羅馬的諸神可不像他們那些陪伴希臘人度過一生、走完整條歷史長河的表兄妹們那樣神采飛揚、喜笑顏開。他們屬於國家機構的一份子，每一位神都在努力管理著自己負責的部門。他們面目嚴肅，神態方圓，謹慎公正地施灑正義。作為回報的是，他們要求信徒們一絲不苟的順服，而羅馬人也小心翼翼地獻上了他們的服從。不過如古希臘人與奧林匹斯山巔的諸神之間存在著的和諧親密、發自肺腑的神人關係，羅馬人和他們的神祇之間則是從未有過。

雖然羅馬人與希臘人同屬印歐種族，但他們沒有模仿希臘人的政治制度。他們不願靠發表一大堆無謂的言論和滔滔演講來治理國家，其想像力和表現慾不如希臘人豐富，他們寧可以一個實際的行動來代替一百句無用的言辭。在他們看來，平民大會（「Pleb」，即自由民的集會）往往是一種空談誤國的惡習，無可救藥。因此，他們將管理城市的實際事務交由兩名執政官負責，並設立一個由一群老年人組成的「元老院」以輔佐他們。遵照習俗並出於現實的考慮，元老們通常選自貴族階層，可他們的權力同時也受到極其嚴格的限制。

正如雅典被迫制定解決貧富糾紛的德拉古法典與梭倫法典，當歷史進展到一定時期，即西元前5世紀，羅馬也發生了貧民和富人之間的類似鬥爭。最終，自由公民的

斯坎人在歷史上都擔當了非常重要的角色。他們把古代文明的花粉從東方傳到了西方，他們教會了來自北方的羅馬人文明生活的基本原理，包括建築術、修建街道、作戰、藝術、烹調、醫藥以及天文。

不過正如希臘人不喜歡他們的愛琴海人導師一樣，羅馬人也同樣憎恨他們的伊特拉斯坎師傅。當希臘商人發現與義大利通商的好處，當第一艘希臘商船滿載貨物抵達羅馬城時，羅馬人便迅速擺脫了伊特拉斯坎人。希臘人本是來義大利做生意的，後來卻居留下來，擔任羅馬人的新指導。他們發現這些居住在羅馬鄉間（被稱為拉丁人）的部族非常樂於接受有實用價值的新事物。一當羅馬人意識到可以從書寫文字中得到巨大的好處，他們便模仿希臘字母的樣子，創造了拉丁文。他們還發現，統一制定的貨幣與度量方式將大大促進商業的

抗爭為他們換來了一部成文法典，規定設立一名「保民官」來保護他們免遭貴族法官的迫害。保民官是城市的地方長官，由自由公民中選出。當出現政府官員以不公正的行為對待市民時，他有權加以阻止，捍衛自由公民的權益。依照羅馬法律，執政官有權判處一個人的死刑。如果案子沒有得到最充份的證實，保民官即可介入，挽救這個可憐傢伙的性命。

羅馬公民權

當我使用「羅馬」這個詞時，我的意思聽起來是指僅僅擁有幾千居民的那個小城市，不過，羅馬城真正的實力其實蘊藏在城牆之外的廣大鄉村地區。正是在對這些域外省份的管理上，早期的羅馬帝國展示了它令人驚歎的殖民技巧。

在歷史的早期，羅馬城是義大利中部唯一擁有高大城牆、防禦堅固的堡壘。不過，它向來都慷慨好客的敞開城門，為其他不時遭遇外敵入侵的拉丁部落提供緊急避難。長此以往，這些拉丁鄰居們開始意識到與如此強大的朋友發展聯繫，對自身的安全是大有好處的。因此，他們試圖尋找一種合適的模式，來建立與羅馬城的攻守同盟。其他國家，比如埃及、巴比倫、腓尼基甚至希臘，都曾堅持要那些非我族類的「野蠻人」簽定歸順條約，才肯提供必要的保護，可是聰明的羅馬人沒這樣做。相反地，他們給予「外來者」一個平等的機會，讓他們成為「共和國」或共同體的一員。

「你想加入我們！」羅馬人說：「那好，儘管來加入吧！我們可以將你視為具有充分權利的羅馬公民一樣來對待。但作為這種優待的回報，當我們的城市、我們共同的母親遭遇外敵入侵的危險，需要你拔刀相助時，我們希望你全力為它而戰！」

這些「外來者」當然有感於羅馬人對他們的慷慨，於是便以無比堅定的忠誠來報答羅馬。

在古希臘，每當某座城市遭受攻擊的時刻，所有外國居民總是迅速地收拾細軟逃之夭夭。他們認為，這裡不過是他們臨時寄居的場所，僅僅因為不間斷地繳納稅款，才得到主人勉為其難的接待，憑什麼要冒著生命危險去保衛對自己不存在絲毫意義的城市呢？相反地，一旦敵人兵臨羅馬城下，所有的拉丁人便會不約而同地拿起刀劍，緊急馳援，因為他們共同的母親正在遭受危難。也許有些人可能居住在100英里之外，在其有生之年從未看過羅馬的城牆和聖山，但他們仍將之視為自己真正的「家園」。沒有什麼了不起的失敗和災難能動搖他們對羅馬城的深厚情感。西元前4世紀初，野蠻的高盧人（古法國地區居民）氣勢洶洶地闖進義大利。他們在阿利亞河（位於義大利北部）附近擊潰了羅馬軍隊，浩浩蕩蕩地向羅馬進軍，最終順利拿下了這座城市。他們料想羅馬人會主動找上門來，以屈辱的條件籲求和平。他們悠閒愜意地等待著，等了好

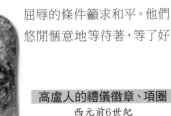

高盧人的禮儀徽章、項圈
西元前6世紀

凱爾特人，也就是羅馬稱之的高盧人，他們被認為是野蠻粗陋的戰爭狂人，但他們精於冶煉，以製造精巧而專業的裝飾品而自豪。

這具頭盔可能為高盧人首領所有，大多數戰士是佩戴皮革的頭盔。頭盔盔頂飛鷹的眼睛是彩色玻璃做的，它連接起來的雙翅在佩戴者行走時可以上下搖。

久，可什麼事情也沒發生。過不多久，高盧人突然發現自己陷入了莫名的包圍之中，四處遍佈充滿敵意的眼睛和緊閉的門戶，使他們根本無法得到所需的補給。在苦苦支撐7個月後，饑餓和身陷異鄉的恐慌感在高盧軍隊中蔓延開來，他們只得狼狽地撤退。羅馬人以平等之心接納「外來者」的政策不僅在戰時獲得了巨大成功，也最終造就了它空前絕後的強盛。

最初交鋒

從這段對羅馬歷史的簡要描述可以看出，羅馬人對於建立一個健全國家的理想，與迦太基式的古代世界對於國家的理想有著多麼巨大的差別。羅馬人依賴的是一大群「平等公民」之間的和諧而真誠的合作，共同捍衛自己的城市。而迦太基人則沿襲埃及和西亞的舊有模式，要求其屬民就算不情願也得無條件的服從。當這種要求達不到時，他們便按典型的商人思維，花錢雇傭職業軍人為他們作戰。

現在你們就能理解，為什麼迦太基會懼怕這個聰明而強大的敵人，為什麼他們情願找一些微不足道的藉口來挑起戰火，伺機將這個危險的對手扼殺於羽翼未豐之際！

可作為精明老練的商人，迦太基深知

貿然行事往往會適得其反。他們向羅馬人提出建議，由各自的城市分別在地圖上畫一個圓圈，作為自己的「勢力範圍」，並承諾互不侵犯對方的利益。協定迅速被達成，也同樣迅速地被撕毀。土地富饒的西西里島當時由一個腐敗無能的政府統治，無疑正在「期待」著外來入侵者的干預，於是迦太基和羅馬不約而同地把自己的軍隊派往那裡。

隨之而來的戰爭一共持續了24年，這就是歷史上著名的第一次布匿戰爭①。先是海上的短兵相接。初看起來，訓練有素的迦太基海軍將毫不費力地摧毀新建不久的羅馬艦隊。依照沿用已久的海戰法，迦太基戰船要不就猛撞敵人的船隻，要不就從敵艦的側面發動猛攻，折斷對方的船槳，而後用密如疾雨的弓箭和火球殺死對方那些驚慌失措、逃生無路的水手。不過，羅馬的工程師發明了一種攜帶吊橋的戰船，能夠讓精於肉搏的羅馬士兵順著吊橋衝上對方的船隻，迅速地殺死迦太基弓箭手。這樣，迦太基海戰勝利的好日子就突然到頭了。在米拉戰役中，羅馬人重挫了迦太基艦隊。迦太基人被迫求和，西西里就此歸入了羅馬帝國的版圖。

23年後，兩國又發生了新的爭端。羅馬為開發銅礦佔據了撒丁島，迦太基為尋找白銀佔領了整個西班牙南部，兩大強權突然變成了鄰居。羅馬人可不喜歡與迦太基人為鄰，他們派軍隊越過庇里牛斯山去監視迦太基軍隊的一舉一動。

戰爭的舞台已經佈置就緒，就差一個小火星來點燃兩國之間的第二次戰爭了。一個孤懸海外的希臘殖民地再度成為戰爭

的導火線。迦太基人圍困了西班牙東海岸的薩貢特，於是薩貢特人向羅馬求救。與往常一樣，羅馬人向來是樂於助人的。元老院承諾派遣軍隊，不過組織遠征軍花費了一段時間，在此期間，薩貢特陷落，整個城市被迦太基人焚毀。此舉大大激怒了羅馬人，元老院決定向迦太基宣戰。他們派出一支羅馬軍隊越過阿非利加海，在迦太基本土附近登陸。另一支軍隊則負責牽制佔據西班牙的迦太基部隊，阻止他們去救援。這是個絕妙的計劃，人人都期待著大獲全勝，甚至已經有人在談論戰後的狂歡和分享戰利品了。不過，諸神卻不願讓羅馬人如此順利。

漢尼拔

　　時間正好是西元前218年秋天，負責攻擊駐守西班牙的迦太基軍隊的羅馬軍團啟程離開了義大利，羅馬的人們正急切期盼著一個輕鬆愉快的勝利消息。不過等來的卻是另一個可怕的謠言，它們很快便在整個波河平原蔓延開來。先是一些粗野的山民，他們傳佈了一個匪夷所思的故事。他們講，幾十萬棕色人帶著一種奇怪的野獸，「每一隻都有房子那麼大」，突然從庇里牛斯山的雲朵之中浮現。他們現身的地方是在古格瑞安山隘，幾千年前在西班牙前往希臘的路上，赫爾克里斯②曾趕著他的格爾揚③公牛群途經此地。不久，一眼望不到盡頭的逃難人群便湧到了羅馬城前，他們個個衣衫襤褸，面有菜色。從他們口中，得知了更多、更具體的細節：哈米爾卡

的偉大兒子漢尼拔，統率著9萬步兵、9000騎兵及37頭威風凜凜的戰象，已經跨過了庇利牛斯山。他在羅納河畔擊潰了西皮奧將軍率領的羅馬軍隊，又指揮軍隊成功地攀越了10月時節、冰雪覆蓋的阿爾卑斯山。之後，他與高盧人會師，擊敗了正要渡過特拉比河的第二支羅馬軍隊。現在，漢尼拔正在圍困普拉森西亞，即一個位於連接羅馬與阿爾卑斯山區行省大道上的北方重鎮。

　　元老院大吃一驚，表面卻不流露出來，依舊像平常那樣冷靜而精力充沛地工作著。他們隱瞞羅馬軍隊接連失敗的消息，又派遣了兩支新裝備的軍隊去阻擊漢尼拔。在特拉美諾湖邊的狹窄道路上，精於用兵的漢尼拔突然率軍殺出，撲向羅馬援軍。陣腳大亂的羅馬軍隊拼死抵擋，無奈漢尼拔已經佔得先機。特拉美諾湖一役，所有的羅馬軍官和大部分士兵都戰死沙場。這一回，羅馬人再也坐不住了，他們議論紛紛、驚恐難安，只有元老院還在強作鎮定。很快的第三支軍隊被組織起來，交由費邊·馬克西墨斯統領，並授予他「視拯救國家的

註① 羅馬人稱腓尼基人為布匿，所以這場戰爭稱為「布匿戰爭」。
註② 赫爾克里斯（Hercules），希臘羅馬神話中的大力士，在希臘神話中稱海克立斯，以完成十二項英雄事蹟聞名。
註③ 格爾揚（Geryon）被赫爾克里斯殺死的三體有翼怪物。

THE
STORY
OF
MANKIND

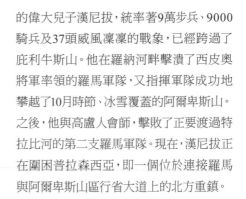

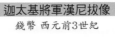

迦太基將軍漢尼拔像
錢幣　西元前3世紀

　　漢尼拔在迦太基歷史中是具有顯赫功勳的，他的功績可以使人們將他的頭像鑄畫在任何一個地方用以紀念。但他本人的結局卻非常悲慘：他在西元前190年因喪失家園而服毒自殺。

需要」，採取行動的全權。

　　費邊深知漢尼拔是一個非常危險的對手，為免於全軍覆沒，他必須十二萬分地小心，況且他手下淨是些未經訓練的新兵，而這已經是羅馬能夠徵召的最後一批兵員了，根本無法與漢尼拔麾下身經百戰的老兵們匹敵。因此，費邊小心翼翼地迴避與漢尼正面決戰。他憑藉著自己對地形的熟悉，尾隨在漢尼拔身後，燒掉一切可吃的東西，並摧毀道路和橋梁。他還不時襲擊迦太基人的小股部隊，運用一種最令敵人困擾和痛苦的游擊戰術不斷削弱漢尼拔軍隊的士氣。

　　這樣的戰術當然不能安慰飽受驚恐折磨的羅馬人民。他們躲進羅馬的城牆內避難，整日提心吊膽，希望一場大捷來徹底解除恐懼。他們高叫著「行動」。必須採取行動，而且是堅決迅速的行動。在這片一浪高過一浪的「行動」呼聲中，一個名為瓦羅的民眾英雄，也就是那個在羅馬城四處發表激昂的演說、宣稱自己將比年老體衰、行動遲緩的費邊高明「百倍的傢伙贏得」人眾

的青睞。可憐的費邊早就被冠以「延緩者」的綽號，遭到全體羅馬人的唾棄，瓦羅在群眾的鼓掌聲中順理成章地成為了羅馬軍隊的新任總司令。西元前216年，在康奈戰役中，瓦羅指揮的軍隊遭到了羅馬有史以來最為慘重的失敗。此戰7萬多人被殺，而漢尼拔成了義大利的主宰。

　　現在漢尼拔可以長驅直入了，他從亞平寧半島的這一端殺到另一端，如入無人之境。大軍所過之處，他都不遺餘力地宣稱自己是「把人民從羅馬的統治下解放出來的救主」，並號召人民加入他反抗羅馬的戰爭。這一次，羅馬的明智政策又結出了至為可貴的果實。「解放者」漢尼拔偽裝成人民的朋友，可他發現被解放的人民似乎並不領情。他處處遭到人民的反對與抵抗，兼之勞師遠征、苦戰於敵國，糧食和兵員的補充難以為繼。漢尼拔當然清楚自己的危險處境，他派信使回迦太基，要求增援裝備和士兵。可惜，這兩樣都是迦太基無法給他的。

　　就這樣，經過多年的不斷勝利，漢尼拔發現自己反倒陷入了被征服的國家的包圍之中。有段時間，局勢似乎有好轉的跡象。他的兄弟哈士多路巴在西班牙擊敗了羅馬軍隊，即將越過阿爾卑斯山前來增援自己。他派信使南下，告知漢尼拔他的到來，讓漢尼拔派一支軍隊到

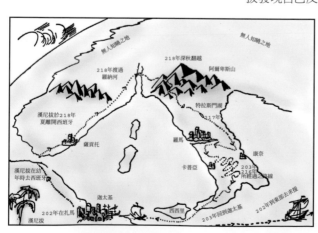

迦太基漢尼拔的出征軍隊
房龍 手繪圖

台伯河平原接應。不幸的是，信使落到了羅馬人手裡，漢尼拔只能徒勞地等待著兄弟的消息。直到有一天，哈士多路巴的頭顱被精心裝在一只籃子裡，滾落到自己的營帳前，他才知道增援漢尼拔的迦太基軍隊已全軍覆沒了。

殲滅哈士多路巴後，羅馬將軍小西皮奧輕而易舉地重新佔領了西班牙。四年過去，羅馬人已經準備好對迦太基發動最後一擊。漢尼拔被緊急召回，他渡過阿非利加海回到故鄉，試圖組織迦太基城的防禦。在西元前202年紮馬一役，迦太基軍隊以失敗告終，漢尼拔逃到提爾，再轉道前往小亞細亞，盡力遊說敘利亞人和馬其頓人對抗羅馬。他在這些亞洲國家中的煽動所獲甚少，卻給羅馬人製造了一個將戰火引向東方和愛琴海世界的藉口。

漢尼拔淪為一名失去家園的逃亡者，被迫從一座城市流亡到另一座城市。心力

交瘁和黯淡的前途深深打擊著他，他終於明白，自己雄心勃勃的夢想已到盡頭。他熱愛的祖國迦太基輸掉了戰爭，被迫以屈辱的代價換回和平。迦太基的全部軍艦被沈入海底，從此失去了海軍；不經羅馬人的許可它沒有發動戰爭的權力；它還必須支付羅馬數額驚人的戰爭賠款，在看不到盡頭的未來歲月裡一年一年償還。既然生命失去了希望，西元前190年，漢尼拔服毒自殺了。

40年後，羅馬人捲土重來，向迦太基發動了最後一戰。在漫長而艱苦的3年裡，這塊古代腓尼基殖民地的人民頑強地抵抗著新興的共和國。最終，饑餓迫使他們投降。圍困中倖存下來的少量男人和婦女被勝利者賣作奴隸，整個城市被付之一炬。倉庫、宮殿、兵工廠籠罩在衝天的火焰中，大火整整持續了兩個星期。在對烏黑的殘垣斷壁施以最惡毒的詛咒後，羅馬軍隊班師回朝，去享受他們盛大的慶典了。

隨著迦太基的覆滅，地中海在隨後的1000年中變成了歐洲的內海。當羅馬帝國壽終正寢時，亞洲便展開了一次試圖控制這個內陸海洋的嘗試。具體的情形，我在談到穆罕默德的故事時告訴你。

羅馬人與迦太基人的戰鬥
尚·福格 羊皮紙手卷插圖 約1470年

被認為是「法國的第一位畫家」的尚·福格，在他為《古代史》一書繪製的這幅插圖中，以一種文藝復興時代的特色，精細地描繪了發生在羅馬人與迦太基人之間的戰鬥場面。前景處著重甲的羅馬士兵與輕裝的迦太基人砍殺著，地上已躺下了死傷者，稍遠處僅用密不透風的頭盔便表現了短兵相接的混戰情形。

CHAPTER 22

羅馬帝國的興起

羅馬帝國是如何形成的

羅馬帝國的產生純屬偶然，沒有人策劃它，它是自己「形成」的。從未有過一個著名的將軍、政客或刺客站出來說：「朋友們，羅馬公民們，我們必須建立一個帝國！大家跟著我，我們將一道征服從赫爾克里斯之門到托羅斯山的所有土地！」

誠然，羅馬造就過眾多戰功卓著的將軍和許多傑出的政客及刺客，羅馬軍隊在世界各地所向披靡，但羅馬帝國的產生並非出於一個精心策劃的構思。普通羅馬人都是些非常務實的人們，他們不喜歡探討關於政府的理論。當某人慷慨激昂地陳辭：「我以為，羅馬帝國應該向東擴展……等等」，聽眾們便會立即離開會場，回到自己的實際事務中。事實上，羅馬攫取越來越多的土地，僅僅是因為環境迫使它必須攫取土地，它的擴張並不是出於野心或貪婪的驅使。羅馬人天生願意做安分守紀的農民，寧願一輩子待在家裡，不過一旦受到攻擊，他們就會奮起自衛。如果敵人正巧來自海外，需要去遙遠的國境對他們展開反擊，此時，任勞任怨的羅馬人便會跨越數千英里艱苦乏味的路程，去打垮這些危險的敵人。當任務完成之後，他們又留下來管理新征服的土地，以免它落入四處遊蕩的野蠻部族之手，構成對羅馬安全的新威脅。這聽起來有些複雜，可對現代人來說卻是非常簡單的道理。今天，你有時也會看到這樣的例子。

西元前203年，小西皮奧率軍渡過阿非利加海，將戰火燒到非洲。迦太基緊急召回漢尼拔。由於漢尼拔率領的雇傭軍士氣低落，並不是真心為迦太基而戰，因此他在黎馬附近被擊敗。羅馬人要求他投降，但漢尼拔逃往亞洲的敘

陶製玩偶
羅馬時期

羅馬人的童年是很受重視的，他們可以充分接受教育並享受娛樂。孩子有玩具騎士供他們調度，也能餵養陶製的小鳥，而且男孩和女孩可以一起上學、遊戲。

牧羊人
銀製雕像 羅馬
西元1世紀

羅馬人很務實，他們像大多數的人民一樣，喜愛自由、安逸的生活，他們之中更多的人寧願一輩子都待在家裡，做安分守紀的農民。這個羅馬的小雕像生動地表現了一個牧羊人用袋子背著一隻小山羊，身前還掛著水罐以保持平衡。

利亞和馬其頓尋求支援。這些是我在上一章告訴過你們的。

敘利亞和馬其頓的統治者（二者都是亞歷山大的帝國分裂後的殘餘）當時正策劃遠征埃及，企圖瓜分富饒的尼羅河谷。埃及國王聽聞了風聲，急忙向羅馬人求援。看樣子，一連串富於戲劇性的陰謀與反陰謀即將上演。可是，一貫缺乏想像力的羅馬人在大戲還未開演前就粗暴地拉上了帷幕。羅馬軍團一舉摧毀了馬其頓人沿用的希臘重裝步兵方陣。這場戰役發生在西元前197年，地點位於希臘色薩利中部的辛諾塞法利平原，也稱「狗頭山」。

隨後，羅馬人向半島南部的阿提卡進軍，並通知希臘人，要把他們「從馬其頓的統治下解放出來」。可多年的半奴役生涯並未使希臘人學得聰明一點，他們把新獲得的自由耗費在最無意義的事情上，所有的希臘城邦再度陷入無休止的相互爭吵中，一如它們在光榮的舊時代的作為。顯然，羅馬人的政治理解力還達不到這般精妙的程度，他們不喜歡這個民族內的愚蠢爭論。起初他們極力容忍，可漫天飛舞的謠言與攻訐終於使務實的羅馬人失去了耐性。他們攻入希臘，焚毀柯林斯城以警告其他城邦，並派遣一名總督去統治雅典這個騷動不安的省分。就這樣，馬其頓和希臘變成了保衛羅馬東部邊疆的緩衝區。

此時，越過赫勒斯蓬特海峽就是敘利亞王國安蒂阿卡斯三世統治著的廣表土地。當其尊貴的客人漢尼拔將軍向他

羅馬人的決策者
阿爾瑪・苔德瑪 油畫 1881年

在歷史上，羅馬的決策者似乎並不喜歡以這種幽室密談的方式決定國家事務，他們更願意在元老院、公共浴室之類的大庭廣眾中探討國家的未來。但苔德瑪爵士至少在環境和服飾方面細緻入微地再現了羅馬人的特徵（雖然不乏華麗的誇張），比如短髮髮式、寬袍大袖的服裝，以及簡便實用的皮帶絆鞋，都是典型的羅馬式的。

解釋入侵義大利、掠奪整個羅馬城將是一件輕而易舉的事情時，安蒂阿卡斯三世不禁躍躍欲試。

盧修斯・西皮奧，即入侵非洲並在紮馬大敗漢尼拔及其迦太基軍隊的小西皮奧將軍的弟弟，被派往小亞細亞。西元前190年，他在瑪格尼西亞附近摧毀了敘利亞軍隊。不久後，安蒂阿卡斯被自己的人民以私刑處死，小亞細亞隨之成為羅馬的保護地。

這個小小的城市共和國最終成為了地中海周圍大片土地的主人。

利亞國王安條克墓出土的黃金面具
小亞細亞 西元前35年

像所有的國君一樣，安條克在位期間的一件極為重要的事，就是為自己建造墳墓，以期延續統治。有誰不希望自己能夠不朽呢？

羅馬帝國的故事

羅馬共和國歷經數世紀的動亂和革命，終於變成了羅馬帝國

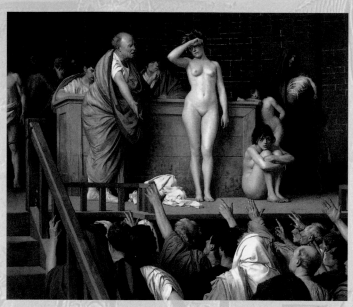

拍賣奴隸
格羅姆 油畫 法國
1824～1904年

奴隸只是一件物品，台下瘋狂喊叫競價的買主和台上的賣主，看中的只是她漂亮健康的身體，連記錄員也是一樣的漠然，根本無視於她為人的尊嚴。而後面陰影中的母親，也只能無助而愛戚地看著手上快要死去的孩子。

奴隸、農民及富人

羅馬軍隊從一連串的輝煌勝利中凱旋而歸時，歡迎著他們的是盛大的遊行和狂歡。可惜，這種突然的榮耀，並未讓人民的生活變得幸福一些。相反地，綿延不絕的征戰使農夫們疲於應付國家的兵役，以致農事荒蕪，毀掉了他們的正常生活。那些功勳卓著的將軍及他們的親朋好友因為戰爭而掌握了太大的權力，並以戰爭之名行大撈個人利益之實。

古老的羅馬共和國崇尚簡樸，許多著名人士都過著非常樸素的生活。可如今的共和國卻追求著侈浮華，恥於簡樸的物質生活，早把先輩時代流行的崇高的生活準則丟到了九霄雲外。羅馬變成了一個由富人統治、為富人謀利、被富人享有的地方。這樣一來，它便注定了要以災難性的結局告終。現在我將告訴你們。

在短短不到150年的時間裡，羅馬成為了地中海沿岸所有土地

的主人。在早期歷史中，作為一名戰俘，其命運肯定是失去自由，被變賣為奴隸。羅馬人將戰爭視為生死存亡的事情，對被征服的敵人毫無憐憫之心。迦太基陷落後，當地的婦女和兒童被捆綁著，與他們的奴隸一起被賣為奴隸。對那些敢於反抗羅馬統治的希臘人、馬其頓人、西班牙人、敘利亞人，等待他們的也是同樣的結局。

2000年前，一名奴隸僅僅是機器上的一個零件，正如現代的富人投資工廠一樣，而古羅馬的富人們（元老院成員、將軍、發戰爭財的商人）則將自己的財富用於購買土地和奴隸。土地來自於新征服的國家，透過購買或直接攫取獲得。奴隸在各地的市場上公開出售，只需選一處價錢最便宜的地方買入就可以。在西元前3世紀和2世紀的大部分時間裡，奴隸的供應一直相當充足。因此，莊園主可以像牛馬一樣盡情驅使他們的奴隸，直到他們筋疲力竭地倒在田地邊死去，而主人們可以去就近的奴隸市場討價還價，購入新到的柯林斯或迦太基戰俘，彌補勞力的損失。

現在，再讓我們來看一看普通羅馬農民的命運！

他盡心盡力為羅馬而戰，毫無怨言，因為這是他對祖國應盡的職責。可經過10年、15年或20年的漫長兵役後，他回到家鄉，發現自家田地裡荒草叢生，房屋也毀於戰火。他是一個夠堅強的男子漢，他想，好吧，這沒什麼，我可以開始重新生活。於是他拔去雜草，翻耕土地、播種、勞作、耐心等待收成，終於盼到了收穫季節，他興沖沖的將穀物、牲畜、家禽運到市場後，這時他

才發現，大莊園主用奴隸替他們耕種大片土地，其農產品的價格比他預想的低好多，他不得不賤價出售。如此苦苦支撐幾年，他終於絕望了，只好拋棄土地，離鄉背井，去城市謀生。可在城市，他依然填不飽肚子。不過，他至少可以與幾千名命運同樣悲慘的人們，分擔他的痛苦。他們聚居在大城市郊區骯髒污穢的棚屋裡，糟糕的衛生條件使他們極易患病，而一旦染上瘟疫便必死無疑。他們個個心懷不滿，怨氣沖天。看看吧，他們都曾為祖國而戰，可祖國竟如此回報他們！因此，他們很願意傾聽演說家們的煽動言辭。這些野心家別有用心地把這群餓鷹似的人們聚集在自己身旁，很快便成為了國家的嚴重威脅。

新興的富人階級看到這種情形，只是輕描淡寫地聳聳肩膀。「我們擁有軍隊和警察。」富人們爭辯道：「他們能使暴徒們保持安靜。」隨後，他們便躲進自己高牆環繞的舒適別墅，愜意地修花剪草，或是讀上幾行希臘奴隸為其主子譯為優美拉丁文的荷馬史詩。

羅馬貴族
浮雕 西元前1世紀

羅馬的貴族們雖然崇尚希臘的文明，但遠沒有希臘文明中的自然閒適。他們通常是神態莊嚴、不苟言笑的出現。

不同類型的改革家

不過在幾個貴族世家裡，古老共和國時代的質樸品德和無私的服務精神還保持著。科內莉亞是號稱阿非利加努斯①的西皮奧的女兒，她嫁給一位名為格拉古的羅馬貴族，並生下兩個兒子，一個叫提比略，一個叫蓋約斯。長大後，兩人都進入了政壇，並努力實施了幾項急需的改革措施。提比略·格拉古當選為保民官，他想幫助處於困境的自由公民。為此，他恢復了兩項古代的法律，把個人可以擁有的土地數量限制在一定的範圍內。他希望透過此項改革，復興對國家極有價值的小土地所有者階層。可是他的行動遭到了富人們的仇視，暴發戶們稱他為「強盜」和「國家公敵」。他們策動街頭暴亂，一群暴徒被雇傭來要殺死這位深受愛戴的保民官。一天，當提比略步入公民會議的會場時，暴徒們一擁而上去攻擊他，將他毆打致死。10年之後，他的兄弟蓋約斯再度嘗試改革國家，以抵制勢力強大的特權階層的無理要求。他制定了一部「貧民法」，初衷是想幫助那些失去土地、處於赤貧狀態的農民。可事與願違，最終這部法律卻使得大部分羅馬公民淪為乞丐。

蓋約斯在帝國的邊區為貧民建立起一些居留地，可這些居留地沒能吸引到它們想收容的那類人。在蓋約斯·格拉古做出更多好意的壞事前，他也被暗殺了。他的追隨者要不就是被殺，要不就是被流放。這最初的兩位改革者屬於貴族紳士，可隨後的兩位卻是截然不同的類型。他們是職業軍人，其中一人名為馬略，另一位叫蘇拉，均自擁有一大群支持者。

蘇拉是莊園主的領袖，而馬略身為在阿爾卑斯山腳殲滅條頓人②和辛布里人的那場偉大戰役的勝利者，是被剝奪財產的自由公民們的英雄。

在西元前88年，從亞洲傳來一些謠言，讓元老院大感不安。據說黑海沿岸的一個國家，國王名為米特拉達特斯，其母親是希臘人，他正厲兵秣馬，大有重建第二個亞歷山大帝國的可能。作為其世界遠征的開始，米特拉達特斯先是殺光了小亞細亞一帶的所有羅馬公民，連婦孺都不放過。這樣的行為對羅馬當然意味著戰爭。元老院裝備了一支軍隊去征討這位國王，懲罰他的罪行。但究竟由誰來擔任統帥呢？元老院說：「當然由蘇拉擔任，因為他是執政官。」而民眾卻說：「我們擁護馬略，他應該擔任軍隊總指揮。因為他不僅做過五次執政官，而且他維護我們的利益。」

爭執中，擁有財產的最終獲勝。事實上蘇拉控制了軍

蘇拉
雕塑 西元前82年

獨裁者蘇拉是羅馬城中最令人恐怖的人。他為了清除政敵，下令士兵進行了幾個星期的屠殺，連被懷疑是同情政敵的都不放過。

註① 即非洲勇士。
註② 條頓人（Teutons），日耳曼人、德國人的古稱。

羅馬帝國的故事

chapter 23

隊。他率軍東征，討伐米特拉達特斯，馬略被迫逃到非洲，靜待反擊的時機。當他聽說蘇拉率領的軍隊已抵達亞洲，便返回義大利，糾集了一批不滿現狀的烏合之眾，氣勢洶洶地朝羅馬進軍。馬略率領著這幫人輕而易舉地進入羅馬城，用五天五夜的時間來一一清算他在元老院的政治對手。最終，馬略讓自己順利當選為執政官，可是隨即因前兩周的過度興奮而猝死。

接下來的4年裡，羅馬一直處於混亂狀態。此時，蘇拉打垮了米特拉達特斯，聲言已準備好回羅馬來了結一些個人恩怨。他確實言出必行，一連好幾個星期，他的士兵起勁地屠殺自己的同胞，只要是被懷疑同情民主改革的人他們都不放過。一天，他們抓住一個常常陪同馬略出入的年輕人，準備將他吊死。這時有旁人說：「饒了他吧！這孩子還太小。」於是士兵放過了他。這位逃過一劫的年輕人名叫裘利斯・凱撒，我們下面馬上會講到他。

至於蘇拉，他當了「獨裁官」，意思就是羅馬帝國及其全部財產、屬地的唯一而至高的統治者。他在位4年後退休，安詳地死於臥榻。像許多一輩子屠殺自己同胞的羅馬人一樣，他的晚年安閒適意，把大部分的時間花在了澆花種菜上。

三人同盟

不過羅馬的政治情勢並未因蘇拉的死去而好轉，相反地，局勢急轉直下。蘇拉的密友龐培將軍再度領軍東征，討伐不斷給帝國製造麻煩的米特拉達特斯國王。龐培將這位精力旺盛的反抗者趕入山區，四面包圍起來。絕望的米特拉達特斯王深知若成為羅馬人的俘虜，等待他命運的將是什麼，於是他也像多年前窮途末路的漢尼拔一樣，服毒自殺了。

之後，龐培繼續攻城掠地。他打敗敘利亞，將其重新置於羅馬的統治之下；他摧毀了耶路撒冷，並揮師席捲整個西亞，試圖重建一個羅馬人的亞歷山大帝國。最後在西元62年，他返回羅馬，隨行的12艘艦船上滿載著被他俘虜的國王、王子和將軍。在羅馬人為龐培舉行的盛大凱旋儀式上，這些曾顯赫一時的國王將軍們被迫走在遊行隊伍之中，作為龐培偉大戰功的一部分向羅馬民眾展示。此外，這位將軍還向羅馬獻上了高達4000多萬的財富。

現在，羅馬確實需要一位政治強人來統治。僅僅在幾個月前，羅馬城險些落入一

凱撒頭像
大理石

凱撒的權力是以一支精良的職業軍隊為支柱。羅馬總共有28個軍團，每個軍團有10個步兵隊，每隊約500人，又分成6個百人隊，其下就是由8人組成的最小單位——班。

個一無是處的年輕貴族之手。此人名叫卡特林，因賭博輸光了家產，因而妄圖發動政變，以便趁火打劫，撈一筆錢來彌補自己的損失。一個頗具公眾精神的律師西塞羅察覺了卡特林的陰謀，及時向元老院告發他。卡特林被迫逃亡，可是危機依然存在，羅馬城到處是野心勃勃的年輕人，隨時準備向政府發難。

於是由功勳卓著的龐培將軍出面，組織了一個三人同盟來負責處理政府事務。他本人則擔任這個三人委員會的領袖。其次是裘利斯·凱撒，因為在做西班牙總督期間獲得了良好聲望，於是他坐上了第二把交椅。排在第三位的克拉蘇是無足輕重的角色，他的當選完全是因其擁有的驚人財富。因為成功地承辦了羅馬軍隊的戰爭給養與物資裝備，克拉蘇大發其財，可還沒來得及充分享受他的財富和地位，他便被派遣遠征帕提亞，迅速陣亡了。

至於凱撒，他屬於三人之中最有能力的一個。他斷定，為實現自己更宏大的目標，他需要建立一些輝煌的戰功，使自己成為大眾崇拜的英雄。於是凱撒出發去征服世界。他越過阿爾卑斯山，征服了現在被稱為法國的歐洲荒野。接著，他在萊茵河上架設了一座堅實的木橋，侵入條頓人的

土地。最後他搜羅船隻，造訪英格蘭。若不是因為國內局勢使迫他返回義大利，天知道凱撒的遠征會打到什麼地方。

凱撒之死

在征途中，凱撒突然接到國內的消息，告知龐培已被任命為「終身獨裁官」。這意味著凱撒的名字只能被列入「退休軍官」的名單，他將失去通向更顯赫位置的可能性。雄心勃勃的凱撒當然不喜歡這種情形。想當年，他是跟隨馬略開始他的軍事生涯的。他決定要給元老院和他們的「終身獨裁官」一個教訓。於是，他率軍渡過分隔阿爾卑斯高盧行省和義大利的魯比康河，向羅馬挺進。所過之處，老百姓將他當作「人民之友」來熱烈歡迎。他一舉攻入羅馬，龐培被迫逃到希臘。凱撒率軍追擊，在法爾薩拉附近擊敗龐培及其追隨者。後來龐培渡過地中海，逃往埃及，但當他登陸後，年輕的埃及國王托勒密命人暗殺了他。幾天後，凱撒也抵達埃及，隨即發現自己落入了一個陷阱。埃及人和仍忠於龐培的羅馬駐軍聯合向他發動攻擊。

不過凱撒很走運，他成功地焚毀了埃及艦隊，可不巧的是，大火迸出的火星落在埃及著名的亞歷山大圖書館的屋頂上（它正好位於碼頭邊），這座珍藏著無數古代典籍的建築因而付之一炬。摧毀埃及海軍後，凱撒回過頭來進攻埃及陸軍，將驚慌潰逃的士兵趕進尼羅河，托勒密本人也溺水身亡。埃及隨即建立了一個以已故國王的姐姐克麗奧佩特拉為首的新政府。此時又有消息傳來，米特拉達特斯的兒子兼繼

承人法那西斯準備發動戰爭，為自殺的父親復仇。凱撒立刻揮師北上，持續作戰五晝夜，打敗了法那西斯。在給元老院的捷報中，他為世人留下了一句名言，「Veni, vidi, vici」，意思是「我來，我看見，我征服！」

然後凱撒返回埃及，不可救藥地墜入情網，拜倒在女王克麗奧佩特拉魅力非凡的裙下。西元46年，凱撒攜克麗奧佩特拉一起返回羅馬接掌政權。在其輝煌的一生中，凱撒贏得了四次重大戰爭，四次舉行凱旋入城儀式，每次都威風八面地走在遊行隊伍的最前頭。他如願以償地成為了人民膜拜的英雄。

回國後凱撒來到元老院，向元老們描述他波瀾壯闊的冒險事業，於是感激涕零的元老們任命他為「獨裁官」，為期10年。這是致命的一步。

新任獨裁官施行了許多有力的措施來改革危機四伏的國家現狀，他讓自由公民獲得了成為元老院成員的資格，他恢復羅馬古制，給予邊疆地區的人民以公民權；他允許「外國人」參與政府，對國家政策施加一定的影響；他改革了某些偏遠行省的行政管理，以免它們淪為某些貴族世家的領地和私有財產。一句話，凱撒做了許多照顧大多數人利益的事情，因而也成為特權階層的敵人。50個年輕貴族聯合策劃一個「拯救共和國」的陰謀。按凱撒從埃及引進的新曆，也就是3月15日那天，他步入元老院出席會議，一群年輕貴族蜂擁而上，將他殺害，羅馬再一次沒有了領袖。

屋大維

有兩個人試圖延續凱撒的光榮。一個是安東尼，凱撒的前秘書。另一個是屋大維，凱撒的外甥兼地產繼承人。屋大維留在羅馬，而安東尼去了埃及。似乎羅馬將軍都有愛江山更愛美女的習慣，安東尼也陷入克麗奧佩特拉的情網，荒廢軍政，難以自拔。

屋大維和安東尼兩人為爭奪羅馬統治權爆發了戰爭。在阿克提翁戰役中，安東

凱撒之死
格羅姆 油畫 1867年

　　這幅畫像照片一樣，以它驚人的真實度表現了凱撒被刺後的情形。狂躁的人群呼喊著，似乎驚恐，但被刺殺的凱撒，曾經的英雄，被丟在了一邊。「我來，我看見，我征服！」也只能在後世中流傳了。

尼兵敗自殺，留下克麗奧佩特拉獨自面對敵人。她施展所有的魅力和手段，想使屋大維成為自己征服的第二位羅馬人，可這位羅馬貴族驕傲無比，根本不為所動。當得悉屋大維打算把自己作為凱旋儀式上展示的戰利品時，克麗奧佩特拉自殺了。托勒密王朝的最後一位繼承者死去，埃及變成羅馬的一個省。

　　屋大維是一位很有頭腦的年輕人，他沒有再犯他著名舅舅的錯誤。他深知如果言語過分是會把人嚇退的，所以當他返回羅馬時，他提出要求的措辭就變得非常節制。他說不想當「獨裁官」，只需一個「光榮者」的頭銜就完全心滿意足了。不過幾年後，當元老院授予他「奧古斯都」（神聖、卓越、顯赫）的稱號時，他欣然接受了。又過了幾年，街上的市民們開始叫他「凱撒」或「皇帝」，慣於將他視為統帥和總司令的士兵則稱他為「元首」。就這樣，共和國不知不覺變成了帝國，可一般的羅馬人竟一點也沒意識到。

　　到西元14年，屋大維作為羅馬人民的絕對統治者的地位已不可動搖。他受到神一般的崇拜，他的繼承者隨之成為真正的「皇帝」，即歷史上一個空前強大的帝國的絕對統治者。

　　事實上，一般羅馬百姓對長期的無政府狀態和混亂局勢早已厭倦，只要新主人給他們一個平靜生活的機會，只要不再聽到時時傳來的街頭暴動喧囂聲，他們才不在乎誰統治他們呢！屋大維給了他的臣民們40年和平的生活，因為他沒有繼續擴張領土的慾望。西元9年，他對定居於歐洲西北荒野的條頓人發動了一場戰爭，結果他

的將軍尼祿和所有的士兵在條頓堡森林全軍覆沒。從此，羅馬人再未打算教化這些野蠻民族。

他們把精力放在堆積如山的國內問題上，試圖挽回局面，不過已經為時太晚。兩個世紀的國內革命和對外戰爭，使得年輕一代的優秀份了死傷殆盡。戰爭摧毀了自由農民，使這個階層歸於消亡。由於大量引進奴隸勞動，自由農民根本無法與大莊園主競爭。戰爭還迫使得城市變成了一個個蜂巢，裡面棲居著大量貧苦而骯髒的破產農民。戰爭滋生出一個龐大的官僚階層，小吏們拿著少得可憐的薪水，不得不接受賄賂以養家糊口。最糟的是，戰爭使人民對暴力和流血視若無睹，甚至形成了一種以他人的痛苦為樂的麻木不仁的心理。從外表上看，西元1世紀的羅馬帝國無疑是一個輝煌莊嚴的政治體，疆域遼闊，連亞歷山大的帝國都變成它一個微不足道的行省。不過在其輝煌面下，生活著的卻是成千上萬窮苦而疲倦的人民，終日勞碌掙扎，像在巨石下孜孜築巢的螞蟻。他們辛苦工作的成果為他人享受；他們吃牲畜吃的食物，住牛棚馬圈一樣的房子，並在絕望中死去。

物換星移，到了羅馬建國第753年。此時，裘利斯·凱撒·屋大維·奧古斯都正住在帕拉坦山的宮殿裡，忙於處理國事。

在一個遙遠的敘利亞小村莊裡，木匠約瑟夫的妻子瑪利亞正在悉心照料她的小男孩，一個誕生在伯利恆馬槽裡的孩子。

這是一個奇特的世界。

最終，王宮和馬槽將要相遇，發生公開的鬥爭，而馬槽將取得最後的勝利。

羅馬皇帝的接見
阿爾瑪·苔德瑪 油畫 1879年

年輕的屋大維已變成一尊威嚴冰冷的「奧古斯都大帝」（屋大維於西元前27年獲得的尊號）雕像，羅馬的政體也由共和制變成了君主制。曾經身為羅馬的「主人」的平民們，如今必須跪地向他們的君主朝拜。在阿爾瑪·苔德瑪的繪畫中，接見剛剛結束，在仍然不敢起身的朝拜者的注視中，皇帝的護衛隊華麗的背影正在離去，一個無比強大的國家也正在隨之遠去。

拿撒勒人約書亞

拿撒勒人約書亞，也就是希臘人所稱的耶穌的故事

羅馬建城第815年的秋天，即西元62年，羅馬外科醫生埃斯庫拉庇俄司·卡爾蒂拉斯寫信給正在敘利亞步兵團服役的外甥，全信如下：

我親愛的外甥：

幾天前，我被請去為一個名叫保羅的病人診病。他是猶太裔的羅馬公民，看上去教養良好，儀態優雅。我聽說他是因為一樁訴訟案來到這裡的。該案是由該撒利亞或者某個東地中海地區的法庭起訴的，具體的地點我不太清楚。人們曾向我形容說，這位保羅是個「野蠻且兇狠」的傢伙，曾經四處發表反對人民與違反法律的講演。可當親眼看見他的時候，我發現此人才智出眾，誠實守信。

我的一位朋友過去曾在小亞細亞的駐軍中服役，他告訴我曾聽說過一點保羅在以弗所傳教的事情，好像他在宣揚一位新上帝。我問我的病人此說是否屬實，還有他是不是真的號召過人民起來反抗我們所敬愛的皇帝陛下的意志？保羅回答說，他所宣講的國度並不

屬於這個世界。另外，他還講了許多奇奇怪怪的言辭，我一點都聽不明白。我暗地裡想，他講這些胡話大概是由於發高燒的緣故。

可無論如何，他的高尚為人與優雅個性給我留下了極深的印象。聽到幾天前他在奧斯提亞大道上被人殺害的消息，我覺得非常傷心，所以我寫這封信給你。當你下次路過耶路撒冷的時候，我希望你能幫忙瞭解一些我的朋友保羅的故事，還有他宣講的那位似乎是他導師的新奇的猶太先知。我們的奴隸們聽說了這位所謂的彌賽亞（救世主），一個個都顯得異常激動。其中有幾人還因為公開談論這一「新的國度」（不管它是什麼意思）被釘上十字架處死。我很希望弄清這些傳言的真相。

　　　　　　　　　　　　卡爾蒂拉斯

六星期後，外甥格拉丟斯·恩薩，高盧第七步兵團上尉給舅舅回信，全文如下：
親愛的舅舅：

收到你的來信，我已照你的吩咐去瞭解了情況。

兩星期前，我所在的部隊被派往耶路撒冷。由於這座城市在上世紀經歷了數次革命，受戰火殃及，老城區的建築已所剩無幾。我們來此已近一個月，明天即將轉赴佩德拉地區。據說那裡有一些阿拉伯部落在活動，不時劫掠村莊。今天一晚正好用來給你覆信，回答你的問題，但千萬別期望我能給出詳細的報告。

我和這座城市的大部分老人都交談過，可是很少有人能告訴我確切的訊息。幾天前，一個商販來到軍營附近，我買了一些橄欖，順便跟他閒聊起來。我問他是否知道那位著名的彌賽亞，就是很年輕的時候便被殺死的那位。他說他記得非常清楚，因為他父親曾帶他去各各他（耶路撒冷城外的小山）觀看死刑的場面，以便警示他違反法律、淪為猶太人民公敵的人會遭到什麼下場。他給了我一個地址，讓我去找一個叫約瑟夫的人，因為此人曾經是彌賽亞的好朋友。臨了，這位商販還再三叮囑說，若想知道得更多，一定要去找這位約瑟夫。

今天上午，我去了約瑟夫家。此人過去是淡水湖邊的漁夫，如今已經老態龍鍾了。不過他思維清晰，記憶力依然相當良好。從他那裡，我終於瞭解到在我出生前那個動盪年代所發生的確切情況。

當時在位的是我們偉大而光榮的皇帝提庇留，而擔任猶太與撒馬利亞地區總督的人名叫彼拉多。約瑟夫對這位彼拉多瞭解不多，不過看起來他是一個誠實清白的人，在做地方長官期間，他留下了正派廉潔的名聲。在783或784年（羅馬曆），約瑟夫記不清具體的時間，彼拉多被派往耶路撒冷處理一場騷動。據說，一位年輕人（木匠約瑟夫的兒子）正在策動反對羅馬政府的革命。奇怪的是，我們的情報官員向來消息靈通，可對此事卻毫不知情。待他們調查過整個事件後，他們報告說，這位年輕木匠的兒子是純良守法的公民，沒有理由控告他。可猶太教的老派領袖們，據約瑟夫說，對這一結果非常不滿。由於這位木匠的兒子在希伯來貧窮大眾中廣受歡迎，難免使高高在上的祭司們生出嫉恨之心，於是他們向彼拉多揭發說，這個「拿撒勒人」曾公開宣稱，無論希臘人、羅馬人，還是

THE
STORY
OF
MANKIND

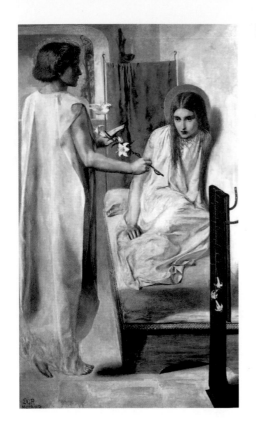

註① 「巴勒斯坦」或「巴勒斯坦人」這兩個詞，源於「腓利士Philistine」這個字。腓利士人是舊約時代裡一個非猶太裔的強大民族，早在亞伯拉罕的時代已經存在，後來他們大部分改奉伊斯蘭教，有些則與阿拉伯人通婚。因為慢慢改說阿拉伯語，就變成了阿拉伯人。

註② 古希臘和羅馬時期興盛的思想流派，創始人是芝諾（西元前340～前265年），主張人應順應自然而生活。

腓利士人①，只要他努力去過正派高尚的生活，他就和一個終其一生研究摩西律法的猶太人一樣，都是具有高貴德行的人。起初，彼拉多對這些爭議不甚在意。不過，當聚集在廟宇周圍的人群威脅要動私刑處死耶穌，並殺光他所有的追隨者時，他決定將這位木匠的兒子拘留起來，以挽救他的性命。

彼拉多似乎並不理解這場爭論的真正實質。當他要求猶太祭司們解釋他們對這位木匠的兒子到底有何不滿時，祭司們便高叫著：「異端！」。「叛徒！」。情緒異常激動。約瑟夫告訴我說，最後，彼拉多叫人把約書亞（約書亞是拿撒勒人的名字，不過生活在這一地區的希臘人都把他叫作耶穌）帶到面前，單

獨詢問他。他們交談了好幾個小時。彼拉多問到那些所謂的「危險教義」，就是約書亞在加利利海邊佈道時曾經宣講過的。可是耶穌只是平靜地回答說，他從不涉及政治，比起人的肉體，他更為關心的是人的靈魂。他希望所有的人都視旁人為自己的兄弟，敬愛一個唯一的上帝，因為他是所有生靈的父親。

彼拉多對斯多葛學派②和其他希臘哲學家的思想有過很深的研究，不過他似乎看不出耶穌的言論有什麼特別煽動人心的地方。據約瑟夫講，彼拉多又做了一次努力，以挽救這位仁慈先知的性命。他一直拖延著，避免對耶穌定刑，與此同時，群情激奮的猶太人在祭司們的再三鼓動之下，變得歇斯底里。之前，耶路撒冷已經發生過多次騷亂，可是駐紮在附近能隨時聽候召喚的羅馬士兵卻為數甚少。人們向該撒利亞的羅馬當局遞交報告，控告彼拉多總督「對拿撒勒人的危險教義入了迷，淪為異端的犧牲品」。城市裡到處

都發生了請願活動，要求詔回彼拉多，撤消他的總督職位，因為他已經變成帝國皇帝的敵人。你知道，我們的政府對駐海外總督有一條嚴格規定，那就是必須避免和當地屬民發生公開衝突。為避免國家陷入內戰，彼拉多最終不得不犧牲掉他的囚犯約書亞。約書亞以令人欽敬的尊嚴態度接受了這種結局，並對所有憎恨他的人施以寬恕。最終，在耶路撒冷群眾的狂叫與嘲笑聲中，他被釘上十字架處死了。

這就是約瑟夫跟我講的事情。他一邊講，一邊涕泗橫流，哀慟之情讓人頗為不忍。離開時，我遞給他一枚金幣，不過他拒絕收下，還請求我把金幣施與比他更貧窮、更需要幫助的人。我也向他問到了你的朋友保羅的事情，不過他瞭解不多。保羅似乎原本是一名做帳篷的，後來他放棄了職業，為的是能一心宣講他那位仁愛寬容的上帝。這位

上帝與猶太祭司們一直以來向我們描述的耶和華有著截然不同的性情。後來，保羅遊歷了小亞細亞和希臘的許多地方，告訴奴隸們，他們全都是同一位仁慈天父的孩子，不論富有或貧窮，只有盡力過誠實的生活，為那些遭難和悲慘的人做善事，就能進入天國，就有幸福的前景在等待他們。

我瞭解的情況就這麼多，希望我的答覆能讓您滿意。就帝國的安全來說，我倒看不出這整個故事有任何危險的地方。不過話說回來，我們羅馬人是不可能真正理解生活在這一地區的人民的。我很遺憾他們殺死了你的朋友保羅。真希望此時我能在家裡閉門思過。

你忠實的外甥
格拉丟斯‧恩薩

THE
STORY
OF
MANKIND

CHAPTER 25

羅馬帝國的衰亡

羅馬帝國的黃昏

　　古代歷史教科書把西元476年定為羅馬帝國滅亡之年，因為在那一年，末代羅馬皇帝被趕下了寶座。不過正如羅馬的建立並非朝夕之功，羅馬的滅亡也是一個緩慢消亡的過程，以致絕大多數羅馬人根本未能覺察到他們熱愛的舊世界氣數已盡。他們抱怨時局的動盪，喟嘆生活之艱難。食品價格奇高，可是工人的薪水少得可憐。他們詛罵奸商們囤積居奇的行為，這些人壟斷了穀物、羊毛和金幣，只管自己牟取暴利。有時遇上一個貪得無厭、橫徵暴斂的總督，他們也會起來抗反。不過總的說起來，在西元頭4個世紀裡，大多數的羅馬人依舊過著正常日子。他們照常吃喝（視錢囊的鼓癟，儘量購買），他們照常愛恨（根據他們各自的性格），他們照常去劇場（只要有免費的角鬥士搏擊表演）。當然，像所有時代一樣，也有不幸的人們餓死。可是生活在繼續，而人們一點也不知道他們的帝國已注定要滅亡。

　　他們怎麼意識得到迫在眉睫的危險呢？羅馬帝國正在處處顯示著輝煌繁盛的外景。有寬闊暢涌的大道通接各個省分；有帝國警察在勤勉地工作，毫不留情地清除攔路盜賊；邊界防禦良好，使居住在歐洲北部荒野的蠻族不能越雷池一步；全世界都在

墮落的羅馬人
托馬斯‧庫提爾
油畫 1847年

　　在羅馬的正兒八們建造的威嚴、井然的建築中，羅馬的男女們開始過著縱情酒色的生活。巨大的羅馬立柱間聳立著先賢們的大理石雕像，位於中心的是格馬尼庫庫拉斯，他代表著一個曾經注重道德的時代。右上角一個喝醉的人甚至爬上雕像，試圖讓石頭和自己一起狂歡。在右下角，兩個遠道來訪的日耳曼人冷眼旁觀著這頹廢的景象，隱喻了羅馬帝國日後將亡於日耳曼人手中的結局。歷史確實是這樣的：羅馬帝國的衰敗並非源於早期的窮兵黷武，而是根源於後來的繁榮穩定導致的罪惡叢生、道德淪喪。

羅馬帝國的衰亡

chapter 25

向強大的羅馬進貢納稅；而且，還有一群精明能幹的人們在夜以繼日地工作，試圖糾正過去的錯誤，爭取使帝國重返共和國早期的幸福歲月。

不過正如我在上一章講過的，羅馬帝國的根基已經鏽蝕，造成它衰敗的深層原因從未被弄清楚，因此任什麼改革都不能挽救其注定滅亡的命運。

從根本上說，羅馬早先還一直是一個城邦，跟古希臘的雅典或科林斯並無多大區別。它有足夠的能力主宰整個義大利半島，可是要做整個文明世界的統治者，羅馬從政治上來說是不合格的，從實力上講是無法承受的。它的年輕人大多數死於常年的戰爭。它的農民被沉重的軍役和賦稅拖垮，不是淪為職業乞丐，就是受雇於富有的莊園主，以勞動換取食宿，成為依附於富人們的「農奴」。這些不幸的農民既非奴隸，也不是自由民，他們像樹木和牲畜一樣，成為他們所侍奉的那塊土地上的附屬品，終生無法離開。

帝國的榮耀是最高目標，國家意味著一切，普通公民則什麼也不是。至於悲慘的奴隸，他們興奮地傾聽保羅宣講的言辭，接受了那位謙卑的拿撒勒木匠所散佈的福音。他們並不反抗自己的主人，相反地，他們被教導要溫柔順從，盡力遵照主人的意旨行事。不過，既然眼前的世界無非是一個悲慘的寄身之所，不能有所改進，奴隸們也就全然喪失了對現世的興趣。他們寧願「打那美好的仗」，為進入天堂樂土而傾力付出，也不願為羅馬帝國打仗，因為那不過是某個野心勃勃的皇帝為渴求更多、

更輝煌的勝利，而在努米底亞或帕提亞或蘇格蘭發動的侵略戰爭。

這樣，一個又一個世紀過去了，情形變得越來越糟。最初幾位羅馬皇帝還肯保持「領袖」傳統，授權部族的領袖管住各自的屬民。可是2、3世紀的羅馬皇帝卻是些職業軍人，變成了地地道道的「兵營皇帝」，其生存全繫於他們的保鏢，即所謂禁衛軍的忠誠。皇位的輪換如走馬燈，你方唱罷我登台，靠著謀殺劈開通向帝王寶座的道路。隨後，篡位者又迅速地被謀殺，因為另一個野心家掌握了足夠財富，能賄賂禁衛軍發動新一輪的政變。

與此同時，野蠻民族正在頻頻敲擊北方邊境的大門。由於再沒有土生土長的羅馬士兵可抵禦侵略，只能招募些外國雇傭軍去對付來犯者。這些外國雇傭兵可能正巧與他抗擊的敵人屬於同一種族，不難想見，他們在戰鬥中很容易產生對敵人的憐憫之情。最後，皇帝決定實驗一種新措施，允許一些野蠻部族在帝國境內定居，其他的部族也接踵而至。不過他們很快就怨氣沖天，抗議貪婪的羅馬稅吏奪走他們僅有的一切。當他們的呼聲未能得到重視，他們便進軍羅馬，更大聲的呼籲，以期得到皇帝陛下的聲音。

康士坦丁像

像古代的大多數國家一樣，從誕生到滅亡從沒有停止過戰爭，二、三世紀的羅馬也是如此，康士坦丁皇帝為避免戰禍，把國都改在拜占庭，並改稱君士坦丁堡。

THE
STORY
OF
MANKIND

東羅馬帝國

這樣的事情常常發生，使得作為帝國首都的羅馬變成了一個令人不快的居所。康士坦丁皇帝（西元323至337年在位）開始尋找一個新首都。他選擇了位於歐亞之間的通商門戶拜占庭，將其重新命名為君士坦丁堡，把皇宮遷到這裡。康士坦丁死後，為更有效率地管理，他的兩個兒子便將羅馬帝國一分為二。哥哥住在羅馬，統治帝國的西部；弟弟留在君士坦丁堡，成為東羅馬的主人。

到了西元4世紀，可怕的匈奴人造訪歐洲。這些神秘的亞洲騎兵在歐洲北部整整馳騁了兩個世紀，以殺人流血為職業，禍患四方，直到西元451年在法國沙隆的馬恩河被徹底擊敗為止。當匈奴人進軍到多瑙河附近，對當地定居的哥德人產生了極大的威脅。為了生存，哥德人被迫侵入羅馬境內。瓦倫斯皇帝試圖抵禦哥德人，在西元378年戰死於亞特里亞堡。22年後，同一群西哥特人在國王阿拉里克的率領下，向西挺進，襲擊了羅馬。他們沒有大肆劫掠，只是毀壞了幾座宮殿。接著來犯的是汪達爾人，他們對這座具有悠久歷史傳統的城市

缺乏敬意，縱火搶劫，造成極大的破壞。接下來是勃艮第人，然後東哥德人、阿拉曼尼人、法蘭克人……，侵略沒完沒了。羅馬最終變成了任何野心家都唾手可得的獵物，只要他能召集一批追隨的亡命之徒。

西元402年，西羅馬皇帝逃往拉維納。這裡是一座海港，城牆高大，防禦堅固，就是在這座海濱堡壘，西元475年，日耳曼雇傭軍的指揮官鄂多薩企圖瓜分義大利的土地，他採用溫和而有效的手段，將最後一任西羅馬帝國皇帝羅慕洛‧奧古斯塔斯趕下了寶座，宣佈自己是羅馬的新主宰。正被國內事務弄得焦頭爛額的東羅馬皇帝無暇他顧，只得承認這一事實。鄂多薩統治西羅馬帝國餘下的省分，長達十年之久。

過了幾年，東哥德國王西奧多里克率部侵入這個新建立的王國，攻克拉維納，在鄂多薩自己的餐桌上殺死了他。西奧多里克在西羅馬帝國的廢墟上建立起一個哥特王國。這個國家也未能維持多久。到西元6世紀，一夥由倫巴德人、撒克遜人、斯拉夫人、阿瓦人拼湊起來的烏合之眾侵入義大利，摧毀哥德王國，建立了一個以帕維亞為首都的新國家。

連綿的戰火，最終使帝國的首都淪為一片無人照管、絕望蔓延的瓦礫。古老的宮殿被強盜們反覆洗劫，只剩下空空如也的殘垣頹壁。學校被燒毀，老師們被活活

羅馬劫
海姆斯凱爾克 1532～1536年

這幅畫是準確觀察的結果。描繪了幾經侵略搶掠、縱火之後的羅馬，昔日巍峨的帝國只剩下了空蕩蕩的宮殿和殘垣頹壁。

6世紀初，在羅馬皇帝查士丁尼（Justinian）與其妻狄奧多拉的共同統治下，晚期羅馬帝國經歷了一個短暫的輝煌時期，收復了北非、西班牙和義大利。這幅鑲嵌畫有著拘謹的典雅和不乏激情的樸素，已經形成了典型的拜占庭藝術風格。

餓死。富人被趕出他們的別墅，取而代之的是渾身毛髮、散發惡臭的野蠻人。帝國的大道因年久失修而塌陷，橋梁斷絕，早已不堪使用。曾經興盛的商業貿易停頓了，繁榮的義大利變成了一塊死寂之地。世界的文明──歷經埃及人、巴比倫人、希臘人、羅馬人幾千年辛苦工作所創造的成果，曾把人類的生活提升到他們的遠祖不敢夢想的境界，如今卻面臨了在西方大陸上消亡的危險。

當然，遠東的君士坦丁堡作為帝國的中心還繼續存在了1000年，不過它很難被看作是歐洲大陸的一部分；它的興趣和心思都朝向東方，忘記了自己是歐洲出身的。漸漸地，拉丁語讓位於希臘語，羅馬字母被廢棄不用，羅馬法律用希臘文重寫，並由希臘法官加以解釋。東羅馬皇帝成為神一般地被崇拜的君士，其情形如同3000年前尼羅河谷的底比斯。當拜占庭的傳教士想要尋找新的活動領地時，他們便向東行進，把拜占庭文明帶到俄羅斯的廣闊荒野。

至於西方則已落入了蠻族之手，在大約12個世代裡，謀殺、戰爭、縱火、劫掠成為統治世界的原則。只有一樣東西使得歐洲文明免於徹底的毀滅，使人們不致重返穴居與茹毛飲血的時代。

這就是教會──由那些千百年來承認是拿撒勒木匠耶穌的追隨者的謙卑男女所組成的群體。而這位卑微的拿撒勒人之死，原是為了使光榮的羅馬帝國免於發生在敘利亞邊境上一個小城市的街頭暴亂。

教會的興起

羅馬如何成為基督教世界的中心

註① 均為羅馬神話中的神，分別相當於希臘神話中的主神宙斯，智慧藝術、發明和武藝女神雅典娜，及海神波塞頓。

註② 古希臘後期的哲學流派，創始人是伊比鳩魯（Epicurs，西元前341～前270年），主張「原子論」和「幸福論」的觀點。

羅馬萬神廟

G·P·潘尼尼
油畫 西元130年

羅馬的知識份子對祖先們世代敬奉的神祇並無多大興趣。在他們眼裡，朱庇特、密涅瓦都是些幼稚可笑的東西。這座起初聽從小神祇供奉龍的萬神廟，最終成為了基督教堂。畫面充分體現了這一建築的光學原理，它的頂部是敞開的，光源隨著外界而變化。

新教徒到來

一般生活在帝國時代的羅馬知識份子，他們對祖先們世代敬拜的神祇並無多大興趣。他們每年定期去神廟朝拜幾次，不是由於信仰，僅僅是出於對習俗的尊重而已。當人們神情肅穆地列隊遊行，慶祝某個重大的宗教節日時，他們只是耐心而寬容的冷眼旁觀，少有參與。在他們眼裡，羅馬人對朱比特（眾神之王）、密涅瓦（智慧女神）、尼普頓（海神）①的崇拜是些幼稚可笑的東西，屬於共和國初創時期簡陋的遺留物。對於一個精研斯多葛學派、伊比鳩魯學派②和其他偉大雅典哲學家的著作的人來說，它顯然不是一個合適的課題。

這種態度使得羅馬人對宗教信仰非常寬容。政府規定所有人民，無論羅馬人、僑居羅馬的外國人以及接受羅馬統治的希臘人、巴比倫人、猶太人等等，他們都應該對按法律豎立在所有神廟中的皇帝像表示某種形式的敬意。這就像好多美國郵局掛有總統畫像，讓人們可以行行注目禮。但這僅僅是一種形式，並無更深的涵義。一般來講，每一個羅馬公民都有權讚頌、崇敬、愛慕他個人喜歡的神。這種宗教寬容的結果就是，羅馬各地遍佈形形色色、奇奇怪怪的小神廟和小教堂，裡面敬拜著源自埃及、非洲、亞洲的各式各樣的神祇。

當第一批基督耶穌的信徒們抵達羅馬，開始宣講他們「愛人如己，人人都是兄弟」的新信仰時，沒人站出來反對。隨後還有些好奇的路人停下腳步，聆聽這些傳教士新鮮的言辭。作為一個龐大帝國的首都，當時的羅馬充斥著五花八門、四處周遊的傳教士，個個都在傳播自己的「神秘之道」。這些自封的傳道者一般訴諸人們的理性，向他們大聲疾呼，對那些願意追隨自己所宣講的神的人，允諾金色的未來和無盡的喜悅。

不久之後，聚集在大街上的群眾開始發覺，那些所謂的「基督徒」（意為基督耶穌的跟從者或被上帝用膏油塗抹囑咐的人）宣講的是一些他們從未聽說過的東西。他們根本不關注財富的多少或地位的高貴與否，相反地，他們對貧窮、謙卑、順從等等美德大加讚頌。而羅馬之所以成為世界強國，憑藉的剛好不是這些品德。在四海升平、戰功遠播的帝國全盛時期，有人竟來告訴羅馬的人民世俗的成功並不能擔保他們永久的幸福，這倒是挺有意思的事情。

更何況，這些傳播基督「神秘之道」的傳教士還講到了那些拒絕聆聽真神話語的人們，等待他們的命運將悲慘無比，簡直讓人恐怖。很顯然地，碰運氣可不是什麼好的法子。當然，還有羅馬的舊神在，他們就住在不遠處。不過他們是否有足夠的威力來保護他們的老朋友，對抗剛剛從遙遠亞洲傳到歐洲的新上帝的權威呢？人們開始恐慌，開始懷疑，他們又回到基督徒傳教的地方，希望進一步弄清這些教義的條款。又過了不久，他們開始與宣傳基督福音的男男女女們有了私下的接觸，發現他們的為人處事與羅馬的僧侶截然不同。他們個個衣衫襤褸、一貧如洗，對奴隸和動物友愛有加。他們從不試圖聚斂財富，反倒傾其所有來幫助窮人和病人。他們無私利人的生活榜樣觸動了許多羅馬人，使他們放棄了原有的信仰，加入基督徒組成的小社團。他們在私人住宅的密室或露天田野的某處聚會，於是羅馬的廟宇冷寂。

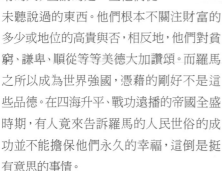

教會的成長

一年年過去，傳教工作一如既往，基督徒的人數在持續增加。他們推選神父或長老（「Presbyters」，希臘語意為「老年人」）負責保護小社團的利益。每一個行省的所有社團還選出一位主教，作為這一地區的基督教首領。繼保羅之後來羅馬傳教的彼得成為了第一任羅馬主教。到某個時候，彼得的繼任者（信徒親切地稱呼他「父親」或「爸爸」）便開始被稱為「教皇」了。

教會逐漸成長為羅馬帝國之內的一個頗具影響力和權勢的機構。基督教義不僅感染著許多對現世絕望的人們，而且還吸引了大量天資聰穎、精明強幹的能人。這些人在帝國政府內飛黃騰達無門，卻能在拿撒勒導師的跟隨者中間施展他們的領導才能。最後，這引起了帝國政府的注意，繼而正視基督教的存在。正如我前面講過的，羅馬政府原則上允許所有臣民以自己喜歡的方式尋求靈魂的拯救，但政府要求，所有的宗教應該和平共處，遵循「自己生存，也讓別人生存」的明智原則。

但基督教社團卻拒絕任何寬容與妥協。他們公開宣稱他們的上帝，唯獨他們的上帝是宇宙與塵世的真正主宰，而所有別的神不過是冒名頂替的騙子。這種說法顯得對其他宗教很不公平，帝國警察不得不

THE
STORY
OF
MANKIND

出面干預此類言行，可基督徒們依然堅持。

不久，更大的衝突產生了。基督徒拒絕施行對羅馬皇帝表達敬意的禮儀，他們還拒服帝國的兵役。羅馬行政當局威脅要懲罰他們，他們卻回答說：我們生存的這個悲慘世界只不過是進入天堂樂土的「通道」，我們寧願喪失現世的生命，也不願違背信仰的準則。羅馬人對這樣的言行大惑不解，偶爾殺死幾個敢於反抗的基督徒，但大部分時候都是聽之任之。在教會成立的初期，發生過一些以私刑處死基督徒的情形，不過這都是暴民們的行為，他們對自己溫順的基督徒鄰居胡亂指控，污蔑他們犯下了各種各樣離奇古怪的罪行，比如殺人、吃嬰兒、散佈疾病和瘟疫、出賣國家於危難之際等等。這些罪行出自暴徒們瘋狂而陰險的想像力，他們知道基督徒是不會以暴易暴的，因此他們能夠輕易地處死基督徒，卻不怕招致報復。

與此同時，羅馬一直受到蠻族的侵略。當羅馬軍隊的刀劍無能為力的時候，基督傳教士卻挺身上前，向野蠻的條頓人宣講他們的和平福音。他們都是些不畏死的堅定信仰者，氣度沈穩，言之鑿鑿。講到拒不悔改的人在地獄的悲慘情形，讓條頓人不由自主地被深深的觸動。條頓人對古羅馬的智慧向來懷有敬意，他們想，這些人既然來自羅馬，那他們講的大有可能是事實。這樣，在條頓人和法蘭克人聚居的蠻荒之域，基督傳教團很快成為一支強大的力量。六個傳教士抵得上整整一個羅馬軍團的威力。羅馬皇帝開始意識到，基督教對帝國可能會大有益處。於是在某些行省，基督徒獲得了與信仰古老宗教的人們同樣的權利。不過發生根本性的變化，還要等到西元4世紀下半葉。

康士坦丁受洗

當時在位的皇帝是康士坦丁，有時他也被稱為康士坦丁大帝（天知道人們為什麼這樣稱呼）。此人算得上是一個可怕的暴君，不過在那個嚴酷的年代，一個仁慈溫順的皇帝是很難活下去的。在其漫長坎坷的生涯裡，康士坦丁經歷了數不清的沉浮變幻。有一回，他幾乎到了被敵人擊敗的邊緣。他想，也許該試試這個人人都在談論的亞洲新上帝，看看他到底有多大威力。於是他發誓，如果在即將來臨的戰役中獲勝，他就信仰基督。結果他大敗敵軍，從此，康士坦丁信服了基督教上帝的權能，接受洗禮做了基督徒。

從那時開始，基督教得到羅馬官方的正式承認，這極大地增強了它在羅馬的地位。

不過基督徒在羅馬的全部人口中依然屬於少數，大約只占5%～6%。為贏得最終勝利，使所有群眾信仰基督，他們拒絕任何妥協。形形色色的舊神祇必須被摧毀，主宰世界的只能是基督教唯一的上帝。有一段時間，熱愛希臘智慧的朱利安皇帝在位，他努力拯救異教的神祇，使它們免於被損毀。不過不久後，他在征討波斯的戰役中受傷致死。繼任的朱維安皇帝重新樹立起基督教的絕對權威，古老的異教神廟一個接一個關門大吉。接下來是查士丁尼皇帝，他下令在君士坦丁堡修建著名的聖索非亞大教堂，把柏拉圖創建的歷史悠久的雅典學園徹底關閉。

這一歷史時刻是古希臘世界的終結，取而代之的是人們可以照自己的想法自由思考，按自己的願望夢想未來的時代了。當野蠻和愚昧的洪水橫掃大地，沖毀舊有的秩序，要指導生活之舟在驚濤駭浪中把握航向，古希臘哲學家的行為準則便顯得有些模糊而不可靠了。人們很難再依賴它們作為生活的嚮導，人們需要一些更積極而明確的東西，而這正是教會可以提供的。

基督教的最後勝利

在一個世界搖搖欲墜、萬事皆不確定的時代裡，只有教會像岩石般堅強屹立，堅持真理和神聖準則，從不因危險和情勢的變遷而退縮。這種堅定的勇氣不僅贏得了群眾的愛慕，也同時讓羅馬教會安然度過

羅馬的地下

博其奧 版畫 17世紀

這幅畫描畫了早期基督教殉道者的墓穴及喪葬儀式。他們把屍體放在鑿好的石壁裡。1593年博其奧第一次進入地下墓穴時才18歲。他和幾個朋友深為這神秘、靜謐的氣氛所吸引。他大受震撼，立定志向，投身於對墓穴的探索，於1634年出版了巨著《羅馬的地下》。

了那些毀滅羅馬帝國的災難。

不過，基督教的最後勝利也有一絲幸運的成分。當西元5世紀，西奧多里克建立的羅馬——哥德王國覆滅之後，義大利受到的外來侵略相對減少。繼任哥德人統治義大利的倫巴德人、撒克遜人和斯拉夫人，他們屬於實力較弱的落後部落。在這種寬鬆的環境下，羅馬的主教們才得以維持他們城市的獨立。不久，分散在義大利半島的諸多殘餘小國便承認羅馬大公（即羅馬主教）為他們政治和精神的領袖。

歷史的舞台已經準備就緒，期待一位強人的登場了。此人名為格利高里，在西元590年出現於眾人的視野。格利高里屬於舊羅馬的貴族統治階層，曾做過「完美者」，即羅馬市的市長。之後，他做了僧侶，進而成為主教。最後，他本人很不情願地（因為他本想做一名傳教士，到蠻荒的英格蘭向異教徒傳播基督的福音）被拉到聖彼得大教堂，加封為教皇。他僅僅在位14年，不過當他死去時，整個西歐的基督教世界都已正式承認羅馬主教（即教皇）為整個基督教會的領袖。

不過，羅馬教皇的權威未能朝東方擴展。在君士坦丁堡，東羅馬帝國依然延續著

THE
STORY
OF
MANKIND

在遭受了長達300年的迫害之後，西元313年，基督教終於成為了羅馬的國教。教皇有著絕對權威，皇帝的即位要有教皇的認可和加冕才行。從此之後，雖然基督教藝術和其所表現出的人物形象，大放光彩、華美異常，但基督教實際上卻逐漸進入了一個偏離基本教義的黑暗時期。

羅馬的舊傳統，將奧古斯都和提庇留的繼任者（東羅馬皇帝）視為政府的最高統治者和國教領袖。西元1453年，土耳其人經長期圍困之後攻陷了君士坦丁堡，最後一位東羅馬皇帝康士坦丁·帕利奧洛格在聖索非亞大教堂的台階上被土耳其士兵殺死，殘存了另外1000年的東羅馬帝國終於覆滅了。

幾年前，帕利奧洛格的兄長托馬斯之女左伊公主嫁給俄羅斯的伊凡三世為妻。這樣一來，莫斯科大公便順理成章成為了君士坦丁堡傳統的繼承人。古老的拜占庭雙鷹標誌（紀念羅馬被分為東羅馬和西羅馬的日子）延續到現代俄羅斯的徽章之中，曾經僅僅是俄羅斯首席貴族的大公搖身而為沙皇，他獲得了羅馬皇帝一樣的崇高與威嚴，凌駕於所有臣民之上。在他面前，無論貴族還是農奴，都是無足輕重的奴隸。

沙皇的宮殿依東方風格而建，這是東羅馬皇帝從亞洲和埃及引入的，外形酷似亞歷山大大帝的王宮（按他們的自我恭維）。垂死的拜占庭帝國流傳給一個不確定世界的這份奇特遺產，以蓬勃的精力在俄羅斯廣袤無邊的大草原上繼續生存，度過了6個漫長的世紀。最後一個佩戴拜占庭雙鷹標誌皇冠的是沙皇尼古拉二世，可以說，他是在不久前才被殺害的，屍體被扔進一口井裡，與他一起死去的還有他的兒子和女兒們。所有他享有的古老特權也一併被廢除，教會在俄羅斯的地位又回到了康士坦丁皇帝之前的羅馬時代。

不過羅馬天主教會的遭遇卻截然不同，正如我們在下一章將會看到的，整個基督教世界將面臨一個阿拉伯放牧駱駝的先知者的威脅。

從590年到604年，在政治上極其敏銳的格利高里透過嚴屬地施行宗教信條，極大地加強了羅馬教皇的權利。他的傳教熱情使基督教信仰傳遍了西方文明世界的最遠邊界。

穆罕默德

趕駱駝者阿哈默德成為阿拉伯沙漠的先知，
為了唯一真主阿拉的榮耀，
他的追隨者幾乎征服了整個世界。

出生麥地那

　　自從迦太基和漢尼拔之後，我們再未說起過偉大的閃族。如果你記性不錯，你應該還能想起他們的事蹟是如何體現在本書講述古代世界的所有章節中。巴比倫人、亞述人、腓尼基人、猶太人、阿拉米爾人、迦勒底人，這些統治西亞三四千年的民族都屬於閃族。後來，他們被來自東面的印歐語族的波斯人和來自西面的印歐種族的希臘人夾擊，終於喪失了統治地位。亞歷山大大帝死去100年後，腓尼基人的非洲殖民地迦太基城和羅馬共和國展開了爭奪地中海統治權的戰爭。迦太基戰敗後，為羅馬人徹底摧毀。此後的800年，羅馬人一直是世界之主。

　　不過到西元7世紀，又一支閃族赫然出現在歷史的地平線上，挑戰西方世界的權威，他們就是阿拉伯人，遊牧在阿拉伯沙漠的天性溫和的牧羊人部落。一開始，他們並未流露出任何帝國野心的徵兆。後來，他們追隨了穆罕默德，聽從他的訓導，跨上遠征的戰馬。在不到1個世紀裡，阿拉伯騎兵已經推進到歐洲的心臟地帶，向渾身顫抖、驚慌失措的法蘭西農民宣講「唯一的真神阿拉」的榮耀和「阿拉的先知」穆罕默德的信條。

　　阿哈默德是阿布達拉和阿米娜的兒子，世人皆稱他為「穆罕默德」，意思是「該受讚美的人」。他的生平事蹟讀起來就像《一千零一夜》裡的一個故事。穆罕默德生於麥加，原來的職業是趕駱駝行商者。他似乎患過癲癇病，每逢發病便會昏迷不醒。昏迷期間，他做了奇特的夢，聽見大天使加百利向他說話。這些話後來被記載到聖書《古蘭經》裡。因為做商隊首領，穆罕默德走遍了阿拉伯各地，經常與猶太商賈和基督徒生意人交往。透過和他們的接觸，穆罕默德認識到崇拜唯一的上帝是件很有益的事情。當時他的阿拉伯人民還如其幾千年前的祖輩一樣，敬拜奇怪的石

天使引導穆罕默德
插圖畫 波斯 1543年

　　天使加百利（戴頭盔者）在基督教中負責傳遞主的資訊，同時他也是隨侍真主的天使長。傳說加百利將真主的啟示帶給穆罕默德，後者將這些天啟記錄為《古蘭經》。這張圖出自16世紀詩人內扎米為波斯王所寫的《五卷詩》的插圖。

THE STORY OF MANKIND

87

古蘭經開篇
伊朗 西元17世紀

「古蘭」意為「宣讀」，共有114章，與舊約《聖經》的內容很相似，但《古蘭經》卻被稱為天書。穆罕默德認為，僅有阿拉伯文的《古蘭經》沒有訛誤地記錄下真主的話，這也是《古蘭經》不能譯成其他語言，而只能加以注釋或解經的原故。

頭和樹幹。在他們的聖城麥加，至今仍保存著一座方形神殿，其中供奉的黑石等許多器物就屬於伏都教崇拜的遺跡。

穆罕默德決心成為阿拉伯人的摩西。他不能一邊趕駱駝，一邊當先知。於是，他迎娶了他的僱主杏迪雅，一個有錢的寡婦，先使自己獲得了經濟上的獨立。之後，他開始向鄰居們佈道，稱自己就是眾人期盼已久的先知，真主阿拉派遣他來拯救世界。聽罷他的話，鄰居們不僅不理會，反而大加嘲笑。但穆罕默德非常執著，繼續向鄰居們講道，終於讓他們覺得不勝其擾。他們將他視為瘋子和令人討厭的傢伙，根本不值得同情，決意要殺死他。穆罕默德獲悉了這一陰謀，和他最信任的學生阿布·伯克爾一起連夜出逃麥地那。這件事情發生在西元622年。它後來成為伊斯蘭教歷史上最重要的一個日子，即穆斯林紀元——紀念穆罕默德出走麥地那。

聖書《古蘭經》

在故鄉麥加城，人人都知道穆罕默德是一個趕駱駝者。而在麥地那，他完全是一個陌生人，因此他作為先知的傳道事業順利了許多。不久之後，他身邊便聚集了越來越多的追隨者，或稱穆斯林，意為「順從神旨」的信徒。而「順從神旨」正是穆罕默德所讚美的最高品德。隨著事業的發展，穆罕默德積聚了足夠的力量，強大到足以對那些敢於嘲笑他本人和他神聖使命的鄰居開戰了。他率領一支麥地那人組成的軍隊，自己走在前頭，浩浩蕩蕩地穿越沙漠。他的追隨者沒費多大力氣就拿下麥加，並殺死了許多當地居民。這樣一來，要讓其他人相信穆罕默德真的是一位偉大先知就變得相當容易了。

從那以後，一直到穆罕默德逝世，他所進行的一切事業都非常順利。

伊斯蘭教的成功有兩個主要原因。首先，穆罕默德教誨追隨者們的教義非常簡單明瞭。信徒們被告知，他們必須熱愛宇宙的主宰，仁慈而憐憫的神阿拉。他們必須敬奉父母，順從父母的命令。他們在交往時不得欺詐鄰居，要溫順謙卑，對窮人和病人樂善好施。最後，禁止飲用烈酒，在吃用方面不得奢侈浪費。伊斯蘭教的全部教義就是這些。伊斯蘭教裡沒有像基督教的「看護羊群的牧人」，即那些需要眾人掏腰包供養的教士和主教們。穆斯林的教堂——清真寺，僅僅是巨大的石砌大廳，裡面不設桌椅板凳，信徒們可以在此聚集（如果他們自己願意），閱讀和討論聖書《古蘭經》裡

的某個章節。不過對一般的穆斯林來說，他們的信仰與生俱來，從不覺得伊斯蘭教的戒條和規矩對他們是一種身心的束縛。每天五次，他們面朝聖城麥加的方向念誦簡單的禱詞。其餘時間裡，他們把世界交給阿拉去管理，以極大的耐心和順從，接受命運安排給自己的一切。

這樣一種對待生活的態度，當然不會鼓勵信徒們去發明電動機、修築鐵路或開發新的汽船航線，但它確實給予了每個穆斯林相當程度的內心滿足。它使人們心平氣和地對待自身、對待自己棲身的這個世界，這當然是件很好的事情。

征服歐洲

穆斯林與基督徒作戰取得勝利的第二個原因在於：走上前線與敵人作戰的穆斯林士兵為的是信仰的實現。先知穆罕默德曾經許諾，凡是勇敢面對敵人、死於戰場的穆斯林，他們可以直接升入天堂。這就使得戰場上的猝然死去比起在這個可悲的世界上漫長而乏味的苦苦生存，讓人更情願接受。這種信念使穆斯林在與十字軍對峙時，佔據了極大的心理優勢。十字軍們長期恐懼於黑暗的地獄，因此寧願盡可能抓住今生的美好事物，留戀現世的享受。這一點也能解釋，為什麼到了今天，穆斯林士兵依然可以奮不顧身地衝入歐洲人的槍林彈雨，全然不顧被機槍射殺

的命運。正因為如此，他們一直是危險而頑強的對手。

將他的宗教大廈整頓就序後，穆罕默德開始享受作為眾多阿拉伯部落公認領袖的權力，不過，他的成功往往是剝奪了大量身處逆境的人們的權利才得來的。為贏得富人階層的好感，穆罕默德特意制定了一些有利於富人的規定，比如他允許信徒娶四個妻子。在那個時代，娶妻的習俗是男子直接從女方父母家購買。娶一房妻子已經是一項所費不菲的投資，娶四個妻子當然是純粹的奢侈。除非是那些擁有單峰駱駝和椰棗園的大富之家，普通貪財之人也難以奢望此種享受。伊斯蘭教本是為生活在窮荒大漠的勞苦牧人而創立的，可隨時勢

十字軍進入君士坦丁堡
德拉克洛瓦 油畫 1840年

城中狼煙四起，染黑了天空。穆斯林的屍體已經堆滿道路，但騎士們並未停止舉劍追殺平民。畫面左前方，一個基督徒的家庭正在向一位十字軍首領請求庇護，有趣的是，後者的戰馬也伸長了脖子，似乎想嗅出他們身上是否有異教徒的氣息。德拉克洛瓦描繪的是1204年4月12日，十字軍攻佔君士坦丁堡的情景。

的發展，它逐漸變化到以迎合生活在城市別墅中的富商的需要為主。這一離其初衷的轉變令人遺憾，對穆罕默德的偉大事業也並無好處。至於先知本人，他繼續傳佈阿拉的真理，頒佈新的行為標準，為事業不辭勞苦。直至西元632年6月7日，穆罕默德因熱病突然辭世。

　　穆罕默德的繼任者被稱為哈里發，意為「穆斯林的領袖」。首先繼任的是他的岳父阿布·艾克爾，他曾與穆罕默德出生入死，一起經歷了創業初期的患難歲月。兩年後，阿布·艾克爾死去，由奧瑪爾繼位。在不到十年的時間裡，奧瑪爾率軍相繼征服了埃及、波斯、腓尼基、敘利亞、巴勒斯坦等地，並定都大馬士革，建立起第一個伊斯蘭世界帝國。

　　奧瑪爾之後，穆罕默德的女兒法蒂瑪的丈夫阿里繼任哈里發。在一場關於伊斯蘭教義的爭吵中，阿里被謀殺。自他死後，哈里發成為世襲制度，而原先的宗教領袖們搖身成為一個龐大帝國的統治者。他們在幼發拉底河岸靠近巴比倫遺址的地方修建新都，將其命名為巴格達。他們將阿拉伯牧民組織成威力無比的騎兵兵團，開始出發遠征，向異教世界傳播穆罕默德的福音。西元700年，穆斯林將軍泰里克跨越赫爾克里斯門，到達歐洲海岸的陡峭岩壁。泰里克將此地命名為直布林，也稱泰里克山或直布羅陀。

　　在11年後的澤克勒斯戰役中，泰里克擊敗了西哥特國王率領的軍隊。之後，穆斯林騎兵繼續北上，沿漢尼拔進軍羅馬的路線，穿越庇里牛斯山的山隘。阿奎塔尼亞大公試圖在波爾多附近阻擊穆斯林軍隊，但功敗垂成。下一個目標就是巴黎，穆斯林騎兵繼續向北挺進。不過在西元732年，就是穆罕默德逝世100年後，在圖爾和普瓦捷之間發生了一場歐亞大會戰，穆斯林軍隊被擊敗。在那一天，法蘭克人的首領查理·馬泰爾（綽號鐵錘查理）拯救了歐洲，使基督教世界免遭穆斯林的征服。穆斯林軍隊被趕出了法蘭西，但他們依然佔據著西班牙。阿布德·艾爾·拉赫曼在此建立了科爾多瓦哈里發國，成為歐洲中世紀最偉大的科學和藝術中心。

　　這個穆斯林王國統治西班牙長達7個世紀，歷史上也稱摩爾王國，因為它的統治者來自摩洛哥的毛里塔尼亞地區。一直到穆斯林在歐洲的最後一個堡壘——格拉納達於1492年陷落之後，哥倫布才得到西班牙皇室的委任狀，授權他進行地理大發現的歷史性航行。不久之後，穆斯林又積聚力量，在亞洲和非洲征服了許多土地。到今天，穆罕默德追隨者的人數幾乎與基督徒一樣多。

查理曼大帝

法蘭克人的國王查理曼贏得皇冠，
試圖重溫世界帝國的舊夢。

普瓦捷戰役將歐洲從穆斯林手中拯救出來，但歐洲內部的敵人——隨羅馬警察的消失而出現的無可救藥的混亂狀態，卻依然存在。它無時無刻地威脅著歐洲的安全。的確，北部歐洲那些新近皈依基督信仰的民族，對威望崇高的羅馬主教懷有深刻的敬意。但是當可憐的主教大人遠眺北方的巍峨群山時，並無一絲一毫的安全感。天知道又有哪支蠻族部落會突然崛起，在一夜之間跨越阿爾卑斯山，出現在羅馬的城門前。這位世界的精神領袖感覺有必要，且非常有必要尋找一位刀劍鋒利、拳頭結實的同盟者，以便在危難時刻隨時保護教皇陛下的安全。

於是，不僅極為神聖而且非常務實的教皇們開始苦心積慮地物色起盟友來。很快地，教皇將目光投向了一支最有希望的日耳曼部落。這支部落在羅馬帝國覆滅之後便一直佔據著西北歐洲，史稱法蘭克人。他們早期的一位國王名叫墨羅維西，在西元451年的加泰羅尼亞戰役中，曾幫助羅馬人一起擊敗過縱橫歐洲的匈奴人。他的子孫建立起墨羅溫王朝，並一點一滴地蠶食羅馬帝國的領土。到西元486年，國王克洛維斯（古法語中的「路易」）自覺已經積累了足夠的實力，可以公開向羅馬人叫陣了。不過他的子孫都是些儒弱無能之輩，把國事全部委託給首相，即所謂的「宮廷管家」。

矮子丕平是著名的查理·馬泰爾之子，他繼任父親當首相後，對面臨的情勢覺得一籌莫展。他的國王是位全心全

法蘭克皇帝查理曼大帝像
西元8世紀

他建立了作為西歐主宰力量的帝國，在外交上他也是個極大的天才。當然在外交手段失敗後，他從不吝嗇地使用武力，他發起過多次對付野蠻鄰國的戰爭。733年，查理曼大帝對北義大利的進軍，為教皇統治的南部緩解了倫巴德人的壓力。

意侍奉上帝的神學家，對政治漠不關心。丕平於是向教皇大人徵求建議，非常務實的教皇回答說：「國家的權力應該歸於實際控制它的人。」丕平馬上領會了教皇的言下之意，於是勸說墨羅溫王朝的最後一位國君蔡爾特里克出家去當僧侶。在徵得其他日耳曼部落首長的同意之後，丕平自立為法蘭克國王。不過，僅僅當國王還不能使精明的丕平覺得滿意，他還夢想著得到比日耳曼部落首長更高的榮耀。他精心策劃了一個加冕儀式，邀請西北歐最偉大的傳教士博尼費斯為他塗抹膏油，封他為「上帝恩許的國王」。於是，「上帝恩許」這個字眼輕易地溜進了加冕儀式之中，過了幾乎1500年才把它清除出去。

丕平對教會的善意扶持表示衷心的感激。他兩次遠征義大利與教皇的敵人作戰。他從倫巴德人手中奪取了拉維納及其他幾座城市，將它們奉獻給神聖的教皇陛下。教皇將這些新征服的領地併入所謂的「教皇國」，一直到半個世紀之前，它還作為一個獨立的國家而存在著。

丕平死後，羅馬教會和埃克斯·拉·夏佩勒或尼姆韋根或英格爾海姆（法蘭克國王沒有固定的辦公地點，總是攜大臣和官員們不斷從一個地方遷移到另一個地方）之間的關係日益親密，最終，教皇和國王一起採取了一個深刻影響歐洲歷史的重大行動。

西元768年，查理（一般稱為卡羅勒斯·瑪格納斯或查理曼）繼任為法蘭克國王。查理曼征服了德國東部原屬撒克遜人的土地，並在歐洲北部大量興建城鎮和教堂。應阿布·艾爾·拉赫曼的敵人之邀，查理曼侵入西班牙，與摩爾人激戰。但在庇里牛斯山區，他遭到野蠻的巴斯克人的襲擊，被迫撤退。就在這關鍵時刻，布列塔尼亞侯爵羅蘭①挺身而出，展現出一個早期法蘭克貴族效忠國王的精神。為掩護皇家軍隊的撤退，羅蘭犧牲了自己和他忠誠部屬的生命。他的事蹟在歐洲被廣為傳唱，成為後代騎士們傾慕與效仿的偶像。

不過，到了西元8世紀的最後10年，查理曼不得不將其全部精力放到解決歐洲南部的諸多糾紛之上。教皇利奧三世受到一群羅馬暴徒的襲擊，暴徒們以為他死了，將他的屍體隨便扔在大街上。一些好心的路人為教皇包紮傷口，並幫助他逃到查理曼的軍營。一支法蘭克軍隊被迅速派出，平定了羅馬城的騷亂。利奧八世在法蘭克士兵的護衛下回到拉特蘭宮（這裡從康士坦丁時代開始，便一直是歷代教皇的住所）直到西元799年12月，即教皇被襲事件發生後第二年的耶誕節，查理曼當時待在羅馬，並出席正在聖彼得古教堂舉行的盛大祈禱儀

註① 羅蘭：法國史詩《羅蘭之歌》的主人公，查理曼大帝的外甥，以臂力、勇氣及騎士精神聞名。

與撒克遜人的戰爭
歐洲 西元8世紀

撒克遜人在北方邊境是很難
於征服的，經過了25年的戰爭，最
終被法蘭克打敗。畫面上手拿長槍
在後追趕的就是查理曼大帝的騎
兵，戰敗的撒克遜人一邊撤退還一
邊返身射箭，而畫面右側拎著敵人
舉刀要砍的巨人形象則是查理曼本
人。

式。當查理曼念完禱詞準
備起身之際，教皇把一頂
事先準備好的皇冠戴在他
頭上，宣佈他為羅馬皇帝，並且以好幾百年
沒有使用過的「奧古斯都」的偉大稱號，帶
領眾人向他熱烈歡呼。

現在，歐洲北部再度成為羅馬帝國的
一部分了。不過帝國的至高尊嚴，此時卻為
一個只認得簡單幾個字而從未學過書寫的
日耳曼酋長所擁有。不過，他精於作戰，在
一段時期內恢復了歐洲的和平與秩序。過
不了多久，甚至連他的對手。君士坦丁堡的
東羅馬皇帝也寫信給這位「親愛的兄弟」，
向他表達親睦與贊許。

很不幸地，這位精明能幹的老人死於
西元814年。查理曼一死，他的兒孫立即為
爭奪龐大的帝國遺產相互攻伐，激戰連連。
加洛林王朝的國土被兩次瓜分，一次是根
據西元843年的凡爾登條約，一次是根據西
元870年在繆士河畔簽訂的默森條約。後者
把整個法蘭克王國一分為二。「勇敢者」查
理接管了帝國的西半部分，包括舊羅馬時
代的高盧行省。在這一地區，當地居民的語
言早已全盤拉丁化，這就是法蘭西這樣一

個純屬日耳曼民族的國家用的卻是拉丁語
的原因。

查理曼的另一個孫子獲得了帝國的東
半部分，即被羅馬人稱為「日耳曼尼亞」的
地方。這片蠻荒強悍的土地從來就不屬於
羅馬帝國的轄區。奧古斯都大帝（屋大維）
曾試圖征服這片「遙遠的東方」，不過當西
元9年他的軍隊在條頓森林全軍覆沒後，他
再未做過此類嘗試。該地區的居民沒有受
過高度發展的羅馬文明的教化，他們使用
的是普通的條頓方言。條頓語裡，「人民」
（People）被稱為「thiot」，基督教傳教士因
此把日耳曼民族使用的語言叫作「大眾方
言」或「條頓人的語言」（linguateutisca），
「teutisca」一詞後來逐漸演變為
「Deutsch」，這就是「德意志」
（Deutschland）這一稱呼的來源。

至於那頂眾人覬覦的帝國皇冠，它很
快地從加洛林王朝繼承者的頭上，滾回到
義大利平原，成為一些小君主、小權謀家手
裡的玩物。他們相互爭鬥，透過屠殺和流

血盜得皇冠，戴在頭上（不管教皇陛下允許與否），不久便為另一個更強大的鄰居奪走。可憐的教皇再度捲入漩渦的中心，被敵人四面包圍，被迫向北方求救，不過這次他沒找西法蘭克王國的統治者。他的信使翻越阿爾卑斯山去拜見撒克遜親王奧托，他是當時日耳曼各部落所公認的最偉大領導者。

奧托和他的日耳曼族人一樣，向來對義大利半島的蔚藍天空和歡快美麗的人民抱有好感。一聽到教皇陛下的召喚，他馬上率兵救援。作為對奧托忠心效勞的酬報，教皇利奧八世封他為「皇帝」。從此，查理曼王國的東半部分便成為了「日耳曼民族的神聖羅馬帝國」。

這一奇特的政治產物以其頑強的生命力延續了很久，一直到839歲的高齡。西元1801年，即湯瑪斯·傑弗遜就任美國總統那一年，它才被毫不留情地掃進了歷史垃圾中堆。摧毀這個舊日耳曼帝國的粗野傢伙是一位循規蹈矩

的公證員的兒子，來自法國科西嘉島，他靠著在法蘭西共和國服役期間的軍功而飛黃騰達。他統帥的近衛軍團以驍勇善戰著稱。在其幫助下，這個人成為了歐洲實際上的統治者，不過他還夢想著比這更多的東西。他派人從羅馬把教皇請來，為他舉行加冕儀式。儀式上，教皇只能尷尬地站在一旁，眼巴巴地看著這個身材矮小的傢伙親手把帝國皇冠戴在自己頭上，並大聲宣佈他是查理曼大帝光榮傳統的繼承人。此人就是著名的拿破崙將軍。歷史猶如人生，變幻無常，但是萬變不離其宗。

拿破崙的加冕儀式

大衛 油畫 法國 1806年

已經成為了歐洲統治者的拿破崙仍不滿足，直到他派人把教皇從羅馬叫來，為他舉行加冕儀式。大衛記錄了他在典禮上搶過王冠正要為自己戴上的瞬間，王后在他面前跪拜以示恭順。

北歐人

為什麼10世紀的人們會祈禱上帝保護他們
免遭北歐人怒火的侵害

在西元3世紀和4世紀，中歐的日耳曼部落常常突破羅馬帝國的邊疆防禦，長驅直入地劫掠羅馬，靠搶奪當地的民脂民膏維生。到西元8世紀，報應終於到來，輪到日耳曼人自己成為「被劫掠」的對象了。他們對這種情形深惡痛絕，可強盜正是他們近親表兄，即那些居住在丹麥、挪威和瑞典的斯堪地納維亞人。

至於是什麼原因驅使這些勤苦耐勞的水手成為海盜的，我們目前還搞不清楚。不過當這些北歐人嘗到了搶劫的甜頭和海盜生活自由自在的樂趣後，就再沒人能阻止他們。他們常常突然登陸某個坐落在河口附近的法蘭克人或弗里西亞人的小村莊，像從天而降的瘟疫，打破小村子的和平安寧。他們殺光所有男人，掠走全部婦女，然後駕著快船風馳而去。當國王或皇帝陛下的大隊人馬趕到現場時，強盜們早已遠走高飛，只剩下一堆冒著煙的廢墟。

在查理曼大帝去世後的混亂歲月裡，北歐海盜活動頻繁，其行徑更加大膽猖獗。他們的海盜船隊光顧了歐洲所有的濱海國家，他們的水手沿荷蘭、法蘭西、英格蘭及德國的海岸，建立起一系列獨立小國，他們甚至遠航到義大利碰運氣。這些北歐人異常聰明，他們很快地學會被征服民族的語言，拋棄了早期維京人（也是海盜）外表骯髒粗野、行為兇殘野蠻的不文明習俗。

西元10世紀初期，一個叫羅洛的維京人多次侵擾法國海岸地區。當時的法國國王懦弱無能，無法抵禦這些來自北方的兇悍強盜。於是，他想

鼓形別針
尼德蘭 西元10世紀

「金盆洗手」的北歐人很快拋棄了早期維京人的原始形象和不文明習俗，開始追求奢侈，他們對於黃金的熱愛甚至令人咋舌。這個鼓形的別針是貴夫人用來裝飾衣物的。

THE
STORY
OF
MANKIND

維京之舟
北歐 西元8世紀

這是北歐人常用的稱為快船的船頭。高高昂起的曲線設計，既提供了衝波破浪的氣勢，又增添了優雅的氣質。北歐人的航海技術之精湛，是同時代的人無法比擬的。

諾曼人征服英國

掛毯 英國 13世紀

　　這幅13世紀製作的貝葉掛毯，以精細的刺繡技術，十分生動寫實地描述了黑斯 戰役的整個過程。從掛毯左邊開始，諾曼大公的手下人開始砍伐木材，製作航海的大船；接下來，他們將做好的船頭上翹的「維京之舟」繫泊在岸邊，向船中搬運尖頂頭盔、矛、盾、劍、斧等兵器，其中的盔甲是由綴滿鐵片的皮革製作，需兩個人才能抬得動。戰馬、裝滿酒的木桶也裝上了大船。北歐強盜們的後代穿越了英吉利海峽，並於1066年9月28日夜裡與英國人展開了會戰。其結果是諾曼大公成為英國的國王威廉一世。

出一個法子，準備賄賂他們「做良民」。他允諾，如果他們保證不再騷擾他的其餘屬地，他就把諾曼第地區奉送給他們。羅洛同意了這筆交易，定居下來做了「諾曼第大公」。

　　不過，羅洛征服的熱情一直延續到他子孫後代的血液中。面朝狹窄的海峽，在不到幾小時的航程之外，就是他們能夠清楚遙望到的英格蘭海岸的白色岩壁和碧綠田野。可憐的英格蘭經歷了多少不堪回首的困難歲月啊！先是做了200年羅馬帝國的殖民地，羅馬人走後，它又被來自歐洲北部石勒蘇益格的兩個日耳曼部族——盎格魯人和撒克遜人征服。隨後，丹麥人越海而來，攻佔了英格蘭的大部分土地，建立起克努

特王國。到西元11世紀，經過長期的抗爭，丹麥人終於被趕走，一個撒克遜人做了國王，他被叫作懺悔者愛德華。他身體不好，看起來活不了多長時間，也沒有後裔繼承王位，這樣的情形對野心勃勃的諾曼第大公當然是非常有利，他悄悄積蓄力量，等待發難的時機。

　　西元1066年，愛德華去世，繼承英格蘭王位的是威塞克斯親王哈洛德。很快的，諾曼第大公率軍渡海，開始了征服英格蘭的戰爭。他在黑斯廷戰役中擊敗了哈洛德，自封為英格蘭國王。

　　你們在上一章已經看見過了，在西元800年時，一個日耳曼酋長搖身一變成為了偉大的羅馬帝國皇帝 而在到西元1000年，一個北歐海盜的子孫又被承認為英格蘭國王。

　　歷史上的真人真事如此有趣，遠勝過荒誕不經的神話，我們還有什麼必要去讀神話故事呢？

強悍的北歐
阿爾波 挪威 1872年

　　北歐人的強悍，是歐洲人的共識。在日耳曼的民間傳說中，甚至認為雷雨的轟鳴是北歐蠻軍騎兵在雲中奔跑的聲音。這幅畫中就把北歐人表現成了駕雲而行的神怪。

CHAPTER 30

封建制度

歐洲中部受到來自三個方向的敵人威脅，變成了道地的大兵營。如果沒有那些作為職業戰士的騎士和封建體制之一的行政官員，歐洲早已不復存在。

法蘭西王國與日耳曼民族

現在，我要講講西元1000年時歐洲的普遍景況。當時的大多數歐洲人過著悲慘困頓的生活，商業凋敝，農事荒廢，關於世界末日即將到來的預言四處流傳。人們惶恐不安，紛紛湧到修道院當僧侶。因為迎接末日審判的最為保險的辦法，當然是在這一時刻來臨時，自己正在虔誠地侍奉上帝。

在一個很久遠的年代裡，日耳曼部族離開了中亞的群山向西遷移。憑著人數眾多，他們強行敲開羅馬帝國的大門，肆意推進，毀滅了龐大的西羅馬帝國。東羅馬之所以能夠倖免，完全得益於他們遠離日耳曼民族大遷徙的途徑。不過它也變成了昨日黃花，只能在苟延殘喘中回憶羅馬昔日的光榮。

在西羅馬覆滅後的動亂年代（西元6、7世紀是歐洲歷史上真正的黑暗年代），日耳曼人接受傳教士們耐心的教導，皈依了基督教，承認羅馬主教為教皇，也就是世界的精神領袖。到了西元9世紀，憑著出色的個人才能，查理曼大帝復興了羅馬帝國的光榮傳統，將西歐大部分地區納入一個統一的國家。可到10世紀，這個苦心組織的帝國在查理曼不肖子孫的爭權奪利中土崩瓦解。其西半部分成為一個單獨的王國——法蘭西，其東半部分被稱為日耳曼民族的神聖羅馬帝國，其境內的各國統治者都聲稱自己是凱撒和奧古斯都的直接繼承人，以期獲得名正言順的統治地位。

不過很不幸的是，法蘭西國王的權力從沒能越出他們皇家居住地的城堡之外，而神聖羅馬帝國的皇帝則常常受到實力強大的臣屬們出於自身利益的公然挑戰，而他們的稱號全是有名無實。

年輕的騎士皇帝
插圖 西元13世紀

騎士主要的一個工作就是除去妖怪。畫面中的皇帝也不例外，只要他年輕，而且風度翩翩，就必須責無旁貸地對付以惡龍為首的怪獸。但總的來講，12、13世紀的騎士們大多都是些刻苦耐勞的管理者。

更增添人民痛苦的是，西歐三角地帶一直受到來自三個方向的兇惡敵人的挑戰：南面是危險的穆罕默德信徒，他們佔領著西班牙；西海岸常常受到北歐海盜的滋擾；而東面除一小段喀爾巴阡山脈可以稍稍阻擋侵略者的馬隊外，其他的軍事防禦形同虛設，只能聽任匈奴人、匈牙利人、斯拉夫人和韃靼人的蹂躪。

羅馬時代的昇平景象已成為遙遠的過去，人們只能在夢中回憶這一去不返的「好日子」。現在歐洲面臨的局勢是，「要不就戰鬥，要麼死！」很自然地，人們寧願拿起武器。出於環境的逼迫，西元1000年後的歐洲變成了一個大兵營，人們大聲籲求強而有力的領導者。可國王和皇帝離得太遠，解不了燃眉之急。於是，邊疆居民（事實上，西元1000年的大部分歐洲地區都屬於邊疆）必須自救，他們很情願地服從國王的代表，即由他派出來管理本地區的行政長官，只有他們才有能力保護屬民免遭外敵的侵害。

很快地，歐洲中部佈滿了大大小小的公國、侯國，每一個國家根據不同的情形，分別由一位公爵、伯爵、男爵或主教大人擔任統治者。這些公爵、伯爵、男爵們統統宣誓效忠於「封邑」的國王（封邑為「feudum」，這也是封建制（feudal）一詞的由來），以戰爭時期的盡忠服役和平時納稅進貢作為對國王分封土地的回報。不過在那個交通不便、通訊聯繫不暢的年代，皇帝和國王的權威很難迅速到達他們屬地的所有角落，因此這些陛下任命的管理者們享有很大程度的獨立性。事實上，在屬於自己管轄的土地內，他們僭越了大部分本屬於國王的權力。

城堡和騎士

不過，要是你以為11世紀的普通老百姓反對這種行政體制，那你就大錯特錯了。他們支持封建制度，因為這在當時是一種非常必須且富於實效的政治制度。他們的大人或領主通常住在高大堅固的石頭城堡裡面，矗立於陡峭的岩壁之上，或者四周環有深險的護城河。城堡就坐落在封地屬民們看得見的地方，時時給他們極大的安全感和信心。一待危險來臨，臣民們立即可以躲進領主城堡的堅固高牆內避難。這也是當時的居民總是盡可能住得挨近城堡的原因，而大部分的歐洲城市都起源於靠近封建城堡的地方，也出於同一原因。

還必須指出一點，歐洲中世紀早期的騎士並不僅僅是一名職業戰士，他還是那個時代的公務員。他擔任社區的法官，裁判

刑事案件，處理民間糾紛；他是負責治安的警察首腦，抓捕攔路盜賊，保護四方遊走的小販（他們就是11世紀的商人）。他還擔當著照看水壩的職責，以免四周的鄉野受洪水之患（就像4000年前的埃及法老在尼羅河谷的所作所為）。他贊助走村串戶的吟遊詩人，讓他們向目不識丁的居民們朗誦讚美大遷徙時代的戰爭英雄的史詩。另外，他還必須保護轄區內的教堂與修道院。儘管他自己不會讀書寫字（當時這類事情被認為是缺乏男子氣概），他卻雇傭著一小撮教士為他記帳，並登記發生在所屬男爵或公爵領地裡的婚姻、死亡、出生等等大事。

到西元15世紀，國王們又重新強大起來，能夠充分行使他們作為「上帝恩許」之人所應擁有的權力。就這樣，封建騎士們喪失了原來的獨立王國，淪為普通鄉紳。他們不再適合時勢的需要，很快就變成令人討厭的怪物。但是我想為他們說句公道話，如果沒有「封建制度」，歐洲不可能安然度過那個黑暗年代。當然，如同今天存在許許多多的壞人一樣，那個時代也同樣有許多行為不端的騎士。但總的來講，12、13世紀的硬拳頭男爵們大多數是些刻苦耐勞、工作勤奮的行政管理者，為歷史的進步事業做出過極有價值的貢獻。在那個年代，曾經照亮埃及人、希臘人、羅馬人的文化與藝術的火炬，它的光芒已異常微弱，差點就要熄滅。如果沒有騎士及他的好朋友僧侶，歐洲文明將整體滅絕，而歐洲人也會回到原始的穴居時代，使得歷史的進程將從茹毛飲血開始，重新走上一遍。

賀拉斯兄弟之誓
大衛 油畫 1784年

婦女和孩子們的無助、嬌弱，與戰士們的堅毅和決心形成強烈的對比。大衛的這幅名作選材於一個古老的羅馬故事，講述羅馬的賀拉斯三兄弟在臨上戰場決一死戰時，向父親舉手發誓將用生命保衛自己的祖國。在人們眼中，這個故事本身的背景和年代已經並不重要，因為這幅傑出的繪畫所表現的主題早已跨越時空，成為一種毫不妥協的堅強意志的象徵。西元1000年前後的歐洲正處於一個空前危險的時期，它需要一個強有力的騎士階層，以面對「不戰鬥，就死亡」的處境。

CHAPTER 31

騎士精神

歐洲中世紀的職業戰士會嘗試建立某種形式的組織，
可以相互扶助，維護共同利益。
出於這種密切團結的需要，
騎士制及騎士精神便從此誕生了。

我們對於騎士制度的起源知之甚少，但隨著這一制度的不斷發展，它正好給當時混亂無序的社會提供了一種極其需要的東西——一整套明確的行為準則。它多少緩和了那個時代的野蠻習俗，使生活變得比此前500年的黑暗時代稍微容易一些，精緻一些。想要教化粗野的邊疆居民並非易事。他們大部分時間在與穆斯林、匈奴人或北歐海盜苦苦作戰，掙扎在不是你死就是我亡的殘酷環境中。作為基督徒，他們當然對自己的墮落行為深感懺悔。他們每天早晨發誓從善，向上帝許諾要行為仁慈和態度寬容，可是沒等太陽下山，他們便把諾言拋諸腦後，一口氣殺光所有的俘虜。不過進步來自於緩慢而堅持不懈的努力。最終，連最無法無天的騎士都不得不遵守他們所屬「階層」的準則，否則就要自食其果。

這些騎士準則或騎士精神在歐洲各地不盡相同，但它們無一例外地強調「服務精神」和「敬忠職守」。在中世紀，「服務」被視為非常高貴、非常優美的品德。做僕人並無任何丟臉之處，只要你是一個好僕人，對工作勤勤懇懇、毫不懈怠。至於忠誠，當處於一個必須忠實履行許多職責才能維持正常生活的時代，它當然會成為騎士們首屈一指的重要品德。

因此，一個年輕騎士起誓，他將永遠做上帝忠實的僕人，同時也將終其一生忠心耿耿地侍奉他的國王。此外，他

亞瑟王的騎士

羅賽蒂 水彩畫 1864年

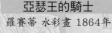

亞瑟王是傳說中的凱爾特族的領袖，圓桌騎士的創始人。他和他的騎士們經歷了12次奮戰，最後終於從石頭中抽出了神劍，擊敗了侵略者。圖為亞瑟王的第一騎士蘭斯諾特正在向王后奎尼薇爾表示忠誠，他們之間後來發生的感情最終使國王和騎士間恩斷義絕。但當亞瑟王再度面臨困境時，蘭斯諾特忠於誓言，不顧個人安危前往營救，為此這位騎士最終成了所有騎士的楷模。

還允諾對那些比自己更窮苦的人們慷慨解囊。他發誓要行為謙卑，言辭適當，永不誇耀自己的功績。他將與所有的受苦大眾做朋友，但穆斯林除外，他們是他一見到就該殺掉的兇險敵人。

究其實質，這些誓詞不過是把十誡的內容以中世紀人民能夠理解的語言通俗化地表達出來。圍繞著它們，騎士們還發展出一套關於禮貌和行為舉止的複雜禮儀。中世紀的騎士努力以亞瑟王的圓桌武士和查理曼大帝的宮廷貴族為榜樣，正如普羅旺斯騎士的抒情詩或騎士英雄的史詩向他們述說的那樣。他們期望自己勇敢如朗斯洛特，忠誠如羅蘭伯爵。不管他們的衣著多麼簡樸甚至襤褸，不管他們是不是囊中羞澀，腹中空空，但他們總是態度尊嚴，言語優雅，行為有節，保持著騎士的聲譽。

就這樣，騎士團成了一所培養優雅舉止的大學校，而禮貌儀態正好是保持社會機器正常運作的潤滑劑。騎士精神意味著謙虛有禮，向周圍世界展示著如何搭配衣著、如何優雅進餐、如何彬彬有禮地邀請女士共舞以及其他成百上千日常生活的禮

堂吉訶德和死騾
杜米埃 水彩畫 1867年

當騎士們獻身理想的高尚情操失去了實用的價值，他們也就淪為某種荒唐的角色，16世紀西萬提斯的名著《堂吉訶德》，便描述了這位「世界上最後一位真正的騎士」令人心酸又好笑的故事。

節。這些東西都有助於使生活變得更有趣、更宜人。

就像所有的人類制度一樣，騎士制度一旦衰老無用，便注定了滅亡的命運。

十字軍東征帶動了商業的復興、城市一夜之間星羅棋佈於歐洲的原野。使用雇傭軍作戰，便不可能再像下棋那樣，以精緻的步驟和富於美感的策劃來指揮一場戰役。騎士變成了純粹多餘的擺設，騎士精神成為不合時宜的奢侈品。當騎士們獻身理想的高尚情操失去其實用價值後，他們也淪為某種荒誕可笑的角色。據說，尊貴的堂吉訶德先生是世界上最後一位真正的騎士。自從他去世後，伴他相依為命、勇闖天涯的盔甲和寶劍被相繼拍賣，以抵償他留下的個人債務。

不過不知怎地，他的寶劍似乎還落到過許多人之手。在福奇谷的嚴冬裡，華盛頓將軍佩帶過它。在喀土穆被包圍的絕望日子裡，戈登將軍拒絕拋棄把生命託付給他的人民，勇敢地等待著死亡的命運。當時，這把寶劍是他唯一的武器。

我不太清楚它在剛剛過去的世界大戰中究竟發揮了多大作用，但事實證明，它的價值是難以估量的。

CHAPTER 32

教皇與皇帝之爭

中世紀人民奇特的雙重效忠制度，以及由此引發的
教皇與神聖羅馬帝國皇帝之間的無盡爭鬥。

孤陋寡聞的中世紀

　　要想真正理解以往時代的人們，弄清楚他們的行為方式、思想動機，是一件異常困難的事情。你每天都能看見的祖父，他彷彿就是一個無論在思想、衣著和行為態度上，都生活在一個不同世界的神秘人物。你難道不是費盡心思地認識他，絞盡腦汁地想要理解他，但往往無功而返嗎？我現在跟你講述的，是比你祖父早25代的老爺爺們的故事。如果你們不把這一章重讀幾遍，我想你們是不能真正理解其中意義的。

　　中世紀的普通老百姓生活簡樸，平淡無奇的歲月中少有特別的事情發生。即便是一個自由市民，可以隨心所欲地來去，他的生活範圍也極少超出自己居住的鄰區。讀物當然少得可憐，除少量的手抄本在極小的範圍內流傳外，根本不存在印刷的書籍。在各個地方，總有一小批勤勉的僧侶在教人讀書、寫字、學習簡單的算術。至於科學、歷史和地理，它們早已深埋於古希臘和古羅馬的廢墟之下，湮滅無聞了。

　　人們對過去時代的瞭解，大都來自於他們日常聽聞的故事和傳奇。這些由父親講給兒子以代代相傳的故事，能以令人驚奇的準確性保存歷史的主要事實，只在細節上有輕微的出入。2000多年過去了，印度的母親們為讓淘氣的孩子安靜下來，依然會嚇唬他們說：「再不聽話，伊斯坎達爾要來

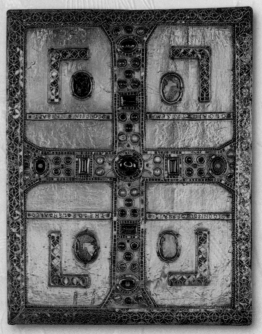

THE
STORY
OF
MANKIND

理查二世的懺悔
威爾頓 雙聯畫 英國 1395年

英王理查二世由懺悔者愛德華和埃德蒙兩位聖徒陪伴著，跪拜在聖子、聖母面前，接受祝福。旁邊站的是施洗的約翰。理查雖然是跪著的，但他的尊敬之情卻是極虔的，就連畫中的天使都佩帶著象徵著他自己的雄鹿胸針。

捉你了！」這位伊斯坎達爾不是別人，他就是西元前330年率軍橫掃印度的亞歷山大大帝。他的故事經過幾千年，依然在印度的大地上流傳。

中世紀的人們從未讀過任何一本有關羅馬歷史的教科書。事實上，他們在許多事情上顯得非常無知，甚至連現代的小學三年級兒童應該瞭解的起碼知識他們都不具備。但對於羅馬帝國，它在你們現代讀者看來僅僅是一個空泛的名詞，而在他們眼裡卻不亞於活生生的現實。他們用皮膚和心靈體會到它的存在。他們心甘情願地承認教皇是自己的精神領袖，因為教皇住在羅馬城，代表著羅馬帝國這一深入人心的偉大觀念。當查理曼大帝及後來的奧托大帝復興了「世界帝國」的夢想，創建起神聖羅馬帝國時，人們打心眼裡是覺得欣喜和感激的，因為他們心目中的世界本該是這個樣子。

強硬的教會

不過，羅馬傳統存在著兩個不同繼承人這一事實，卻將中世紀虔誠順服的自由民們推向了尷尬的兩難處境。支撐中世紀政治制度的理論明確而簡單，即俗世世界的統治者（皇帝）負責照顧臣民們物質方面的利益，而精神世界的統治者（教皇）負

責照顧他們的靈魂。

不過在實際執行的時候，這一體系暴露出許多難以克服的毛病。皇帝總是試圖插手教會事務，而教皇則與之針鋒相對，不斷指點皇帝應怎樣管理他的國家。繼而，他們開始用很不禮貌的語言相互警告，讓對方別多管閒事。這樣你來我往，雙方便免不了要大打出手。

在此情形下，普通老百姓能怎麼辦呢？一個好的基督徒是既忠於教皇又服從國王的。可是教皇與皇帝成了仇人，作為一個負責任的國民，同時又是一個虔誠的教徒，他到底應該站在哪一邊呢？

要指出正確的答案真是挺困難的。有時皇帝碰巧是位精力充沛的政治強人，又有充足的財源用來組織一支強大的軍隊，那他便大可以越過阿爾卑斯山向羅馬進軍，把教皇的宮殿圍個密不透風（這要視需要而定），最終迫使教皇陛下服從帝國的指示，否則就要自食其果。

但更多的情形是教皇方面更強大。於是，這位敢於違抗教旨的皇帝或國王，連同他的全部無罪國民，將被一起開除教籍，逐出教會。這意味著要關閉境內所有教堂，人們不能受洗，也沒有神父為垂死之人舉行臨終懺悔，下地獄將成為必然的事情。換言之，中世紀政府的一半職能都被取消了。

更糟的是，教皇還免除了人們對其君主的效忠宣誓，鼓勵他們起來反抗「叛教」的主人。可是人們若是真的遵從了教皇的指示，而被近處的國王抓住，等待他們的將是絞刑架。這也不是一件可以鬧著玩的事情。

事實上，教皇與皇帝的對抗一旦發生，平民的處境將會變得相當艱難，而最倒楣的，莫過於那些生活在西元11世紀下半葉的人們。當時的德國國王亨利四世和教皇格利高里七世打了兩場不分勝負的戰役，非但沒解決任何問題，倒使歐洲陷入混亂達50年之久。

在11世紀中期，教會內部出現了激烈的改革運動。當時，教皇的產生方式還極不正規。對神聖羅馬帝國的皇帝來說，他當然希望把一位易於相處、對帝國抱有好感的教士送上教廷的寶座。因此每逢選舉教皇的時候，皇帝們總是親臨羅馬，運用他們的影響力，為自己的朋友撈取利益。

新教皇格利高里七世與亨利四世

不過到西元1059年，情況發生了變化。根據教皇尼古拉二世的命令，成立了一個由羅馬附近教區的主教及執事所組成的紅衣主教團。這群地位顯赫的教會頭目被賦予了選舉未來教皇的絕對權力。

西元1073年，紅衣主教團選出了新教皇格利高里七世。此人原名希爾布蘭德，出生於托斯卡納地區的一個極普通人家，但卻具有超乎常人的野心和旺盛的精力。格利高里深信，教皇的超然權力應該是建立在花崗石般堅固的信念和勇氣之上的。在他看來，教皇不僅是基督教會的絕對首腦，而且還應是所有世俗事務的最高上訴法官。教皇既然可以將普通的日耳曼王公提升到皇帝的高位，享有他們從未夢想過的尊嚴，當然也有權隨意廢黜他們。他可以否決任何一項由某位大公、國王或皇帝制定

THE
STORY
OF
MANKIND

費德利各・祝卡利 單色木刻畫 12世紀

> 他具有超乎常人的野心和彷彿無止境的精力。他深信教皇不僅是基督教會的絕對權威，而且是所有世俗事務的最高管理者。

們正樂得除掉亨利自己取而代之，紛紛要求教皇親自前來奧格斯堡為他們挑選一位新國王。

格利高里離開羅馬，準備前往北方去懲治自己的對手。亨利四世當然不是白癡，他清楚自己前景可危。此時此刻，國王唯一的出路是不惜一切代價與教皇講和。時值嚴冬，亨利也顧不得天寒路險，急匆匆地越過阿爾卑斯山，火速趕往教皇作為短暫休息的處所——卡諾薩城堡。西元1077年1月25日至28日，整整三天，亨利裝作一個極度懺悔的虔誠教徒，身穿破爛的僧侶裝（但破衣之下藏著一件暖和的毛衣），恭恭敬敬守候在城堡的大門前，請求教皇陛下的寬恕。三天後格利高里終於允許他進入城堡，朝白赦免了他的罪行。

可亨利的懺悔並未持續多久。一當被廢黜的危機過去，平安返回德國後，他又故態複復萌，依舊我行我素。教皇再次把亨利逐出教會，而亨利再次召開了德意志主教團會議，廢黜了格利高里。不過這一回，當亨利不辭勞苦地翻越阿爾卑斯山時，他帶了一支龐大的軍隊，雄赳赳地走在前頭。日耳曼軍隊包圍了羅馬城，格利高里被迫退位，最終死於流放地薩勒諾。教皇與國王的第一次流血衝突沒能解決任何問題，一等亨利返回德意志，他們之間的爭鬥

的法律，可要是有誰膽敢質問某項教皇宣佈的敕令，那他可得當心了，因為隨之而來的懲罰將是迅速而毫不留情的。

格利高里派遣大使到歐洲所有的宮廷，向君主們通告他頒佈的新法令，並要求他們詳加注意其內容。征服者威廉答應好好聽話，但從6歲開始便常與臣屬打架鬥毆的亨利四世是個天生反叛的傢伙，他根本不打算屈從於教皇的意志。亨利召集了一個德國教區的主教會議，指控格利高里犯下了日光之下的一切罪行，最後以沃爾姆斯宗教會議的名義廢黜了教皇。

格利高里的回答是將亨利四世逐出教會，並號召德意志的王公們驅逐這位德行敗壞、不配為人君主的國王。日耳曼的貴族

又接著開始了。

中世紀城市的崛起

不久之後，奪取了德意志帝國皇位的霍亨施陶芬家族變得比他們的前任君主更為獨立，更不把教皇放在眼裡。格利高里曾經宣稱：教皇超越所有世俗的君主之上，因為末日審判那一天到來時，教皇必須為他所照管的羊群裡的每一隻羊的行為負責，而在上帝眼裡，一名國王不過是這個龐大羊群的眾多忠實牧羊人之一。

霍亨施陶芬家族的弗里德里希，通常被人稱為紅鬍子巴巴羅薩，他提出了一個理論來反對教皇的理論。他宣稱：神聖羅馬帝國是經「上帝本人的恩許」，賦予他的先祖掌管的。既然帝國的疆域包括義大利和羅馬，他要發動一場正義的戰爭，以收復這些「失去的行省」。不過在參加第二次十字軍東征時，弗里德里希在小亞細亞意外溺死。繼承王位的是他的兒子弗里德里希二世。這位年輕人精明強幹，風度依然，很小的時候便受過西西里島穆斯林文明的陶冶。他仍繼續與教皇作對。

教皇指控弗里德里希二世犯下了異端邪說罪。說實話，弗里德里希二世倒是真的對北方基督教界的粗獷作風、德國騎士的平庸愚笨以及義大利教士之陰險狡詐，懷有深刻而認真的蔑視。不過他保持沉默，投入十字軍作戰，從異教徒手裡奪回了耶路撒冷，並因此被封為聖城之王。即便他立下如此輝煌的護教功勞，也沒能安慰心情惡劣的教皇們。他們把弗里德里希二世逐出教會，將他的義大利屬地授予「安如的查

理」，即著名的法王聖路易的兄弟。這當然引發了更多的爭端。霍亨施陶芬家族的最後一位繼承人康拉德四世之子康拉德五世試圖奪回自己的義大利屬地。但是他的軍隊被擊敗，他本人也被處死於那不勒斯。不過20年後，在所謂的西西里晚禱事件中，極不受歡迎的法國人被當地居民統統殺死。流血仍在繼續。

教皇與皇帝的爭鬥無休無止，看來永遠沒法解決。但過了一段時間，兩個仇人慢慢學會了各管各的事情，不再輕易涉足對方的領域。

西元1273年，哈布斯堡的魯道夫當選為德意志皇帝。他不願千里迢迢趕去羅馬接受加冕。教皇對此沒有公開反對，反而疏遠了德意志。這意味著和平，可畢竟來得晚了些。兩百年的爭鬥，使那些本可用於內部建設的寶貴精力，統統浪費在毫無意義的戰爭上了。

不過凡事有一弊必有一利。義大利的諸多小城市在教皇與國王之間維持小心謹慎的平衡間，悄悄地壯大實力，增強自己的獨立地位。當朝拜聖地的偉大運動開始時，面對成千上萬吵吵嚷嚷、急於湧向耶路撒冷的十字軍戰士，它們從容自如地解決了這些人的交通和飲食問題，從中賺取大量金錢。待十字軍運動結束，這些大發其財的城市已能用磚石和金子建立起堅固無比的防禦，同時違抗教皇和國王，對他們表示淡然和蔑視了。

教會和國家相互爭鬥，而第三方——中世紀的城市，攫取了勝利的果實。

十字軍東征

當土耳其人奪取聖地，褻瀆聖靈，
並嚴重阻斷東西方的貿易時，所有內部的爭吵便
統統被忘記。歐洲人開始了十字軍東征。

土耳其的入侵

　　三個世紀以來，除了守衛歐洲門戶的兩個國家——西班牙和東羅馬帝國，基督徒和穆斯林之間一直保持著基本的和平。在西元7世紀，穆罕默德的信徒征服了敘利亞，控制了基督教的聖地，但他們同樣把耶穌視為一位偉大的先知（雖然不如穆罕默德偉大），並不阻止前來朝聖的基督徒。在康士坦丁大帝的母親聖海倫娜於聖基的原址上修建的大教堂裡，基督朝聖者被允許自由祈禱。可到了11世紀，來自亞洲荒原的一支韃靼部落，人稱塞爾柱人或土耳其人，他們征服了西亞的穆斯林國家，成為基督教聖地的新主人。於是，基督教和伊斯蘭教相互妥協的時期就此結束。土耳其人從東羅馬帝國手裡奪取了小亞細亞全區，使東西方之間的貿易陷入完全的停滯。

　　東羅馬皇帝阿曆克西斯平常心思全部放在東方，對西方的基督教鄰居少有理會，此時卻向歐洲的兄弟們求援。他指出，一旦土耳其人奪取君士坦丁堡，使通向歐洲的大門打開，他們一樣將陷入土耳其騎兵的直接威脅之下。

　　一些義大利城市在小亞細亞和巴勒斯坦沿岸擁有小塊的貿易殖民地。由於擔心失去自己的財產便散佈一些可怕的故事，繪聲繪影地描述土耳其人是何等殘暴且如何迫害、屠殺當地基督徒的。聽到這些故事，整個歐洲沸騰了起來。

　　當時在位的是教皇烏爾班二世。此人生於法國的雷姆斯，在格利高里

七世受教過的著名的克呂尼修道院接受過教育。他想，現在是應該採取行動的時候了。當時歐洲的狀況不僅遠不能令人滿意，甚至稱其糟糕也不為過。由於依然採用原始的農耕方法（自羅馬時代一直未曾改進過），歐洲經常處於糧食短缺的危險狀態。大量的失業與饑荒蔓延，很容易引起民怨沸騰，最終導致無法收拾的動亂。而西亞自古以來就是豐足的糧倉，養活著成百上千萬人口，無疑是個理想的移民場所。

於是西元1095年，在法國的克萊蒙特會議上，教皇烏爾班二世突然拍案而起，先是痛訴異教徒踐踏聖地的種種恐怖行為，接著又娓娓描繪這塊流著奶和蜜的聖地自摩西時代以來是如何滋養著萬千基督徒的動人圖景。最後，他激勵法國的騎士們和歐洲的普通人民鼓起鬥志，拋開妻子兒女，去將巴勒斯坦從土耳其人的奴役中解放出來。

不久，一股不可遏止的宗教狂熱歇斯底里地席捲了整個歐洲。理性的思想停止了，人們紛紛扔掉鐵錘和鋸子衝出商店，義無返顧地踏上最近的道路，前往東方去殺土耳其人。連小孩子也吵著要離家去巴勒斯坦，以他們幼稚的熱情和基督徒的虔誠感化土耳其人，呼籲他們悔改。不過在這些的狂熱信徒中，90%的人連看一眼聖地的機會都沒有。他們通常身無分文，被迫沿途乞討或偷盜以維持生計。他們影響大路交通的安全，往往為憤怒的鄉民所殺。

發戰爭財

第一支十字軍是由誠實的基督徒、無力履行義務的破產者、窮困潦倒的沒落貴

進攻耶路撒冷
手卷插圖 13世紀

這是第二次東征時與穆斯林軍隊交戰的場面，雖然是血腥的戰鬥，甚至屠殺了近20萬人，但這幅畫表現得更近於滑稽。

克萊蒙特會議
插圖畫 法國 1095年

在克萊蒙特會議上，中間高台上的教皇烏爾班二世拍案而起，歷數異教徒踐踏聖地的種種殘忍手段，激勵法國的騎士們和歐洲的普通人民鼓起鬥志、拋開妻室，去把流奶與蜜的迦南地解放出來。

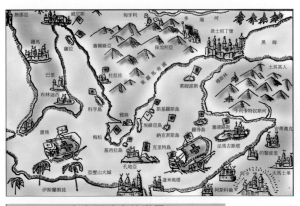

十字軍戰士的世界
房龍 手繪圖

族以及逃避法庭制裁的罪犯所組成的烏合之眾。他們亂哄哄地、紀律渙散，在半瘋癲的隱士彼得和「赤貧者」瓦爾特的領導下開始了遠征。他們把一路上碰見的所有猶太人統統殺掉以作為懲罰異教徒的第一步，但只勉強前進到匈牙利便全軍覆沒了。

這次經歷給了教會一個深刻的教訓：單憑熱情是無法解放聖地的。完善的組織工作與良好的意願、勇氣一樣，都是十字軍事業成功必不可少的因素。於是歐洲花費了1年的時間，訓練和裝備了1支20萬人的軍隊，由布隆的戈德弗雷、諾曼第公爵羅伯特、法蘭德斯伯爵羅伯特以及其他幾位貴族指揮。這些人都是深諳作戰技巧、經驗豐富的將領。

西元1095年，第二支十字軍開始漫長而徒勞的征程。到達君士坦丁堡後，騎士們神情莊嚴地向東羅馬皇帝舉行了宣誓效忠儀式。（正如我已經說過的，傳統不會輕易消失，不管如今的東羅馬皇帝是如何潦倒、如何無權無勢，但依然享有崇高的尊嚴。）

隨後他們渡海到亞洲，沿途殺掉所有被俘的穆斯林。他們所向披靡，對耶路撒冷發動了暴風雨般的攻擊，並屠殺了該城的所有穆罕默德信徒。最後，他們流著虔誠與感恩的淚水，進軍聖墓去讚美偉大的上帝。可不久後，土耳其人的精銳援軍趕到，重新奪取了耶路撒冷。為了報復，他們又殺光了所有忠於十字架的信徒。

在接下來的兩個世紀裡，歐洲人又發動了另外七次東征。十字軍戰士們逐漸學會了前往亞洲的旅行技巧。走陸路太艱苦，也太危險。他們情願先越過阿爾卑斯山，到義大利的威尼斯或熱那亞，然後再搭船去東方。精明世故的熱那亞人和威尼斯人把這樁運送十字軍跨越地中海的服務做成了有厚利可圖的大生意。他們索取高額旅費，當十字軍戰士付不出這個價錢時（他們大部分都囊中羞澀），這些義大利「奸商」便做出大發善心的樣子了，先允許他們上船，但要「一路工作以抵償船費」。往往為了償付從威尼斯到阿卡的旅費，十字軍戰士得答應為船主從事定量的戰鬥，用獲得的土地還錢。經由這種方法，威尼斯大大增加了它在亞得里亞海沿岸、希臘半島、塞浦路斯、克里特島及羅德島控制的土地，最後，連雅典也成了一塊名符其實的威尼斯殖民地。

向對手學習

當然，這一切都無助於解決棘手的聖

地問題。當最初的宗教狂熱漸漸退去，一段為時不長的十字軍旅程倒變成了每一個出身良好的歐洲青年的通才教育課程。因此，報名去巴勒斯坦服役的候選人總是源源不絕。不過，古老的熱情已經不復存在。最初，十字軍戰士懷著對穆斯林的刻骨仇恨、對東羅馬帝國及亞美尼亞的基督徒群眾的極大愛心，開始其艱苦的遠征，如今卻經歷了內心的巨變。他們開始憎恨拜占廷的希臘人，因為後者常常欺騙他們，並不時出賣十字架的事業。他們同樣憎恨亞美尼亞人以及所有東地中海地區的民族。相反地，他們逐漸學會欣賞穆斯林敵人的種種品行，事實證明他們是豪爽公正的對手，值得尊重。

當然，誰也不會把這些情緒公開流露出來。可是十字軍戰士一旦有機會重返故里，他們便可能模仿剛從異教徒敵人那裡學來的新奇迷人的優雅舉止。與這些雍容優雅的東方敵人相比，歐洲騎士不過是鄉下老粗。十字軍戰士還從東方帶回來幾種異國的植物種子，比如桃子和菠菜，種進自己的菜園裡，那不僅可以換換餐桌的口味，還能拿到市場出售。他們拋棄披掛厚重鎧甲的粗野習俗，轉而模仿伊斯蘭教徒及土耳其人的樣子，穿起了絲綢或棉製的飄逸長袍。事實上，十字軍運動最初是作為懲罰異教徒的宗教遠征，到後來卻變成對成百萬歐洲青年進行文明啟蒙的教育課，其間的滄桑真是耐人尋味。

從政治和軍事觀點來看，十字軍東征是一場徹底的失敗。耶路撒冷及其他小亞細亞的諸多城市失而復得，得而復失。雖然十字軍曾在敘利亞、巴勒斯坦及小亞細亞建立起一系列小型的基督教王國，可它們最終一一為土耳其人重新征服。到西元1244年，耶路撒冷仍穩穩控制在穆斯林手中，變成了一個完全土耳其化的城市。聖地的狀況和西元1095年之前相比並未發生任何變化。

不過，歐洲卻因十字軍運動經歷了一場深刻的變革。西方人民得以有機會一瞥東方文明的燦爛與優美。這使得他們不再滿足於陰沈乏味的城堡生活，轉而尋求更寬廣、更富活力的生活。這是教會和封建國家都無法給予他們的。

這種生活，他們在城市裡找到了。

阿什克倫之戰

拉瑞威爾 油畫 19世紀
凡爾賽城堡博物館藏

這是1098年在安提阿的戰役，城中濃煙上騰如雲，近景的弓箭手正在向執藍色旗的敵軍射箭。而高地上，在眾多軍士的護衛中，國王舞劍指揮，主教則擎舉聖殿的模型祈禱。

CHAPTER 34

中世紀的城市

為什麼中世紀的人們會說：
「城市的空氣是充滿自由的空氣。」

日耳曼人的生活和觀見
插圖畫 中世紀

日耳曼民族是從中亞群山浩浩蕩蕩西遷而來的，他們原本生活在羅馬帝國東北部的森林、高山和沼澤之外的荒野地帶。他們砍伐森林、開荒放牧。就像畫中所描繪的扶犁而耕，定居了下來。當查里曼率軍到來時，年長者便帶領眾人向他稱臣。

上帝的安排

中世紀初期是一個拓荒與定居的時代。從中亞群山浩浩蕩蕩地西遷而來的日耳曼民族，他們原本生活在羅馬帝國東北部的森林、高山與沼澤之外的荒野地帶。此時，他們強行穿越這道天然的防護屏障，闖進西歐地區的肥沃平原，將大部分土地據為己有。他們天生厭惡安分守己的生活，像歷史上所有的拓荒者一樣，他們喜歡「在路上」的感覺，寧願不斷遷移。他們精力充沛地砍伐森林，開荒放牧；他們也以同樣的精力相互撕殺，割斷對手的喉嚨。他們中很少有人居住在城市，因為他們希望保持「自由自在的」生活方式。他們喜歡驅趕著羊群越過勁風拂面的草坡，讓山間樹林的清新空氣充滿他們的五臟六腑。當長居舊家已經令人生厭時，他們便毫不猶豫地拔起帳篷，收拾家當，出發去尋找新的牧場。

在不斷遷移的路上，弱者被淘汰，只有堅強的戰士和跟隨她們的男人勇敢進入荒野的女人倖存了下來。就這樣，他們發展成一個強健堅韌的種族，具有頑強的生命力。他們對生活中優美細緻的東西不甚在意。他們總是在奔波忙碌，沒有閒情逸致去玩樂器或寫作詩歌。他們精明務實，不喜歡說空話，也不喜歡討論問題。教士作為村裡唯一「有學問的人」（在13世紀中期以前，一個會讀能寫的男人，一般被視為「女人氣的男子」），人們都仰賴他解決所有的問題，也就是那些沒有直接實用價值的問題。同時，那些日耳曼酋長、法蘭克男爵或諾曼第大公們（或者是別的什麼頭銜和稱號的貴族），他們心安理得地佔據著自己那份原屬於羅馬帝國的土地，在帝國昔日輝煌的廢墟中建立起自己的新世界。這個世

界看起來是如此完美，已經完全使他們心滿意足了。

他們盡最大的努力來處理好自己的城堡和四野鄉村的事務，兢兢業業地工作。他們像任何軟弱的「凡人」一樣，期望著來世的天堂，對教會的紀律必恭必敬。他們對自己的國王或皇帝表現出十足的忠誠，以便和這些距離遙遠但向來危險的君主們保持良好的關係。換句話說，他們總是盡力把事情做正確、做漂亮，對鄰居們公正而又不真正損害自己的利益。

當然，他們有時也感覺到，自己身處的並非一個理想的世界。在這裡，大部分人淪為農奴或「長期雇工」。這些人和牛羊同住於牛欄羊圈，自身也和牛羊一樣，變成了依附土地的一部分。他們的命運談不上特別幸福，也算不得異常悲慘。除此之外，還能期望他們怎樣呢？主宰著中世紀生活的偉大上帝，當然毫無疑問地是按著盡善盡美的方式來安排世界的。如果憑其不可揣測的智慧決定這個世界該同時存在騎士和農奴，那麼作為教會虔誠的兒女，他們是不應該質疑這種安排的。因此，身為農奴的人們也沒什麼好抱怨。如果被驅使得太厲害，他們會像飼養不當的牲畜一樣默默死去。之後，主人們不過是手忙腳亂地做點事情，稍微改善一下他們的生活狀況，不然還能怎樣呢？如果這個世界的進步責任是肩負在農奴和他們的封建領主肩上，那我們現在就有可能如12世紀一樣，牙疼了便唸一番「阿巴拉卡，達巴拉啊」，靠神秘的咒語抵禦肉體的疼痛。不僅如此，如果正好有一位牙醫試圖用他的「科學」來幫助我們，其結

勞動的農奴
插圖畫 12世紀

日耳曼的大部分人淪為了農奴或「長期雇工」。他們像歷代的奴隸一樣和牛羊同住，自身也和牲畜一樣，被算為所依附的土地的一部分。在這幅插圖中，畫的是他們收割、儲藏的勞動場面。

果只能招來我們的憎惡。因為那些邪裡邪氣的東西多半是來自穆罕默德信徒與異教徒「騙術」，當然是既惡毒又無用處的。

何為進步

當你們長大之後，你們會發現身邊有許多人不相信「進步」。他們都是些看上去很有思想的傢伙，我擔保他們能滔滔不絕地列舉出一些我們時代的可怕事實，來向你證明「世界從來如此，毫無變化」。不過我倒是希望，你們不要太受這種論調的蠱惑。你看，我們遙遠的先祖幾乎化費了

100萬年才學會用下肢直立行走。當他們終於能夠把動物般的咕噥聲發展成可以理解與溝通的語言，又耗費了許許多多個世紀。書寫術──為著未來人類的利益而保存我們思想的技術，缺少了它，人類的任何進步都是沒有可能的，它的發明不過是在短暫的四千年之前。那種馴服自然力為人類服務的新奇思想，僅僅是在你們祖父的時代才出現的。因此在我看來，人類其實是以一種聞所未聞的飛快速度進步著。也許，我們對物質生活的舒適關注得稍微多了一些，但這種趨勢在一定的時候必然會扭轉。到那時，我們會集中力量去對付那些與身體健康、工資多少、城市下水管道和機械製造無關的問題。

我想提醒你們，千萬不要對所謂「古老的好時光」抱有過多的感傷之情。有許多人的眼睛只看得到中世紀留下的壯麗教堂和偉大的藝術作品，往往拿它們和我們時代充斥著的噪音喧囂和汽車惡臭的醜陋文明相比較，得出今不如昔的結論。可這僅僅是事情的一個方面。要知道，在富麗宏偉的中世紀教堂邊，無一例外也佈滿了大量悲慘骯髒的貧民窟。與之相比，連現代最簡陋

的公寓也堪稱豪華奢侈的宮殿。是的，高貴的朗斯洛特和同樣高貴的帕爾齊法爾，當這些年輕純潔的英雄上路去尋找聖杯時，他們當然用不著忍受汽油的臭味。可當時另外有著許許多多的其他臭味。穀倉牛欄的味道、扔到大街上的垃圾腐爛發酵的味道、包圍著主教大人宮殿的豬圈的味道，還有那些穿戴祖父傳下的衣服和帽子、一輩子沒享受過擦肥皂的幸福、也絕少洗澡的人們發出的味道。我不願意著力描繪出一副大煞風景、十分令人不快的畫面，不過當你閱讀古代編年史，看到法國國王在華麗高貴的皇宮內悠然眺望窗外，卻被巴黎街頭拱食的豬群發出的沖天臭氣熏得昏倒時，當你看到某本稍稍記載了一些天花和鼠疫橫行的慘狀的古代手稿時，你才會真正明白「進步」一詞絕非現代廣告人使用的時髦話。

商業的復興

不過，如果不是因為城市的存在，過去六百年來的進步將是完全不可能的。因此，我將用比其他各章稍長一點的篇幅來談論這個問題。它太重要了，不可能像對待單純的政治時間那樣，用三、四頁文字便概括了。

古代的埃及、巴比倫、亞述都是以城市為中心的世界，古希臘則完全是由許多小城邦組成的國家，而腓尼基的歷史幾乎

就是西頓和提爾這兩個城市的歷史。再看看偉大的羅馬帝國，它遼闊的行省無非是羅馬這個城市的「腹地」。書寫、藝術、科學、天文學、建築學、文學——這是一個可以無窮開列的名單，它們全都屬於城市的產物。

在整整四千年的漫長歲月裡，我們稱為城市的這個木製蜂房，其間居住著大量像工蜂一樣生活勞碌的人群，它一直就是世界的大作坊，它出產商品，推動文明，催化文學與藝術。可隨後就到了日耳曼人大遷移的時代。他們滅亡了燦爛一時的羅馬帝國，一個勁兒地焚毀他們並不理解的城市，使歐洲再度成為一塊由草原和小村莊構成的土地。在這段黑暗愚昧的歲月中，歐洲文明進入了休耕期。

十字軍東征為文明的重新播種準備好了適合的土壤，已快到收穫的季節了，但果實卻被自由城市的自由民搶先一步摘走。

我曾經跟你們講過關於城堡與修道院的故事。在它們高大沉重的石牆後面，居住著騎士和他的朋友僧侶，一個負責照顧人們的肉體，一個則悉心看護著人們的靈魂。後來出現了一些手工匠人，屠夫呀、麵包師傅呀、製蠟燭工人呀，他們來到靠近城堡的地方住下，一面準備應付領主隨叫隨到的需要，一面也好在發生危險時就近逃到城堡避難。有時遇上主人心情好，他會允許這些人將自己的房子圍上柵欄，看上去像是單門獨戶的居所。不過，那時他們的生計完全繫於威嚴有加的城堡主人大發善心。當領主外出巡視時，這些工匠跪在路旁，親吻他高貴的手以示感恩。

15世紀的服裝街
插圖畫 歐洲

這幅作品中間，紅衣服的商人正在幫助一個博洛尼亞顧客試穿衣服。中世紀後期商業興起後，露天小攤漸漸變成了固定的建築，住家也就建在了商鋪的樓上。

之後發生了十字軍東征，世界在不知不覺地變化。以前的大遷移驅使人們從歐洲東北移居西部，而十字軍運動反過來引導人們從蠻荒原始的歐洲西部，去到高度文明的地中海東南地區接受新知識的洗禮。他們發現，世界並非僅限於他們狹小居室的四壁之內，前進一步才知道海闊天空。他們開始欣賞華美的衣著、更舒適宜人的住房、全新口味的佳餚以及其他許許多多神秘東方出產的新奇物品。當他們返回自己的家園時，仍一心想要享用這些稀有商品的供應。於是，背著貨囊走村串戶的小販（他們是中世紀唯一的商人），便在原有的商品目錄裡添加上這些搶手的新貨種。商

販們的生意越做越大，僅靠人力負載已經不夠滿足人們的胃口了。於是他們便購置起貨車，又雇上幾個前十字軍戰士充當保鏢，以防範隨這次國際性戰爭而來的犯罪浪潮。就這樣，他們以更為現代的方式、在更大的規模上做起生意來了。不過說老實話，幹他們這行也不是那麼輕而易舉的，每進入一個領主的「神聖」屬地，他們都得規規矩矩交納一次過路費和商品稅。還好生意總歸是有利潤可賺的，商販們也樂此不疲地繼續著他們的行商之旅。

不久，某些精明能幹的商人開始意識到，那些一直從遠方採購來的商品其實也可以就近生產。於是他們騰出家裡的一塊地方，將它設為生產作坊。這樣一來，他們終止了長年的行商生涯，搖身一變成為產品的製造商。他們出產的商品不僅賣給城堡裡的領主和修道院院長享有，並且還能供應給附近的城鎮。領主和院長大人們用自己農莊的產品——雞蛋、葡萄酒，還有在那個時代用作糖的蜂蜜來支付商人的商品。可對遙遠市鎮的居民來說，這種以物易物的方式就行不通了，他們必須支付現金。

小商販

木雕 英國 15世紀

這是在十字軍東征時背著貨物走村串戶的小活動商販的形象。此雕像最初是放在教堂唱詩班的座椅扶手上的。

就這樣，製造商和行商手裡便慢慢地積蓄起少量的金塊，此舉完全改變了他們在中世紀社會的地位。

你們可能很難想像一個沒有錢幣的世界。在一個現代城市裡，沒有錢是寸步難行的。從早到晚，你都不得不帶著一個裝滿小金屬圓片的錢包，以便隨時付錢。你需要1便士來乘公共汽車，上館子吃一頓晚餐要花你1美元，吃飽喝足後你想看看晚報，又得交給報販3分錢。不過在中世紀初期，許多人從出生到死去，一輩子都沒看見過，哪怕是一塊鑄造的錢幣。希臘和羅馬的金銀都深埋在城市的廢墟下面。繼羅馬帝國之後的大遷移的世界完全是一個農業社會，每個農民都種有足夠的糧食、飼養足夠的綿羊和奶牛，完全自給自足，不必仰賴他人。

中世紀的騎士同時也是擁有田產的鄉紳，少有出現必須付錢購買某種物品的情形。他們的莊園裡能夠出產供他和他的家人吃、喝、穿的一切物品。修築城保所需的磚塊是在最近的河邊製造的，大廳的柱樑直接從自己擁有的森林採伐。有少量物品來自國外，但也是拿莊園出產的蜂蜜、雞蛋、柴薪去交換的。

公爵、市民及錢

可十字軍東征卻把古老農業社會的陳規打了個天翻地覆。請設想一下，如果希爾德海姆公爵想要去聖地，那他必須跋涉上幾

千英里的路程。一路上，他不得不支付自己的交通費、伙食費。如果在家裡，他可以拿田莊裡的農產品去給人家。現在可糟了，他總不能載著100打雞蛋和整車火腿上路，好隨時滿足某個威尼斯船主或布倫納山口旅店主的口腹之慾呀！這些紳士們堅持要收現金。因此公爵不得不被迫帶上少量的金子去開始旅程。可他能到哪兒去拿到這些金子呢？他可以從老隆哥巴德人的後裔倫巴德人那裡去借。他們悠然愜意地端坐在兌換櫃檯後面（櫃檯被稱為「banco」，它就是銀行「bank」一詞的由來），早已經變成職業的放債人了。他們倒很樂意借給公爵大人幾百個金幣，可為保險起見，必須用公爵的莊園作抵押。這樣一來，萬一公爵大人在征討土耳其人時有個三長兩短，他們的錢才不至於打了水漂。

這對借錢的人來說是一筆很危險的交易。最終，總是倫巴德人佔有了莊園，而騎士卻破產了，只好受雇於某個更細心、更有權勢的鄰居，為他作戰。

當然，公爵大人還可以去城鎮的猶太人居住區。在那裡，他能夠以50%～60%的利息借到這筆要命的旅費，可它同樣是筆很不划算的生意。難道就沒有其他的出路了嗎？公爵尋思過去，尋思過來。對了，聽說城堡附近小鎮裡的一些居民挺有錢的。他們打小就認識年輕的公爵大人，他們的父輩和老公爵也一直是很好的朋友。這些人是不會提出不合理要求的。於是，大人的文書，一位知書識字、常年為公爵記賬的教士，給當地最有名的商人寫了一張條子，要求一筆小小的貸款。這可是一件轟動的事

放貸者和他的妻子
昆丁·梅特西斯 油畫 1529年

丈夫仔細看著稱上的斤兩，因為怕看花了眼，他甚至微傾身子，以徵詢太太的意見。正在看祈禱書的妻子在書頁的邊緣折角作記號，以免漏看了任何一頁。她帶著有些迷惑的表情看著丈夫手上的秤，意識到在這份世俗的買賣裡，實在沒有任何虔誠、敬神可言。這幅繪畫十分生動地表現了中世紀末期的狀況。當虔誠信仰的世界開始向世俗化過渡時，人們所面對的道德上的複雜性。值得注意的是：桌邊的一面立鏡反射著站在窗邊的求貸者繼苦和急切的臉。

情。城鎮裡有頭有面的居民聚集到為附近教堂製作聖餐杯的珠寶商家裡討論這件事。他們當然不好拒絕公爵大人的要求，可收取「利息」也沒什麼用處。首先，收利息是違背大多數人的宗教原則的；其次，利息也只能以農產品來支付，這些東西大家都綽綽有餘，拿來有什麼用處呢？

「不過……」，一直專注聆聽的裁縫突然開口了。此人成天都靜坐在自己的裁縫桌前，看起來挺像個哲學家的。「設想一下，我們何不請公爵大人恩允一件事情，作為我們借給他錢的交換，我們大家不是都喜歡釣魚嗎？可大人偏偏禁止我們在他的小河裡釣魚。如果我們借給他100元作為回報，他給我們簽署一張允許我們隨意在他

《凱爾斯祈禱書》首字母裝飾頁
愛爾蘭 約800年

經過彩繪裝飾的首字母複雜又渾然一體，體現狂
放而又井然有序。這個字母是《馬太福音》首頁「基督
的誕生」的拉丁文首字母。基督名字的縮寫由X、P兩個
字母代表，幾乎佔滿了一頁。許多賦有象徵意義的圖案
隱藏在紛繁精美的幾何圖形後面；花飾中間，人面飄忽
可見。這一切都在說明著基督是生命的核心，基督無處
不在，他的名字即使以縮寫形式出現，也包容了萬物。

允他們到池塘垂釣的。接著，裁縫出示了那
份有大人蓋章的特許狀，從大人出發去聖
地那天起，它便被細心保管在珠寶商的保
險箱裡。

這樣一來，公爵大人不由得怒上加怒，
火上加火。不過，他突然想起自己又急需一
筆錢的事情來。在義大利，他往幾張文件上
簽下了自己的大名，它們如今正穩穩待在
著名銀行家瓦斯特洛·德·梅迪奇手裡。這
些文件可是要命的「銀行期票」，再兩個月
就該到期了，總數目是340磅佛蘭芒金幣。
在這種情形下，公爵大人不得不極力克制
義憤填膺的沖天怒火，免得不小心流露出
來。相反地，他要求再借一小筆錢。商人們
答應回去商量商量。

三天後他們又來到城堡，同意借給公
爵錢。能在尊貴的大人困難之際提供小小
的幫助，他們真是高興還來不及呢！不過作
為340磅金幣的回報，大人是否可以給他們
再簽署一張書面保證（另一張特許狀），准
許他們建立一個由所有的商人和自由市民
選舉出來的議會，由議會管理城鎮的內部
事務而不受城堡方面的干涉？

這一回，公爵大人可是被深深激怒了。
可他確實需要那筆錢呀！大人只好答應，簽

擁有的所有河流裡釣魚的保證書，這樣做
如何？他得到是他急需的100金幣，而我們
得到魚，豈不是對大家都有利？」

公爵大人接受這項交易的那天（看起
來倒是輕輕鬆鬆得到100金幣的好法子），
他不知不覺地簽署了自己權力的死亡證
書。他的文書擬好協議書，公爵大人蓋上
自己的印章（因為他不會寫自己的名字）。
一切萬事大吉，公爵懷著滿腔的激情去東
方對付穆斯林了。兩年後，他回到家裡時已
是囊空如洗。鎮民們正在城堡的池塘裡釣
魚，一排釣竿悠閒安然地此起彼伏於水邊，
此情此景讓公爵大為光火，他吩咐管家去
把眾人趕走。他們很聽話地走掉了，可當天
晚上，一個商人代表團造訪了城堡。他們彬
彬有禮，先是祝賀大人平安歸來，至於大人
被釣魚的人惹火的事情，他們也深感遺憾，
可是如果大人還記得的話，是大人親自恩

署了特許狀。過了一星期，公爵後悔了。他召集自己的士兵，氣呼呼地闖進珠寶商的家裡，問他交還那張特許狀。因為，按公爵的話說，它是狡猾的市民趁著他手頭緊張，從他那裡誘騙走的。公爵拿走文件，一把火燒掉。市民們安靜地站在一旁，什麼話也沒說。可當下一次公爵急需用錢為女兒辦嫁妝的時候，他連一個子兒也借不到。經過在珠寶商家裡發生的小小糾紛之後，公爵大人被認為「信用不佳」。大人不得不忍氣吞聲，低下高貴的頭顱，答應做出某些補償。在公爵大人拿到合同數目的第一筆借款之前，市民們重新握有了所有以前簽署的特許狀，外加一張新的，允許他們建造一座「市政廳」和一座堅固的塔樓。塔樓將用作保管所有的文件和特許狀，以防失火或盜竊，但真正的用意無非是防止公爵大人和他的士兵將來的暴力行為。

在十字軍東征之後的幾個世紀時間裡，這種情形在歐洲各地普遍發生。當然，權力由封建城堡向城市的轉移，是一個緩慢而逐漸的過程。偶爾也發生過一些流血戰鬥，有幾個裁縫和珠寶商被殺，有數座孤零零的城堡被焚毀。不過，這樣極端的事件並不多見。幾乎是不知不覺的，城鎮變得越來越富有，封建領主卻越來越窮。領主為維持自己的排場，開銷一直很大，他們總是被迫拿放寬公民自由的特許權來交換他們急需的現金。城市不斷地成長壯大，甚至敢於收留逃跑的農奴。當他們在城牆背後居住若干年後，就獲得了新的身分和寶貴的自由。同時，城市也吸引著附近鄉村地區那些精力允沛、天性活躍的份子，進而取

代了城堡的中心位置，他們為自己新獲得的重要地位深感驕傲。沿著幾個世紀以來一直進行著雞蛋、綿羊、蜂蜜、鹽等等商品，以物易物交易的古老市場周圍，他們新建起教堂和公共建築，在此聚會、討論，公然表達他們的權利。他們期望子女們獲得比自己更好的生活機遇，便出錢雇傭僧侶到城市來做學校教師。當他們聽說有某個巧匠能夠在木版上畫出美妙的圖畫，就慷慨地許以重金，請他來把教堂和市政廳的四壁塗滿金碧輝煌的聖經圖畫。

與此同時，年老體衰的公爵大人坐在自己潮濕透風的城堡大廳裡，看著這一切欣欣向榮的暴富景象，不由得悔從心生。他想起那倒楣透頂的一天，他糊裡糊塗地簽署了第一張出賣自己特權的許可狀。這看起來就像是一個無傷大雅的小小施予，可事情怎麼就落到了這個地步呢？大人後悔不已，但已無計可施。那些保險箱被特許狀和文件塞得滿滿的鎮民，如今他們對公爵大人已是不屑一顧。他們還對他伸指頭呢！他們變成了自由人，已經充分準備好享受他們新獲得的權利。要知道，這些權利可是他們額頭流汗，經過十幾代人的持續奮鬥才辛苦得來的呀！

THE
STORY
OF
MANKIND

里底亞銀幣
小亞細亞 西元前7世紀

這枚被認為是最早的銀幣是用帕克托河淘出的金銀自然合金製成，大約在西元前600～500年在小亞細亞的里底亞鑄造的。里底亞國王的富有人盡皆知，其國王的名字已成為「巨富」的同義詞。

中世紀的自治

城市的自由公民是如何在本國的皇家議會中維護權利，
發出自己的聲音的。

中產階級

當人類歷史還處於遊牧階段，人們還是四處遷移的遊牧民
時，所有人都是平等的，人人都對整個社群的福祉和安全享有同等
的權利與義務。

不過當他們定居下來，有的人變富，有的人變窮，政府便往往
落入富人的掌管之中。因為富人不必為生計而艱苦勞作，能夠一心
一意投身政治。

在以前的章節裡，我已經講述過這種富人掌握統治權的情
形，以及它是如何發生在古埃及、古美索不達米亞、古希臘和古羅
馬的。當歐洲從羅馬帝國的崩潰中恢復過來，再度建立起正常的
政治與生活秩序時，這種情形在移居西歐的日耳曼部族中同樣發
生了。西歐世界首先是由一位皇帝來統治的。皇帝的人選一般來自
日耳曼民族大羅馬帝國中的七、八個最重要的國王。從理論上說，
皇帝享有許多至高無上的權力，但大部分形同虛設。可以說，皇帝
陛下最缺的就是實權。西歐的真正統治者是大大小小的國土，可
他們的王位一直都岌岌可危，成天忙於應付篡權奪位，分不出閒暇
來好好治理自己的國家。至於日常的管理職責，則落入了數以千計
的封建諸侯手中。他們的屬民要不就是自由農民，要不就是農奴。
當時的城市很少，也就談不上有中產階級。

不過在西元13世紀期間，歷經整整1000年的缺席之後，作為
商人的中產階級再度出現在歷史的舞台。這個階級勢力的興盛，
如上一章所述，正好意味著封建城堡影響力的衰退。

到目前為止，統治王國的國王還僅僅把目光專注在貴族和主
教們的需求之上，不過伴隨著十字軍東征而成長壯大的貿易與商
業的世界現實，則迫使他承認中產階級的強有力的存在，否則便
要承受國庫虧空之苦。其實，國王陛下（如果按照他們當初強忍的

大憲章

西元1215年，約翰簽署了
「大憲章」。憲章一一列舉了
大臣們理應享有的各項權
利，並對新興的商人階級允
諾了某些保障。也就是一部非
常重要的憲章，前所未有的限
定了國王享有的權利。

心願行事的話）情願向他們的豬和牛諮詢財政問題，也不願求教於城市的自由公民。不過受形勢所迫，他們也沒有辦法。他們吞下這粒苦藥，因為它鍍了亮閃閃的金子。不過，其間也是發生過鬥爭的。

英國《大憲章》

　　在英格蘭，當獅心王查理不在任時（他去聖地抗擊異教徒去了，不過他十字軍旅程的大部分時間是在奧地利的監獄裡度過的），國家的管理權交到了查理的兄弟約翰手裡。約翰在帶兵打仗的事情上不如查理，但在拙劣治理國家方面，兩人倒大有得拼。剛擔任攝政王不久，約翰便喪失了諾曼第和大部分的法國屬地，這是約翰糟糕的政治生涯的開始。繼而，他又竭力使自己捲入和教皇英諾森三世的爭吵中。這位教皇是霍亨施陶芬家族著名的敵人，他像兩百年前格利高里七世對付德意志國王亨利四世那樣，毫不留情地把約翰逐出教會。待到西元1213年，約翰不得不忍氣吞聲地表示懺悔才，得以與教皇和解。其情形和亨利四世在1077年所做的如出一轍。

　　雖然屢戰屢敗，約翰卻一點也不驚慌，反倒繼續濫用王權。最後，怨氣沖天的大臣們再也忍不下去，只好將這位君主禁閉起來，迫使他允諾好好治理國家，並永遠不再侵犯臣屬們自古擁有的特權。這一事件發生於西元1215年，在靠近倫尼米德村的泰晤士河上的一個小島。那份由約翰署名的文件被稱為「大憲章」，它所包含的內容沒什麼新意，只是以簡單明瞭的話語重申了國王古老的職責，並一一例舉了他的大臣理應享有的各項權利。它對佔當時人口大多數的農民的權利（如果有的話）少有涉及，不過對新興的商人階級則允諾了某些保障。它是一份非常重要的憲章，因為它以前所未有的精確言辭限定了國王享有的權力。不過總的說起來，憲章依舊是一份純粹中世紀的文件，它並未涉及普通老百姓的利益，除非他們碰巧屬於某位大臣的財產，必須保護他們免遭皇室暴政之害，如同男爵的森林和牛應嚴加看守，以防皇家林務官過分的熱心。

　　不過幾年之後，我們開始在陛下的議會上聽到截然不同的論調。

「議會」的誕生

　　無論從天性還是性格傾向上來說，約翰都是一個糟糕的傢伙。他剛剛才莊嚴地承諾要遵守大憲章，但話音未落，他又迅

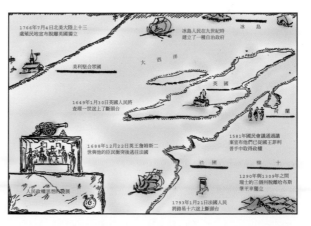

人民權利至上思想的傳播
房龍　手繪圖

速破壞了其中的每一項條款。不過幸運的是，約翰不久就去世了，由他的兒子亨利三世繼位。在重重壓力之下，亨利不得不重新承認大憲章。與此同時，他的查理舅舅，忠誠的十字軍戰士，已經耗費了國家大筆的金錢。亨利不得不想辦法尋求一筆小小的借款，好償還精明的猶太放債人的債務。可作為皇家顧問的大土地所有者和大主教們卻無法為國王提供這筆迫在眉睫的金銀。無奈之下，亨利只好下令徵召一些城市的代表來出席他的大議會例會。西元1265年，這些新興階級的代表初次亮相，不過，他們只被允許作為財政專家出席會議，而不參與對國家事務的一般性討論。他們的建議也僅限於如何增加稅收方面。

不過，這些「平民」代表們逐漸地發揮了自己的影響力，有許多事情都徵詢他們的意見。最終，這個由貴族、主教和城市代表組成的會議發展成固定的國會，用法語說就是「ou l'on parlait」，意思是「人民說話的地方」，重大的國家事務決定之前都要在此討論。

不過，這樣一個擁有一定執行權的諮詢會議並不像普遍認為的那樣，是一項源自英國的發明。而這種由「國王和他的議會」共同治理國家的政治制度，也絕非不列顛群島的專利，你在歐洲各國都能看到這樣的情形。在一些國家，比如法國，中世紀後皇權的迅速滋長大大限制了「國會」的影響力，並把它降為毫無用處的擺設。西元1302年，城市的代表已經被允許出席法國議會，可直到五個世紀之後，這個「國會」才強大到能夠維護中產階級，即所謂的「第三等級」的權利。隨後，他們努力工作，拼命想把失去的時間彌補回來。經過法國大革命天翻地覆的動盪，終於徹底取消了國王、神職人員及貴族的特權，使普通人民的代表成為了這片土地的真正統治者。在西班牙，「cortex」（即國王的議會）早在西元12世紀的前半期就已經向平民開放。在德意志帝國，一些重要的城市成功取得了「帝國城市」的地位，帝國議會必須傾聽其代表的意見。

當瑞典於1359年召開第一屆全國議會時，民眾的代表就已赫然列席。在丹麥，西元1314年復興了古老的全國大會，雖然貴

族階層以犧牲國王和人民的利益攫取了對國家事務的控制權，但城市的代表從未被完全剝奪權力。

在斯堪地納維亞半島的國家，有關代議制政府的故事更為有趣。比如冰島，負責處理全島事務的是由所有自由土地擁有者組成的大會。它從9世紀開始定期召開，並一直延續了1000年。

在瑞士，不同的自由市民努力捍衛他們的議會，防止鄰近地區一些封建主的掠奪，並最終取得了成功。

最後，再來看看低地國家。在荷蘭，早在13世紀，許多公國和州郡的議會便允許第三等級的代表出席。到西元16世紀，一些小省分聯合起來反抗他們的國王，在「市民議會」的一次莊嚴會議上，正式廢除了國王陛下，並將神職人員驅逐出議會，徹底打破了貴族權力。7個地區一起組成了新的尼德蘭聯合省共和國，自己享有完全的政府管理和行政權力。在長達兩個世紀的時間裡，城市議會的代表們自己統治國家，沒有國王，沒有主教，也沒有貴族，城市享有至高無上的地位，而善良的人民則成為這片土地的主宰者。

騎士城堡

林堡兄弟 祈禱書插圖 1413～1416年

高築的城堡和大片的莊園都是騎士們的產業。農民們通過在田間勞作為騎士服務，同時也能自給自足。

好政府統治下的城鎮和鄉村

安布羅傑·洛倫采蒂 壁畫 1338～1339年

中世紀人們理想中的政府是什麼樣的呢？義大利畫家安布羅傑·洛倫采蒂在這幅描繪好政府在城鎮、鄉村中的作用的繪畫中做了很形象的說明。這幅畫是為義大利錫耶納市的公共宮所做的壁畫，以該市的實景為基礎，採用鳥瞰式的全景，描繪了一個城市建築華麗、城牆堅固、店鋪交易繁忙、農村安居樂業、道路上商隊絡繹不絕且秩序井然的影像。這是中世紀的畫家第一次將世俗的主題變得像宗教題材一樣光彩奪目，也是歐洲的城鎮政府第一次把自己的理想如此堂皇地塗之於壁、公之於眾。

中世紀的世界

中世紀的人們是如何看待發生在他們周圍的事情

無知的野蠻人

日期是一種非常有用的發明。沒有了日期，我們會感到無所適從，彷彿什麼都決定不了。不過，我們還必須非常當心，因為日期往往會戲弄我們。它有一種使歷史過分精確的天性，但歷史並非簡單地以年代和日期來劃分的。我打個比方，當我談到中世紀人們的思想和觀點時，我的意思並不是說，在西元476年12月31日時，所有的歐洲人突然一起驚呼：「啊！現在羅馬帝國滅亡了，我們已經生活在中世紀。這是多麼有趣的事情呀！」

你可以在查理曼大帝的法蘭克宮廷發現這樣的人物，他們在生活習性、言談舉止甚至對生活的看法上，完全像一個羅馬人。另一方面，當你長大後，你會發現眼前世界的某些人從未超出穴居的階段。所有時間、所有年代都是相互重疊的，一代人的思想緊接著另一代人的思想，你中有我，我中有你，無法做截然的區分。不過，要說到研究中世紀許多真正代表人物的思想，讓你們瞭解當時的人們對於人生及生活中許多難題的普遍態度，這項工作還是有可能做到的。

首先，你必須牢記，中世紀的人們從未將自己視為生而自由的公民，可以隨自己的心願來去，並憑藉自己的才能、精力或運氣來改變自己的命運。正好相反，他們統統把自己看作一個總體的一份子，這個體制裡面有皇帝和農奴、教皇與異教徒、英雄與惡棍流氓、窮人和富人、乞丐和盜賊，這再正常不過了。他們心甘情願地接受這種神聖的秩序，從不過問何以如此。在這方面，他們當然和現代人截然不同。現代人勇於質疑既成事實的問題，並且總是千方百計地改善自己的經濟與政治條件。

最後的審判

希羅穆斯‧博斯
板上畫　1510年

各種魔鬼和怪物一邊撕咬著，一邊用長釘、大刀、利箭以及各種複雜的酷刑工具，毫不留情地折磨著被打下地獄的罪人，虔誠、善良之人則在天堂的榮光中得以和主歡聚。這些想像中的魔怪之所以擁有一種超自然的存在感，在很大程度上來源於當時的人們對這一切不容置疑的堅信。

中世紀的世界

chapter 36

對於生活在13世紀的男人和女人們來說，來世的世界——是美妙幸福充滿著金色光線的天堂，恐怖苦難燃燒著充滿惡臭的地獄，它們絕非是一句騙人的空話或模糊難懂的神學言辭，它們是活生生的事實。無論是中世紀的騎士，還是自由民，他們都把一生的大部分時間和精力用來為來世生活做準備。我們現代人是在歷經充分勞作與享樂的一生後，以古羅馬人和古希臘人特有的平靜安詳，準備迎接一個充滿尊嚴的死亡。待大限到來之際，我們一邊回首自己60年的工作與努力，一邊帶著一切都會好轉的心情悠然長眠。

可在中世紀，咧嘴微笑、骨骼格格作響的死神卻是人們經常的伴侶。他用恐怖刺耳的琴聲驚醒睡夢中的人們；他悄無聲息地坐上溫暖的餐桌；當人們帶著女伴外出散步時，他躲在樹林和灌木叢後面向他們發出居心叵測的微笑。如果你小時候不是聽安徒生和格林講的美麗動人的童話，而是聽可怕令人毛髮倒豎的鬼怪故事，你一樣也會終其一生活在對世界末日和最後審判的恐懼之中。這正是發生在中世紀兒童身上的現實情形。他們在一個充滿妖魔鬼怪的世界裡生活，天使總是曇花一現。有時，對未來的恐懼使他們的心靈充滿謙卑和虔誠。可更多的時候，恐懼使他們變得殘忍而感傷。他們會先把所攻佔的城市中全部的婦女兒童殺掉，然後舉著沾滿無辜者鮮血的雙手虔誠地前往聖地，祈求仁慈寬厚的上帝赦免他們所有的罪行。是的，他們不僅祈禱，他們還流出痛心的淚水，向上帝承認自己就是最可惡的罪人。但是第二天，

他們又會去屠殺整整一營的撒拉森敵人，心中不存一絲半點的憐憫。

當然，十字軍是以戰爭為使命的，騎士遵循的是與普通人不盡相同的行為準則。可在這些方面，普通人與他們的主人並無二致。他同樣像一匹生性敏感的野馬，一個影子或一張紙片都能使他輕易受驚。他能夠任勞任怨、忠心耿耿地為人驅使，可當他在狂熱的幻想中看見鬼怪時，他會驚嚇不已地跑開，做出可怕的事情來。

不過，在評判這些善良的人們時，最好先想一想他們生活的不利環境。他們其實是些沒有知識的野蠻人，裝出一副彬彬有禮的文雅樣子。查理曼大帝和奧托皇帝雖然名義上被稱為「羅馬皇帝」，可他們和一位真正的羅馬皇帝相比，比如奧古斯都或馬塞斯·奧瑞留斯，根本不能相提並論。正如剛果皇帝旺巴·旺巴和受過高度教養的瑞典或丹麥統治者之間的天壤之別。他們是生活在羅馬帝國輝煌古跡上的野蠻人，古老的文明已經被他們的父親和祖父們摧毀，使他們沒機會接受。他們目不識丁，對那些如今連12歲的小孩都耳熟能詳的事實，他們卻一無所知。他們不得不從一

世界末日
版畫 中世紀

對於基督教世界來說，每一個千年的結束都是一次考驗，在每一個世紀之末總有一些人擔心世界末日來臨的預言變成現實，甚至會因此演變為一種集體的歇斯底里。人們也曾擔心世界將在1500年終結，於是如圖所示有關大劫難的圖畫廣為流傳。

THE
STORY
OF
MANKIND

培根的研究
玻璃鑲嵌畫　17世紀

這幅鑲嵌畫將有「奇博士」之稱的培根（約1220～1292年）所研究的對象大致包羅了進來，它們有天象、閃電、鍊金術、火藥、顯微觀察等等。作為一位中世紀的哲學家和科學家，這位思想先鋒的英國人長期在牛津大學從事科學研究，對實驗科學的看法已經接近近代的見解。雖然他加入了聖方濟教會成為一名修士，但仍因「可疑的新奇」異端而被教會長期監視和監禁。

本書上尋求所有的知識，這本書就是《聖經》。而《聖經》中能夠把人類歷史向好的方向引導的部分，是《新約全書》中那些教導我們愛心、仁慈和寬恕的章節，這是中世紀的人們所不大讀到的。至於作為天文學、動物學、植物學、幾何學和其他所有學科的指南，《聖經》則是完全不可靠的。

亞里士多德的重現

在12世紀，又有一本書被列入了中世紀文庫，那就是生活在西元前4世紀的希臘哲學家亞里士多德編纂的實用知識大百科全書。為什麼基督教會在譴責所有其他的希臘哲學家為異端邪說的同時，卻願意把這一崇高的榮譽授予亞歷山大大帝的老師亞里士多德？箇中的原因，我真的是想不明白。不過除《聖經》以外，亞里士多德被視為唯一值得信賴的導師，他的著作可以放心地交到真正基督徒的手中。

亞里士多德的著作傳到歐洲，繞了一個很有趣的圈子。它們先是從希臘傳到埃及的亞歷山大城。當西元7世紀，穆斯林征服埃及時，它們被穆罕默德的信徒從希臘文譯成了阿拉伯文。之後，它們隨著穆斯林軍隊來到西班牙。在科爾多瓦的摩爾人的大學裡，這位偉大的斯塔吉拉人（亞里士多德的家鄉在馬其頓的斯塔吉拉地區）的哲學思想得到了普遍的講授。隨後，阿拉伯文的亞里士多德著作，又被越過庇里牛斯山前來接受自由教育的基督教學生譯為拉丁文。最後，這一輾轉漫遊了很長路程的哲學名著譯本終於在歐洲北部的許多學

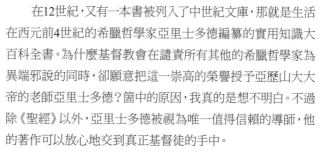

死神與守財奴
希羅尼穆斯・博斯　1485～1490年

畫面表現了爭奪守財奴靈魂的主題。死亡已經推開了房門，救主依舊發出呼喚，天使試圖將臨終的守財奴引向十字架，但他仍舊向魔鬼遞來的錢袋伸出了手。畫面前景扔著的盔甲、華服是他曾經身份的代表；畫面中部的他已經衰老，放進巨大保險箱裡的金幣正被魔鬼戲耍。當人把金錢看得過為重要了，所帶來的後果一定是慘痛的。重商主義正是這樣，它導致了巨大的災難。

校露面，成為講授的教材。其經過具體情形現在還不太清楚，但如此一來卻更有趣味了！

手持《聖經》和亞里士多德的大百科全書，中世紀最傑出的人士開始著手解釋天地間的萬事萬物，並分析它們之間的聯繫是如何體現上帝的偉大意志的。這些所謂的學者或導師，他們確實稱得上思想敏銳、才智超群，可問題是，他們的知識完全來源於書本，而非任何實際的觀察。如果他們想在課堂上做一番有關鱘魚或毛蟲的講演，他們就先翻翻《新舊約全書》或者亞里士多德的著作，然後自信滿懷地告訴學生們這幾本偉大著作對於鱘魚或毛蟲都講了些什麼。他們不會衝去最近的小河捉一條鱘魚看看。他們也從不離開圖書館，散步到後院去抓幾條毛蟲，觀察這種奇怪的生物在自己土生土長的巢穴裡是如何生活的。即便是艾伯塔斯·瑪格納斯或托馬斯·阿奎那樣的一流學者，他們也從不問問巴勒斯坦的鱘魚和馬其頓的毛蟲與生活在歐洲的鱘魚和毛蟲是否存在著習性上的差異。

有時很偶然的，一個特別好奇如羅傑·培根式的人物出現在學者們的討論會上。他拿著古怪的放大鏡，還有看起來相當滑稽的顯微鏡，並真的捉了幾條鱘魚和毛蟲到講台上。接著，他開始用自己的古怪玩意兒觀察起那些令人反感的生物來了，還邀請與會的學者們也湊近來看看。他手舞足蹈、口沫橫飛地向他們證明眼前的鱘魚和毛蟲與《聖經》或亞里士多德談到過的生物是有區別的。於是，尊貴的學者們紛紛大搖其頭，心想培根這傢伙走得太遠了，

多半是被什麼東西迷了心竅。如果這時培根竟斗膽宣稱：一小時實實在在的觀察抵得上對亞里士多德的十年苦研，並且還說那位著名希臘人的著作好雖好，但還是別翻譯的為妙，學者們就會真的害怕得不得了。他們趕忙去找警察，告訴他們說：「這人對於國家安全可是個莫大的危險！他讓我們學希臘文好閱讀亞里士多德的原著。他幹嘛對我們的拉丁——阿拉伯譯本心懷不滿？我們這麼多善良虔誠的信徒幾百年來都讀這個譯本，他們不是一直很滿意嗎？還有，他竟然對魚和昆蟲的內臟非常著迷！他多半是個存心險惡的巫術師，妄圖用他的巫術迷惑人們的頭腦，把世界的秩序搞亂！」他們說得頭頭是道，有理有據，把負責捍衛和平秩序的警察也嚇住了，於是趕緊頒佈禁令，禁止培根在十年內再寫一個字。可憐的培根大受打擊，當他恢復研究後，便記取了一個教訓。他開始用一種古怪的密碼寫書，讓自己同時代的人一個字也看不懂。當時，因為教會一直嚴防人們問出一些可能導致懷疑現存秩序或動搖信仰的問題，所以用這種密碼的把戲非常流行。

不過，這種愚民的作法並非出於險惡用心。在那個時代的異端思想搜尋者心裡，其實湧動著一種非常善良的感情。他們堅定不移地相信，現世生活不過是為我們在另一個世界的存在做準備。他們深信，瞭解過多的知識反而使人感到不安，讓心靈充滿危險的念頭，讓懷疑的火種在腦中慢慢滋長，結果必定走向毀滅。當一個中世紀的經院教師看到他的學生離開《聖經》和亞里士多德啟示的正統思想，走入危險的

THE
STORY
OF
MANKIND

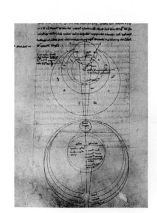

迷途，想自己獨立研究一些東西時，他會感到異常不安，就像一位慈母看見年幼的孩子正在走近滾熱的火爐。她知道，如果任由孩子觸摸火爐，他一定會燙傷手指，因此她必須千方百計地把孩子拉回來，如果情況危急，她得不惜使用強力。不過她是真心愛他的孩子，如果他願意乖乖聽話，服從她的命令，她會盡自己的一切力量來為他好。至於中世紀的靈魂捍衛者們，他們的作為和情感一如這位慈母。一方面，他們在與信仰有關的所有事物上要求嚴格，甚至達到了殘酷的程度。另一方面，他們夜以繼日地辛勤工作，為他們所看顧的羊群服務，並準備隨時伸出援助之手。在當時的社會，成千上萬的虔誠男女傾盡全力努力改善世人的悲慘命運。他們對社會的影響也是隨處可見的。

農奴和行會

農奴就是農奴，他的地位是永遠無法改變的。不過，中世紀的善良上帝雖然讓農奴一生作牛作馬，但同時也賦予了這個卑微生命一個不朽的靈魂。他的權利必須受到保護，讓他也能像一個善良的基督徒那樣生活和死去。當他太老或是太瘦弱，無法再承擔繁重的勞役之時，他為之工作的封建領主便負有照顧他的責任。因此，中世紀的農奴雖然生活單調、沉悶、平庸，可他從來不用為明天擔心。他知道自己是「安全的」——他不會突然失去工作，落得孤苦無依的境地。他的頭頂上將永遠有一片擋風避雨的屋頂（可能有點漏雨，是的，但畢竟是個屋頂），他將一直有東西糊口，至少不會死於饑餓。

放棄思想和自由

在中世紀社會的各個階層當中，都普遍存在著這種「穩定」和「安全」之感。城市裡，商人和工匠成立起行會，保證每一個成員都能有一份穩定的收入。行會不鼓勵那些雄心勃勃、想憑著自己的才能超越同行的傢伙。相反地，它常常保護「得過且過」的「懶漢」。不過，行會也在整個勞動階層裡建立起一種普遍的滿足感和安全感，而這種感覺在我們這個普遍競爭的時代早已不復存在。當某一個富人控制了能買到的全部穀物、肥皂或醃鯡魚，迫使人們以他規定的價格在他那兒購買商品，我們

現代人把這種行為稱為「囤積居奇」。而中世紀的人們很熟悉這種行為的危險性，因此由政府出面限制批發和大宗貿易，並規定價格，強迫商人必須照規定價格出售商品。

中世紀不喜歡競爭。為什麼要鼓勵競爭呢？那只能使世界充斥著明爭暗鬥，還有一大群野心勃勃向上爬的投機家。既然末日審判的日子就快來臨，到那時塵世的財富將變得毫無意義，壞騎士會被打到地獄的最深處接受烈火的懲罰，而善良的農奴終將進入金光燦燦的天堂。那麼，競爭有什麼必要呢？

一句話，中世紀的人們被要求放棄部分思想與行動的自由，以便他們可以從身體和靈魂的貧困中享有更大的安全感。

除少數例外，大多數人都不反對這種安排。他們堅信，自己只不過是這個星球上的短暫過客──他們來到此地，無非是為另一個更幸福、更重要的來生做準備的。他們故意背過身去，不去看遍佈這個世界的痛苦、邪惡與不義，好不擾亂他們靈魂的平靜。他們拉下百葉窗，遮擋住太陽炫目的光線，好讓自己能一心一意地閱讀《啟示錄》中的章節。這些文字正在告訴他們，只有天堂之光才能照亮他們永恆的幸福。面對著大部分塵世的歡樂，他們閉上眼睛，不看、不想、不受誘惑，為的是能夠享有就在不遠處等待他們的來生的歡樂。他們視現世的生命為一種必須忍受的罪惡，把死亡作為輝煌時刻的開始而大加慶賀。

古希臘人和古羅馬人從不為未來擔心，他們努力生活與創造，試圖就在今生今世、就在這個世界上建立起自己的天堂來。他們做得非常成功，把生命變成了一件極其愉快、極其享樂的事情。當然，享有這些快樂的是那些碰巧沒有成為奴隸的自由人。及至中世紀，人們又面對另一個極端。他們在高不可及的雲端之外建立起自己的天堂，把眼前的世界變成了所有人的淵藪，無論你高貴也罷，卑賤也罷、富裕也罷，貧窮也罷、聰明能幹也罷，愚蠢麻木也罷，無一例外。現在，終於到了鐘擺朝另一個方向擺動的時候了。具體情形我將在接下來的章節告訴你們。

動搖中世紀的黑死病

1348年爆發的黑死病奪走了三分之一歐洲人的生命。這場可怕的瘟疫致使歐洲發生了某些結構性的變化。勞動力的急劇減少使過去的農奴可以尋找更好的主顧或變成租用土地的佃農。由於有大量的神父也染病死亡，從而動搖了「瘟疫是上帝對罪人的懲罰」這一基本觀念，使得天主教會對人民的精神控制被嚴重削弱。從醫學領域開始，人們開始背離教會的刻板教條，試著用科學的方法解釋世間的問題。這場黑死病帶來的最直接結果是開啟了宗教改革的大門，並讓文藝復興變成可能。圖為布拉格附近的一座傾斜的「屍骨教堂」，裡面存放著3萬具當年死於黑死病的人的骸骨。

中世紀的貿易

十字軍東征是如何再度使地中海地區變成生意繁
忙的貿易中心的？義大利半島的城市是如何成為
歐亞、歐非貿易的集散地的？

威尼斯

在中世紀，義大利半島的諸多城市率先興盛起來，取得無與
倫比的重要地位，其中有三個原因。首先，從久遠的年代開始，義
大利便是羅馬帝國的中心地區，它有著比歐洲其他地方更多的公
路、城鎮和學校。

在野蠻人入侵歐洲的年代，他們同樣在義大利肆意劫掠、縱
火焚燒。不過羅馬帝國建成的東西實在太多了，野蠻人竟然毀壞
不完，所以相對歐洲其他地區來說，義大利倖存下來的文明古蹟
就要多一些。其次，教皇陛下住在義大利。作為一個龐大政治機
構的首腦，他擁有土地、農奴、城堡、森林、河流和監督法律實施
的法庭，有著大量的金錢。與威尼斯、熱那亞的船主和商人一樣，
向教皇的權威表達敬意是必須用金銀支付的。在給遙遠的羅馬城
付賬之前，歐洲北部和西部的牛奶、雞蛋、馬匹和其他農產品必
須被換為實用的現金。這使得義大利成為歐洲相對擁有較多金銀
的國家。最後，在十字軍東征
期間，義大利城市的成為了
運載十字軍戰士去東方的海
運中心，所賺取的利潤之高，
讓人瞠目結舌。

當十字軍在東方作戰的
時候，他們開始依賴東方的
商品。及至東征落下帷幕，這
些義大利城市就成為了東方
商品的集散與轉運中心。

在這些城市裡面，最著
名的當屬水都威尼斯。威尼

當鋪的標誌

直到今天，你還能在
許多國家的當鋪的招牌上
看見三個金球，這就是梅
迪奇家族的族徽。

中世紀的貿易

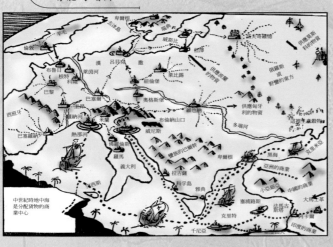

中世紀時地中海
是分配貨物的商
業中心

中世紀的貿易

chapter 37

斯是一個建立在海濱沿岸上的城市共和國。在4世紀野蠻人入侵的時代,他們的祖先從半島大陸逃到這裡躲避戰禍。由於該地四面環海,人們便開始從事食鹽的生產。食鹽在中世紀是相當緊缺的商品,價格一直昂貴。幾百年來,威尼斯一直壟斷著這種不可或缺的餐桌調味品(我說食鹽必不可少,是因為人們如同羊一樣,若是食物中的食鹽含量不足就會生病),利用這種壟斷地位,威尼斯人大大增強了其城市的競爭力。有時,他們甚至敢於公然對抗教皇的權威。城市的財富越積越多,人們開始建造船隻,用於與東方的貿易。當十字軍運動開始後,這些船又被用於運載十字軍戰士去聖地。如果旅客無法以現金支付高額船費,他們便不得不幫助威尼斯人去攫取土地作為補償。這樣一來,威尼斯在愛琴海、小亞細亞、埃及不斷擴張,控制了越來越多的殖民地。

到西元14紀末,威尼斯的人口增長到20萬,成為中世紀歐洲最大的城市。不過,普通人民沒有發言權,政府管理成了少數富有家族的私事。他們選出一個參議院和一位公爵,只是名義上的代表,城市真正的統治者是著名的10人委員會的成員。他們靠一個組織高度嚴密的私人密探和職業刺客體系來維持政權。所有的市民都受到秘密警察的嚴密監視,至於那些對肆意弄權、高壓專橫的公共安全委員會構成威脅的人們,則悄無聲息地被清除掉。

佛羅倫斯和梅迪奇家族

而在佛羅倫斯,你可以發現另一種極端的政府體制,一種充滿太多動盪與不安的民主政治。佛羅倫斯地處要津,控制著歐洲北部通往羅馬的大道,它把由這種幸運位置賺來的金錢投資在商品製造業上。佛羅倫斯人試圖以雅典人為榜樣,無論貴族、教士、行會成員,統統熱情洋溢地參加到城市事務的討論之中,但這導致了永無休止的騷亂。在佛羅倫斯,人們總是分屬不同的政治流派,各個黨派激烈相鬥。一旦某黨派在議會中取得勝利,他們便放逐自己的競爭對手,將其財產充公。經過幾個世紀的有組織的暴民統治之後,不可避免的情形發生了:一個權傾一時的家族成為了佛羅倫斯的主宰者,並按古代雅典的「專制暴君」方式治理著這座城市及附近的鄉村地區。這個家族被稱為梅迪奇家族,其祖輩最初是外科醫生(在拉丁語中,「梅迪奇」就是醫生的意思,這個家族也以此得名),後來成為了銀行家。他們的銀行和當鋪遍佈

THE
STORY
OF
MANKIND

縱橫的河道上船隻雲集，穿梭不停，雄偉的建築表明了這個城市不容忽視的實力。中世紀活躍的跨地區貿易活動成就了威尼斯的中心地位，使這個義大利港口城市成為繁忙、興旺、活力和財富的象徵。

所有重要的商貿中心城市。直至今天，你還能在美國當鋪的招牌上看到三個金球，它就是勢力強大的梅迪奇家族族徽上的圖案。這個家族不僅是佛羅倫斯的統治者，而且還和王室聯姻，將女兒嫁給法國國王。他們死後所住的陵墓，其奢華氣派足以配得上凱撒大帝。

熱那亞

另外，還有威尼斯的老對手熱那亞。那裡的商人專做與非洲突尼斯及黑海沿岸幾個穀倉的貿易。除這幾個著名城市，義大利半島上還散佈著200多個大大小小的城市，每一個都是麻雀雖小五臟俱全的商業機構。它們彼此相爭，懷著無休止的仇恨打擊對手，因為對手的強大就意味著自己商業利潤的減少。

當東方與非洲的貨物運達這些義大利集散中心後，它們還必須被轉運到歐洲西部和北部去。熱那亞透過海路將貨物運抵法國馬賽，在此重新裝船，運往羅納河沿岸城市。相對地，這些城市又成為了法國北部和西部地區的零售市場。

威尼斯則透過陸路將商品運往北歐。這條古老的大道經過阿爾卑斯山的布倫納山口，當年這裡也是野蠻人入侵義大利的門戶。經因斯布魯克，威尼斯貨物被運抵巴塞爾，再順萊茵河而下，到達北海地區與英格蘭。或者是將貨物運到由富格爾家族控制的奧格斯堡（該家族既是銀行家，又涉足製造業，透過苛扣工人的工資而發了大財），在他們的照管下，將貨物分送到紐倫堡、萊比錫、波羅的海沿岸城市及哥特蘭島上的威斯比。而威斯比又進一步滿足波羅的海北部地區的需要，並直接與俄羅斯古老的商業中心諾夫哥羅德

這幅畫像是諾夫哥羅德宗教藝術的代表。諾夫哥羅德統治著波羅的海和黑海流域的北部，成為俄羅斯古老的商業中心諾夫哥羅德城市共和國。該共和國於16世紀中葉毀於伊凡雷帝之手。

城市共和國進行交易。該共和國於16世紀中葉毀於伊凡雷帝之手。

國際貿易體系

歐洲西北沿海的小城市也有著自己的有趣故事。在中世紀，魚的消費量是相當龐大的。由於存在大量的宗教齋戒日，每逢齋戒不得吃肉，人們只好以魚代替。而對那些住得遠離海岸和河流的人們來說，他們只好吃雞蛋，要不就什麼也沒得吃。不過在13世紀初期，一位荷蘭漁民發明了一種加工鯡魚的辦法，使得鯡魚能夠被運送到遙遠地區，供應當地齋戒日的需要。從此，北海地區的鯡魚捕撈業興盛起來，取得重要的商業地位。可好景不長，在13世紀的某個時候，這種大有價值的小魚（出於牠們自己的原因）突然從北海遷居到波羅的海，一下子使得這個內海周邊的地區大發其財。每逢鯡魚的捕獲期，全歐洲的捕魚船雲集波羅的海捕撈鯡魚。由於這種魚每年只有幾個月的捕獲期（其餘時間它們都待在深海，繁殖大群的小鯡魚後代），捕撈船如果不想在非捕撈季無所事事，就必須另外找工作。就這樣，它們便被用作把俄羅斯中部和北部出產的小麥運到西歐及南歐。回程中，再把威尼斯、熱那亞的香料、絲綢、地毯和東方掛毯運到布魯日、漢堡和布萊梅。

從這樣簡單的商品轉運開始，歐洲建立起一個非常重要的國際貿易體系，它從布魯日、根特這樣的製造業城市（在這裡，強大的行會與法國國王、英格蘭君主發生了激烈鬥爭，最終建立起一個使雇主和工人都歸於破產的勞工專制），一直延伸到俄羅斯北部的諾夫哥羅德共和國。這座城市本來勢力強大、生意興隆，可憎惡商人的伊凡沙皇最終攻佔了它，在不到一個月的時間內殺死6萬居民，並使倖存者全部淪為乞丐。

為免遭海盜、苛捐雜稅及各種法律的滋擾，北方城市的商人們成立了一個保護性聯盟，世稱「漢薩同盟」。它由100多個城市自願組成，總部設在呂貝克。漢薩同盟不僅擁有自己的海軍，隨時在海上巡邏，防備海盜，而且在英格蘭和丹麥國王膽敢干涉強大的漢薩同盟商人們的權利時與之開戰，並最終取得了勝利。

我真希望能有多一些時間和篇幅，好好跟你們講述有關這個奇特貿易旅程中的許多美妙故事。這種旅行要跨越山高路險

哥本哈根港口漢薩同盟的船隻
版畫 德國 14世紀

商人們成立了一個自我保護性的聯盟「漢薩同盟」。該同盟由100多個城市自願組成，總部設在呂貝克，它甚至擁有自己的強大海軍。

的群山，穿過波濤洶湧的深海，隨時處在重重危險的包圍之中。因此每一次行程，都無異於一次輝煌的冒險。不過要講好這些故事，必須寫上好幾卷書才能完成。另外，我希望我已經跟你們講了足夠多的有關中世紀的事情，能引起你們的好奇心去找另一些極其出色的著作來深入研讀。

正如我一再試圖想為你們指明的，中世紀是一個進步異常緩慢的時代。身居高位的當權者們相信，「進步」是一個用心險惡的無知發明，當然不應該受鼓勵。並且，由於他們正好佔據掌權的位置，他們很容易把自己的意志強加到順從的農奴和目不識丁的騎士身上。各個地方不時的都有一些勇敢者站出來，冒險闖進科學的禁區。不過他們的命運往往很悲慘，能夠保住性命或者免去20年的牢獄之災便是相當幸運的了。

在12和13世紀，國際貿易的滔滔洪水席捲了整個西歐大地，就像4000年前的尼羅河水激盪著沖過古埃及的山谷般，它留下了肥沃的土壤，滋生出前所未有的繁榮和財富。繁榮意味著勞碌後的開暇，而開暇使得男人與女人們有機會購買手稿、閱讀書籍，培養對文學、藝術、音樂的情趣。

隨後，世界再度充滿了那神聖的好奇心。幾萬年前，就是這種好奇心使人類突飛猛進地超越了自己的同類遠親，在牠們依然過著沉重麻木的動物生活時，人類卻創造出文明。此外，再度興盛的城市（我在前一章裡跟你們詳細描繪過牠們的成長和發展）還為那些敢於脫離現存秩序的狹窄領域、進入開闊天地的勇敢者們，提供了一個安全的避風港。

他們動手工作了。他們不再滿足於隱居書房、埋首苦讀的生活，他們打開書房的窗戶，讓陽光如洪水般湧進落滿灰塵的陋室，徹底照亮歷經漫長的黑暗年代所集結的蜘蛛網。於是，他們開始清掃房間，然後再修整花園。

他們走出室外，越過欲坍塌的城牆，來到天高雲闊的田野。清新濕潤的空氣環繞著他們，世界顯得如此生動而美好。他們忍不住高聲喊道：「這是一個美妙的世界。我很高興自己活著，活在世界之中！」

在這個時刻，中世紀走到盡頭，一個全新的世界開始了。

在花園外等候
插圖　1281年

這是一本名叫《羅馬德拉玫瑰》的中世紀手卷的插圖，據說在這本書中「愛的藝術得到了完全的體現」，同時也是當時社會的側影。作者將故事安置在圓形的花園裡，代表了整個無限的世界，這表明他更關注自然和思辨的意義。

CHAPTER 38

文藝復興

人們再一次敢於為他們活著而歡欣鼓舞。他們試圖挽救雖古老卻歡快宜人的古希臘、古羅馬和古埃及的文明遺跡。他們對自己取得的成就感到如此自豪，因此稱之為文藝復興，或文明的再生。

歷史日期的危險性

文藝復興並不是一次政治或宗教的運動。歸根究柢，它是一種心靈的狀態。

文藝復興時期的人們依然是教會母親順服的兒子，他們仍舊是國王、皇帝、公爵統治下的順民，並不出言抱怨。

不過，他們看待生活的態度徹底轉變了。他們開始穿五顏六色的服裝，講豐富多彩的話語，在裝飾一新的屋子裡過著與過去全然不同的生活。

他們不再一心一意地盼望天國，把所有的思想與精力都集中在等待他們的永生之上，他們開始嘗試就在這個世界上建立起自己的天堂。說實話，他們取得了很大的進展，的確成就非凡。

我經常告誡你們，要警惕歷史日期的危險性。人們總是從表面上看待歷史日期。他們認為中世紀是一個黑暗和無知的時代。隨著時鐘「喀嚓」一聲，文藝復興就此開始了。於是，城市和宮殿一瞬間被渴望知識的燦爛之光照得透明發亮。

事實上，很難在中世紀和文藝復興時期之間，劃出這樣一條截然的界限。13世紀當然是屬於中世紀的，所有歷史學家都同意這一點。但我想問，13世紀是否僅僅就是一個充斥著黑暗與停滯的時代呢？顯然不是！人民活躍異常，大的國家在建立，大的商業中心在蓬勃發展。在城堡塔樓和市政廳的屋頂之旁，新建的哥德式大教堂的纖細塔尖高高聳立，炫耀著前所未有的輝煌，世界各地都生機

15世紀的佛羅倫斯城
木版畫

周圍建造著保護圍牆的佛羅倫斯城，街道沿阿爾諾河向四周輻射開來，街道兩旁排列著富商的豪華住宅。這些建築使佛羅倫斯城格外出名，成為文藝復興時期的旅遊勝地。

勃勃。市政廳裡滿是高傲顯赫的紳士們，他們剛開始意識到自己的力量（來自他們新獲得的財富），正為爭奪更多的權力與他們的封建領主鬥得不可開交。而行會成員們也彷彿突然醒悟到「多數有利」這一重要原則，正在以市政廳為角鬥場，與高傲顯赫的紳士們決一高下。國王和他的顧問們趁機混水摸魚，竟捉住了不少滑溜溜、金閃閃的鱸魚，還當著那些又吃驚、又失望的市議員和行會弟兄的面架鍋生火、加料烹調，大吃大嚼起來。

當長夜降臨，燈光昏暗的街道讓辯論了一整天政治與經濟問題的雄辯家意興闌珊。為活躍氣氛、點亮市景，輪到普羅旺斯的抒情歌手和德國的吟遊詩人登場了。他們用磁性的聲音訴說著他們的故事，用美妙的歌謠唱頌浪漫舉止、冒險生涯、英雄主義以及對全天下美女的忠心。與此同時，青年人再也忍受不了蝸牛似的進步，成群湧入大學，由此引出另一番佳話。

「國際精神」

我想說，中世紀是富有「國際精神」的。這聽上去可能有點費解，待我慢慢道來。我們現代人大多是講「民族精神」的，

這不難理解。我們分別是美國人、英國人、法國人或義大利人，我們各自說著英語、法語或義大利語；我們上著英國的、法國的或義大利的大學，除非我們一心想要研讀外國才有的某項專門學科，我們才會學習另一種語言，去慕尼黑或馬德里或莫斯科上學。可在13和14世紀，人們很少宣稱自己是英國人或法國人或義大利人。他們會說：「我是謝菲爾德公民，我是波爾多公民，我是熱那亞公民。」

因為他們全都屬於同一個教會，這使得他們彼此之間有一種兄弟情誼，並且，由於當時教養良好的人士都會說拉丁語，他們便掌握著一門國際性語言，避免了愚蠢的語言障礙帶來的麻煩。在現代歐洲，隨著民族國家的發展，這種語言障礙無處不在，使得弱小國家處於極其不利的地位。

我舉一個例子，讓我們來看看埃拉斯穆斯。他是一位宣揚寬容和歡笑的偉大導師，其全部作品都寫於16世紀。他生在荷蘭的一個小村莊，可是他用拉丁語寫作，全歐洲都是他的讀者。如果他活在今日，他大概只能用荷蘭語寫書。這樣一來，能直接看其他語言的便只有500萬到600萬人。要想讓其餘歐洲人和美國人分享他的思想，他的出版商就不得不將其著作譯成20多種不同的語言，這可要花上一大筆錢。更可能的情形是，出版商怕麻煩或冒投資風險，壓根兒就不翻譯他的書。

而600年前，這種情形根本不會發生。當時，歐洲人口中的大多數人依然非常無知，不會讀書識字。但對於那些有幸掌握了鵝毛筆這一高超技藝的人們來說，他們全都歸屬於一個國際文壇。它跨越整個歐洲

大陸，不存在國界，也沒有語言或國籍的限制。而大學正是這個國際文壇的堅強後盾。不像現代的堡壘或要塞，當時的大學是不存在圍牆的。只要哪裡有一位教師和一幫學生碰巧湊在一塊兒，哪裡就是大學的所在地。這是中世紀和文藝復興時期與我們現代又一個大不相同的地方。如今，要建立一所新大學，其遵循的程序幾乎無一例外：某個富人想為他居住的社區做點善事，或者某個特定的宗教社團出於將它的孩子們置於正當可靠的監督下的考慮，或者國家需要醫生、律師、教師一類的專業人才，決定建一所大學。於是，銀行戶頭裡先有了一大筆辦校資金，它是大學的最初形態。接著，這筆錢被用來大興土木，修建校舍、實驗室和學生宿舍。最後，招聘職業教師，舉行入學考試，學生進校，這所大學便走上軌道了。

大學的興起

不過在中世紀，情形卻與現代截然兩樣。一位聰明人對自己說：「看啊，我已經發現了一個偉大的真理。我必須把自己的知識告訴別人！」一當他能在哪裡聚集起幾個聽眾，他便開始不辭勞苦、不吝口舌地傳佈他的思想，活像一個站在肥皂箱上搖唇鼓舌的現代街頭演說家。如果他才思敏捷、言語生動，是一位出色的宣傳家，人們就圍攏過來，聽他到底講了些什麼。如果他的演說沈悶乏味，人們也僅僅是聳聳肩膀，繼續趕路。漸漸地，有一幫青年人開始固定來聽這位偉大導師的智慧言辭，他們隨身還帶了筆記本、一小瓶墨水兒和一支鵝毛筆，一聽到彷彿很重要、很睿智的話語，他們便忙不迭地記錄下來。某日，天公不作美，老師正講到興頭上，突然下起雨來。於是，意猶未盡的老師和他的青年學生們一起轉移到某個空地下室，或者乾脆就在「教授」的家繼續講演。這位學者坐在椅子上，學生們席地圍坐，這就是大學的開始。

在中世紀，「Unibersetas（大學）」一詞，原意就是一個由老師和學生組成的聯合體。「教師」意味著一切，至於他在什麼地方、在怎樣的房子裡執教則無關緊要。

舉個例子，我要告訴你們發生在9世紀的一件事情。當時，在那不勒斯的薩萊諾小城，有許多醫術非常高明的醫生，他們吸引了許多有志從醫的人們前來求教，於是就產生了延續將近1000年的薩萊諾大學

阿貝拉德與埃洛伊絲
愛德華·伯恩·瓊斯爵士 油畫 1889年

　　來自布列塔尼的年輕神父阿貝拉德（約1070～1171年）不僅為巴黎大學奠定了基礎，他還是人文主義者們津津樂道的一段傳奇浪漫故事的主角。阿貝拉德在年輕時便已成為著名的學者和哲學家，他在巴黎講學期間，曾受聘為牧師富爾貝爾17歲的姪女埃洛伊絲的家庭教師，兩人墜入愛河後一同私奔並育有一子。當他們重回巴黎結婚時，阿貝拉德被埃洛伊絲的家人閹割，這對戀人從此做了修士和修女。阿貝拉德在他的一生中主持和創辦了不少學院，但他的言論經常不見容於教會主流。左圖為瓊斯爵士描繪的兩位戀人在愛神的引導下初次見面的場景。右圖為他們死後於1817年被後人遷葬的位於拉歇茲神父墓地的合葬墓。

（直到1817年才關閉）。它主要教布希波克拉底傳下來的醫學智慧。這位偉大的希臘醫生生活在西元前5世紀，曾在希臘半島廣施醫術，造福當地人民。

　　還有阿貝拉德，一位來自布列塔尼的年輕神父。12世紀初期，他開始在巴黎講授神學和邏輯學，數千名熱切的青年蜂擁到巴黎這座偉大的法國城市聆聽他淵博的學問。有一些不同意阿貝拉德觀點的神父也站出來闡述他們的理論。不久之後，巴黎便擠滿了一大群吵吵嚷嚷的英國人、法國人和義大利人，甚至有的學生自遙遠的瑞典和匈牙利趕來。就這樣，在一個塞納河小島的老教堂附近，誕生了著名的巴黎大學。

　　在義大利的博洛尼亞城，一名叫格雷西恩的僧侶為那些想瞭解教會法律的人編纂了一本教科書。於是，許多年輕教士和俗家人紛紛自歐洲各地前來，聽格雷西恩闡釋他的思想。為保護自己不受該城的地主、小旅店老闆和房東老大娘的欺負，這些人組織了一個聯合會（即大學），這就是博洛尼亞大學的開始。

　　後來，巴黎大學的內部發生了爭吵，原因我們不太清楚。一群對當局不滿的教師帶著他們的學生，一起渡過英吉利海峽。最後，他們在泰晤士河畔一個名為牛津的熱情好客的小鎮找到了新家。就這樣，著名的牛津大學成立了。同樣的，在1222年，博洛尼亞大學發生了分裂，心懷不滿的部分教師（同樣帶著他們的學生）遷移到帕多瓦另起爐灶。從此，這座義大利小城也能擁有一所自己的大學了。就這樣，一所所大學在歐洲各地崛起，從西班牙的瓦拉朵麗到地處遙遠的波蘭克拉科夫，從法國的普瓦泰到德國的羅斯托克，到處都能看到它們活

躍的身影。

的確，對於我們的時代裡那些慣於聆聽數學和幾何原理的人們來說，這些早期教授們所講的東西未免有點荒謬可笑。不過，我在這裡想強調指出的一點是，中世紀，特別是13世紀，並非一個完全停滯不前的時代。在年輕的一代裡面，蓬勃的生機和煥發的熱情四處洋溢。即便仍有些地方出了問題，可他們的內心是躁動的、急於求知的。正是在這片不安和躁動中，文藝復興誕生了。

中世紀最後一位詩人

不過，就在中世紀世界的舞台最後落下帷幕前，還有一個孤獨淒涼的身影從台上走過。對於這個人，你需要瞭解比他的名字更多的東西。他就是但丁，父親是一位佛羅倫斯律師，屬於小有名氣的阿里基爾家族的一員。但丁生於1265年，在祖輩們生活的佛羅倫斯長大。在他成長的年代，喬托①正致力將阿西西的基督教聖人聖方濟的生平事跡，畫到聖十字教堂的四壁上。不過在少年但丁上學的路上，他經常會驚駭地看到一灘灘血跡。當時的佛羅倫斯分為兩派，教皇的追隨者奎爾夫派和支援皇帝的吉伯林派彼此刀戈相向，流血與殺戮總免不休。這些血跡就是恐怖的見證，它們給少年但丁留下了夢魘般的記憶。

當但丁長大以後，他參加了奎爾夫派，原因很簡單，他的父親是奎爾夫派成員。這就像一個美國孩子最後成了民主黨或共和黨人一樣，僅僅因為他的父親碰巧是民主黨或共和黨人。不過數年之後，但丁看到，

若再沒有一個統一的領導者，義大利將因成千個小城市出於妒意而相互傾軋，最終走向毀滅。於是，他改投了支援皇帝的吉伯林派。

他的目光越過阿爾卑斯山，尋求北方的支援。他希望能有一位強大的皇帝前來整頓義大利混亂的政局，重建統一和秩序。可惜，他的等待成空，夢想化為徒勞。1302年，吉伯林派在佛羅倫斯的權力鬥爭中敗北，其追隨者紛紛被流放。從那時開始，直到1321年在拉維納城的古代廢墟中孤獨死去為止，但丁成了一個無家可歸的流浪漢，靠著許多富有的保護人餐桌上的麵包果腹。這些人本來將為後人徹底遺忘，僅僅因為他們對一位落魄中的偉大詩人的善心，他們的名字流傳了下來。在長年的流亡生涯中，但丁越來越迫切地感覺到一種需要，他必須為當年自己作為一位政治領袖的種種行為辯護。那時，吉伯林人的災難還未發生，他還能經常漫步在阿爾諾河的河堤上，懷念著初戀情人貝阿特里斯。雖然她

註① 喬托（Giotto，1267～1337年），義大利文藝復興初期的畫家、雕塑家和建築師。

但丁像
波提切利 1495年

但丁生於1265年，父親是一位佛羅倫斯律師。熱中政治的但丁早年投靠支援皇帝的吉柏林黨，黨權之爭敗北後，他被流放到已經成為古代廢墟的拉維納城，在流放期間寫出了著名的《神曲》，最後在淒涼中死去。

但丁和維吉爾在地獄

布格霍 油畫 1850年

但丁在維吉爾的帶領下，穿越了恐怖的地獄。這是但丁的《神曲》中描繪的情景。

他向我們敘述了在1300年復活節前的那個星期四，他在一片濃密漆黑的森林裡迷失方向，而前路又被一隻豹子、一隻獅子、一隻狼阻擋住了。正當他四顧徬徨進退不得的絕望時刻，一個身披白衣的人物從樹叢中浮現。他就是古羅馬詩人與哲學家維吉爾。聖母瑪利亞和初戀情人貝阿特里斯在天上看到了但丁的危險處境，特意派維吉爾來將他引出迷途。隨後，維吉爾領著但丁踏上了穿越煉獄和地獄的旅程。曲折的道路將他們引向越來越深的地心，最後到達地獄的最深處，魔鬼撒旦在這裡被凍成永恆的冰柱。圍繞著撒旦的，是那些最可怕最可恨的罪人、叛徒、說謊者，以及那些用謊言和行騙來欺世盜名的不赦之徒。不過在這兩位地獄漫遊者到達這個最恐怖之地前，但丁還遇見了許多在佛羅倫斯歷史上舉足輕重的人物。皇帝們和教皇們，勇猛的騎士和滿腹牢騷的高利貸者，他們全都在這裡，或者注定永遠被罰（罪孽深重者），或等待離開煉獄前往天堂的赦免之日（罪孽較輕微的）。

但丁講述的是一個奇特而神秘的故事。它是一本手冊，滿滿地書寫著13世紀的人們所做、所感覺、所害怕、所祈求的一切，而貫穿這一切的，是那個佛羅倫斯的孤獨流放者，身後永遠拖著他絕望的影子。

新時代的熱情者

是啊！當死亡之門即將在這位憂鬱的中世紀詩人身後重重關閉之時，生命的大門才剛剛向一位日後將成為文藝復興先驅者的嬰孩敞開。他就是著名的熱情詩人弗

早已嫁為人妻並不幸死去，可但丁仍希望能偶爾抬起頭來，在恍惚的空氣中，瞥見她美麗可愛的幻影。

但丁的政治雄心徹底以失敗告終。雖然他曾滿懷赤忱地為生養他的佛羅倫斯效力，可在一個腐敗的法庭上，他被無端指控因盜取公共財富而處以終身流放的刑罰。如果他膽敢擅回佛羅倫斯，就將被活活燒死。為了對得起自己的良心、對同時代的人們洗清冤屈，作為詩人的但丁創造出一個幻想的世界，詳細敘述了導致他事業失敗的種種因素，並描繪了無可救藥的貪婪、私慾和仇恨，是如何把自己全心熱愛的美麗祖國變成了一個任邪惡自私的暴君們相互爭權奪利的戰場的。

朗西斯科·彼特拉克，義大利阿雷佐小鎮的一位公證員的兒子。

彼特拉克的父親與但丁同屬一個政治黨派。他同樣在吉伯林政變失敗後被流放，因此彼特拉克出生在佛羅倫斯之外的地方。在15歲的時候，彼特拉克被送到法國的蒙彼利埃學習法律，以便日後像他父親一樣當一名律師。不過這個大男孩兒一點兒也不想當律師，他厭惡法律，他真正想做的是一位學者和詩人。正因為他對成為學者和詩人的夢想超過了世界上其他的一切，像所有意志堅強的人們一樣，他最終做到了。他開始長途漫遊，在弗蘭德斯、在萊茵河沿岸的修道院、在巴黎、在列日，最後在羅馬，到處抄寫古代手稿。隨後，他來到沃克魯茲山區的一個寂靜山谷裡居住下來，勤奮地從事研究與寫作。很快地，他的詩歌和學術成果使他聲名鵲起，巴黎大學和那不勒斯國王都向他發出邀請，讓他去為

彼特拉克像
義大利 14世紀

彼特拉克的一生充滿了無窮無盡的掌聲和讚譽。他歌頌愛、歌頌自然、歌頌新生的太陽。每當他到達一座城市，全城的男女老少都蜂擁地迎接他，就像歡迎一位征服世界而凱旋歸來的英雄。

地獄篇
波提切利 《神曲》插圖
羊皮紙·銀筆·油彩 1490年

波提切利為但丁的《神曲》繪製了大量的插圖，其中只有包括本畫在內的兩幅作品是彩色的。這幅畫對地獄的描繪有點像是中國傳說中的奈何橋。

學生和市民們講學。在奔赴新工作的中途，他必須路過羅馬。作為專門發掘被遺忘的古代羅馬作家的編輯者，彼特拉克在羅馬城早已家喻戶曉，市民們決定授予他至高的榮譽。那一天，在帝國城市的古代廣場上，彼特拉克被加冕了詩人的桂冠。

從那時開始，彼特拉克的一生充滿著無窮的讚譽和掌聲。他描繪人們最樂意聽到的事物。人們已厭倦了枯燥乏味的神學辯論，渴望豐富多采的生活。可憐的但丁情願不厭其煩的穿行於地獄，就讓他去好了。但彼特拉克卻歌頌愛、歌頌自然、歌頌永遠新生的太陽。他絕口不提那些陰鬱的事物，它們不過是上一代人的陳腔濫調。每當他蒞臨某座城市，全城的男女老少都蜂擁去迎接他，就像歡迎一位征服世界歸來的英雄。如果他碰巧和自己的朋友、講故事的高手薄伽丘一道，歡迎的場面會更加熱烈。兩人都是那個時代的代表人物，充滿好奇心，願意接受任何新鮮的東西，並常常一頭鑽進幾乎為人遺忘的圖書館仔細搜尋，看看是否有運氣發掘出維吉爾、奧維德②、盧克萊修③或者其他古代拉丁詩人散佚的手稿。兩人都是本分善良的基督徒，誰不是呢？所有人都是好基督徒！但沒必要僅僅因為某一天你注定死去，就成天拉長著陰沉的臉、穿著灰暗的破衣爛衫示人。生命是美好的，生活是快樂的，人活在這個世界上，就應該追求幸福。你想看到證據嗎？好的！拿一把鏟子，往地底掘幾尺看看！你發現什麼了？美麗的古代雕塑、優雅的古代花瓶，還有古代建築的美妙遺跡，所有這些美好

《十日談》插圖
波提切利 油畫 15世紀

薄伽丘的《十日談》於1353年完成，講的是3男7女為逃避黑死病而避居鄉間，在避難的10天裡講了100個故事。故事反映並抨擊了當時義大利的社會現實。

註② 奧維德（Ovid，前43年～17年），古羅馬文學家、詩人，代表作為長詩《變形記》。
註③ 盧克萊修（Lucretius，約前99～前55年），古羅馬詩人、哲學家。

的東西全是這個星球上曾存在過的最偉大帝國留給後人的。他們統治全世界整整一千年，他們強壯、富有、英俊（只要看看奧古斯都大帝的半身像就會知道）。當然，他們不是基督徒，永遠進不了天堂。最多，他們能在懲罰較輕的煉獄度日，但丁不久前才在那裡拜訪過他們。

可誰在乎呢？能夠在古羅馬那樣的世界快活一遭，對任何凡人來說已經勝似天堂了。而且不管怎麼說，我們在此世的生命只有一次，僅僅因生存的單純樂趣，我們也應該幸福一點、快活一點。

簡而言之，這就是剛剛開始在許多義大利小城洋溢開來的時代精神，遍佈在它們狹窄昏暗、彎彎曲曲的大街小巷。

你知道什麼是「自行車狂」或者「汽車狂」嗎？有人發明了一輛自行車，於是幾十萬年以來，一直憑藉著緩慢而勞神費力的步行者，從一個地方到另一個地方的人們，高興得快發瘋了。現在他們能藉助自行車輪之力，輕快迅速地翻山越嶺，享受速度的樂

趣。後來，一個聰明絕頂的工程師又造出了第一輛汽車。人們再不用腳踩著踏板，蹬呀蹬呀蹬個沒完，你只需舒舒服服地坐著，讓馬達和汽油為你出力。所以，人人都想擁有一輛汽車。每個人開口閉口都是羅爾·羅伊斯、廉價福特、化油器、里程表和汽油。探險家們不辭辛苦地深入未知國土的心臟地帶，為的是發現新的石油資源。蘇門答臘和剛果的熱帶雨林可以為我們供應橡膠。石油與橡膠一夜之間變成如此寶貴的資源，以致人們為爭奪它們不惜刀刃相見。全世界都為汽車而暈頭轉向，小孩子在學會叫「爸爸」、「媽媽」之前，先學會了說「汽車」。

在14世紀，面對重新發現的古羅馬世界湮滅已久的美，整個義大利都為之瘋狂了，其情其景正如同我們現代人對汽車的狂熱。很快地，他們對古羅馬的熱情又感染了整個歐洲。於是，發現一部未知的古代手稿，可以成為人們舉行狂歡節的理由；一個寫了一本語法書的人廣受歡迎的程度，

不亞於現代造出一種新火星塞的工業發明家。人文主義者，即那些致力於研究「人類」與「人性」，而非把時間精力浪費在毫無意義的神學探索上的學者，他們受到的讚譽和崇敬遠遠高於剛剛征服食人島凱旋而歸的探險英雄們。

在這個文化復興的過程中，發生了一件大大有利於研究古代哲學家和作家的事情。土耳其人再度發動了對歐洲的進攻。古羅馬帝國最後遺跡的首都——君士坦丁堡被重重圍困。1393年，東羅馬皇帝曼紐爾·帕萊奧洛古斯派遣特使伊曼紐爾·克里索羅拉斯前往西歐，向西歐人解釋拜占廷帝國岌岌可危的處境，並請求他們的支援。可援軍永遠不會到來。羅馬天主教世界一點兒也不喜歡這些希臘的天主教徒，倒情願看他們受到邪惡異教徒的懲罰。不過，不管西歐人對拜占廷帝國及其屬民的命運有多麼漠不關心，但他們對古希臘人卻深感興趣。要知道，連拜占廷這座城市也是古代希臘殖民者於特洛伊戰爭發生5個世紀後，在博斯普魯斯海峽邊建立的。他們很願意學習希臘語，以便直接研讀亞里士多德、荷馬及柏拉圖的原著。他們學習的願望極為迫切，可他們沒有希臘書籍，沒有語法教材，沒有教師，根本不知從何著手。這下好了，佛羅倫斯的官員們得知了克里索羅拉斯來訪的消息，馬上向他發出邀請：城市的居民們「想學希臘語都快想瘋了」，閣下是否願意來教教他們呢？克里索羅拉斯願意來，真是太好了。於是，歐洲的第一位希臘語教授開始領著幾百個求知若渴的熱血青年學習希臘字母，阿爾法、貝塔、伽馬。這些年輕人都是千辛萬苦，甚至沿途乞討趕到小城阿爾諾的，住在骯髒的馬廄或狹窄的閣樓，為的只是學會希臘語，以便進入到索福克勒斯和荷馬的偉大世界中去。

最後的狂熱

同時，在大學裡面，老派的經院教師還在孜孜不倦地教著他們的古老神學和過時的邏輯學，一邊闡釋《舊約》中隱含的神

閱讀
佩羅·貝魯格特 西班牙 14世紀

這幅畫中，烏爾比諾大公費代里戈正在兒子面前閱讀書冊。在爵位制度中大公是雇傭軍隊長，是當時最強有力的統治者。他也像許多人一樣，是一位熱情的藝術贊助人。同時他也很愛藏書，這成為他所有財產中最受珍視的部分。

薩佛納洛拉講演
版畫 15世紀

薩佛納洛拉顯然是一個極富感染力的煽動者，能讓15世紀剛開始著迷於世俗之樂的人們在一時之間「幡然醒悟」。不幸的是，人民的狂熱一旦點燃總是極易改變方向，這位虔誠而焦慮的僧侶顯然死於被他點燃的狂熱。圖為薩佛納洛拉在人群中講演，不知是否出於一種當時的傳統，男女聽眾中間以布簾隔開。

秘意義，一邊討論希臘——阿拉伯——西班牙——拉丁文本中亞里士多德著作裡稀奇古怪的科學。他們先是驚慌恐懼地旁觀事態的發展，繼而便勃然大怒。這些人簡直走得太遠了，真是離譜！年輕人竟然一個個都離開正統大學的演講廳，跑去聽某個狂熱的「人文主義份子」宣揚他「文明再生」的新理論。

他們跑去找當局告狀，他們怨聲載道。可是，你能強迫一匹脾氣暴烈的野馬喝水，你卻不能強迫人們對不感興趣的說辭豎起耳朵。這些老派教師的陣地連連失守，人們都快不理睬他們了。偶爾，他們也能贏得幾場小勝利。他們和那些從不求得幸福也憎惡別人享受幸福的宗教狂熱份子聯合作戰。

在文藝復興的中心佛羅倫斯，舊秩序與新生活之間發生了一場可怕的戰鬥。一個面色陰鬱、對美懷有極端憎恨的西班牙多明我派僧侶是中世紀陣營的領導者。他發動了一場堪稱英勇的戰役。每天，他雷霆般的怒吼回響在瑪利亞德費羅大廳寬敞的四壁間，警告著上帝的神聖憤怒。「懺悔吧！」他高喊道，「懺悔你們忘記了上帝！懺悔你們對萬事萬物感到的歡樂！它們是不聖潔的、衰落的！」他耳裡開始聽到各種聲音，眼中看見燃燒的利劍紛紛劃過天際。他向孩子們佈道，循循善誘這些尚未被玷污的靈魂，以免他們重蹈他們的父輩走向毀滅的歧途。他組織了一個童子軍，全心全意地侍奉偉大的上帝，並自詡為他的先知。在一陣突然的狂熱發昏之中，心懷恐懼的佛羅倫斯市民答應改過，懺悔他們對美與歡樂的熱愛。他們把自己擁有的書籍、雕塑和油畫交出來，運到市場上放成一堆，以狂野的方式舉行了一個「虛榮的狂歡節」。人們一邊唱著聖歌，一邊跳著最不聖潔的舞蹈。與此同時，那位多明我派僧侶薩佛納洛拉則將火把投向堆放的藝術品，將這些珍貴的物品付之一炬。

不過當灰燼冷卻，發昏的頭腦也清醒下來時，人們開始意識到自己失去了什麼。這個可怕的宗教狂熱份子竟使得他們親手摧毀了自己剛開始學會去愛的事物。他們轉而反對薩佛納洛拉，將他關進監獄。薩佛納洛拉受到嚴刑折磨，可是他拒絕為自己的所作所為懺悔。他是一個誠實的人，一直盡心盡力地過聖潔的生活，他很樂意毀滅那些蓄意與其信仰相違的人。無論他在哪裡發現罪惡，消滅這些罪惡便是他義不容辭的責任。在這位教會的忠誠兒子眼裡，熱愛異教的書籍與異教的美本來就是一種罪惡。不過，薩佛納洛拉完全孤立無援，他是在為一個已經壽終正寢的時代打一場無望的戰爭，羅馬的教皇甚至從未動一根指頭來搭救他。相反地，當他「忠實的佛羅倫斯子民」把薩佛納洛拉拖上絞刑架絞死，並在群眾的吼叫歡呼聲中焚燒其屍體時，教皇毫無表示地默許了。

這是個悲慘的結局，但無可避免。如果生在11世紀，薩佛納洛拉將肯定成為一名偉人。可他生在15世紀，所以他不幸擔當了一項注定失敗的事業的領導者。不管好也罷壞也罷，當教皇也成為人文主義者，當梵蒂岡變成了收藏希臘和羅馬古代藝術品的重要博物館時，中世紀確實就結束了。

CHAPTER 39

表現的時代

人們開始感到一種將他們新發現的生活樂趣表達
出來的內心需要。於是，他們透過詩歌、雕塑、
建築、油畫及出版的書籍，表現他們的幸福。

佈道家被處火刑
约翰尼斯·胡得
手抄本《聖經》
裝飾畫 捷克 16世紀

1415年，佈道家約翰尼斯·胡斯被判異端邪教罪，並被處死。這個裝飾畫表現了他被燒死在火柱上的情形。左下角著黑衣的人是他的一名支持者——米萊多維斯·彼得，也是這幅畫的作者，他目睹了胡斯遇害的全部過程。

註① 聖女貞德（Joan of Arc，1412～1431年），法國女民族英雄，百年戰爭期間曾率軍解救了法國，後被英軍俘虜，以女巫的罪名處以死刑，年僅19歲。1920年，天主教會追諡她為「聖女」

西元1471年，一位虔誠的老人死去了。在他91年的漫長生命中，有72年是在聖阿格尼斯山修道院隱蔽的高牆後度過的。這座修道院坐落在古老的荷蘭漢撒市茲勒沃小鎮附近，靠近風光秀美的伊色爾河，是一個非常適合隱修的地方。這位老人被稱為湯馬斯兄弟，因他出生在坎彭村，所以人們又叫他坎彭的湯馬斯。在湯馬斯12歲時，他被送到德文特，正是在此地，著名的周遊佈道者，巴黎、科隆及布拉格大學的優秀畢業生格哈德·格魯特創建了「共同生活兄弟會」。兄弟會的成員都是一些謙卑的凡人，他們希望能一邊從事自己的木匠、油漆工、石匠等工作，一邊仿效早期的基督使徒過簡單淳樸的生活。他們設立了一所非常出色的學校，好讓貧窮的農家孩子也能受到基督偉大智慧的教誨。就是在這所學校，小湯馬斯學會了如何拼寫拉丁動詞，如何抄寫古代手稿。學成後，他許下誓言，背上自己的一小包書籍，翻山越嶺來到茲沃勒。然後，他欣慰地歎息一聲，將那個躁動不安的世界關在了門外。

湯馬斯生活在一個瘟疫流行、死亡頻仍的動盪世界。在中歐的波西米亞，英國宗教改革者約翰·威克利夫的朋友及追隨者約翰尼斯·胡斯的忠實信徒們，正在準備為他們死去的領袖發動一場可怕的復仇之戰。胡斯是根據康斯坦茨會議的命令被燒死在火刑柱上的。而不久前，正是這個會議允諾為他提供安全保證，請他前往瑞士，面對齊聚一堂商討教會改革的教皇、皇帝、23名紅衣主教、33名大主教和主教、150名修道院院長以及超過100名的王公貴族，講解他的教義。

在西歐，為將英國人趕出自己的國土，法國人已經進行了將近100年的抗戰，並且不久前才因聖女貞德①的及時出現，避免了徹底敗北的命運。然而百年戰爭的塵埃剛落，法蘭西王國和勃艮第又開始為爭奪西歐的霸主地位互掐對方的脖子，展開了一場生

死較量。

在南方，羅馬的教皇正在祈求上天的詛咒，以便降禍給住在法國南方阿維尼翁的另一位教皇。而阿維尼翁的教皇也振振有詞地準備對羅馬的教皇施以同樣的懲罰。在遠東，土耳其人攻佔了君士坦丁堡，毀滅了羅馬帝國的最後遺跡。俄羅斯人則開始踏上最後的遠征路，去徹底摧毀他們的韃靼主人的勢力。

可對外部世界發生的這一切，好兄弟湯馬斯待在自己簡陋而安寧的隱修室裡，既毫無耳聞，也無意知曉。有古代手稿和沉思冥想，他已經很滿足了。他把自己對上帝的滿腔熱愛傾注在一本小冊子裡面，取名為《效仿基督》②。除《聖經》外，這本《效仿基督》是被譯成語種最多種語言的書籍。它擁有的讀者跟研讀《聖經》的讀者一樣眾多。它影響了成百上千萬人的生活，改變了他們看待世界的觀點。寫作這本書的人，他最理想的生活方式表現在一個簡單淳樸的願望之中——他可以平靜地坐在一個小角落裡，手持一本小書，安詳地度過此生。

好兄弟湯馬斯代表著中世紀最純淨的理想。在節節勝利的文藝復興浪潮的四面包圍中，在人文主義者高聲宣佈新時代來臨的吶喊聲中，中世紀也在積聚力量，準備做最後一搏。修道院進行了改革，僧侶們放棄了追求財富與享樂的惡習。淳樸、坦白、誠實的人們，正努力以自己無可挑剔的虔誠生活為榜樣，試圖將世人帶回正義與歸順上帝意志的道路。但一切都無濟於事，新時代帶著隆隆的喧囂從這些善良人們的身

《聖經》
歐洲 15世紀

這是一本可供隨身攜帶的發行本《聖經》，長寬僅有138和83公釐。廉價、輕便的印刷讀物的大量出現，主要得益於巴黎、牛津等城市相繼開辦的印刷房。先進的製作工藝滿足了人們的需求。昔日鑲金綴石以表其珍的《聖經》也得以落入尋常人家了。

註②《the Imitation of Christ》，一部靈修著作，主張以靈性生活為主，是現代虔修派的代表作。

旁衝了過去，靜心冥想的日子已經一去不返，偉大的「表現」時代開始了。

現在，請容許我在這裡說明一句，我非常遺憾自己必須用上這麼多的「繁詞冗句」。說實話，我甚至希望能用一個音節的單詞從頭至尾地寫完這部歷史，但這不可能做到。你不可能寫一部幾何教科書，而不用「弦」、「三角」和「平行六面體」這樣的術語。你必須理解這些術語的意思，否則你就學不會數學。在歷史裡面（並且在生活的各個方面），你最終將不得不學著去理解很多拉丁和希臘起源的深奧辭彙。如果這是必須的，那幹嘛不從現在開始學呢？

當我說文藝復興時期是一個「表現的時代」，我的意思是：人們已不再僅僅滿足於當作台下的聽眾，讓皇帝和教皇告訴他們該做什麼、該想什麼。如今，他們想成為生活舞台上的表演者，他們希望把自己的思想「表現」出來。

如果有一個像佛羅倫斯的尼科·馬基雅維里一樣的人，他正好對政治感興趣，那麼他便寫一本書「表現」自己，揭示他對何謂一個成功國家和一個富有成效的統治者的思考。另一方面，如果他碰巧喜歡繪畫，

THE
STORY
OF
MANKIND

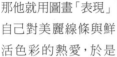

切奇莉婭·加拉拉尼

里奧納多·達文西
油畫 1485年

這是文藝復興大師達文西三幅著名的女子肖像中的一幅，相較於「蒙娜·麗莎」的神秘，與《吉內弗拉·德·本奇》的含而不露，這幅畫更具有一種有感染力的神韻。

註③ 埃爾達斯（Aldus，1449～1515年）15至16世紀義大利印刷、出版業名人。

註④ 埃提安（Etienne），法國雕塑家，16至17世紀法國的一個出版商和學者家族。

註⑤ 伏羅本（Froben），15至16世紀瑞士巴塞爾印刷商。

那他就用圖畫「表現」自己對美麗線條與鮮活色彩的熱愛，於是就出現了喬托、拉斐爾、安吉利訶這樣一些偉大的名字。

如果這種對色彩和線條的熱愛還加上了對機械與水利的興趣，其結果就是里奧那多·達·芬奇，他一面畫著偉大的「蒙娜麗莎」，一面進行自己的熱氣球和飛行器的實驗，並構思著排乾倫巴德平原沼澤積水的方法。他在天地間的萬事萬物裡感到了無窮的樂趣，便將它們「表現」於他的散文、他的繪畫，甚至他構想的奇特發動機裡面。當一個像米開朗基羅那樣擁有巨人般精力的人覺得畫筆和調色板對他強壯有力的雙手來說太溫柔了，那他就轉向建築和雕塑，從沉重的大理石塊中鑿出最不可思議的美妙形象，並為聖彼得大教堂繪製藍圖。這是對這個大教堂所享有的勝利榮耀的最具體「表現」。

就這樣，「表現」繼續下去。不久之後，整個義大利（很快是全部歐洲）便出現了許許多多勇於「表現」的男人和婦女，他們生活和工作，為的是使人類的知識、美與智慧能寶貴積累，加上自己的微薄之力。在

德國的梅因茲，約翰·古騰堡剛剛發明出一種出版書籍的新方法。他研究了古代的木刻法，對現行方法加以完善，將單獨的字母刻在軟鉛上，然後排列組成單詞及整篇的文字。但是，他不久後便在一樁有關印刷術發明權歸屬的官司中傾家蕩產，終死於貧困。可他的發明天賦的「表現」卻流傳下來，使世人受益。

很快地，威尼斯的埃爾達斯③、巴黎的埃提安④、安特衛普的普拉丁、巴塞爾的伏羅本⑤，這些人使印刷精良的古典著作大行於世，它們有的用古騰堡聖經使用的哥德字母印刷，有的用義大利體，有的用希臘字母，還有的用希伯來水字母。

於是，整個世界都成了那些有話要說的人的熱情聽眾，知識只為少數特權階層壟斷的時代宣告結束了。無知和愚昧的最後一個理由——昂貴的書價，也隨著哈勒姆的厄爾澤維開始大量印刷廉價通俗讀物而一去不復返。現在，只需要花上幾毛錢，你便能與亞里士多德、柏拉圖、維吉爾、賀拉斯及普利尼這些偉大的古代作家和哲學家為伴。人文主義終於使所有人在印刷文字面前取得了自由與平等的地位。

CHAPTER 40

地理大發現

既然人們衝破了中世紀的束縛，他們便需要更多的空間去冒險，歐洲在他們的勃勃雄心面前已經顯得太小了。航海大發現的偉大時代終於來臨。

危險的航程

對歐洲人來說，十字軍東征是一堂旅行基礎知識及技巧的教學課。不過在當時，極少有人敢冒險超出經威尼斯至雅法這條為人所熟知的路線。在西元13世紀，威尼斯商人波羅兄弟曾經長途跋涉，穿越浩瀚的蒙古大沙漠，翻過高聳入雲的群山，千辛萬苦地到達當時統治中國的蒙古大汗的皇宮。波羅兄弟之一的兒子馬可波羅寫出一本遊記，詳細描述了他們長達20年的東方漫遊與冒險經歷，引起歐洲人的極大興趣。當讀到馬可波羅對奇特島國「吉潘古」（「日本」一詞的義大利念法）的眾多金塔的迷人描繪時，全世界都不禁呆呆地瞪大眼睛、屏住呼吸。有許多人夢想去東方尋找這片鋪滿黃金的土地，希望能在一夜間發財致富。不過由於陸路旅程太遙遠，且路途艱險，人們最終只能待在家裡做做白日夢而已。

當然，經海路到達東方的可能性一直是存在的。不過在中世紀，航海極不普遍，也少有人問津，這種狀況是有充分的原因的。首先，當時的船隻體積非常小，當麥哲倫進行持續好幾年的著名

武裝商船
陶碗 葡萄牙 14～15世紀

海上探險的成功激發起全歐洲民眾的豐富想像。陶碗中所繪的是被稱為諾斯船的高甲板武裝商船。這種商船比起多檣的帆船要堅固的多，更適合遠洋航行。

馬可波羅遊記
插畫 14世紀

這幅畫描繪的是大汗的子民用紙幣兌換銀子的情景。右邊主僕三人一行前來兌換紙幣，以便於旅途攜帶。他們都是中土的打扮，而大汗的臣民則是波斯的著裝，監官則更像是俄羅斯的風格，這也體現出了大汗的疆域遼闊。但在當時的西方，人們還不知紙幣為何物，他們把紙能等同銀子的想法看為是極其荒謬的。他們還曾經要求馬可波羅收回這些無稽之談。

環球航行時，他所用的船隻還不如現代的一艘渡船大。它只能載20～50人，船艙狹窄擁擠，艙頂極低，以致不能站直身體。由於廚房設備簡陋，且天氣稍轉惡劣便無法生火，水手們被迫吃烹調不當的粗糙食物。在中世紀，人們已經知道如何醃製鱈魚和製作魚干，但罐頭食品還未出現。一旦出海，新鮮蔬菜便從徹底消失。淡水是裝在木桶裡儲存的，用不上多長時間便會變質腐敗，長出許多滑膩膩的物質，喝起來有一種爛木頭加鐵鏽的味道。中世紀的人們對細菌一無所知（13世紀的一位學識淵博的僧侶羅傑·培根似乎檢測過它們的存在，不過他很明智地守住了秘密，未對外界宣佈），因此經常喝不潔的淡水，有時會導致全體船員死於傷寒症。事實上，在早期航海家的帆船上，死亡率高得可怕。當1519年麥哲倫從塞維利亞出發去做著名的環球航行時，跟隨他的共有200名船員，可活著回到歐洲的只有區區18人。即便到了17世紀，西歐與印度支那間的海上貿易已極為活躍，可是完成一次從阿姆斯特丹到巴達維亞的往返行程，40％的死亡率並不是什麼大不了的數字。這些不幸的人們大部分死於壞血症，即一種因缺乏新鮮蔬菜所致的疾病。它通常影響患者的牙床，使血液中的毒素加濃，直到他們精力枯竭，停止呼吸。

在這樣惡劣的情形下，你很容易理解為什麼航海不能吸引當時歐洲人中的優秀份子。像麥哲倫、哥倫布、達伽馬這樣的偉大探險者，他們往往是率領著一幫幾乎全部由刑滿釋放人員、未來的殺人犯、失業小偷和逃犯所組成的烏合之眾去進行自己的艱難航程。

這些航海者的勇氣當然應當受到我們的敬慕。面對著過慣了現代舒適生活的人們聞所未聞、難以想像的困難，他們毅然投入看似毫無希望的航行。他們的裝備極差，船底常常漏水，索具重不便操作。從13世紀中期開始，他們獲得了某種類似羅盤的儀器（由中國傳到阿拉伯，再由十字軍帶回歐洲），能在海上辨明方向。可他們的航海地圖卻極不精確，很多時候，他們只能憑運氣和猜測選擇路線。如果運氣好，過上一兩年，他們就能筋疲力竭、滿臉菜色地返回歐洲。如果情況相反，他們的白骨就只能遺留在某個荒寂的海灘上，任由風吹日曬。不過，他們是與命運做賭的真正的開拓者和冒險家，生活對於他們來說意味著輝煌的冒險歷程。每當他們的眼睛看到一處新海岸線的模糊輪廓，或者當他們的船隻進入到一片從天地開闢起就人跡不至的新水域時，為此所遭受的種種磨難，乾渴、饑餓、痛楚，便被統統忘在了腦後。

在此，我真希望這本書能夠寫1000頁厚。關於早期地理大發現這一話題，可說的東西實在太多、太迷人了。可惜，寫作歷史的任務就是給你們一個對於過

麥哲倫航行之初

插畫 1520年

　　畫面中描繪的是遭遇魚群時船員們捕捉鯊魚的情景。這些鯊魚甚至還有會飛的，當然有些誇張，但無論是船員還是魚群，雙方都是新奇的。對麥哲倫的船隊來說，航行中的每一處水域都很陌生，不知道將會遇到什麼。

去時代的真實概括，它應該採用一種類似倫伯朗創作蝕刻版畫時所通常採用的方法，對那些最重要的事業、最偉大的人物、最富於意義的時刻，應該投以鮮明生動的光線，其餘相對次要的，則只需用陰影或幾根線條稍做勾劃。因此在這一章裡面，我只能給你們一張簡要的清單，羅列出最重要的航海發現。

葡萄牙人的發現

請一定記住，在14和15世紀，所有航海家腦子裡縈繞的只有一個念頭——快快找到一條舒適安全的航線，好通往夢想中的中國、吉潘古海島（日本）及那些盛產香料的神秘東方群島。從十字軍東征開始，歐洲人逐漸喜歡使用香料，香料變成了一種不可或缺的重要商品。要知道，在冷藏法大規模引入歐洲之前，肉類和魚都會很快腐爛變質，只有撒上一大把胡椒或豆蔻才可食用。

威尼斯人和熱那亞人是地中海的偉大航行者，不過發現與探索大西洋海岸的榮譽後來卻落到了葡萄牙人頭上。在與摩爾入侵者的長年戰鬥中，西班牙人和葡萄牙人激發出強烈的愛國熱情。這種激情一旦存在，便很容易被轉移到新的領域。13世紀，葡萄牙國王阿爾方索三世征服了位於西班牙半島西南角的阿爾加維王國，將之併入自己的領地。在接下來的一個世紀裡，葡萄牙人在與穆罕默德信徒的戰爭中漸漸扭轉頹勢，取得了主動。他們渡過直布羅陀海峽，攻佔了阿拉伯城市泰里夫對面的休達城。接著，他們乘勝追擊，佔領了丹吉爾，並將它作為阿爾加維王國在非洲屬地的首府。

現在，葡萄牙人已經準備好，開始其探險事業了。

西元1415年，人稱「航海家亨利」的亨利王子為大規模探索非洲西北部地區，開始了細微周密的準備工作。葡萄牙的約翰一世娶了岡特的約翰的女兒菲利巴，他們生下了具有冒險精神的亨利王子。在亨利對非洲西北地區進行考察之前，這片炎熱的荒涼海岸曾留下過腓尼基人和古代北歐人的足跡。在他們的記述中，這裡是長毛「野人」出沒之地。現在我們已知道，這些所謂的「野人」其實就是非洲大猩猩。葡萄牙人的探險工作進展順利，亨利王子和他的船長們先是發現了加那利群島。接著，

航海家亨利
油畫 1420年

畫面表現了亨利王子在聽船長彙報的情形。西元1415年，人稱「航海家亨利」的亨利王子為大規模探索非洲西北部地區，開始了細緻周密的準備工作。他手捧著船的模型，左邊的船長穿著典型的「職業裝」，宣教士則提著羅盤站在右側，準備為新發現的土地和其上的居民盡上自己的本分。

16世紀里斯本港口

彩色木刻 16世紀

里斯本是遠航非洲的中心，葡萄牙兩度從羅馬教皇那裡得到壟斷權，得以在非洲沿海島嶼和海岸從事貿易並設立商行。畫面中的大帆船是葡萄牙人用來探險的，船尾的上層建築是指揮部。

他們重新找到了馬德拉島。一個世紀以前，一艘熱那亞商船曾在此短暫逗留。他們還勘察了亞速爾群島，繪製出詳細地圖。而此前，葡萄牙人與西班牙人對此群島只有模糊的瞭解。他們對非洲西海岸的塞內加爾河河口匆匆一瞥，以為它就是尼羅河的西部入海口。最後在15世紀中期，他們到達了佛得角（也稱綠角）和位於巴西亞非洲海岸中途的佛得角群島。

不過，亨利的探險活動並不限於海洋。他是基督騎士團的首領；這是自1312年聖殿騎士團被教皇克萊門特五世取締後，葡萄牙人自己繼續保留的十字軍騎士團。聖殿騎士團被取締是應法國國王——美男子菲利普的要求而採取的行動。菲利普趁機將自己的聖殿騎士全部燒死在火刑柱上，並奪取了他們的財產和領地。亨利王子利用他的騎士團所屬領地的稅收，裝備了幾支遠征隊去探索幾內亞海岸的撒哈拉沙

漠腹地。

總的來說，亨利仍然是一個思想上活在中世紀的人。他耗費了大量時間與金錢去尋找神秘的「普勒斯特·約翰」。關於此人的故事，最早流傳於12世紀的歐洲。據說，這個叫約翰的基督傳教士建立了一個幅員遼闊的帝國，自己當了皇帝。這個神秘國度的具體位置不詳，只知道是「落在東方的某處」。300年來，人們一直在試圖尋找「普勒斯特·約翰」及其後人。亨利也加入了找尋者的行列，可惜徒勞無獲。在他死去30年後，這個謎才被解開。

西元1486年，探險家巴瑟洛繆·迪亞茲試圖從海路去尋找「普勒斯特·約翰」的國度，到達了非洲的最南端。最初，他將此地命名為風暴角，因為這片海域的強風阻礙了他繼續向東航行。不過他手下的里斯本海員倒比他樂觀，他們知道該地的發現對於向東尋找通往印度的航線具有極其重要的意義，因此為之取名「好望角」。

一年之後，佩德洛·德·科維漢姆帶著熱那亞梅迪奇家族的委託書，從陸路出發去尋找「普勒斯特·約翰」的神秘國度。他渡過地中海，穿越廣袤的埃及國土，繼續向南方深入。不久後，他抵達亞丁港，在此地換上海船，駛入波斯灣平靜的海面。歐洲人上一次看見這片海水，還是距此1800年前的亞歷山大大帝時代。科維漢姆造訪了印度沿岸的果阿與卡利卡特，在當地聽說了許多有關月亮島（馬達加斯加）的傳聞。據信，該島位於印度與非洲的中途。之後，科維漢姆離開印度返回波斯灣，秘密地參觀了穆斯林的大本營——麥加與麥地那。

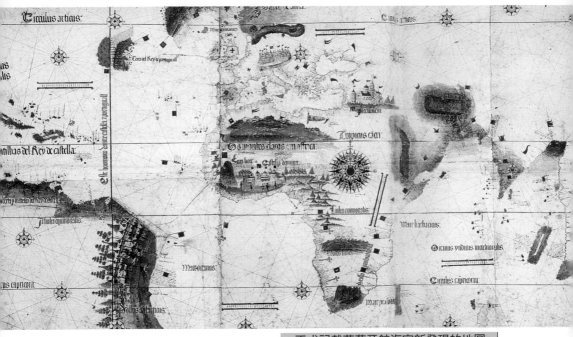

隨後,他再次渡過紅海,終於在1490年找到了「普勒斯特‧約翰」的國土。其實,它不過是黑人國王尼格斯統治的阿比尼西亞(衣索比亞),其祖先在西元4世紀皈依了基督教,比基督傳教士輾轉到達斯地那維亞的時間還早700年。

這許許多多的航行使葡萄牙的地理學家和地圖繪製者們相信,雖然從朝東的海路抵達印度支那是有可能的,但實行起來絕非易事。於是,引發了一場大爭論,一些人贊成從好望角繼續向東探索,尋找通向印度支那的航線;另一些人則說:「不,別浪費時間了。我們必須向西越過大西洋,才能找到中國。」

我想在此指出一點。那個時代最具智慧的人士一般都相信,地球並不像一張扁平的烙餅。相反地,它應該是圓的。在西元2世紀,偉大的埃及地理學家克勞丟斯‧托勒密提出關於宇宙構成的托勒密體系,宣稱地球是方的。這一理論滿足了中世紀人們的簡單需求,因而廣泛地被接受。不過到文藝復興時期,科學家們拋棄了托勒密體系,轉而接受波蘭數學家哥白尼的學說。透過研究,尼古拉斯‧哥白尼認為,有一系列圓形的行星圍繞太陽轉動,地球就是這些行星中的一顆。然而,因為害怕宗教法庭的迫害,這一偉大的發現被哥白尼本人小心翼翼地保存了36年,直到他於1534年死去才公開發表。

THE
STORY
OF
MANKIND

宗教法庭最初建立於13世紀，當時主要是為防範法國阿爾比教派和義大利華爾德教派的異端們威脅羅馬教皇的絕對權威。其實這些人都是性格溫和的異端份子，信仰虔誠，不相信私人財產，寧願過基督本人那樣的貧窮生活。不管宗教法庭有多大的威力，當時的航海專家們普遍相信地球是圓的，無論向東或向西都能到達印度支那和中國，他們正在爭論的，只是往哪個方向航行會更好、更容易。

朝西航行的哥倫布

在主張向西航線的人士中，有一位名為克里斯托弗·哥倫布的熱那亞水手。哥倫布的父親是一位羊毛商，他本人曾在帕維亞大學讀過一陣書，專攻數學和幾何學。後來，他繼承了父親的羊毛生意。可沒過多久，我們又發現他在東地中海的希俄斯島上做商務旅行。從此地，我們聽說他乘船去了英格蘭，但此行到底是作為羊毛商去北方購買羊毛還是作為一艘商船的船長，我們不得而知。西元1477年2月，哥倫布造訪了冰島（如果我們一定要相信他本人的話）。但更可能的情形是，他僅僅抵達了法羅群島。在每年2月的時候，此地也是一片冰天雪地，完全有可能被誤認為冰島。哥倫布在這裡見到了那些強悍勇敢的北歐人的後裔們，他們在10世紀就已在格陵蘭島定居。在11世紀，他們還第一次看到了美洲。當時利夫船長的船隻被狂風刮到美洲的瓦恩蘭島（適宜種葡萄的地方），即拉布拉多沿岸。

至於這些遠西地區的殖民地後來結果如何，則無人知悉。利夫的兄弟托爾斯坦因的遺孀後來嫁給了托爾芬·卡爾斯夫內，他於1003年建立了以自己的名字為名的美洲殖民地。由

哥倫布徽章
15世紀
這個徽章標誌著哥倫布的部分榮譽，城堡和雄獅代表伊莎貝拉的兩處領地；近海的島嶼代表他的發現；鐵錨則代表他的稱號——海軍大將。

哥倫布在海地島
版畫 1596年
此圖描繪了哥倫布登陸海地島受到土著迎見的場景。他按慣例，在升起西班牙國旗標明征服前，先是豎起十字架以宣告耶穌的主權。畫面左邊所描繪的正是這個場面。

於愛斯基摩人的敵意與反抗，該殖民地只維持了3年。至於格陵蘭島，從1440年起便沒有了當地居民的任何消息，很可能所有定居格陵蘭的北歐人都死於當時剛剛滅絕了一半挪威人口的黑死病。不管事實的情形為何，關於「遠西地區的大片土地」的傳聞依然在法羅群島和冰島的居民裡盛行不衰，哥倫布想必從他們的口裡聽到了不少類似的消息。從北蘇格蘭群島的漁民那裡，哥倫布進一步收集到更多的資訊。隨後，他前往葡萄牙，娶了一位曾為亨利王子（航海家亨利）工作的船長之女為妻。

從此（1478年），他將全部的精力投入到尋找通向印度支那的西面航線中，他向葡萄牙和西班牙皇室分別遞交了自己擬訂的航海計劃。當時，葡萄牙人對他們壟斷的東向航線正自信十足，哥倫布的計劃根本引不起他們的興趣。在西班牙，阿拉貢的斐迪南大公和卡斯蒂爾的伊莎貝拉於1469年成親，這樁婚姻使阿拉貢和卡斯蒂爾合併為一個統一的西班牙王國。此時，兩人正忙於攻打摩爾人在西班牙半島的最後一個堡壘——格拉納達，需要把每一個比塞塔都用於戰爭，因此無力資助哥倫布的冒險計劃。

很少有人像這位勇敢的義大利人，為實現自己的想法而拼命奮戰，且幾度陷入毫無希望的境地而不言放棄。

不過有關哥倫布的故事早已耳熟能詳，毋需本人在此贅述。1492年1月2日，困守格拉納達的摩爾人終於投降。同年4月，哥倫布與西班牙國王及王后簽定了合同。於是在8月3日，一個星期五，哥倫布率領三艘小船揮別帕洛斯，開始了向西尋找印度支那和中國的偉大航行。隨行的還有88名船員，其中有許多是在押罪犯，為尋求免刑而參加遠征隊。1492年10月12日，一個星期五的凌晨兩點鐘，哥倫布第一次發現了陸地。1493年1月4日，哥倫布告別留守拉·納維戴德要塞的44名船員（他們之中無一人生還），踏上返鄉之旅。他於2月中旬到達了亞速爾群島，那裡的葡萄牙人

麥哲倫像
西班牙 16世紀

麥哲倫的航行在環球航行中要算最重要、最著名的一次了，許多延用至今的地名便來源於這次航行中所作的命名——「巴塔戈尼亞」是長著大腳的人們的土地；「火地島」是因為有燃起的火光；「太平洋」是因為經歷過五個星期的風暴和狂雪後進入了一片陽光普照的汪洋；「菲律賓」是以支持者兒子的名字命名的等等……這些都因於這次航行。

船香料安全返回里斯本，引起全歐洲的轟動。1502年，達伽馬舊地重遊，對這一航線已經是駕輕就熟。相比之下，探索向西航線的工作卻令人沮喪。在1497和1498年，約翰·卡波特和塞巴斯蒂安·卡波特兄弟試圖找到通向日本的路徑，可他們除了看到紐芬蘭島白雪皚皚的大地和嶙峋突兀的海岸外，其他則一無所獲。其實早在5個世紀之前，北歐人已經目睹過這一壯觀的冰天雪地了。佛羅倫斯人阿美利哥·維斯普奇成為了西班牙的首席領航員，美洲大陸就是以他的名字命名的。他探索了巴西海岸，卻根本找不到印度群島的蹤影。

在西元1513年，即哥倫布去世7年後，歐洲的地理學家們才最終瞭解了新大陸的真相。華斯哥·努涅茨·德·巴爾波沃穿越巴拿馬地峽，登上著名的達里安峰，難以置信地看到眼前竟還有一片無窮無盡的遼闊海面。這似乎證明了另一個大洋的存在。

最終在1519年，葡萄牙航海家斐迪南德·麥哲倫率領由5隻西班牙船隻組成的船隊，向西尋找香料群島（因為向東的路線完全掌握在葡萄牙人手中，他們是不允許競爭的）。麥哲倫穿越過非洲與巴西之間的大西洋，繼續往南航行，到達了一個狹窄的海峽，它位於巴塔戈尼亞（意為「長著大腳的人們的土地」）的最南端與火島（一天夜裡，船員們看到了島上燃起的火光，表明島上有土著居民活動）之間。整整5個星期，麥哲倫的船隊遭到狂風和暴風雪的吹襲，隨時都可能發生滅頂之災。恐慌在船隊中蔓

威脅要將他關進監獄。1493年3月15日，船長先生終於回到帕洛斯島，隨後馬不停蹄地帶著他的印第安人（哥倫布相信他發現的是再印度群島延伸出來的一些島嶼，因此將他帶回的土著居民稱為紅色印第安人）趕往巴賽隆納，去向他忠實的保護人稟報他的航行大獲成功，通往金銀之國中國和吉潘古（日本）的航線已經暢通，可供至為寬宏大量的國王與王后陛下隨意調用。

不過，哥倫布一輩子都沒弄清事實的真相。到他生命的晚年，當他在第四次航行中到達南美大陸時，他也許在瞬間懷疑過自己的發現並不是那麼一回事。不過，他至死還抱著一個堅定的信念，在歐洲和亞洲之間並無一個單獨大陸的存在，他已經找到了直接通往中國的路線。

麥哲倫向東

與此同時，葡萄牙人執著於他們的東方航線，運氣比西班牙人好多了。1498年，達伽馬成功到達馬拉巴海岸，並滿載著一

延開來,船員中發生了嘩變。麥哲倫以異常嚴厲的手段鎮壓了叛亂,並把兩名船員留在荒蕪的海岸上「懺悔罪過」。

最後,風暴終於停息,海峽也逐漸變寬。麥哲倫駛入了一個新的大洋。這裡風平浪靜,陽光普照,麥哲倫稱之為太平安寧的海洋,即太平洋。他繼續向西航行,有98天沒有看見一絲一毫陸地的影子,船員們幾乎因饑餓和乾渴而悉數滅絕。他們吞噬船艙裡大群的老鼠,老鼠吃光了,他們便咀嚼船帆充饑。

1521年3月,他們終於再次看見陸地。麥哲倫將此地命名為「盜匪之地」,因為當地的土著見什麼偷什麼。接著,他們繼續西行,越來越接近他們夢寐以求的香料群島。

他們又看見了陸地,那是一群孤獨島嶼組成的群島。麥哲倫以其主人查理五世的兒子菲利普二世的名字,為之取名「菲律賓」。不過菲利普二世在歷史上並未留下什麼光彩愉快的記錄,西班牙「無敵艦隊」的全軍覆沒正是此君的手筆。在菲律賓,麥哲倫一開始受到了友好熱情的接待,可當他準備用大炮強迫當地居民信仰基督教時,他受到了猛烈的反抗。土著們殺死了麥哲倫和他的許多船長船員,倖存的海員焚毀了殘餘三艘船隻中的一艘,繼續向西航行。他們最終抵達摩鹿加,即著名的香料群島。他們還發現了婆羅洲(今印尼加里曼丹島),駛抵了蒂多爾島。在這裡,剩餘的兩艘船中的一艘由於漏水嚴重,只能連船員一起留在當地。唯一倖免的「維多利亞」號在船長塞巴斯蒂安·德爾·卡諾的率領下,開始穿越印度洋,很遺憾地錯過了發現澳大利亞北部海岸的機會(直到17世紀初期,一艘荷蘭東印度公司的船隻才發現了這片平坦荒蕪的土地)。最後,歷經千辛萬苦,他們終於返回了西班牙。

文明中心的西移

這次環球航行是所有航行中最重要、最著名的一次。它耗時3年,以巨大的金錢和人力損失為代價才獲得了成功。它充分地證明了一個事實,即地球確實是圓的,且哥倫布發

荷蘭貨船
模型 現代

這種荷蘭貨船在當時被稱為「飛船」,它的堅固和航速使得荷蘭人在歐洲大型貨運貿易方面形成了難以匹敵的優勢。隨著向西航線的發展,船隻的體積在穩步增加,航海家們的知識、視野也在不斷開闊。

現的新土地並不是印度的一部分，而是一個全新的大陸。從此，西班牙和葡萄牙一起將全部的精力投入到開發他們與印度及美洲的貿易之上。為防止這對競爭對手最終以流血衝突的方式解決爭端，教皇亞歷山大六世（唯一曾被選為最高教職的天主教異端份子）被迫以格林威治以西的五十度經線為界，將世界平分為兩個部分，即所謂的1494年托爾德西亞分界約定。葡萄牙人擁有在這條經線以東地區建立殖民地的權力，而西班牙人獲得了經線以西地區，這就是為什麼在英國和荷蘭殖民者（他們對教皇的決定毫無敬意）於17及18世紀取得殖民優勢之前，除巴西之外的整個南美大陸都是西班牙殖民地，而全部的印度群島及非洲大部分地區都是葡萄牙殖民地。

當哥倫布發現中國和印度支那的消息傳到中世紀的華爾街——威尼斯的利奧爾托時，那裡發生了一場大恐慌。股票和債券的價格狂跌了40%～50%。過了一段時間，當情況表明哥倫布並未真正找到通往中國的海路時，威尼斯商人們才從驚恐中恢復過來。可緊接的達伽馬與麥哲倫的航行證明向東由海路航行到印度群島的可能性是實際存在的，這時，中世紀和文藝復興時期兩大著名商業中心——威尼斯與熱那亞的統治者們才不由得為沒聽哥倫布的建議而懊悔不已，可為時晚矣！令他們發財致富、令他們驕傲無比的地中海現在成了一片內海，而通往印度和中國的陸路也由於海路的發現被降到了無足輕重的地位。義大利舊日的輝煌行將結束，大西洋開始成為新的貿易與文明中心。從那時一直到現在，

大西洋地區一直保持著這種地位。

你可以看看，從文明最早產生開始，它是以多麼奇特的方式在前進啊！5000年前，尼羅河谷的居民開始用文字記錄他們的歷史。從尼羅河流域，文明轉移到幼發拉底河與底格里斯河之間的美索布達米亞。接著，是克里特文明、希臘文明和羅馬文明的興起。地中海這個內陸海變成了全世界的貿易中心，它沿岸的城市成為了藝術、科學、哲學及其他知識的家園。到16世紀，文明再次向西轉移，使得大西洋沿岸的國家成為世界的霸主。

有人斷言，世界大戰和歐洲主要國家間的自殺性戰爭已經大大降低了大西洋的重要地位，他們期望文明將越過美洲大陸在太平洋找到新的家園。對此，我暫且保留懷疑。

隨著向西航線的發展，船隻的體積在逐漸增大，航海家們的知識和視野也在不斷開闊。尼羅河和幼發拉底河的平底船被腓尼基人、愛琴海人、希臘人、迦太基人及羅馬人的老式帆船所取代。這些老式帆船隨後又被葡萄牙人和西班牙人發明了橫帆帆船取代。而當英國人和荷蘭人駕駛著滿帆帆船航行在大洋上時，西班牙人和葡萄牙人的船隻又被趕出了海洋。

到今天，文明的發展已經不再單純依賴於船隻了，飛機已在取代並繼續取代帆船和蒸汽船的地位。下一個文明中心將依賴於飛行器與水力的發展，海洋將再次成為小魚們不受打擾的寧靜家園，正如牠們與人類最早的祖先共同生活於深海時那樣。

佛陀與孔子

佛陀與孔子的思想照耀著東方，他們的教導和榜樣，依然在影響著這個世界上大多數同行者的行為和思想。

葡萄牙人與西班牙人的地理發現，使得西歐的基督徒與印度及中國的人民發生了密切的接觸。當然，西方人早就知道基督教並非世界上唯一的宗教，他們已經見識過跟隨穆罕默德的穆斯林和非洲北部那些崇拜木柱、岩頭和枯樹幹的異教部落。不過在印度和中國，基督教征服者們突然發現，這個世界上竟然還存在著成百上千萬既未聽說過耶穌的事，也不想信仰基督教義的人民，因為他們認為自己綿延數千年的宗教比西方的信仰要好得多。由於我講的是一部關於人類的故事，並不僅僅局限於歐洲人和我們居住的西半球的歷史，所以，我想你們應當瞭解這兩個人——佛陀與孔子。要知道，他們的教導和榜樣依然在繼續影響著這個世界上我們大多數同行者的行為和思想。

在印度，佛陀被尊為最偉大的信仰導師，他的生平事蹟很有趣味。佛陀生於西元前6世紀，出生的地方就望得見白雪皚皚、氣勢宏偉的喜馬拉雅山。400年前，雅利安民族（這是印歐種族的東方分支對自己的稱呼）的第一位偉大領導者查拉斯圖特拉（瑣羅亞斯德）就是在此地教導他的人民。他讓他們將生命視為凶神阿里曼與至高的善神奧爾穆茲德之間的一場持續的鬥爭。佛陀出生在一個非常高貴的家庭，他的父親薩多達那是薩基亞斯部落的崇高首領，他的母親瑪哈瑪亞也是鄰近王國的公主。她在少女時代就出嫁了，可是月亮在遙遠的喜馬拉雅山脊上升起又落下，陰晴圓缺了許多個春秋，他的丈夫還未得到一個兒子來繼承他的王位。最終，當瑪哈瑪亞50歲時，她懷孕了，苦日子總算熬到了頭。她驕傲地返回家鄉，以便當兒子降生時，她正在自己的族人中。

返回到童年生活的柯利揚需經過一段漫長的路程。一天晚上，瑪哈瑪亞正在藍毗尼一個花園的樹蔭下小憩，她的兒子就於此刻降生了。他被取名為悉達多，不過我們通常叫他佛陀，意思是

「大徹大悟的人」。

漸漸地，悉達多長成了一位漂亮英俊的年輕王子。當他年滿19歲時，他娶了自己的表妹雅蘇達拉為妻。婚後的10年裡，他一直安全地生活在高高的皇室宮牆內，遠離人世間的所有痛苦磨難，安靜等待著繼承父親成為薩基亞斯國王的那一天。

不過到他30歲那年，悉達多的生活中發生了一些事情。一次，他走出宮門，看見一位年老體衰、精力盡失的老人，虛弱的四肢似乎因無法支撐身體的重量而搖搖欲墜。悉達多指著這位老人問自己的車夫查納他為何如此窮苦。查納回答說：這個世界上有太多的窮人，多一個或少一個都沒關係，所以不必在意。年輕的王子深感悲傷，可他沒再說什麼，繼續回到宮中與他的妻子父母一起生活，盡力讓自己快樂起來。又過了不久，他第二次離開王宮，坐在馬車上

看見了一個正受著惡疾折磨的病人。悉達多於是問查納：為什麼這個人應該遭受如此的痛苦？馬車夫回答說：世界上的病人太多太多了，這樣的事情是無法避免的，所以不必介意。聽到這個回答，年輕的王子感覺更加悲傷了，但他還是回到了家人的身邊。

幾星期過去，一天傍晚，悉達多命令他的馬車夫送他去河邊沐浴。突然間，他的坐騎為一個死人仰躺在路邊水溝的恐怖景象所驚，差點衝出道路。養尊處優的王子一生都被父母好好的保護著，從未目睹過如此恐怖的情景，不由得驚駭不已。但查納告訴他說：不要在意這些微不足道的事情，世界充斥著死人，這是生命的鐵律，萬物皆有大限來臨的時刻。沒有什麼東西可以不朽，等待我們每一個人的都將是墳墓。

當天晚上，當悉達多回到家時，迎接他的是陣陣悅耳的音樂。原來在他出門期間，他的妻子為他產下了一名男孩。人們歡天喜地，因為王位又有了繼承者，他們敲響了許多面鼓慶祝這一重大的喜事。可悉達多心頭沈重，無法分享他們的喜悅。生命的布幕已經在他面前升起了，讓他領略到人類生存的種種痛苦與恐懼，死亡與磨難的景象像夢魘一樣追逐他、纏繞他，揮之不去。

出遊感苦

泰國繪畫 當代

悉達多因見到衰老的現象而驚恐，他再也沒有遊玩的心思。他的七寶輪車並不能將他度到幸福的彼岸。畫面右上方出現悉達多看到的四個幻象，分別是生、老、病、死。後來的佛教思想家們在這個基礎上還加上了怨憎會（不得不相處的討厭鬼），愛別離（失去所愛的人）和求不得，總稱之為：佛教七苦。

那天晚上，月明如鏡，月色如水。悉達多在半夜醒來，開始思考許許多多的事情。在為生存的迷團找到一個解救之道以前，他再也不可能快樂起來。他決定遠離自己熱愛的親人，去尋找答案。於是，他悄悄來到妻子的臥房，看了一眼熟睡中的妻子和兒子，隨後，他叫醒忠實的僕人查納，讓他跟自己一道走。兩個男人一起走進黑夜之中，一個是為了求得靈魂的平靜，一個是要忠心侍奉自己熱愛的主人。

當悉達多在人民中流浪多年的時候，印度社會正經歷著一個劇烈變動的時期。印度人的祖先，即印度的土著居民，他們在多年前就被好戰的雅利安人（我們的遠房表兄）輕而易舉地征服。從此，雅利安人成為了幾千萬性格溫和、身材瘦小的棕色居民的統治者和主人。為鞏固自己的地位，他們將人口劃分為不同等級，並逐步將一套嚴厲而僵硬的「種姓制度」強加到土著居民的身上。雅利安征服者的子孫屬於最高的「種姓」，即武士和貴族階層，其次是祭司階層，再往下是農民和商人階層。而原先的土著居民被劃為「賤民」，成為了一個被鄙視、被輕賤的奴隸階層，永遠不能指望進入更高的等級。

甚至連人們信仰的宗教也有著等級之分。那些古老的印歐人，在其幾千年的流浪生涯中，有過許多奇特的冒險經歷。這些事蹟被搜集成一本書，名為《吠陀經》。它所用的語言被稱為梵文，與歐洲大陸的希臘語、拉丁語、俄語、德語及其他幾十種語言都有著密切的聯繫。三個高等的種姓被允許閱讀這部聖書，作為最低種姓的賤民們連瞭解其內容都屬犯法。如果一個貴族或是僧侶膽敢教一個賤民閱讀聖書，等待他的將是嚴厲的懲罰。

因此，印度人口中的大部分人都過著極其悲慘的生活。由於此世允諾給他們的歡樂少得可憐，他們必然會尋找別的途徑去脫離苦海。很多人都透過冥想來世的歡樂來求取些微的安慰。

在印度人的神話裡面，婆羅西摩是所有生命的創造者，是生與死的至高統治者。他是完美的最高典範，受到眾多印度人的崇拜。因此，仿效婆羅西摩棄絕對財富和權勢的種種慾望，便被許多人視為生活的崇高目的。他們覺得，聖潔的思想比聖潔的行為更加重要。許多人為此走進荒漠，以樹葉為食，餓其體膚，透過冥想婆羅西摩的光輝、智慧、善良、仁慈來滋養其靈魂。

悉達多經常觀察這些孤獨的流浪者，看見他們遠離城市與鄉村的喧囂去尋找真理，決意以他們為榜樣。他脫下隨身穿戴的珠寶，連同一封訣別信一起，讓一直忠實跟隨他的查納轉交給家人。然後，這位王子一

悉達多在菩提樹下冥想了49晝夜，總結出了自己的一套理論，「空、色」之說由此而來。他在祭司階層不滿於種姓中的地位和貴族階層相爭的大環境下，衝破了教化賤民的禁戒，甚至連最低等的賤民也能宣稱自己是他的信徒。

個隨從都不帶，孤身移居沙漠。

不久，他聖潔行為的名聲便在山區傳播開來。有5個年輕人前來拜訪他，請求聆聽他智慧的言辭。悉達多答應做他們的老師，條件是要他們效仿他的榜樣。5個年輕人答應了，悉達多便領他們到自己修行的山區。他在溫迪亞山脈的孤獨山峰間，花了6年的時間將自己掌握的智慧對學生們傾囊相授。不過，當這段修行生活接近尾聲之時，他仍感覺自己離完美的境界相差甚遠，他所遠離的世界依然在誘惑著他、動搖他的修行意志。於是，悉達多讓學生們離開他，獨自一人坐在一棵菩提樹的樹根旁，禁食49個晝夜，沈思冥想。他的苦修最終獲得了回報，當第50天的黃昏降臨時，婆羅西摩

親自向他忠實的僕人顯靈。從那一時刻開始，悉達多便被尊為「佛陀」，即前來人世將人們從不幸的必死生命中解救出來的「大徹大悟者」。

在其生命的最後45年裡，佛陀一直在恆河附近的山谷裡度過，對人們宣講他謙恭溫順待人的簡樸教訓。西元前488年，佛陀在經歷了圓滿的一生後去世。此時，他的教義已經在印度大地上廣為流傳，他本人也受到成百上千萬人民的熱愛。佛陀並不單單為某個階級傳道，他的信念是對所有人開放的，甚至連最低等級的賤民也能宣稱自己是佛陀的信徒。

當然，這些教義讓貴族、祭司和商人們大為不滿，他們想盡一切辦法來摧毀這個承認眾生平等且許諾給人們一個更幸福的來世生命（投胎轉世）的宗教。一有機會，他們便鼓勵印度人回歸婆羅門教的古老教義，堅持禁食及折磨自己有罪的肉身。不過，佛教非但沒被毀滅，反而流傳更廣了。「大徹大悟者」的信徒們慢慢越過喜馬拉雅山，將佛教帶進了中國。他們還渡過黃海，向日本人民宣講佛陀的智慧。他們忠實地遵守其偉大導師禁止其使用暴力的意願，從不以暴易暴。到今天，信仰佛教的人

在印度，成千上萬的佛教徒，無論是年輕、年老，都四處遊蕩乞討食物，這幅阿加特洞中的壁畫表現的就是這樣的一群人。他們當時在本國很受排斥，於是開始北上、南下，講經、說法。佛教就這麼被帶到了中國，也形成了不同的派別，北邊的稱為藏傳，南邊的稱為南傳，以後又衍生出了許多的支派。

比以前任何時候都多，其人數甚至超過了基督徒和穆斯林的總和。

至於中國的古老智者孔子，他的故事要相對簡單一些。孔子生於西元前550年，在動盪的社會氛圍中，他卻度過了寧靜、恬淡、富於尊嚴的一生。當時的中國沒有一個強有力的中央政府，人們成為盜賊和封建君主隨意擺佈的犧牲品。他們從一個城市竄到另一個城市，肆意劫掠、偷盜、謀殺，將中國富饒的北方平原和中部地區變成了餓殍遍野的荒原。

富於仁愛之心的孔子試圖要拯救自己的人民於水火之中。作為一個天性平和的人，他不相信使用暴力，他也不贊成以一大堆法律約束人民的治國方式。他知道，唯一的拯救之道在於改變世道人心，於是，孔子開始著手這件看似毫無希望的工作，努力改善自己聚居在東亞平原上數百萬同胞的性格。中國人對宗教向來沒有太大的熱情，他們像許多原始人一樣相信鬼怪神靈，但他們沒有先知，也不承認「天啟真理」的存在。在世界上所有偉大的道德領袖中，孔子大概是唯一一個沒有看見過「幻象」、沒有宣稱過自己是神的使者、沒有不時聲稱自己聽到從上天傳來的聲音的人。

他僅僅是一個通達理性、仁愛為懷的普通人，寧願一個人孤獨地漫遊，用自己忠實的笛子吹出悠遠的曲調。他不強求別人的承認，他從未要求過任何人追隨他或是崇拜他。他使我們聯想起古希臘的智者，特別是斯多葛學派的哲學家。這些人同樣相信不求回報的正直生活與正當思

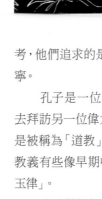

孔子畫像
西元前550年

社會思想的繁榮恰恰是在社會動盪的年代，所謂亂世英雄。中國的春秋、戰國時期，造就了諸子百家。其中墨、儒、道、法成為了主體思想。西元前6世紀的孔子是儒家思想的創始人，他和其弟子的論著對中國後世產生了巨大的影響。

考，他們追求的是靈魂的平靜和良心的安寧。

孔子是一位非常寬容的人，他曾主動去拜訪另一位偉大的道德領袖老子。老子是被稱為「道教」的哲學體系的創始人，其教義有些像早期中國版的基督教的「金科玉律」。

孔子對任何人都不懷仇恨之心，他教給人們溫文有度的至高美德。根據孔子的訓示，一個真正有價值的人是從不允許自己被任何事情激怒的，他應當承受命運的磨難而不怨天尤人。因為真正富於智慧的哲人都明白，不管發生了任何事情，它們最終都會以某種方式變得對人有益。

最初，孔子只有為數很少的幾個學生。逐漸地，願意聆聽他教誨的人越來越多。在他去世前不久的西元前478年，甚至有幾位中國的國王和王子公開承認他們是孔子

老子與孔子

莊子曾記載過孔子與老子這兩位偉大的思想家見面的情形。思想的碰撞使得這次見面變成了針鋒相對的辯論。確實，他們本身就代表了中國人同時擁有的兩種截然不同、但又微妙地合為一體的思想：出世與入世。

胡氏宗祠

安徽績溪 萬夏 攝影

中國的宗族制度根源於儒家的思想，它提供了一種基本穩定的道德和社會組織形式，在很大程度上構成了封建社會的基礎。對祖宗崇拜的根本目的是敬祖收宗，於是家廟（宗祠）在中國人的生活中占有很重要的地位。在古代，只有王侯才有設宗祠的權利（儒教的創始人孔子的祠堂除外），直到程朱理學盛行的明代，平民才被允許設家廟。到清代，各種宗祠已遍布村，並且一般是當地最華麗的建築。宗祠不但是祭祀祖先的地方，還常用於聚會和設立學堂。圖為位於中國安徽省績溪縣坑口村的胡氏宗祠內景。該宗祠建於明清兩代，極其華麗壯觀。

的信徒。當基督在伯利恆的馬槽降生時，孔子的哲學已經成為大部分中國人的思想組成部分，並一直影響他們的生活直至今日。當然，如同其他的宗教一樣，孔子的思想也並非以其最初的、最純粹的方式影響著人們。大部分宗教都是與世俱變。基督最初教導人們要謙卑、溫順、棄絕世俗的野心和慾望，可當他被釘死在十字架上15個世紀之後，基督教會的首腦卻在耗費上百萬的金錢修建豪華宮殿，這與最初伯利恆淒涼的馬槽何止天壤之別！

老子以類似金律的思想教導人們。可是在不到3個世紀後，無知的大眾卻將他塑造成一位異常可怖的上帝，將他充滿智慧的思想掩蓋在迷信的垃圾堆下，使普通中國人的生活變成了一長串憂慮、害怕與恐怖的事物。

孔子教導學生孝順父母的美德。不久，他們對追思死去的父母們的興趣便開始超過了他們對於兒孫幸福的關注。他們故意背對未來，卻極力對過去的無盡黑暗投以深深的注視。這樣一來，祖先崇拜開始成為一種正當的宗教儀式。為了不驚擾埋葬在陽光充足、土地肥沃的山坡向陽面的祖先，他們寧願將小麥和水稻種植在土壤貧瘠的山坡陰面，即便明知有可能長不出任何東西也是如此。他們情願忍受饑荒的痛苦，也不願意褻瀆祖先的墳墓。

與此同時，孔子充滿智慧的警句深入到越來越多的東亞人民心中。儒教以其深刻的格言和精闢的觀察，給每個中國人的心靈抹上了一層哲學常識的油彩。它影響著他們一生的生活，不管是在煙氣騰騰的地下室裡的洗衣工，還是居住在高牆深宮之內的管轄廣袤地域的統治者。

在16世紀，西方世界裡狂熱但不夠文明的基督徒們，第一次與東方的古老教義面面相對了。早期的西班牙人和葡萄牙人看到寧靜和平的佛陀塑像及年高德劭的孔子畫像時，根本不懂得向這些偉大的先知表示最起碼的尊重，只是報以輕描淡寫的一笑。他們輕易地得出結論，這些奇怪的神祇是惡魔的化身，代表著偶像崇拜和異教的旁門左道，不值得基督的真正信徒們加以尊敬。而一旦佛陀或孔子的精神阻撓了他們的香料與絲綢貿易，歐洲人便以堅船利炮攻擊這些「邪惡的勢力」。這樣一種思維方式已經生出了惡果，它為我們留下了一份充滿敵意的遺產，對我們將來並無任何好處。

宗教改革

最好將人類的進步比作一個鐘擺，它不斷地向前和向後擺動。人們在文藝復興時期對藝術與文學的熱情及對宗教的淡漠，在隨後的宗教改革時期就變成了對藝術與文學的淡漠及對宗教的熱情。

探索歷史的究竟

你們想必聽說過宗教改革，一聽到這個名詞，你肯定想到的是一群為數不多但勇氣十足的清教徒。他們為「宗教信仰的自由」飄洋過海，在新大陸開拓了一番新天地。隨著時間的推移，特別是在我們信奉基督教新教的國家裡，宗教改革逐漸變成了「爭取思想自由」的同義詞。馬丁·路德被視為這個進步運動的先鋒和領袖。不過，歷史並非由一連串對於我們光榮祖先的諛美之辭組成的。以德國歷史學家朗克的話來說，我們要盡力去探究歷史中「究竟發生了什麼」？帶著這種態度，過去那些似乎是天經地義的歷史結論在我們眼裡就會變得有所不同了。

在人類的生活中，很少有事情是絕對好或者絕對壞的，世界並不是非黑即白。作為一個誠實的編年史家，他的任務就是要對每一歷史事件的所有好和不好的方面予以真實的描述。這件事做起來非常困難，因為我們每個人都有自己個人的偏好與憎惡。不過，我們應當竭力一試，儘量做到公平理性地判斷事物，不讓自己過分受偏見影響。

就以我自身的經歷為例吧。我在一個新教氣氛異常濃厚的新教國家的新教中心長大，在11歲以前，我從未見過一個天主教徒，所以當我後來遇見他們，和他們打交道時，我覺得非常不安。事實上，我是有點嚇壞了！我很熟悉成千上萬的新教徒被西班牙宗教法庭絞死、燒死，甚至五馬分屍的故事，

異端裁判所的一次公開審判

托萊多 版畫 羅馬
1498年

高舉著聖像的教士們正押解著囚犯前往刑場。中世紀的異端裁判所是頗有名氣的，1478年設立的宗教法庭使猶太人的處境更加惡化，最終國王當局決定以驅逐所有的猶太人來解決日益深化的矛盾。但也正因此導致了西班牙的衰落。

註① 1572年8月24日，即聖巴瑟洛繆之夜，法國基督教新
　　 教胡格諾教派慘遭屠殺的事件。聖巴瑟洛繆是耶
　　 穌的12門徒之一。
註② 法國海軍上將，宗教戰爭初期胡格諾教派的領袖，
　　 於聖巴瑟洛繆日在家中被　殷毆打，從窗口被扔下，
　　 並割下頭顱。
註③ 即馬克西米連一世，德意志國王和神聖羅馬帝國皇
　　 帝。
註④ 菲力普公爵之子，野心勃勃，企圖使勃艮第成為王
　　 國，完全脫離法蘭西獨立。
註⑤ 比利時北部的文化語言集團。

宗教改革者的群體肖像

小盧卡斯・克拉納赫 油畫 16世紀40年代

　　畫面中間是薩克森選侯約翰・弗雷德里克一世，他
為改革者們提供了支援和庇護。他的左側是馬丁・路德，
右側是菲利普・梅蘭克森。1547年，路德去世後一年，
查里五世擊敗弗雷德里克，當選為帝國皇帝。後者便遭
禁，被剝奪了一切封號。

那是當時的阿爾巴大公為懲罰信仰路德教派和喀爾文教派的荷蘭異端們所採取的極端手段。這些恐怖故事在我眼裡既真實又切身。它們彷彿就發生在前一天，並且完全有可能再度發生！我想像著另一個聖巴瑟洛繆之夜①（這天晚上法國天主教徒對新教徒進行了大規模屠殺），瘦小可憐的我穿著睡衣被殺害，我的屍體被扔出窗外，就像高尚的柯利尼②將軍所遭遇的那樣。

很多年後，我到天主教國家生活了一段時間。我發現那兒的人們不僅更溫和、更寬容，並且在聰明才智方面絲毫不遜於我以前的新教同胞。更讓我吃驚的是，我開始發現宗教改革中天主教徒也有有理的一面，並且他們的理由幾乎和新教徒一樣充分。

不過，那些16、17世紀的善良人們，他們實實在在地生活在宗教改革的動盪之中，不可能像我們這樣冷靜地看問題。他們覺得自己永遠正確，而敵人永遠邪惡。問題是你要不就絞死別人，要不就被別人絞死。當然人人都情願絞死別人。這並非沒有人性，也不必為此受罪惡感的折磨。

主角登場

　　讓我們看一眼西元1500年的世界，這是一個很容易記住的日期。我們發現，查理五世在這一年降生了。此時，中世紀的封建割據與無序狀態逐漸讓位於幾個高度中央集權的王國，其中最有權勢的君主是查理大帝，當時他還是一個襁褓之中的嬰兒。查理是西班牙的斐迪南與伊莎貝拉的外孫，他還是哈布斯堡王朝最後一位中世紀

騎士馬克西米連③和妻子、勇敢者查理④的女兒瑪麗的孫子。勇敢者查理即勃艮第大公，他野心勃勃，在成功地擊敗法國後，為獨立的瑞士農民所殺。就這樣，童年時代的查理便繼承了世界地圖上最大的一片土地。它們全是他在德國、奧地利、荷蘭、比利時、義大利及西班牙的父母、祖父母、外祖父母、叔叔、堂兄、姑媽們留給他的，外帶他們在亞洲、非洲、美洲擁有的全部殖民地。也許是出於命運的嘲弄，查理出生在根特的那座德國人不久前入侵比利時用作監獄的弗蘭得斯城堡，而作為德意志和西班牙的皇帝，他本人受到的卻是弗蘭芒人⑤的教育。

由於其父早逝（有人說他是被毒死的，但這種傳說從未得到證實），母親發了瘋（她帶著裝殮丈夫屍體的棺材，在自己的領土上四處旅行），小查理受到姑媽瑪格麗特的嚴厲管教。長大之後，查理成了一個道地的弗蘭芒人，被迫統治著德國、義大利、西班牙以及100多個大大小小的奇怪民族。他身為天主教會的忠實兒子，卻非常反對宗教的不寬容。無論在童年還是成人以後，查理一直是一個懶散怠惰的人，可命運偏偏要懲罰他，讓他治理正處在一片宗教狂熱和喧囂中的世界。他不得安寧，永遠都在急匆匆地從馬德里趕往因斯布魯克，又從布魯日奔赴維也納。他熱愛和平寧靜，可一生都在打仗。在55歲時，我們看見他以極度的仇恨和愚昧，非常厭惡地棄絕了人類。3年之後，他在筋疲力竭與絕望失意中孤獨死去。

關於查理皇帝就講這麼多。那當時世界的第二大勢力教會又怎麼樣呢？在中世紀早期，教會致力於征服異教徒，教給他們虔誠與正直生活的好處。可從那時開始，教會逐漸發生了巨大的變化。首先，它變得非常富有了，教皇不再單單是一群卑微基督徒的牧羊人。他住在寬大豪華的宮殿裡，身邊圍繞著一大群藝術家、音樂家和著名文人。他的大小教堂裡毫無必要地掛滿了嶄新的聖像，看上去更像希臘的神祇。他分配在工作和賞玩藝術品上的時間極不平衡，教廷事務大概只佔用了他10%的時間，其餘90%都花在欣賞古羅馬雕塑或新出土的古希臘花瓶、設計新的夏宮或是出席某齣新劇的首演上。大主教和紅衣主教們爭相以教皇為榜樣，而主教們又盡力仿效大主教的樣子，只有鄉村地區的教士依然忠於職守，與世俗世界的邪惡以及異教徒對美與享樂的熱愛保持著遠遠的距離。他們小心翼翼地躲開那些腐化墮落的修道院。那裡的僧侶們似乎忘記了謹守淳樸與貧窮的古老誓言，憑著自己的膽子追逐聲色之樂，只求別成為公眾醜聞中的人物。

最後是一般老百姓。他們的狀況比過去好多了，可說是前所未有。他們富裕了起

主教的俱樂部
油畫 19世紀

　　主教的宮邸豔麗奢華，追隨者們在一同「探討」球藝的問題。在他們熱情的參與下，保齡球運動已經頗為成熟了。文藝復興運動在義大利的主要成果之一，就是回溯古希臘與古羅馬的異教文明。教皇和紅衣主教團幾乎都是義大利人，他們把教會變成了一個奢靡的俱樂部，優雅的談論著藝術、音樂和戲劇，卻少有人提及信仰的問題。

來，住著比以前寬敞舒適的房子，他們的孩子受到更好的教育，他們的城市更加漂亮整潔，他們手中的火槍讓他們能夠與老對手強盜諸侯抗衡，使他們不能再隨意對他們辛辛苦苦的生意課以重稅了。

　　關於宗教改革的主角們，我就介紹這麼多。

北方與南方

　　現在，讓我們來看看文藝復興對歐洲到底造成了什麼影響，然後你就能理解為什麼緊接著學術與文藝的復興之後，會是新一輪的宗教熱忱的勃興。文藝復興的浪潮始於義大利，再從此地擴展到法國，但它卻在西班牙倍受冷落，因為500年抗擊摩爾人的戰爭，使這裡的人們變得心胸狹隘並

且充斥著宗教狂熱。雖然文藝復興波及的範圍越來越廣，可是一旦越過阿爾卑斯山，它的性質便發生了某種變化。

　　北部歐洲的人們生活在完全不同的氣候中，他們對待生活的態度與他們的南方鄰居截然不同。義大利人喜歡住在戶外，享受燦爛的陽光與開闊的天空。他們喜歡高聲大笑，放歌縱酒，享受生活的快樂。而德國人、荷蘭人、英國人、瑞典人以大部分的時間待在室內，靜聽雨水拍打他們舒適小房間緊閉的窗戶。他們不苟言笑，以一絲不苟的嚴肅態度對待生活中的事物，他們常常想到自己不朽的靈魂，不喜歡拿他們認為是聖潔和神聖的事情開玩笑。他們只是對文藝復興中「人文」的那部分，比如書籍、關於古代作者的研究、語法以及教材感興趣。但文藝復興運動在義大利的主要成果之一，即回歸古希臘與古羅馬的異教文明，卻使他們心中充滿恐懼。

　　然而教皇和紅衣主教團幾乎全部是由義大利人組成，他們把教會變成了一個氣氛愉快的俱樂部，在此優雅地談論著藝術、音樂和戲劇，卻極少提及信仰的問題。由此，那道橫亙在憂鬱嚴肅的北方與高雅文明、但對信仰淡然處之的南方之間的裂痕開始逐漸擴大，可是似乎沒人意識到這種氣質上的分裂給教會帶來的巨大威脅。

　　另外還有一些原因可以解釋為什麼宗教改革運動正好是發生在德國而非荷蘭與英國。自古以來，德國人與羅馬教會積怨甚深，日耳曼皇帝與教皇之間無休止的爭吵和戰爭給雙方都造成了巨大的傷害。在其他的歐洲國家，政權牢牢掌握在一個強有

力的國王手中，統治者常常能夠保護自己的臣民免遭貪婪教士的迫害。可在德國，一個搖搖欲墜的皇帝名義上統治著一大幫蠢蠢欲動的小封建主，這種政治局面使得善良的自由民更易落入主教和教士們的虎口。文藝復興時期的教皇們有一個癖好，就是喜歡宏偉豪華的大教堂。而他們手下的高僧們為滿足教皇的心願，便想方設法聚斂錢財。他們斂財的地方多在德國，而德國人覺得他們被搜刮了，遭了騙，當然心裡不滿。

最後，這裡還存在著一個很少為人提及的原因：德國是印刷術的故鄉⑥。在北歐，圖書價格非常便宜，《聖經》再也不是專門被教士們壟斷與解釋的神秘手抄本，它成了許多父親與孩子都懂得的普通家庭的拉丁文讀物。普通人直接閱讀《聖經》本來是違反教會法律的，可現在全家人都開始讀起來了。他們慢慢發現，原來教士們告訴他們的東西與《聖經》中的原文存在著許多不盡相同之處，這便導致了懷疑，於是人們開始提出問題。而問題一旦存在，要是得不到適當的解答，就會招致更大的麻煩。

微笑著闡明真理

北方的人文主義者開始發動攻擊，他們首先朝僧侶公開開火。在內心深處，他們仍然對教皇懷有深深的敬畏，不敢將矛頭直接對準這位最神聖的人物。至於那些懶惰無知的僧侶們，那些舒舒服服躲在富得流油的修道院高牆之後的寄生蟲們，再難

嵌滿珠寶的十字架
公元6世紀

這是羅馬皇帝查士丁尼二世贈送給羅馬主教的禮物。十字架本是羅馬最殘酷的刑罰，卻因著耶穌被釘在十字架，成為了拯救與榮耀的象徵，也代表了基督教的信仰。但教皇、主教求享樂，任意弄權，耗費巨資修建宮殿，這個十字架與伯利恆淒冷的馬槽何止天壤之別。上面嵌滿了寶石也不能表示虔誠，恰是做了他們墮落的見證。

註⑥　印刷術是中國人的發明，是經由阿拉伯人傳入歐洲後，在德國發展起來。

找到比他們更好的嘲弄對象了。

有一點非常奇怪，這場戰爭的領袖居然是基督教會的忠實兒子，此人名為傑拉德·傑拉德佐，但人們更經常稱他為「渴望的」埃拉斯穆斯。他本是窮孩子出身，生於荷蘭的羅特丹姆。他在德文特的一家拉丁語學校受教育，好兄弟湯馬斯也是從這所學校畢業的。埃拉斯穆斯後來成為一名教士，並在一家修道院待過一段時間。他周遊歐洲各地，將自己的旅途見聞寫作成書。當埃拉斯穆斯開始其作為一名暢銷小手冊作家（如果在今天，他會被稱為社論作家）的生涯時，全世界都被一本名為《一個無名小輩的來信》的手冊裡一系列詼諧幽默的匿名書信給逗樂了。這些書信將中世紀晚期僧侶中普遍瀰漫的愚蠢與自負暴露在光天化日之下，採用的是一種古怪的德語混合拉丁語的打油詩形式，有點類似於我們現代的五行打油詩。埃拉斯穆斯本人是一位淵博而嚴謹的學者，精通拉丁語和希臘語。他先是修訂了《新約聖經》的希臘原文，再將

THE
STORY
OF
MANKIND

其譯為拉丁文，為我們提供了第一本可靠的拉丁文版的《新約聖經》。不過和古羅馬詩人賀拉斯一樣，他也相信任什麼也不能阻止我們「唇邊帶著微笑來闡明真理」。

1500年，埃拉斯穆斯去英國拜訪了湯馬斯·摩爾爵士⑦。在逗留英國的幾個星期中，他寫作了一本妙趣橫生的小書，名為《愚人的讚美》。他在書中攻擊了僧侶和他們荒謬的追隨者們，並且充分運用了世界上最危險的武器——幽默。這本小冊子是16世紀的暢銷書，它廣為流傳，幾乎在所有的國家裡都有譯本。它的成功使得人們開始注意到埃拉斯穆斯所寫的其他宣傳宗教改革的書。他要求制止教會濫用權力，並呼籲其他人文主義者與他一道參與復興基督信仰的偉大任務。

不過這些美妙的計劃未能結出任何果實。埃拉斯穆斯的方式太理性也太寬容，無法取悅那些心急火燎教會的敵人們。他們期待著一位天性更強悍、更果斷的人物來做他們的領袖。

馬丁·路德

他來了！他的名字就叫馬丁·路德。

路德出身於一個北日耳曼農民家庭，擁有一流的才智和超乎尋常的個人勇氣。他曾是奧古斯丁宗教團的修士，後來成為了薩克森地區奧古斯丁宗教團的重要人物。爾後，他到威登堡神學院擔任了大學教授，開始向心不在焉的農家子弟解釋《聖經》的道理。教學之餘，路德擁有大量的空閒時間，他將之用到了對《舊約聖經》

馬丁·路德像
克拉納赫 油畫
1472～1553年

馬丁·路德創立了改革宗，對以教皇制度為體現的天主教教義進行了循序的改革，使人們對基本教義的信奉回到基督所教導的真正道理上。但他特別強調的人的自由，也使社會產生了一些混亂。

聖禮儀式的矛盾
油畫 德國 16世紀

在新教與天主教間，基本的信仰原則是有共同立場的。它們之間重要的差別之一，是所謂的聖禮儀式中，這些儀式包括如圖所示的浸禮、婚禮、聖餐儀式、臨終儀式等。圖中描繪了查理五世（左角坐者）正在與薩克森造帝侯就新教教派的一些觀點進行討論。在1530年，查理五世與羅馬教廷之間就宗教改革所做的最後和解，就因為類似的爭論而宣告失敗，從而引發大規模的宗教衝突。

和《新約聖經》原文的研究之上。不久之後他便發現，教皇和主教們所講的話與基督本人的訓示存在著巨大的差異。

1511年，路德因公造訪了羅馬。此時，波吉亞家族⑧的亞歷山大六世，這位曾為子女的利益聚斂大量錢財的教皇已經去世。接任他的教皇是朱利葉斯二世。此人在個人品行上無可挑剔，可他卻把大部分的時間花在打仗和大興土木上。他的虔誠並未給頭腦嚴肅的日耳曼神學家路德留下任何印象，路德大失所望地返回威登堡，但更糟的事情還在後面。

宏偉壯觀的聖彼得大教堂建築計劃是朱利葉斯教皇臨終之前託付給他清白無暇的繼任者的，可它剛開工不久就已經需要維修了。於1513年接任朱利葉斯的亞歷山大六世剛上台時，教廷便處於破產的邊緣，他不得已恢復了一項古老的作法，以籌得急需的現金──他開始出售「贖罪券」。所謂的「贖罪券」，就是一張以一定量現金換取的羊皮紙，允諾為罪人縮短他本應待在煉獄裡贖罪的時間。根據中世紀晚期的教義，這樣做完全是合理合法的。既然教會有權力赦免那些死前真心懺悔的罪人們的罪行，那他們當然也有權力透過代人們向聖人祈禱，以縮短靈魂必須待在陰暗的煉獄裡洗滌罪惡的時間。

很不幸的是，這些贖罪券必須用現金來購買。不過，它們為教廷提供了一條增加收入的輕鬆途徑，何樂而不為呢？況且，實在太窮的人也可以免費領取贖罪券。

事情發生在1517年。當時，薩克森地區⑨的贖罪券銷售權被全部交到一個名為約

《舊約》德文譯本卷首插圖
威廉・布萊克 鋼筆彩繪 19世紀

這幅作品描繪了耶和華神俯視初創的世界，那時神看一切都是好的。雖然當時翻譯《聖經》有性命之危，但路德還是將其翻譯成了德文。這是他一生中甚至遠超過宗教改革的最偉大的成就，德國標準語也因此而確立。

註⑦ 英國人文主義者、反對異端作品的多產作家、政治家，與荷蘭人文主義愛國者伊拉斯謨有很深厚的友誼。
註⑧ 西班牙巴倫西亞貴族世襲的後裔，在15～16世紀的宗教和政治中發揮了巨大作用。
註⑨ 德國歷史上一重要地區的名稱，在16世紀時首都是萊比錫。

翰・特茲爾的多明我會僧侶的手上。約翰兄弟是一位擅長強買強賣的推銷員。事實上，他斂財的心情有點過於迫切了，他的商業手法大大激怒了這個日耳曼小公國的虔誠信徒們。而路德是一個異常誠實的人，盛怒

之下，他做出了一件莽撞的事情。1517年10月31日那天，路德來到薩克森宮廷教堂，將自己事先寫好的95條宣言（或論點）張貼在教堂的大門上，對銷售贖罪券的作法進行了猛烈抨擊。這些宣言全部用拉丁文寫成，普通老百姓並不能理解。路德不是革命者，他無意挑起一場騷亂，他只是反對贖罪券這一制度，並希望他的神職同事們瞭解他的想法。這本是神職人員與教授界人士間的家務事，路德並未打算煽起世俗老百姓對於教會的偏見。

很不幸的是，在那樣一個敏感的時刻，全世界都開始對宗教事務大感興趣。要想心平氣和地討論任何宗教問題而不馬上引起嚴重的思想騷動，這是根本不可能的。

在不到兩個月的時間裡，全歐洲都討論起這個薩克森僧侶的95條宣言來，每一個人都必須選擇立場，支援或反對路德，每一個最名不見經傳的神學人員都必須發表自己的觀點。教廷大為震驚，急令這位威登堡神學教授前往羅馬，向他們解釋他的觀點和行動。路德很聰明地記起了胡斯被處火刑的教訓，拒不前往。羅馬教會隨即開除了他的教籍。當著一大群崇拜與支持者的面，路德焚毀了教皇的敕令。從此刻開始，路德和教皇之間便不可能再有和平。

儘管本人並不情願，路德仍成了一大群對羅馬教會心懷不滿的基督徒的領袖。許多像烏利奇·馮·胡頓⑩這樣的德意志愛國者都趕去保護路德，威登堡、厄爾福特、

註⑩ 法蘭克尼亞騎士和人文主義學者，以諷刺詩著稱。

四使徒

杜勒 油畫 1523～1526年

作為北方文藝復興時期的著名代表，德國畫家杜勒應該是第一位偉大的新教畫家。他認為馬丁·路德是「一位救我遠離焦慮的真正基督徒」，這種拯救使得杜勒為世人留下了許多如同思想家一般敏銳，同時具有精確、內省品格的傑作。在這幅杜勒的「四使徒」中，基督教的四位使徒代表了樂觀、冷靜、暴躁和憂鬱的四種氣質。其中，著紅袍的約翰樂觀而充滿希望，作為《福音書》的作者之一，他手中拿著打開的《聖經》是由路德譯成德文的（這是杜勒同情新教的佐證之一）；生性衝動的彼得手持天堂的鑰匙，變得平靜起來，卻隱身在約翰的身後；暴躁的馬可怒目圓睜與憂鬱的保羅則在一襲白袍中深藏不露。

萊比錫大學的學生們也聲言：如果當局試圖拘禁路德，他們一定會誓死保護他。薩克森選帝侯向群情激奮的青年們保證，只要路德待在薩克森的土地，他不會允許任何人加害他。

這些事件都發生在1520年。此時，查理五世已年滿20歲。作為半個世界的統治者，他必須與教皇保持良好的關係。他發佈命令，在萊茵河畔的沃爾姆斯召開宗教大會，命令路德出席，並對自己不同尋常的行為做出解釋。而路德此時已是日耳曼的民族英雄，他慨然前往。在會議上，路德拒絕收回他寫過或說過的任何一句話，他的良心只受上帝的支配，無論活著還是死去，他都必須根據自己的良心行事。

經過審慎的討論，沃爾姆斯會議宣佈路德是上帝與人民的罪人，禁止任何德國人收留他，供給他吃喝，並禁止閱讀這個怯懦的異端所寫的一切書籍，哪怕一個字都不允許。但這位偉大的改革者卻平安無事。在大部分德國北方的人民看來，沃爾姆斯敕令是一項極不公正、令人憤怒的文件，應該受到斷然地唾棄。為更安全起見，路德被藏匿到威登堡的薩克森選帝侯的一座城堡裡面。在這裡，他進一步藐視教廷的權威，將《舊約聖經》和《新約聖經》譯成德語，使所有人都有機會親自閱讀與理解上帝的話語。

到這個地步，宗教改革便不可能再是一個僅僅涉及信仰和宗教的事情。那些憎惡現代大教堂之美的人利用這個動盪時期，攻擊並毀壞了他們不喜歡的教堂建築，原因是他們不理解它。窮困潦倒的騎士們

為彌補過去的損失，強佔了原屬修道院的土地。心懷不滿的王公貴族利用皇帝不在的機會，趁機擴張自己的勢力。饑寒交迫的農民在半瘋癲的煽動家的領導下，趁著時局的混亂襲擊領主的城堡，以舊日十字軍的瘋狂熱情行劫掠、謀殺、焚燒之實。

一場名副其實的騷亂像洪水一般在帝國境內蔓延開來。一些王公改信新教，當了新教徒（新教徒的意思就是路德所說的「抗議者」），於是對他們轄區內的天主教屬民大加迫害。另一些王公依然是天主教徒，便起勁的吊死他們的新教徒人民。1526年召開的斯貝雅會議試圖解決臣民的宗教歸順問題，宣佈了一條法令，即「所有臣民必須信奉其領主所屬的教派」。這條命令把德國變成了一盤散沙，成百上千個信仰不同的小公國、小侯國相互敵對，彼此征伐，阻礙德國政治上的正常發展長達數百年。

1546年2月，路德去世，他的遺體被安葬在29年前他發出著名的反對贖罪券銷售呼籲的同一間教堂裡。在不到30年的短短時間裡，文藝復興時期的淡漠宗教、追求幽默與歡笑的世界，已完全被宗教改革時期所充斥著討論、爭吵、漫罵、辯論的宗教狂熱世界所取代。多年以來，一直由教皇們負責的精神世界帝國突然之間便土崩瓦解了。整個西歐再度成為充滿殺戮和血腥的大戰場。天主教徒和新教徒為了將各自堅持的某些神學教義發揚光大，在這裡展開了令人難以想像的大廝殺。而在我們現代人眼裡，這些神學教義之深奧難解，簡直就如同伊特拉斯坎人留下的神秘碑文。

THE
STORY
OF
MANKIND

宗教戰爭

宗教大爭論的時代，天主教與新教徒勢均力敵，
衝突持續了兩個世紀。

玄奧的教義

16和17世紀是一個宗教大爭論的時代。

今天，如果留意觀察，你會發現幾乎身邊的每個人都在不斷地談論著「生意經」，工資的高低呀！工時的長短呀！罷工呀！因為這些是與我們當今社會生活息息相關的問題，也是我們時代的人們主要的關注焦點。

可是1600年或1650年的孩子們卻不太走運，他們聽到的除了「宗教」還是「宗教」，而生活中帶給我們的其他種種知識和歡樂，他們則少有聽聞。他們童稚的小腦袋裡充斥著諸如「宿命論」、「化體論」①、「自由意志」以及其他上百個類似的深奧字眼，述說著令他們迷惑不解的關於「真正信仰」的觀念，無論是屬於天主教的還是新教的。根據其父母的意願，他們成了天主教徒、路德派教徒、喀爾文派教徒、茨溫利②派教徒或再洗禮派③教徒。他們或者學習路德編纂的《奧古斯堡教理問答》，或者記誦喀爾文撰寫的《基督教規》，或者忿忿有詞地默禱英國出版的《公眾祈禱書》裡的「信仰三十九條」，並且俱被告知只有它們才代表「真正的信仰」。

他們對亨利八世的故事耳熟能詳。這位多次結婚的英格蘭君主把原屬教會的財產全部據為己有，還自封為英國教會的最高首腦，竊取了由教皇任命主教與教士的古老權力。當有誰提

註① 指聖餐麵包和酒化為耶穌的肉和血。
註② 瑞士宗教改革家茨溫利所創建的教派。
註③ 16世紀20年代源於瑞士的教派。

喀爾文的影響
法國 1564年

畫面所表現的是里昂的會眾正在聽一位喀爾文傳教士佈道。喀爾文的宗教改革是自上而下的。對純正教義的回歸、嚴謹的管理體系和嚴格的管理，都使得法國的宗教改革避免了德國路德教派改革的混亂局面。從此，福音傳教士傳遍了整個歐洲。

TEMPLE DE LYON NOMME PARADIS

到可怕的宗教法庭，還有它恐怖的牢房與種種折磨人的刑具時，他們晚上肯定惡夢連連。而威脅他們安然入睡的恐怖故事簡直層出不窮。比如一群憤怒的荷蘭新教徒暴民是如何捉住十幾個手無寸鐵的老教士，僅僅因為殺死持不同信仰者是一件讓他們大感快樂的事情，便把老教士們統統吊死一類的故事。很不幸的是，對陣的天主教徒與新教徒雙方恰恰勢均力敵。要不然，衝突本來會很快地以一方的完全勝利而告終，可是它整整蔓延了兩個世紀，耗費了近八代人的生命與精力。因為衝突的內容過於複雜，我只能挑重要的細節告訴你。如果你想知道詳情，有許多關於宗教改革歷史的書，你隨便找一本都可以。

異端邪說與寬容品質

　　伴隨著新教徒浩大的宗教改革運動而來的，是天主教會內部的徹底改革。那些身兼業餘人文主義者和希臘羅馬古董商的教皇們從歷史舞台消失了，取而代之的是每天工作20個小時，孜孜不倦地處理手上的神聖職責的嚴肅教皇。

　　修道院裡一度盛行的尋歡做樂的生活也告一段落。教士和修女們不得不聞雞起舞，一大早爬起來念誦早課，悉心研究天主的教規，照顧病人，安慰垂死者。宗教法庭睜大眼睛，夜以繼日地監視著四周的動靜，以防危險教義透過印刷品流傳開來。講到這裡，人們通常會提到可憐的伽利略。他有點不夠謹慎，竟想憑他可笑的小望遠鏡解釋宇宙，而且還小聲咕噥出某些與教會正統觀念全然違背的所謂行星運動規律。所以伽利略被關進了牢房。不過出於對教皇、主教及宗教法庭的公平起見，我必須在此指出，新教徒同樣視科學和醫學為危險的敵人。新教徒在把那些自主觀察事物的人們當成人類最可怕的敵人方面，其愚昧和不寬容的程度絲毫不亞於天主教徒。

　　比如喀爾文這位偉大的法國宗教改革家，他也是日內瓦地區政治與精神上的專制者。當法國當局試圖絞死邁克爾·塞維圖斯（西班牙神學家與外科醫生，他因為做第一位偉大的解剖學家貝塞留斯的助手而一舉成名）的時候，喀爾文不僅大力提供協助，而且當塞維圖斯設法逃出法國監獄躲到日內瓦避難時，喀爾文還親自將這位傑出的外科醫生關進監獄。經漫長的審訊，喀

1624年的迦利略與他的天文望遠鏡

奧塔維奧·里奧尼
蠟筆畫

　哥白尼在1543年發表了著作《天體運行論》，提出「地球的中心不是宇宙的中心，所有的軌道都圍繞著太陽」的觀點。迦利略也是這一理論的支持者，他製作了約100隻天文望遠鏡，這是其中的一隻，用它可以觀察到月亮上的隕石坑。

火刑柱

插圖畫 中世紀

　火刑是中世紀典型的刑罰，把人綁在柱子上燒死，有點像中國古代的炮烙之刑。

女巫恐慌

在15、16世紀歐洲宗教形勢混亂的時期，有關魔鬼的傳說和各類巫術大行其道。巫師們最初的角色主要是各種疾病的治療者，但在中世紀後期，由於巫術也試圖以自己的方式對那個時代的宗教憂患提出解答，這些「異端邪說」自然被視為與魔鬼有關係的證據，於是，巫師成為魔鬼反宗教的新教派代表。狂熱的教會和人們為巫師想像了各種罪惡，包括恐怖的祭祀儀式、殺嬰、降禍、與毒獸為伍、魔鬼附體或與魔鬼私通等等。其中，尤以所謂的女巫常成為人們恐懼和獵殺的對象，她們被描繪成撒旦的情人，邪惡且淫亂。特別是在天主教勢力強大的地區，發現、舉報和追捕巫師變成了從鄉民到軍隊的重要活動，一個人一旦被指控為女巫，等待她的只有最殘酷的刑罰。女巫恐慌一直延續到17世紀末，成千上萬的無知村婦為此被燒死或絞殺。上圖為17世紀義大利畫家羅沙繪製女巫為一位王侯召喚先人鬼魂的場景。下圖為1549年在荷蘭阿姆斯特丹燒死被指控為巫師的6兄妹的場景。

爾文竟批准以異端邪說的罪名將他燒死在火刑柱上，全然無視塞維圖斯作為著名科學家的事實。

宗教之爭就這樣愈演愈烈。我們很少有關於這方面的事實和資料，但總的說來，新教徒比天主教徒更早對這場無益的紛爭感到厭倦。大部分由於其宗教信仰而被燒死、吊死、砍頭的男人和婦女們，他們都是些誠實善良的普通人，卻不幸淪為了精力過剩且極端嚴厲的羅馬教會的犧牲品。

因為「寬容」是一種晚些才出現的特質（待你們長大之後，請一定記住這點），甚至我們所謂的「現代社會」的許多人，他們也僅僅是對自己不感興趣的事物表現出寬容。比如說，他們可以對一個非洲土著居民表達寬容，並不在乎他到底是佛教徒還是伊斯蘭教徒，可一旦他們聽說身邊原本為共和黨人且支援徵收高額保護性關稅的某鄰居，現在居然加入了美國社會黨（1901年成立），還贊成廢除所有的關稅法律時，他們的寬容就不見了。於是，他們開始使用與17世紀幾乎同樣的語言來譴責這位好鄰居，如同一個善良的天主教徒或新教徒在得知自己向來非常敬愛的好朋友淪為了某種異端邪說的犧牲品時，也要用相似的語言加以斥責一樣。

直到不久以前，「異端邪說」還被視為一種恐怖的疾病。如今，當我們發現有某個人不重視身體和居所的清潔，使自己和孩子們受到傷寒病或別的可預防疾病的威脅時，我們便向衛生部門報告。於是，衛生局的官員召來警察，一起將這個人拘押或遷走，因為他的存在對整個社區的安全構成了威脅。在16與17世紀，一個異端份子，即公開質疑自己所屬的天主教或

新教賴以存在的那些基本教條的男人或女人，他（她）往往被看成是比傷寒病更可怕的威脅。傷寒可能（確實非常可能）摧毀人的肉體，但異端邪說在他們看來，毀掉的卻是人們本應不朽的靈魂。因此對所有善良而有理性的人們來說，提醒警察留心那些反對現存秩序的異端份子，是他們義不容辭的職責。那些視異端邪說而不顧，沒有及時向當局報告的人是有罪的，就如同一個現代人發現自己的房客染上了霍亂或天花，卻不通知最近的醫生一樣。

　　隨著你們漸漸長大，你將聽說許多有關預防性藥物的事情。所謂預防性藥物，它們的作用簡單地說就是：醫生們不願等到人們真正發病才著手去醫治他們。相反地，醫生們研究人們完全健康時的身體情況及他們飲食起居的環境，清掃垃圾，告訴他們什麼該吃什麼不該吃，應避免什麼不良習慣，教導他們關於保持個人衛生的種種方法，從而消除可能引發疾病的所有因素。有時，他們甚至還不滿足僅僅做到這一步。醫生們去到學校，教孩子們怎樣正確使用牙刷，怎樣防止感冒等等。

　　在16世紀的人們看來，與肉體的疾病相比，威脅靈魂的疾病更為可怕（這是我一直努力向你們說明的一點），因此他們組織了一套預防精神疾病的嚴密體系。一當孩子們長到能夠讀書識字，他們便被教給真正信仰（並且是「唯一真正」）的種種原則。事實證明，這種作法間接地促進了歐洲人的普遍進步，是一件好事。新教國家裡很快就遍佈大大小小的學校，雖然這些學校將大量寶貴的時間花在對「教理問答」

洛約拉像

木雕　約17世紀

耶穌教的創始人洛約拉具有軍人般的自律與組織天賦，這使得他所創立的耶穌教具有相當大的影響力，他寫作的《精神修煉》一書也流傳甚廣。1622年，即他死後66年，洛約拉被教會追為聖徒。

的反覆解釋上面，但它們也教育除神學之外的其他知識。它們鼓勵人們閱讀書籍，同時也促進了印刷業的蓬勃繁榮。

耶穌會

　　與此同時，天主教徒也不甘落後。他們同樣將大量的時間與精力傾注在教育方面。在這件事情上，羅馬天主教會找到了一個價值無量的朋友，教會欣然地與新成立不久的耶穌會結成了同盟軍。創建耶穌會這一卓越組織的人是一位西班牙士兵，他在經歷了一段漫長的冒險生涯和不潔生活之後，皈依了天主教。有許多從前的罪人他們被救世軍感化，意識到自己犯下的種種罪孽，於是將餘生全部奉獻到幫助與安慰那些比自己更不幸的人們上。像他們一樣，這位西班牙士兵也覺得自己有責任為教會服務。

　　這名西班牙人叫伊格納提斯·德·洛約拉，生於發現美洲大陸的前一年（1491年）。他在戰爭中負傷，腿部留下終身殘疾。當他在醫院治療時，他看見了聖母和聖子向自己顯靈，吩咐他拋棄過去的罪惡生活改過自新。於是，洛約拉決心前往聖地，完成十字軍的神聖任務，不過他的耶路撒冷之行向他證明了目前完成這一任務是不

THE
STORY
OF
MANKIND

阿爾巴公爵像

安東尼斯・馮・代索斯特
油畫 16世紀

阿爾巴公爵 (1507～1582
年) 是西班牙軍事史中的傳奇人
物。他首先是一位傑出的戰術
家,26歲成為將軍,30歲成為西
班牙的總司令。他曾橫行肆虐於
基督教的諸公國,讓西班牙的
「無敵艦隊」威名遠揚。

可能的,於是他回到歐洲,投入到反對路
德派的戰鬥之中。1534年,洛約拉在巴黎大
學的索邦神學院學習。他和另外7名學生一
起成立了一個兄弟會,8人相約他們將永遠
過聖潔的生活,絕不貪圖榮華富貴,堅持追
求正義,並且要將他們的身體和靈魂奉獻
給教會。幾年之後,這個小型的兄弟會成長
為一個正規的組織,而且被教皇保羅三世
正式承認為「耶穌會」。

洛約拉以前是一名軍人,他相信紀律
和對上級命令絕對服從的重要性。事實上,
二者都成了耶穌會取得巨大成功的關鍵因
素。耶穌會擅長教育,耶穌會的教師在被允
許單獨和學生談話之前,要先受到極其完
備的培訓。教師與學生們同吃同住,參加他
們的各種遊戲活動,悉心看護他們的思想
和靈魂。這樣的教育方法成果斐然,耶穌會
培養出新一代忠心耿耿的天主教徒,使他
們像中世紀早期一樣嚴肅認真的對待自己
的信仰職責。

不過,精明的耶穌會不是將所有精力
全花在對窮人的教育上,他們紛紛進入權
貴們的宮殿,擔任那些未來的皇帝和國王
們的私人教師。當我跟你們講30年戰爭

時,你們就會明白耶穌會這樣做的意義
何在。不過,在這股可怕的宗教狂熱爆發
前,還發生了其他一些重要的事情。

荷蘭人的反抗

查理五世死後,德國和奧地利落到
了他的兄弟斐迪南手中。他的其他領地,
包括西班牙、荷蘭、印度群島及美洲,則
全部由他的兒子菲利普接管。菲利普是查
理五世和自己的親表妹,一位葡萄牙公主
所生的兒子,這樣近親結合所生下的孩子
很容易行為古怪、精神不正常。菲利普的兒
子,不幸的唐・卡洛斯就是一個名副其實的
瘋子,後來經自己父親的授意被殺死。菲利
普本人倒不瘋,不過他對教會的熱情卻近
似於一種宗教的歇斯底里。他相信自己是
上帝指派給人類的救世主之一,因此,要是
有誰固執己見,不肯分享陛下大人對上帝
懷有的絕對熱情,他就會被宣佈為人類的
敵人,從肉體上予以清除,以免他的壞榜樣
腐化虔誠的鄰居們的靈魂。

當然,當時的西班牙是一個非常富有
的國家。新世界所發現的所有金銀源源不
斷地流入卡斯蒂爾和阿拉貢的國庫。但是,
西班牙也患有一種損害其國力的奇怪的經
濟病。它的農民們很勤勞,它的婦女們甚
至比農民更勤勞,但西班牙的上層階級卻
對任何形式的勞動懷有根深蒂固的輕蔑,
只願意加入陸海軍或擔任政府公職。至於
摩爾人,他們一直是兢兢業業、工作異常勤
奮的手藝人,但在很早之前,他們便被全體
逐出了西班牙。這種經濟病的結果就是:
作為世界金銀庫的西班牙事實上卻異常貧

宗教戰爭

chapter 43

窮，因為它所有的錢都必須拿到海外去交換西班牙人自己不屑於出產的小麥及其他的生活必需品。

菲利普身為16世紀最強大國家的統治者，他的財源非常依賴在荷蘭這個忙碌的商業蜂房所徵集的稅收，可這些不知好歹的弗蘭芒人與荷蘭人是路德與喀爾文教義的忠實追隨者，他們不僅清除了當地教堂裡的所有偶像和聖像畫，還通知教皇說不再當他是他們的牧羊人。從今以後，他們將只根據新譯《聖經》的教誨和自己的良心行事。

這樣一來使得菲利普國王非常為難。一方面，他絕對不能容忍他的荷蘭臣民的異端行為；另一方面，他又著實需要他們的金錢。如果他允許荷蘭人自由地做新教徒而不採取任何措施來拯救他們的靈魂，這是對上帝的不盡職；如果他把宗教法庭派到荷蘭，把敢於反抗的臣民燒死在火刑柱上，他又將失去大筆的財源。

菲利普是一個生性多變、遇事搖擺不定的人，在如何對付荷蘭人的事情上，他猶豫了很久。他時而仁慈時而嚴厲，又是允諾又是威脅，各種手段都嘗試過了，可荷蘭人依然不知悔改，繼續唱著詩篇，一心一意聆聽路德派和喀爾文派牧師的佈道。於是，氣急敗壞的菲利普將自己的「鋼鐵漢子」、手段殘酷的阿爾巴公爵派往荷蘭去教這些頑固不化的「罪人們」回頭是岸。阿爾巴首先將那些留下來的宗教領袖砍頭。這些人不夠聰明，竟沒趕在他到來之前溜走。接著在1572年，也就是法國新教領袖在血腥的巴瑟洛繆之夜被悉數趕盡殺絕的那一

萊頓戰爭

繪畫 德國 1576年

畫面中離我們最近的手持長矛、全副鎧甲，甚至連坐騎的戰馬都妝飾華麗的就是正在指揮戰鬥的威廉。他被稱為「沉默者」，他的戰馬卻不甘沉默，鐵蹄奮起踏向敵軍的將領。這個由北尼德蘭的七個小省分聯合組建的防禦性聯盟取得了戰爭的勝利。

年，阿爾巴襲擊了數座荷蘭城市，將城中的居民全部屠殺，以此作為對其他城市的懲戒。次年，他又率軍圍困了荷蘭的製造業中心萊頓城。

同時，北尼德蘭的七個小省分聯合起來，成立了一個防禦性的聯盟，即所謂的烏德勒支同盟。它們共同推舉曾做過查理五世皇帝私人秘書的德國王子奧蘭治的威廉為其軍事領袖和他們的海盜水手的總司令。這些烏合之眾曾以「海上乞丐」的綽號而聞名於世。為了挽救萊頓城，「沉默者」威廉挖開防海大堤讓海水倒灌，在城市周圍形成了一片淺水的內海。然後，他率領著一支由敞口駁船、平底貨船組成的奇怪海軍，邊划邊推邊拉地穿過泥沼，來到萊頓城下，他就以這樣奇怪的方式打敗了西班牙人。西班牙國王的無敵軍隊第一次遭到了如此恥辱的失敗。這事使整個世界人吃一驚，就像日俄戰爭中的日本軍隊在瀋陽大

敗俄國軍隊時，也著實讓我們這代人大吃一驚一樣。萊頓城勝利的使新教徒的士氣大振，重新鼓起了他們對抗西班牙國王的勇氣，菲利普只好策劃了另一個陰謀來征服反叛的臣民。他雇傭了一個半瘋癲的宗教狂熱份子去暗殺奧蘭治的威廉，可是領袖之死並未使北尼德蘭的七省人們屈服，反而更加激起了他們的義憤。1581年，他們在海牙召開了七省代表參加的大議會，莊嚴地宣佈廢黜「邪惡的國王菲利普」，並自己承擔從古至今只授予給「上帝恩許的國王」的統治權。

這是在人民爭取政治自由的戰鬥史上一個劃時代的重大事件，它比英國貴族發動宮廷政變、逼迫國王簽署《大憲章》更遠地前進一大步。這些善良的自由民們認為：「國王與其臣民的關係基於一種默契，雙方都應履行某些義務，遵守某些職責。如果其中的一方違背了這份合約，另外一方也有權終止合約的執行。」英王喬治三世的北美屬民在1776年也得出了類似的結論，不過在他們和他們的統治者之間竟還隔著3000英里波濤洶湧的大洋，可七省聯盟議會這一莊嚴的決定（該決定意味著一旦戰爭失敗，他們全部都將面臨緩慢而痛苦

的死亡）是在聽得見西班牙軍隊的槍聲，並始終懷著對西班牙無敵艦隊的恐懼之中做出的，他們的勇氣不得不讓人欽佩。

西班牙的沒落

有關一支龐大的西班牙艦隊將出發去征服荷蘭和英國的神秘故事，很早便開始流傳開來，到新教徒女王伊麗莎白繼承天主教的「血腥瑪麗」成為英國國王的時候，它已經成為舊話了。年復一年，碼頭的水手都在滿腹恐懼地談論著它，揣測它會不會真的到來。到16世紀80年代，謠言變成了事實。據到過里斯本的水手講，所有西班牙和葡萄牙的船塢裡都在大肆興造戰船。在尼德蘭南部（今比利時境內），帕爾馬公爵正在集結一支龐大的遠征軍，一等西班牙艦隊到來，便將他們運往倫敦和阿姆斯特丹。

1586年，不可一世的西班牙無敵艦隊終於揚帆出海，向北方逼進。可弗蘭芒海岸的港口都為荷蘭艦隊重重封鎖，英吉利海峽也有不列顛艦隊的嚴密監視，而西班牙人只熟悉南方較為平靜的海水，不知道如何在北方風暴惡劣的氣候下作戰。至於無敵艦隊是如何先被敵艦攻擊，後又遭遇風暴吹襲的詳細情形，不用我在這裡告訴你

「無敵艦隊」的潰敗
油畫 約1600年

這幅由荷蘭人繪製的油畫，表現了西班牙不可一世的「無敵艦隊」被英國人擊敗的情景。這場戰役發生在1588年，畫面表現了西班牙的艦船佇列正被英國的無人駕駛「火船」（見畫面中間背景處）所衝破。與此同時，狂風大作，將殘存的西班牙艦船捲向北方，其中大部分在蘇格蘭和愛爾蘭沿岸觸礁沉沒。

戰爭的苦難 組圖
雅克·凱洛特 版畫 法國 1648年

士兵在搶劫農舍，農民要想生存，只有也加入曾掠奪他們的隊伍之中。或者，為了爭奪一匹死馬，去與同樣饑餓的野狼相互撕咬。這幅畫中闖進農家的士兵們幹盡壞事，強搶、強暴，甚至把家主倒吊起來用煙燻烤。

閱兵式

為了權利的平衡，戰爭成了唯一的方式。各國又無法有足夠的稅收來維持軍隊的開支，戰爭的目的就變成了維持戰爭的持續。盛大的閱兵式一旁，將領們在分數銀兩。

戰役

兩軍對壘，奮力的拼殺，然而除了躺下的屍體和揚起的煙塵外，就只剩下慘痛的記憶。它給歐洲造成的影響，差不多存在了一個世紀。人類正是透過這場戰爭，窺見了地獄的模樣。

絞架樹

「好樹結好果子，壞樹結壞果子。」戰爭中，樹上都結出了屍體。在30年中，戰死的士兵有100多萬，原本擁有1800萬人口的德國，在戰後劇減到400萬。

們。反正戰爭的結果是：除幾艘繞道愛爾蘭的戰船得以僥倖逃回去向西班牙人講述可怕的戰事外，其他大部分的戰船都葬身在北海冰冷的波濤裡。

戰局從此發生了根本性的轉變，輪到英國和荷蘭的新教徒把戰火引到敵人的國土上了。在16世紀結束之前，霍特曼在林斯柯頓（一個曾在葡萄牙船隻服役的荷蘭人）所寫的一本小冊子幫助下，終於發現了通往印度和印度群島的航線，結果成立了著名的荷蘭東印度公司，一場爭奪西班牙與葡萄牙所屬亞非殖民地的戰爭如火如荼地展開了。

就在這個搶奪海外殖民地的早期階段，一樁頗有趣味的訴訟案被告到了荷蘭法庭。17世紀初，一位名為范·希姆斯克爾克的荷蘭船長在麻六甲海峽俘獲了一艘葡萄牙船隻。希姆斯克爾克曾是一支探險隊的領導，試圖找到通往印度群島的東北航線，結果在新澤勃拉島附近被封凍的海水圍困了整整　個冬天，不過，他本人也因此名聲大噪。而現在，他的行為惹出了麻煩。你一定記得，教皇曾經將世界分為面積相等的兩個部分，一半給了西班牙人，另一半給了葡萄牙人。葡萄牙人理所當然地將環繞他們印度群島殖民地的水域當成自己的財產。由於當時葡萄牙並未向尼德蘭七省聯盟宣戰，因此他們宣稱：希姆斯克爾克作為一家私有貿易公司的船長，無權擅入葡萄牙所屬海域並偷盜葡萄牙船隻。這是嚴重的非法行為！於是他們向荷蘭的法院提起了訴訟。荷蘭東印度公司的經理們聘請了

THE
STORY
OF
MANKIND

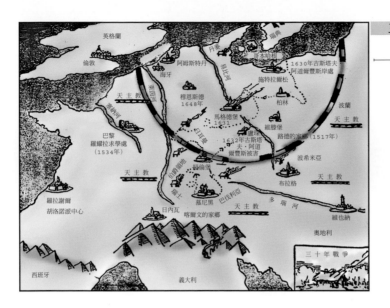

三十年戰爭圖
房龍 手繪圖

英格蘭　倫敦　海牙　阿姆斯特丹　瑞典　哥本哈根　丹麥　施特拉爾松　1630年吉斯塔夫·阿道爾豐斯岸處　柏林　波蘭　天主教　萊茵河　穆恩斯德 1648年　馬格德堡 1631　維滕堡　路德的家鄉 (1517年)　巴黎 羅耀拉求學處 (1534年)　白山　1632年古斯塔夫·阿道爾豐斯被害　盧璪　波希米亞　天主教　伯洛羅地　毅倫傑　布拉格　天主教　羅拉謝爾 胡洛諾派中心　瑞士　慕尼黑 巴伐利亞　多瑙河　維也納　日內瓦　喀爾文的家鄉　天主教　奧地利　西班牙　義大利　三十年戰爭

一位名為德‧格魯特（或格魯西斯）的傑出青年律師為其辯護。在抗辯中，格魯西斯提出了一個「所有人都可自由出入海洋」的驚人理論。他指出，一旦超出陸上大炮的射程之外，海洋就是（根據格魯西斯本人的理論）也理應是「所有國家的所有船隻都可以自由航行的公海」。這一驚世駭俗的理論還是頭一回公然在法庭上被提出來，也隨即遭到所有航海界人士的反對。為反擊格魯西斯著名的「公海說」或「開放海洋說」，英國人約翰‧塞爾登寫出了著名的關於「領海」或「封閉海洋」的論文，認為環繞一個國家的海洋應該歸屬於這個國家，並且應該是這個國家主權和領土的天然組成部分。我之所以在此提到這個爭論，是因為有關的問題最後並未得到解決，而且在上次世界大戰中引出了許多複雜難解的情形。

讓我們再回到西班牙人與荷蘭人、英國人的戰爭。在不到20年的時間裡，西班牙人擁有的大部分有價值的殖民地，如印度群島、好望角、錫蘭、中國沿岸某些島嶼，甚至包括日本，都統統落到了新教徒手裡。1621年，西印度公司宣告成立，隨即征服了巴西。它還在北美哈德遜河口處建立了一個名為新阿姆斯特丹（今紐約）的要塞，此地是亨利‧哈德遜於1609年首度發現的。

這些新發現和新搶奪的殖民地使英格蘭和荷蘭共和國大發橫財，這也使得它們能夠一面出錢請雇傭軍為其進行陸上作戰，一面專心地進行貿易與生意。對這兩個國家來說，新教徒的反抗戰爭意味著獨立與繁榮。不過在歐洲其他的許多地方，宗教改革帶來的是一連串的屠殺與毀滅，與之相比，剛過去的第一次世界大戰，倒像是一群善良的孩子們舉行了一次輕鬆溫和的郊遊一般。

30年戰爭

1618年，30年戰爭爆發。最終，它以1648年簽定的著名的威斯特伐利亞條約而

告結束。一個世紀以來迅速積累的宗教仇恨，使這場戰爭變得難以避免，正如我前面講過的，它是一場恐怖而血腥的戰爭。捲入戰爭，人人相互廝殺，直到參戰各方徹底筋疲力竭，再沒力氣打下去為止。

在不到一代人的時間裡，戰爭將中歐的許多地區變成了白骨遍地的荒野，饑餓的農民為爭奪一匹馬的屍體充饑，不得不與更饑餓的野狼相互撕咬。在德國，幾乎所有的城鎮和村莊毀於戰火，西德地區的帕拉丁奈特被反覆縱火劫掠達28次之多。開戰前德國擁有1800萬人口，而戰後劇減為400萬。

仇恨是從哈布斯堡王朝的斐迪南德二世當選意志皇帝後迅速點燃的。斐迪南德本人是耶穌會悉心教育的產兒，一個最虔誠、最順服的天主教教會支持者。年輕時他便發下誓言，要將自己領土上的所有異端份子和異端教派統統剷除。當他掌權之後，斐迪南德盡了自己一切能力來信守諾言。在他當選皇帝兩天之前，他的主要競爭對手弗雷德里克（帕拉丁奈特的新教徒選帝侯及英王詹姆斯一世的女婿）成為了波西米亞國王，這直接違反了斐迪南德的意願。

沒多久，哈布斯堡王朝的大軍開進波希米亞。面對強大的敵人，年輕的弗雷德里克國王只得徒勞地向英國與荷蘭求援。荷蘭共和國倒很願意施以援手，可他們當時正忙於與西班牙的另一支哈布斯堡王族作戰，自顧不暇，沒法搭救波西米亞人。英國的斯圖亞特王朝則更關心如何加強自己在國內的絕對權力，不願將金錢和士兵浪費

在遙遠的波希米亞的一場無望的戰爭上。苦苦支撐幾個月後，帕拉丁奈特選帝侯被逐出了波希米亞，他的領地也被劃歸給巴伐利亞信奉天主教的王族，而這僅僅是30年戰爭的開始。

接著，哈布斯堡的軍隊在蒂利及沃倫斯坦將軍的指揮下，橫掃德國的新教徒聚居區，所向披靡，一直打到波羅的海邊。對丹麥的新教徒國王來說，一個強大的天主教鄰居當然意味著嚴重的威脅，於是，克里斯廷二世試圖趁敵人立足未穩之際先發制人。丹麥軍隊開進了德國，但不久便被擊敗了。沃倫斯坦趁勝追擊，迫使丹麥求和。最後，波羅的海地區只剩下一個城市還控制在新教徒手中，它就是施特拉爾松。

1630年初夏，曾因帶領國人成功抗擊俄國入侵而一舉成名的瑞典國王——瓦薩王朝的古斯塔夫·阿道爾豐斯在新教徒的最後一個橋頭堡施特拉爾松登陸。此人是一位野心勃勃的新教徒君主，一直夢想著將瑞典變成一個偉大的北方帝國的中心。歐洲的新教徒王公們對古斯塔夫大加歡迎，並將他視為路德事業的拯救者。古斯塔夫旗開得勝，擊敗了不久前大肆屠殺馬格德堡新教徒居民的蒂利。接著，他率領軍隊穿越德國中心地區，準備襲擊義大利的哈布斯堡王朝屬地。由於腹背受到天主教軍隊的威脅，古斯塔夫突然掉轉槍頭，在呂茨恩戰役中大敗哈布斯堡的主力部隊。很不幸的是，這位瑞典國王由於脫離自己的部隊而喪命，但哈布斯堡的勢力已經受到了沉重打擊。

斐迪南是個生性多疑的傢伙，一當戰

事不利，他便開始懷疑自己的手下。在他的授意下，他的軍隊總司令沃倫斯坦被暗殺。聽到這一消息，一直與哈布斯堡王朝懷有宿怨，雖同樣信奉天主教的法國波旁王朝，此時卻和新教徒的瑞典結為同盟。路易十三的軍隊侵入德國東部，瑞典將軍巴納與威爾瑪、法國的圖倫和康代將軍的軍隊聯合起來，大肆殺戮、掠奪、焚毀哈布斯堡王族的財產。瑞典人不僅名聲大振，順便也大發橫財。他們的鄰居丹麥人心生嫉妒，於是新教的丹麥向同為新教的瑞典宣戰了。宣戰的原因是瑞典人竟然和天主教的法國合作，而法國的政治領袖紅衣主教黎塞留剛剛才剝奪了胡格諾教徒（即法國的新教徒）在1598年南特敕令中保證的公開禮拜的權利。

戰爭反反覆覆，彷彿形成了某種慣性。當參戰各國於1648年簽署最終結束戰爭的威斯特伐利亞條約時，戰前的任何問題都未得到解決。天主教國家依然信奉天主教，新教國家仍舊忠實於馬丁‧路德、喀爾文、茨溫利等人的教義。瑞士和荷蘭的新教徒建立起獨立的共和國，並得到其他歐洲國家的承認。法國保留了梅茨、圖爾、凡爾登等城市及阿爾薩斯的一部分。神聖羅馬帝國雖繼續作為一個統一的國家而存在，但已經有名無實，既無人力、財力，亦喪失了希望和勇氣。

30年戰爭教給歐洲諸國一個反面教訓，它使天主教徒和新教徒再也不想嘗試戰爭了。這場戰爭帶來的唯一好處即在於：既然誰也無法消滅誰，那只能和平相處，各管各的事情。當然，這並不意味著宗教狂熱

與不同信仰間的仇恨從此在這個世界銷聲匿跡。天主教和新教爭吵的塵埃方落，新教內部不同派別的紛爭又如火如荼地展開了。在荷蘭，圍繞何為「宿命論」的真正實質（這是一個非常模糊難解的神學觀念，可在你們的曾祖輩眼裡，它卻是必須弄清楚的重要問題）出現了巨大的意見分歧。兩派之間的爭吵劇烈升溫，最終使得奧登巴維爾特的約翰人頭落地。約翰是著名的政治家，在荷蘭獨立的頭20年，曾為共和國的成功做出過重要貢獻，並且在促進東印度公司的發展上也表現出卓越的組織才幹。在英國，爭吵演變為一場內戰。

不過在我為你講述這場導致歷史上第一位歐洲君主被透過法律程序處死的衝突之前，我必須告訴你一些英國此前的歷史。在這本書裡面，我盡力為你們描述的只是那些能夠使我們更清楚理解當今世界狀況的歷史事件，如果我未曾提及某些國家，並非出於我私人的好惡。我非常希望能跟你們講講挪威、瑞士、塞爾維亞或者中國發生的事情——它們同樣非常精彩，可惜這些國家對於歐洲16、17世紀的發展不存在重大的影響，我只能滿懷敬意地鞠上一躬，略過這些國家。不過，英國的情況就大不相同了，這個島國的人民在過去500年間的所作所為，很強烈的影響了世界歷史的進程，其影響遍及世界各個角落。沒有對英國歷史背景的適當瞭解，你將無法理解今天報紙上登載的大事。你必須瞭解，當歐洲大陸的其他國家還處於君主專制的時候，英國為何能獨自發展出一個議會制政府！

CHAPTER 44

英國革命

國王的「神授君權」與雖非「神授」卻更合理的「議
　　會權力」相互爭鬥，結果以國王的災難結局而告終

外敵的島嶼

　　凱撒是西北歐洲的最早探險者，西元前55年，他率羅馬軍隊
渡過英吉利海峽，征服了尚為蠻荒之地的英國。在隨後的4個世紀
裡，英國一直是羅馬的一個海外行省，當野蠻的日耳曼人開始威
脅羅馬，頻頻犯境，駐守英國的羅馬士兵才奉命回去保衛羅馬本
土。從此，不列顛成了一個一無政府二無防禦的海外孤島。

　　當日耳曼北部饑寒交迫的撒克遜部落得知這一消息時，他們
便馬上渡過北海，蜂擁到這個氣候溫和、土地肥沃的島嶼安家落
戶。他們建立起一系列獨立的盎格魯·撒克遜王國（因最初的入侵
者為盎格魯人、英格蘭人、撒克遜人、因此得名），不過這些小國家
相互間總是吵個不停，沒有一位國王的實力足夠強大，能將英格
蘭統一為一個聯合王國。500多年的漫長歲月裡，由於缺乏足夠的
防禦能力，默西亞、諾森伯里、威塞克斯、薩西克斯、肯特、東安格
利亞，或其他不管叫什
麼名字的地方，都頻頻
遭到不同派別的斯堪的
那維亞海盜的襲擊。最
後到11世紀，英格蘭連
同挪威及北日耳曼，一
起被甘紐特大帝麾下的
大丹麥帝國所吞併，英
格蘭最後一絲獨立的痕
跡也消失了。

　　隨著時間推移，丹
麥人終於被趕走了。英
格蘭剛剛獲得自由不

百年戰爭
房龍 手繪圖

THE
STORY
OF
MANKIND

185

亨利八世肖像

漢斯・霍爾拜因
1538年

亨利在其統治的後14年中，不顧教皇的反對，先後娶了6位妻子。英國也因此脫離羅馬教皇，建立了英國國教。

註① 星法院是15至17世紀英國的最高司法機構。1487年由英王亨利七世創設，用來懲處反對國王的大貴族，以專斷暴虐著稱。因其審判是在威斯敏斯特王宮中一座屋飾有星形圖案的大廳中進行，故名。

漸超越其「諾曼第祖國」，取得更為重要的地位。

與此同時，法蘭西的國王們正不遺餘力地試圖將他們的諾曼第——英格蘭鄰居從自己的土地上徹底清除出去。在法國人眼裡，諾曼第的王公們只不過是法國國王貌合神離的不聽話僕從。經過將近一個世紀的殘酷戰爭，法國人民在聖女貞德的領導下，終於將這些「外國人」逐出了自己的國土，但貞德本人在1430年的貢比涅戰役中不幸被俘，又由她的勃艮第俘獲者轉賣給英國士兵，最後作為女巫被燒死在火刑柱上。

都鐸王朝

話雖如此，英國人由於從此喪失了在歐洲大陸上的橋頭堡，國王們最終不得不紮根海島，開始一心一意地經營自己的不列顛屬地。另外，因為這個島上酷愛面子的封建貴族們長期糾纏於他們那些奇特的世仇夙怨（這在中世紀可像天花和麻疹一樣流行），大部分家世古老的封建主紛紛在所謂的「玫瑰戰爭」中命喪黃泉。這使得國王們輕而易舉地鞏固了皇室權力。到15世紀末期，英格蘭已經成為了一個強有力的中央集權國家，統治者是都鐸王朝的亨利七世。此人設立的著名的「星法院①」曾給國人留下過許多恐怖的回憶，它運用極其嚴

久，就第四次被外敵征服。新敵人是斯堪地那維亞人的另一系後裔，他們在10世紀初期入侵法國，建立起諾曼第公國。從很早開始，諾曼第大公威廉就以嫉妒的目光盯著這個一海之隔的富饒島嶼。1066年10月，威廉率軍渡過海峽，在10月14日發生的黑斯廷戰役中，他勢如破竹地摧毀了最後一位盎格魯・撒克遜國王——威塞克斯的哈洛德率領的疲弱之師，自立為英格蘭之主。然而無論威廉本人，還是安如王朝（也稱金雀花王朝）的繼承人們，他們並未把這個島國視為自己真正的家園。在他們心裡，這片島嶼無非是他們在大陸繼承的龐大遺產的附屬部分——一塊定居著一些落後民族的野蠻殖民地。因此，他們不得不將自己的語言和文明強加給這些島國居民。不過事易時移，「殖民地」英格蘭的發展逐

血腥瑪麗

瑪麗女王面相寡淡，意志卻十分堅定。她在位期間唯一做的事便是在改奉新教的英國「復辟」天主教。殺人如麻使她贏得了「血腥瑪麗」的惡名。

屬的手段鎮壓了部分倖存的老貴族試圖恢復對政府的舊有影響力的嘗試。

1509年，亨利八世接任其父亨利七世為英格蘭國王。他統治的時期在英國歷史上具有特殊的重要性。從此，英國從一個中世紀的島國發展壯大成一個現代的國家。

亨利對宗教興趣缺缺。因為自己的多次離婚，他和教皇發生了許多不愉快。亨利很高興地利用離婚的機會宣佈脫離羅馬教廷獨立，使英格蘭教會成為歐洲第一個名副其實的「國教」。而一直作為世俗統治者的國王本人也欣然擔當起自己臣民的宗教領袖。這一和平的改革運動發生在1534年，它不僅使都鐸王朝得到了長期以來飽受路德派新教徒攻擊的英國神職人員的支援，而且還透過充公前修道院的財產而大大增強了王室的實力。更令人愉快的是，這一舉動還讓亨利在商人和手藝人中大放異彩。這些自豪而富裕的島國居民，由一道浪急水深的寬闊海峽與歐洲大陸安全地隔開，不免擁有一種與之匹配的優越感，他們不但不喜歡一切「外國的」東西，而且也不願意由一位義大利主教來統治他們誠實清白的英格蘭靈魂。

1547年，亨利去世，把王位留給年僅10歲的幼子。小國王的監護者們對路德的教義大加欣賞，因而盡其所能地贊助新教徒的事業。不過小國王未滿16歲便不幸夭折，繼任王位的是他的姐姐瑪麗。瑪麗是當時的西班牙國王菲利普二世的妻子，她上台的第一項舉措就是把新「國教」的主教們統統燒死。除了忠實於自己的天主教職責，她在其他方面也嚴格遵循著自己西班牙王室丈夫的榜樣行事，這為她贏得了「血腥瑪麗」的綽號。

伊麗莎白時代

很幸運的是瑪麗於1558年死去，由著名的伊麗莎白女王繼位。伊麗莎白是亨利八世和他六個妻子中的第二個安娜・博林所生的女兒，但安娜後來因失寵而被亨利斬首。在瑪麗執政期間，伊麗莎白曾一度被關進監獄，後因神聖羅馬帝國皇帝親自請求才僥倖獲釋。從此，伊麗莎白變成了一切天主教與西班牙事物的死對頭。像她父親一樣，伊麗莎白對宗教異常冷淡，

航海星盤
英國 1574年

古代用以記時和占星的星盤，經過一些改裝運用在了航海中。隨著16世紀英國向海洋擴張的聲勢加劇，倫敦開始大量製造如圖所示的星盤，據說它可以幫助航海的水手測量緯度。

不過她繼承了父親洞察賢明的驚人判斷力。在伊麗莎白執政的45年間,不僅王室權力穩固上升,英格蘭這個歡樂島嶼的財政和稅收也源源增加,國力日趨強盛。在這方面,女王當然得到了拜倒在她王座下的大批傑出男性的有力輔佐,他們爭先恐後、群策群力,使得伊麗莎白時代成為英國歷史上一個至關重要的時期。不過若要研究其詳細情況,你必須專門找一本講述伊麗莎白時代的書籍來讀。

另一方面,伊麗莎白的王位也並非十分穩固,她還存在著一個非常危險的對手,即斯圖亞特王朝的瑪麗。瑪麗的母親是一位法國公爵夫人,父親是蘇格蘭貴族。長大

之後,她嫁給法國國王法朗西斯二世,後來成為寡婦。她的公婆是著名的梅第奇家族的凱瑟琳,血腥的聖巴瑟洛繆之夜大屠殺就是由這個險惡的老太婆一手策劃的。瑪麗的兒子後來還成為了英國斯圖特王朝的第一位國君。瑪麗是一個熱情的天主教徒,樂意與一切敵視伊麗莎白女王的人結為朋友。由於缺乏政治智慧且採用極為暴力的手段鎮壓蘇格蘭境內的喀爾文教徒,招致了蘇格蘭人的暴動,瑪麗不得不逃到英國境內避難。在她待在英國的18年裡,她未曾有一天停止過策劃反對伊麗莎白的陰謀,卻從不想想是這個女人慷慨地收留了她。伊麗莎白最終不得不聽從了她忠實顧問們的建議,「將那個蘇格蘭女王斬首」。

1587年,蘇格蘭女王的頭終於被砍掉,因此引發了一場英國與西班牙之間的戰爭。不過正如我們上一章講過的,英國與荷蘭的海上聯軍協力擊敗了菲利普的「無敵艦隊」。原本是為摧毀兩個新教國家的狂風,現在卻掉轉風向,變成了後者一樁有利

可圖的冒險事業。

現在，經多年的猶豫之後，英國人和荷蘭人終於意識到入侵印度和美洲的西屬殖民地不僅是他們的正當權力，而且還可當作對西班牙人迫害他們的新教徒同胞的報復。1496年，英國船隊在一位名為喬萬尼·卡波特的威尼斯領航員的引導下，首次發現並探測了北美大陸。拉布拉多和紐芬蘭島作為殖民地的可能性雖然微乎其微，但紐芬蘭附近的海域卻為英國漁船提供了豐富的漁業資源。一年之後的1497年，同一位卡波特發現了弗羅里達海岸，為英國建立海外殖民地帶來了無窮無盡的機會。

繼這些初步的發現之後，接下來便是亨利七世和亨利八世的忙碌年份。由於成堆的國內問題尚待解決，英國一時拿不出錢來進行海外探索。不過到了伊麗莎白時代，國家太平昌盛，斯圖亞特的瑪麗也被關進監獄，水手們終於可以欣然出海遠航，而用不著擔心一夜之間家園變色。當伊麗莎白還是一個小孩時，英國人威洛比就已冒險航過了北角。威洛比手下的船長之一里查德·錢塞勒為找到一條可能通向印度群島的航路，更是進一步向東深入，抵達了俄國港口阿爾漢格爾，與遙遠的莫斯維帝國的神秘統治者建立起外交與商業的聯繫。

在伊麗莎白開始執政的頭幾年，又有許多人順著這條航線航行。在「聯合股份公司」工作的商業投機家們孜孜不倦地工作下，為後幾個世紀擁有龐大殖民地的貿易公司打下了最初的基礎。半是外交家、半是海盜的傢伙們，願意將全部身家押在一次吉凶未卜的航行上，賭一把自己的運氣；走私者將一切能夠裝上船的東西統統裝載上船，以滿足他們對金錢的貪婪胃口；商人們以同樣滿不在乎的心情販運商品，也販賣著人口，眼睛裡除利潤之外再容不下其他的沙子；伊麗莎白的水手們將英格蘭的國旗，也將女王陛下的威名散佈到世界的各個角落。在國內，有偉大的莎士比亞在筆耕不輟，以接連不斷的新劇目來愉悅女王的視聽。英格蘭最傑出的頭腦和最高明的智慧都緊密結合在女王的努力不懈中，並將亨利八世留下的封建遺產變成了一個現代化的民族國家。

英格蘭的「外來者」

1603年，伊麗莎白以70歲的高齡逝世，詹姆斯一世當上了英國國王。他是亨利七世的曾孫，伊麗莎白的侄子，也是其死對頭蘇格蘭女王瑪麗的兒子。承蒙上帝的眷顧，

北美殖民地的土著
約翰·懷特 約1583～1593年

1585年，伊麗莎白女王的寵臣沃爾特·雷利爵士奉命遠征北美，為女王開拓殖民地。約翰·懷特是遠征隊中的藝術家，負責用畫筆記錄遠征見聞。這是懷特所做的大量寫實圖中的一幅，記錄了北美印弟安人在玉米收穫的季節舉行的慶祝儀式。懷特的記錄讓16世紀末的英國人看到了一個聞所未聞的世界，在當時引起了極大的轟動。

詹姆斯發現自己成為了唯一一個得以逃脫歐洲大陸戰禍的國家的統治者。當歐洲的天主教徒和新教徒們正起勁地自相殘殺，無望地試圖摧毀宗教競爭對手的勢力，並建立起自家教義的絕對統治時，英格蘭卻和和氣氣地展開了一場「宗教改革」，並未走上路德教徒或洛約拉（耶穌會）支持者的極端道路，此舉使得這個島國在即將到來的殖民地爭奪戰中，搶得了極大的先機。它還保證了英國在國際事務中獲得領導地位，並且一直延續到第一次世界大戰結束，甚至連斯圖亞特王朝的災難性冒險，也不能阻止這種歷史發展的必然趨勢。

繼承都鐸王朝的斯圖亞特王朝是英格蘭的「外來者」。他們似乎既不知道也不想弄明白一個事實，都鐸王室的成員可以堂而皇之地盜走一匹馬，但外來的斯圖亞特王朝的成員連看一眼馬韁繩都會引起公眾極大的非議。老女王貝思[2]隨心所欲地統治著她的子民，還盡享愛戴，這是因為整體說來，她一直執行著一項使誠實的（或不誠實的）英國商人財源滾滾的政策；因此，感激涕零的人民也回過頭對老女王報以全心全意的支持。有時，國會的一些小權力、小職能會被女王自由地拿走，而這些不法行為都被樂意地忽視了。因為從女王陛下強大而成功的對外政策中，人們將最終收穫最大的利益。

表面看來，詹姆斯國王執行的是與伊麗莎白女王相同的政策，可是他身上極缺乏的是他的前任者所具有異常耀眼的個人熱情。海外貿易仍繼續受到鼓勵，天主教徒也並未因新國王的上台而獲得任何新自由，可當西班牙對英國展露諂媚的笑臉試圖重修舊好之時，詹姆斯欣然還以微笑。大部分英國人是不願意這樣做的，不過詹姆斯畢竟是他們的國王，所以他們保持沉默。

「君權神授」與斷頭台

很快地，人民和國王之間又產生了其他的摩擦。詹姆斯國王和1625年繼承王位的查理一世一樣，都堅信自己「神聖的君權」是上帝恩許的，他們可以憑自己的心願治理國家而不必徵詢臣民們的意願，然而

註②Bess，伊麗莎白的暱稱。

查理一世行獵圖

安東尼・范・代克 油畫 1535～1538年

這幅畫像是最偉大的群像作品之一，把這位具有學者氣質而又喜好狩獵的帝王表現為一個英雄，與周圍的自然景色融合為一幅令人難以忘懷的畫像。查理在藝術鑑賞上是少有君王可以與之匹敵的，他的資助對英格蘭的藝術和建築產生了重要的影響。

查理一世的死刑
油畫 1649年

畫面描繪了人們在觀看行刑時，一位婦女因看到被劊子手舉起的查理的頭顱而暈倒的情景。

這種觀念並不新鮮。教皇們作為某種意義上的羅馬帝國皇帝的繼承者（或者說將整個世界的已知領土統一於羅馬這個單一世界帝國的觀念的繼承者），他們總是樂於將自己視為「基督的代理人」，並且得到了人們的普遍承認。上帝有權以自己認為合適的方式統治世界，這一點沒人質疑。自然而然的，也很少有人敢於懷疑「基督的副手」們的神聖權力。教皇有權要求人們順服他，因為他是宇宙的絕對統治者在世間的直接代表，他只對上帝本人負責。

隨著路德宗教改革的成功，以前賦予教皇們的特權，現在則被許多皈依新教的歐洲世俗統治者接管。身為「國教領袖」，他們堅持自己是所轄領土範圍內的「基督的代理人」。國王們的權力從此延伸出巨大的一步，可是人們依然未提出一丁點懷疑。他們僅僅是接受它，就像生活在當今這個時代的人們，他們不假思索地認為議會制政府是天底下最合理、最正常的政府模式一樣。如果就此得出結論：路德教派或

喀爾文教派對詹姆斯國王大張旗鼓宣揚他的「君權神授」觀念表現出特別的義憤，這是不太準確的。誠實忠厚的英格蘭島民不相信國王神聖的君權，肯定還有著其他的原因。

歷史上首次聽到人民發出明確的否定「君權神授」的聲音，是在1581年的荷蘭海牙。當時北尼德蘭七省聯盟的國民議會廢黜了他們的合法君主——西班牙的菲利普二世。他們宣佈說：「國王破壞了他的協定，因此他也像其他不忠實的公僕一樣，被人民解職了。」從那時開始，關於一個國王對其人民應擔負有特殊責任的觀念，便在北海沿岸國家的人民中開始流傳開來。人民現在處於非常有利的地位，因為他們有錢了。中歐地區的貧困人民長期處在其統治者的衛隊監視之下，當然不敢討論這個

隨時可能把他們關進最近的監獄的問題。可是荷蘭和英國的富有商人們掌握著維持強大的陸軍與海軍的必要資本，並且也懂得如何操縱「銀行信用」這一屢試不爽的大威力武器，所以根本沒有這種擔憂。他們樂得以自己的錢財所控制的「神聖君權」來對付任何哈布斯堡王朝、波旁王朝或斯圖亞特王朝的「神聖君權」；他們知道自己口袋裡的金幣和先令足以擊敗國王擁有的唯一武器——笨拙無能的封建軍隊。他們敢於行動，而其他人面對這種情況要不就是默默忍受困難，要不就是冒著上斷頭台的風險，但荷蘭和英國的商人則兩種情形都不會遭遇。

當斯圖亞特王朝開始激怒英格蘭人，宣稱自己有權照心意行事而一丁點責任也不必承擔時，島國的中產階級們於是以國會為第一道防線，反抗王室濫用權力。國王非但拒絕讓步，反而解散了國會。在長達11年間裡，查理一世獨自統治著國家，他強行徵收一些大部分英國人認為是不合法的稅收，隨心所欲地管理著下列頭，把國家當成他私人的鄉村莊園。他有許多得力的助手，並且我們不得不說，他在堅持自己的信念上也表現出很大的勇氣。

很不幸的是，查理不僅未能盡力爭取到自己忠實的蘇格蘭臣民的支援，反而捲入與蘇格蘭長老會教派的公開爭吵當中。即使很不情願，但為取得他急需的現金來應付戰爭，查理不得不再度召集國會。會議於1640年4月召開，議員們忿忿不平，爭相做抨擊性的發言，最後終於亂成一團。幾周後，這個脾氣暴躁的國會被解散。同年11月，一個新國會組成了，可這個國會甚至比前一個更不聽話。議員們現在已經明白，最終必須解決的是「神聖君權的政府」還是「國會的政府」這個久懸未決的問題。他們抓住機會攻擊國王的主要顧問官，並處死了其中的6人。他們強硬地宣佈了一項法令，不經他們的同意，國王無權解散國會。最後，在1641年12月，國會向國王遞交了一份「大抗議書」，詳細羅列了人民在統治者統治下所受的種種痛苦與磨難。

1642年1月，查理悄悄離開了倫敦，希望到鄉村地區為自己尋求支持者。雙方各自組織了一支軍隊，準備在君主的絕對權力和國會的絕對權力之間決一死戰。在這場鬥爭中，英格蘭勢力最強的宗教派別，即所謂的清教徒們（這些人屬於國教聖公會中的一個派別，宣揚最大限度地淨化自己

克倫威爾和查理一世
德拉羅虛 油畫 1831年

作為國王死刑令的簽署人之一，克倫威爾自然會以輕蔑的目光面對棺材中查理一世身首異處的屍體。這位姿態有些僵硬的絕對清教徒卻有著火一樣的熱情，這種熱情使得英國在17世紀一度廢除了君主制，建立了共和制。有趣的是，在克倫威爾宣佈國王犯有「叛國罪」的11年後，復辟的王政同樣宣佈他犯了「叛國罪」，唯一的區別是此時克倫威爾已死，新的國王只好將他的屍體挖出來掛在絞刑架上。

的信念和行為），他們迅速站到了戰鬥的第一線。這支清教徒組成的「虔誠兵團」由著名的奧利佛·克倫威爾指揮。他們憑著鐵一般的軍紀及對神聖目標的深信，很快成為了反對派陣營的榜樣，並使查理的軍隊兩次遭到沉重打擊。在1645年的納斯比戰役失敗之後，國王狼狽地逃到蘇格蘭。不久後，蘇格蘭人將他出賣給了英國。

緊接著，蘇格蘭長老會與英國清教徒之間的衝突激化，雙方展開了一段錯綜複雜的戰爭。1648年8月，在普雷斯頓盆地激戰三晝夜之後，克倫威爾贏得勝利，結束了第二場內戰，並攻佔了蘇格蘭首都愛丁堡。與此同時，克倫威爾的士兵們老早就厭倦了國會滔滔不絕的空談與曠日費時的宗教論爭，決定按自己的最初心願行事。他們衝進國會，驅逐了所有不贊成清教徒教義的議員，由剩下的老議員們組成的「尾閭」議會正式指控國王犯下了叛國罪。上議院拒絕坐上審判員席位，於是任命了一個特別審判團判處國王死刑。1649年1月30日，全歐洲都在目睹這個日子。查理一世神情平靜地從白廳的一扇窗戶走上了斷頭台。那一天，一個君主國家的人民透過自己選出的代表，處死了一位不能正確理解自己在一個現代國家應處地位的國王。這是歷史上的頭一次，但絕不是最後一次。

國王查理被處死後的時代通常被稱作克倫威爾時代。一開始，克倫威爾只是英格蘭非正式的獨裁者。1653年，他被正式推為護國主，在其統治的五年時間裡，他繼續推行伊麗莎白女王廣受歡迎的政策，西班牙再度被視為英格蘭的主要敵人，因而向西班牙人開戰變成了一個全國性的神聖議題。

牟利甚巨的海外貿易與島國商人緊扣的錢袋被置於最優先考慮的地位，宗教上則實行最嚴格的新教教義，毫無討論的餘地。在維持英格蘭的國際地位上，克倫威爾取得了很大的成功，可在社會改革方面，他卻是徹頭徹尾的失敗者。畢竟，世界是由許多人共同組成的，他們的所思所想、所作所為很少會一模一樣。長遠看來，這似乎也是一條非常明智的原則。一個僅僅為整個社會中的部分成員謀益、由部分成員統治的政府是不可能長久生存的。在反擊國王濫用權力的時刻，清教徒是一股代表進步的偉大力量。不過作為英格蘭的絕對統治者，他們嚴苛的信仰原則確實讓人難以忍受。

復辟時代

當克倫威爾於1658年去世時，他嚴厲的統治已經使得斯圖亞特王朝的復辟成為一件輕鬆愉快的事情。事實上，流亡王室受到了人們「救世主」般的歡迎。英國人現在發現，清教徒們的虔誠枷鎖和查理一世的暴政同樣令人窒息，只要斯圖亞特王室的接班人願意忘記他可憐的父親所一再堅持的「神聖君權」，承認國會在統治國家方面的優先地位，英國人將非常樂意地再度成為效忠國王的好公民。

為成功地達成這樣的安排，已經耗費了整整兩代人的艱辛嘗試。不過斯圖亞特王室顯然沒有從老國王的悲劇中記取教訓，依然難以改掉他們熱愛權力的老毛

病。1660年，查理二世回國繼位，他雖然性格溫和，卻是個碌碌無為的傢伙。他天性懶惰、畏難好易且隨隨便便的個性，加上能夠對所有人撒謊的能耐，使他暫時避免了與自己的臣民爆發公開衝突。透過1662年的「統一法案」，他將全體不信奉國教的神職人員清除出各自的教區，從而沈重打擊了清教徒的勢力。1664年，查理二世又透過了所謂的「秘密宗教集會法令」，以流放西印度群島作為懲罰，試圖阻止不信國教者參加秘密宗教集會。這看起來已經有點像在「君權神授」的舊日子的所作所為了，人民開始流露出舊日熟悉的不耐煩跡象，國會也在為國王提供資金的事情上遭遇重大困難。

由於無法從一個心懷不滿的國會弄到錢，查理二世便秘密地從他的近鄰兼表兄，也就是法國的路易國王那裡借款。他以每年20萬英鎊的代價出賣了他的新教盟友，還暗自得意地嘲笑著國會的那幫傻瓜。

經濟上的獨立使查理國王一夜之間獲得了自信。他曾在自己的天主教親戚間度過了漫長的流亡歲月，對親戚們的宗教信仰不免也產生了一種難以言喻的好感。也許，他能夠使迷途的英格蘭回到羅馬教會的身邊。查理頒佈了一項「赦罪宣言」，取消了那些壓制天主教徒與不信國教者的舊法律。這一行動正好發生在人們紛紛傳言查理的弟弟詹姆斯成為了一名天主教徒的時候，大街上的人們難免用狐疑的目光緊張地關切著事態的發展，他們開始畏懼這又是一個教皇策劃的可怕陰謀。一股潛藏的騷動在島上悄悄蔓延，不過大部分人還是希望能制止另一場內戰的爆發。對他們來說，他們寧願要王室的壓迫與一位信奉天主教的國王。是的，即便這意味著神聖君權重來！可他們更不願面對新一輪同種族的自相殘殺。然而另一群人沒這麼寬厚，他們屬於經常遭受恐懼的不信國教者，可在對待自己的信仰上卻深具勇氣。領導這群人的是幾個才智傑出的貴族，他們不願意回到絕對王權的舊日子。

在接近10年的時間裡，這兩大陣營相互對壘。其中之一被稱為「輝格」黨，代表反抗國王的中產階級的利益；他們之所以得到這個可笑的名字，是因為在1640年的時候，蘇格蘭長老會的神職人員帶領了一大幫輝格莫人（即馬車夫）向愛丁堡進軍，去反抗國王。另一派叫「托利」黨，「托利」原用於稱呼愛爾蘭反王室人士，現在用在國王的支持者們身上，頗具諷刺意味。雖然輝格黨與托利黨互不相讓，但雙方皆不願製造一場危機。他們耐心地讓查理二世終老天年，安靜地死於床榻，並且也容忍了信奉天主教的詹姆斯二世於1685年繼任他的哥哥的位置當上了英國國王。不過當詹姆斯先是設立一支「常備軍」（這支軍隊由信奉天主教的法國人指揮），將國家置於外國干涉的嚴重危險之下，後於1688年頒佈第二個「赦罪宣言」，強令在所有的國教教堂宣讀，他的絕對權力未免越出了一個合理的界限。這條界限是只有那些最受愛戴的統治者在非常特殊的情形下才被允許偶爾超越的，而詹姆斯既不受歡迎，也非情勢緊迫。人們開始公開地流露不滿，有七位主教拒絕宣讀國王的命令，而後被控以「煽動

性誹謗罪」，受到法庭審判。當陪審團大聲宣佈被控者「無罪」時，引來公眾鋪天蓋地的掌聲與喝彩。

　　正巧在這個不幸的時刻，詹姆斯（他在第二次婚姻中娶了信奉天主教的摩德納伊斯特家族③的瑪麗亞為妻）有了一個兒子，這意味著日後繼承詹姆斯王位的將不是他的新教徒姐姐瑪麗或安娜，而是一個天主教孩子。人們的疑心再度滋長。摩德納伊斯特家族的瑪麗亞年歲已大，看上去不像會生兒育女！這是巨大陰謀的一部分，肯定是某個用心險惡的耶穌會教士將這個身世離奇的嬰兒偷偷帶進皇宮，好讓未來的英國有一位天主教君主。流言紛紛揚揚，越傳越離譜。此時，來自輝格和托利兩黨的7位著名人士聯合給詹姆斯的長女瑪麗的丈夫，亦即荷蘭共和國的首腦威廉三世去信，邀請他來英格蘭接替雖然合法但完全不受歡迎的詹姆斯二世做英國國王。

威廉肖像
版畫 17世紀

這幅版畫表現了威廉受邀前往英國接任的情形。由於對信仰天主教的國王詹姆斯二世的不滿，英國的清教徒邀請威廉入主英國。經過一場未流血的政變，威廉接管了王權，詹姆斯則出逃法國。

註③ 義大利王公世家。
註④ 1689年10月英國議會通過的限制國王權力的法案，是「光榮革命」的重要成果。

君主、議會及責任內閣

　　1688年11月15日，威廉在托貝登陸。由於不希望讓自己的岳父成為另一個殉難者，威廉幫助他安全逃到了法國。1689年1月22日，威廉召開國會會議。同年2月23日，威廉宣佈與自己的妻子瑪麗一起成為英國國王，終於挽救了這個國家的新教事業。

　　此時的國會早已不再僅僅是國王的諮詢機構，它正好利用這個機會獲得更大的權力。先是1628年的舊版《權利請願書》從檔案室裡某個早被遺忘的角落裡被翻了出來。接著又通過了第二個更嚴格的《權利法案》④，要求英格蘭君主必須是信奉國教的人。不僅如此，該法案還進一步宣稱國王沒有權力擱置或取消法律，也沒有權力允許某些特權階層不遵守某項法律。它還強調說：「沒有國會的同意，國王不得擅自徵稅，也不得擅自組織軍隊」。就這樣，在1689年，英格蘭已經獲得了其他歐洲國家聞所未聞的自由。

　　不過，並非僅僅因為這些自由開明的政策，威廉的統治時期才被英國人記憶至今。在他生前，首度採用了一種「責任」內閣的政府體制。當然，沒有哪位國王能獨自治理國家，即便能力極其出眾的君主也需要一些信得過的顧問。都鐸王朝就有著全部由貴族和神職人員組成的著名的「大顧問團」。不過這個團體慢慢變得過分龐大

臃腫，後來便以一個小型的「樞密院」取而代之。隨著時間流逝，由於這些樞密官時常到宮殿的一間內室去覲見國王，商討治國大計，這種作法漸漸成為一種習慣，因此，他們被稱作「內閣成員」。又過了不久，「內閣」這一名詞就大行於世了。

與先於他的大部分英國君主一樣，威廉也從各個黨派中挑選自己的顧問。但隨著國會的勢力日漸強大，威廉發現當輝格黨佔據國會的多數時，想在托利黨人的幫助下推行自己的政策幾乎是不可能的。於是，托利黨人被清除出局，由清一色的輝格黨人組成整個內閣。過了些年，等到輝格黨人在國會失勢，國王出於行事方便的考慮，又被迫向托利黨的領袖們尋求支援。一直到他1702年死去為止，威廉由於一直忙於和法王路易交戰，無暇治理國內朝政。事實上，所有重要的國內事務都交給了內閣去處理。1702年威廉的妻妹安娜繼位之後，這種情形依然不變。1714年安娜去世（她的十七個子女都很不幸地先她而死），英格蘭的王冠落到了詹姆斯一世的外孫女蘇菲的兒子，亦即漢諾威家族的喬治一世頭上。

作為一位粗俗的君主，喬治從未學過半句英語。英國這套複雜的政治制度如同深奧的迷宮，讓他茫然無措。他把所有的事情一股腦地丟給自己的內閣，遠遠地躲開閣員們的會議。由於一句話都聽不懂，出席這些會議對他不啻於一種折磨。就這樣，內閣養成了不打擾國王陛下而自行治理英格蘭與蘇格蘭的習慣（1707年，蘇格蘭的國會與英國國會合併）。與此同時，喬治則情願大部分時間都待在歐洲大陸上，悠哉遊哉地打發時間。

在喬治一世和喬治二世統治期間，一系列傑出的輝格黨人組成了國王的內閣，其中羅伯特·沃波爾爵士主政長達21年。輝格黨的領袖們因此被公認為不僅是責任內閣的首腦，而且是把握國會權力的多數黨。喬治三世繼位後，試圖重新控制權力，將政府實際事務從內閣手中奪回，但他的努力帶來的災難性後果使他的繼任者們再也不敢做類似的嘗試。所以從18世紀初期開始，英國便擁有了一個代議制政府，由責任內閣成員負責處理國家事務。

事實上，這個政府並不能代表所有社會階層的利益。全英國擁有選舉權的人還不到總人口的十二分之一。不過，它為現代的議會制政府打下了最初的基礎。藉助一種平穩而有序的方式，國會剝奪了國王的權力，將它交到一個人數日益增長、廣受歡迎的民眾代表團手中。此舉雖然談不上是開創了一個太平盛世，但它確實使英國免遭激烈革命的動盪。要知道，在17、18世紀的歐洲，革命雖然摧毀了專制王權，但同時也帶來了災難性的流血後果。

議會大印章
1651年

這個印章用來印在官方文件上，以證實其真實性，它顯示了1651年的議會中議長主持會議時的情況。

權利均衡

路易十四時期，法國的「神聖君權」空前膨脹，只有新出現的「權力均衡」原則制約著國王的野心。

　　與上一章相對照，讓我告訴你們在英國人民為自由而戰的那些年月裡，歐洲大陸的法國都發生了些什麼。在歷史上，恰當時間、恰當國家及恰當人選間的愉快組合是極為少見的，可在法國，路易十四的出現正是這一理想狀態的完美實現。不過對歐洲其他地區和人民來說，沒有他，大家的日子都會好過一點。

　　當時，法國是歐洲人口最稠密、國力最興旺發達的國家。當路易十四登基時，馬札蘭與黎塞留這兩位偉大的紅衣主教剛把古老的法蘭西王國整頓成17世紀強有力的中央集權國家，而路易十四本人也堪稱出類拔萃、才智超群。就拿我們這些20世紀的人們來說，不管是否意識到我們一直生活在太陽王時代輝煌記憶的包圍之中，路易十四的宮廷所創造的完美禮儀和高雅談吐，直到現在仍然是我們社交生活的基礎與最高標準。在外交領域，法語依然作為國際會議的官方語言而常盛不衰。因為早在2個世紀以前，法語在優美措辭與精巧表達方面，就已達到登峰造極的境界。路易十四的劇院至今仍是我們學習戲劇藝術的典範，在它面前，我們只能自嘆天賦駑鈍、才學有限。在太陽王統治時期，法蘭西學院（由黎塞留首創）開始在國際學術界佔據首屈一指的地位，其他國家則紛紛仿效以示崇敬之意。如果有足夠的篇幅，我們還可以把這張單子無限制地開列下去。就連我們現代的功能表用的都是法語，這絕非偶然。高雅的法式烹調藝術是人類文明的最高表現形式之一，它最初的出現就是為滿足這位偉大君主的口腹之慾。總之，路易十四執政的時代是人類歷史上一個極其絢麗豪華、溫文高雅的時代，至今仍能教給我們許多東西。

　　很不幸的是，在這幅輝煌燦爛的圖景背後，還存在著令人沮喪的陰暗面。國際舞台上的大放異彩，往往意味著國

太陽王的標誌
法國 1662年

　　路易十四以太陽作為他個人的標誌。他稱頌太陽是「唯一發光的物體，照亮了其他星球，為各地帶來了幸運。」

THE
STORY
OF
MANKIND

路易十四的外交
克勞德·甘·海利 油畫 17世紀

這幅畫作表現的是路易十四於1685年，在凡爾賽宮的鏡子大廳中歡迎前來進行國事訪問的熱那亞總督。路易和他的眾臣僕們的華貴與從容和來訪客人的緊張畏怯，就像他們的著裝一樣，形成了鮮明的對比。

內的悲慘與災難，而路易十四的法國也不例外。1643年，路易繼承他的父親為法國國王，後於1715年去世。這一簡單的歷史事實，意味著法國政府在長達72年的時間裡由一人獨攬大權，幾乎跨越了整整兩代人的時間。

我們必須充分理解「一人在上」這一概念。在歷史上，有許多國家建立過被我們稱為「開明專制統治」的高效獨裁制度，而路易十四正是這一特殊制度的首創者。他並不是那種僅僅扮演君主角色，而把國家事務當成愉快郊遊的不負責任的統治者。事實上，開明時代的君主們嚴謹治國、工作勤奮遠甚於他們的任何臣民。他們日理萬機，晚睡早起，在緊緊抓住允許他們任意行事的「神聖君權」的同時，也強烈感受到隨之而來的「神聖的職責」。

當然，國王不可能事必親躬，憑一己之力處理所有的問題。他必須組織一群助手和顧問來輔佐自己，比如一兩個將軍、

註① 1648年10月24日，神聖羅馬帝國、法國、瑞典及其他新教國家在威斯特伐利亞的明斯特城簽訂的和約。三十年戰爭（1618～1648年）就此結束。

三五個外交政策的專家、一小撮精打細算的財政顧問與經濟學家。不過這些高級顧問只能向國王提出建議，而後按陛下的意旨行事，他們並無自己的獨立意志。對廣大老百姓來說，他們的神聖君主事實上就代表著整個國家與政府。祖國的榮耀變成了某個王朝的榮耀，這與美國的民主觀念是正好對立的。法蘭西事實上成為了由波旁王朝所治、為波旁王朝所享、為波旁王朝所有的國家。

這種君主專制所帶來的害處是顯而易

見的。國王就是一切,「朕即國家」,而國王之外的所有人則化為烏有。年高德劭的老派貴族逐漸退出了政治舞台,被迫放棄他們以前享有的外省管理權。如今,一個手上沾滿墨水的皇室小官僚端坐在遙遠巴黎的某幢政府建築綠意盎然的窗後,執行著一百年前由各地封建主自行擔負的職責。而那些被剝奪工作的封建主們則遷居巴黎,在路易十四高雅宜人的宮廷盡情娛樂身心、陶冶才藝,過著悠閒而無用的生活。不久之後,他們的莊園便患上了一種非常危險的經濟病,即眾所周知的「不在地主所有制」。在不到一代人的時間裡,原來那個工作勤奮刻苦的封建主階層消失了,取而代之的是一個遊盪在凡爾賽周圍風度翩翩但無所事事的有閒階級。

當威斯特伐利亞條約①簽定的時候,路易十四正好10歲。這一終結30年戰爭的條約,同時也終結了哈布斯堡王朝在歐洲大陸的統治地位。一個像路易這樣才高志遠的青年當然會利用這個機會,來使自己的王朝取代從前的哈布斯堡王朝,成為歐洲的新霸主,這是可以想見的。1660年,路易迎娶了西班牙國王的女兒瑪麗亞·泰里莎。當他半瘋癲的岳父,也是哈布斯堡王室西班牙分支的菲利普四世一死,路易馬上宣佈西班牙治下的尼德蘭(今比利時)為其妻子的嫁妝之一,現歸法國所有。這樣的無理要求當然會給歐洲和平帶來災難性的後果,因為它威脅到新教國家的安全。在尼德蘭七省聯盟的外交部長揚·德維特的領導之下,歷史上第一個偉大的國家聯盟,即荷蘭、英國、瑞典的三國同盟於1664年宣告成立,不過它並未維持太長的時間。路易十四用金錢和許諾收買了英國的查理國王及瑞典議會,讓他們袖手旁觀,被盟友們出賣的荷蘭只得獨自面對危險命運。1672年,法國軍隊侵入這個低地國家,勢不可擋地朝荷蘭腹地挺進。於是,堤防再度開啟,法蘭西太陽王像以前的西班牙人一樣,深陷在荷蘭沼澤的淤泥中。1678年簽定的尼姆威根和約不僅沒解決什麼問題,反而招致了另一場戰爭。

第二次侵略發生在1689至1697年間,最終以里斯維克和約宣告收場。但它並未給予路易十四夢寐以求的統治歐洲的地位。雖然路易的老對頭揚·德維特不幸死於荷蘭暴民之手,可他的繼任者威廉三世(荷蘭執政者,後成為英國國王,見上一章)繼續挫敗了路易十四成為歐洲之主的種種努力。

1701年,西班牙哈布斯堡王族的最後一位國王查理二世一死,一場爭奪西班牙王位的戰爭便如火如荼地展開了。1713年的烏得勒支和約仍未解決任何問題,但這場戰爭卻使得路易十四瀕臨財政破產的邊緣。在陸戰中,法軍雖取得了勝利,可英國與荷蘭的海上聯軍使法國贏得整場戰爭的美夢最終化為泡影。另外,透過這次長期的較量,催生了一個新的國際政治的基本原則:即從今往後,不可能再由一個國家來單獨統治整個歐洲及整個世界,任何時候都不可能。

這就是所謂的「權力均衡」原則。它並不是一條成文的法律,但在3個世紀裡,像自然法則一樣受到了各個國家的嚴格遵

守。提出這一觀念的人士認為，歐洲在其民族國家不斷發展茁壯的階段，只有當整個大陸的各種矛盾與利益衝突處於絕對平衡的狀態時，才能存續下去，絕不能允許某個單獨的勢力或王朝主宰歐洲其他國家。在30年戰爭期間，哈布斯堡王朝就成為了這一法則的犧牲品。不過，他們是不自覺的犧牲者。喧聲震天的宗教論爭掩蓋了潛藏在衝突之下的真正涵義，以至於人們並不能好好把握這場戰爭的實質。不過從那時開始，我們看到了對於經濟利益的冷酷考慮與算計是如何在所有國際事務中佔據壓倒一切的重要地位的。我們開始發現一種新型政治家的誕生，這是些精明務實、手持

路易十四的大典
油畫 法國 17世紀

在巨人的工芭前，路易十四止在為其皇儲舉行盛大的生日慶典。騎兵和步兵演變著方陣，接受國王和圍觀者的檢閱。

計算尺和現金出納機的政治家。揚·德維特是這個新型政治學校的首位成功的倡導者和教師。威廉三世則是它的第一名優秀畢業生，而路易十四儘管擁有無比的名望和輝煌，卻成為第一個自覺的受害者。從那個時代開始，還有許多人重蹈他的覆轍。

俄國的興起

一個關於神秘的莫斯科帝國
在歐洲巨大的政治舞台突然崛起的故事

斯拉夫人

　　你知道，哥倫布發現美洲是在1492年。同年的早些時候，一位名為舒納普斯的提洛爾人，攜著幾張寫滿了對他本人的高度讚譽之辭的介紹函，為提洛爾地區大主教率領一支科學遠征隊前往蠻荒的東方考察。他本想去到傳說中神秘的莫斯科城，但未獲成功。當他千辛萬苦抵達人們依稀覺得是坐落在歐洲最東邊的莫斯科帝國的邊界時，他被毫不客氣地被拒之門外。外國人不許入內，這是當時這個神秘帝國的規矩。舒納普斯只得掉頭前往土耳其異教徒控制下的君士坦丁堡，走馬看花地考察一番，以便回去後能給主教大人呈上一份至少有些內容的探險報告。

　　61年後，英國的理查·錢塞勒船長試圖找尋通往印度的東北航道，船被疾風刮進北海，陰差陽錯地到了德維內河的入海口。他在霍爾莫戈里發現的村落，離1584年建立阿爾漢格爾城的地點只有幾小時的路程。這一回，外國來訪者們被邀請到了莫斯科，觀見了統治莫斯科帝國的大公陛下。當錢塞勒重返英格蘭的時候，隨身帶回了一紙俄羅斯與西方世界第一次簽定的通商條約。很快地，其他國家紛紛循跡而至，有關這片神奇土地的真相也開始為世人瞭解。從地理上說，俄國是一片遼闊無際的大平原，橫貫其間的烏拉爾山脈低矮平緩，無法構成對入侵者的防禦屏障，流淌在這片平原上的大河寬闊而清淺，是遊牧民族理想的放牧之地。

　　當羅馬帝國經歷著幾度興亡盛衰、過眼雲煙之時，早就離開中亞故土的斯拉夫部落正在德涅斯特河與第聶伯河之間的森林與草場漫無目的的往來遊蕩，尋找水草豐美的放牧之所。希臘人偶爾遇見過這些斯拉夫人，西元三、四世紀的旅行者也曾提到過他們。要不然，他們的行蹤也

THE
STORY
OF
MANKIND

將和1800年的內華達印第安人一樣，根本不為外界所知。

　　不幸的是，一條便利的商路縱貫了這個國家，擾亂了這群原始居民和平寧靜的遊牧生活。該商路是連接北歐與君士坦丁堡的主要道路，它沿波羅的海至涅瓦河口，穿過拉多加湖，順沃爾霍夫河南下，之後橫渡伊爾門湖，溯拉瓦特小河而上，再通過一段短暫的陸路行程至第聶伯河，最後沿第聶伯河直下黑海。

　　斯堪地納維亞人最早發現這條路線。在西元9世紀的時候，他們開始在俄羅斯北部定居，就像其他北歐人為獨立的法國和德國打下了最早的根基一樣。不過在西元862年，北歐人有三兄弟渡過波羅的海，在

俄羅斯平原上建立了3個小國家。三人裡面，一個叫魯里克的活得最長。他吞併了兩位兄弟的國土，在北歐人首次到達該地20年後，建立起第一個以基輔為首都的斯拉夫王國。

　　由於從基輔到黑海只需很短的路程，不久後，一個斯拉夫國家出現的消息便在君士坦丁堡流傳開來。這意味著熱切饑渴的基督傳教士們又有了一片傳播耶穌福音的處女地。他們放手大幹起來。拜占廷的僧侶紛紛沿第聶伯河溯流而上，很快就深入了俄羅斯腹地。他們發現，這兒的人民居然還崇拜著一些居住在森林、河流及山洞裡面的奇怪神祇。於是，僧侶們便跟他們講解耶穌的故事，勸他們皈依。這裡確實是傳教的好地方，因為羅馬教會的人正忙於教化野蠻的條頓人信仰基督，無暇理會遙遠的斯拉夫部落，無人競爭的拜占廷傳教士們於是毫不費力地收編了他們。就這樣，俄羅斯人很自然地接受了拜占廷的信仰，接受了拜占廷的文字，並從拜占廷吸取了關於藝術和建築的最初知識。由於拜占廷帝國（東羅馬帝國的遺跡）已經變得非常東方化，失去了它原有的歐洲特點，俄羅斯受其影響，相應地蒙上了許多東方的色彩。

蒙古入侵

　　從政治上講，這些在遼闊的俄羅斯平原興起的國家命運多舛，遭遇了許多困難和折磨。按北歐習俗，父親留下的遺產總是由所有兒子平分。待父親一死，一個建立時本來就面積不大的國家被分為七八份，而兒子們又循例將自己的財產分給下一代子

俄羅斯的起源
房龍 手繪圖

俄國的興起 chapter 46

孫。在此情形下，這些相互競爭的小國總是陷於彼此的爭吵與內鬥中，於是，混亂成了當時唯一的秩序。當火光映紅東方的地平線，告訴人們一支亞洲蠻族入侵的消息時，局面已變得無可挽回。這些小國實力太弱，又過於分散，面對強大的敵人根本無法組織起像樣的防禦或反攻。

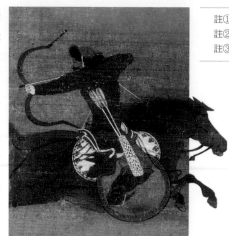

蒙古騎兵
中國畫 14世紀

蒙古騎兵素以善騎著稱，這招反身使箭幾乎所有的蒙古騎兵都會使用。

正是在1224年，韃靼人的第一次大規模入侵發生了。偉大的成吉思汗在征服中國、布拉哈①、塔什干②及土耳其斯坦③後，終於首度率領蒙古騎兵造訪了西方。斯拉夫軍隊在卡拉卡河附近被徹底擊潰，俄國的命運握在了蒙古人的手中。不過正如其從天而降一樣，他們突然間又消失了。13年後，也就是1237年，蒙古人重返俄羅斯。在不到5年的時間裡，他們征服了俄羅斯平原上的每一個角落，成為了這片土地的主宰。直到1380年，莫斯科大公德米特里‧頓斯科夫在庫利科夫平原擊敗蒙古騎兵，俄羅斯人才再度獲得了獨立。

算起來，俄羅斯人用了整整2個世紀的漫長時間，才將自己從蒙古人的枷鎖中解放出來。這是一個多麼沉重、多麼不堪忍受的枷鎖啊！它將斯拉夫農民變成了可悲的奴隸，要想活命，俄羅斯人只能乖乖匍匐在他們骯髒的蒙古主人腳下。這些黃種人端坐在俄羅斯南部草原的帳篷中，朝他們的奴隸吐著唾沫，享受著真正主人的地位。這把枷鎖使俄羅斯人民的榮譽感與尊嚴感蕩然無存，它使得饑餓、痛苦、虐待和肉體的責罰成為俄羅斯人的家常便飯，直至每一位俄羅斯人，不管農民還是貴族，變得像一條條筋疲力盡的喪家之犬，因常常被抽打責罰而嚇破了膽子，未經主人許可甚至連搖尾乞憐也不敢。

逃跑是不可能的。韃靼可汗的騎兵迅疾而無情，無盡延伸的大草原不會給任何人逃到鄰近安全地區躲藏的機會。你還沒跑出多遠，就能聽到身後越來越近的蒙古追兵的馬蹄聲。所以只能默默承受黃種主人決定加諸給他們的任何折磨，否則只有死路一條。當然，歐洲應該出面幫助可憐的斯拉夫人，不過當時的歐洲正忙於自身的家務事，教皇和皇帝吵著開戰啦，鎮壓形形色色的異端份子啦，哪兒能想到正陷於水深火熱中的斯拉夫人呢？他們將斯拉夫人留給命運，迫使他們自己尋求拯救之道。

THE
STORY
OF
MANKIND

俄羅斯最終的「救星」來自早年北歐人建立的諸多小國之一。它坐落在大平原的心臟地帶，其首都莫斯科建築在莫斯科河畔一座陡峭的山岩上面。這個小公國靠著時而在必要時討好韃靼人，時而在安全限度內對其稍加反抗，並於14世紀中期確立起自己民族領袖的地位。必須記住一點，韃靼人完全缺乏建設性的政治才能，僅僅是從事毀壞的「天才」。他們不斷征服新土地，主要目的是為了源源不斷地得到歲貢。因為必須採用徵稅的方式，韃靼人不得不允許舊政治組織的某些殘餘繼續發揮作用。也因為這樣，俄羅斯的許多小城蒙大汗之恩存續下來，以便作為徵稅人，為充實韃靼可汗的國庫而掠奪鄰近地區。

沙皇伊凡像

肖像畫 俄國 16世紀

沙皇伊凡·瓦西列維奇曾竭力向臣民強調他至高無上的權利。無論是散步還是出巡，隨處碰見什麼人，只要他願意，就下令斬首，人頭還要擲在腳前。人們生活在如此環境中，景況是可想而知的。

沙皇

莫斯科公國以犧牲鄰居們的利益為代價，將自己發展壯大，最後，它終於積累了足夠的實力，可以公開反叛他的韃靼主子，而它也確實做得相當成功。莫斯科公國作為俄羅斯獨立事業的領袖聲望，很快便在仍盼望光明未來的斯拉夫部落中傳播開來，他們將莫斯科視為本民族的聖城和中心。西元1453年，君士坦丁堡被土耳其人攻陷。10年之後，在伊凡三世的治理之下，莫斯科向西方發出了一個明確的信號，即斯拉夫民族對拜占廷帝國及君士坦丁堡的羅馬帝國傳統享有世俗與精神上的雙重繼承權。一代人之後，在伊凡雷帝統治時期，莫斯科公國的大公已經強大到敢於僭越凱撒的名號，自稱沙皇，並要求西方各國的承認。

1598年，隨費奧特爾一世去世，北歐人魯里克的後裔們所執掌的老莫斯科王朝宣告終結。在接下來的7年裡，一半韃靼血統、一半斯拉夫血統的鮑里斯·哥特諾夫成了新沙皇，他執政的時代決定了俄羅斯人民的未來命運。俄羅斯雖地域遼闊、土地富饒，但整個國家卻異常貧窮。這裡既無貿易也無工廠，它為數不多的城市若按歐洲標準衡量，實際上不過是一些骯髒的村鎮。這一個由強有力的中央集權及大量目不識丁的文盲農民所構成的國家。其政府受到斯拉夫、斯堪地納維亞、拜占廷及韃靼影響，是一個奇怪的政治混合體。除國家利益，它對其餘的一切都漠然視之。為保衛這個國家，政府需要一支軍隊；為徵集稅收來供養軍隊，為士兵發餉，它又需要國家公務員；為向大大小小的公務員支付薪水，它又需要土地。不過在東部和西部的遼闊荒原上，土地是最不愁供應的廉價商品。可若無適當的人力來經營土地、飼養牲畜，土地便毫無價值。因此，舊日的遊牧部落被接連剝奪掉一項又

一項的權利，最終在17世紀初葉，正式淪為了土地的附庸。俄羅斯農民從此不再是自由民，而被迫變成了農奴。一直到1861年，他們的命運已悲慘得無以復加，以致紛紛死去時，這個國家的統治者才開始重新考慮他們的命運。

在17世紀，這個新興國家的國土處在不斷擴張之中，向東迅速延伸到西伯利亞。隨著實力日長，俄羅斯終於成為其他歐洲國家不得不加以正視的一支力量。1613年，鮑里斯·哥特諾夫去世，俄羅斯貴族從他們自己人當中推選出了新沙皇。此人是費奧特爾的兒子，即羅曼諾夫大家族的米歇爾，一直住在克里姆林宮外的一所小房子裡。

1672年，米歇爾的曾孫，另一位費奧特爾的兒子彼得出世。當這個孩子長到10歲時，他同父異母的姐姐索菲亞繼承王位。於是，小彼得被送到帝國首都郊區的外國人聚居地去生活。耳聞目睹身邊來來去去的蘇格蘭酒吧主、荷蘭商人、瑞士藥劑師、義大利理髮匠、法國舞蹈教師和德國小學教員，使這位年輕的王子產生了一種難以磨滅的早年印象。他模糊地感覺到，在遙遠而神秘的歐洲，有著一個與俄羅斯截然不同的世界。

當彼得17歲時，他突然起事，將姐姐索菲亞趕下王位，自己當了俄羅斯的新統治者。僅僅做一個半野蠻、半東方化民族的沙皇並不能使彼得覺得滿足，他決心要成為一個文明國家的偉大君主。不過，要想把一個拜占廷與韃靼混合的俄羅斯變成一個強大的歐洲帝國，這絕非一夜之工，它需要一雙強有力的手腕和一副睿智清醒的頭腦，而彼得正好兩者兼備。1698年，將現代歐洲移植到古老俄羅斯體內的高難度手術正式開始施行了。最終，病人存活了下來。但過去5年發生的事情（指沙皇俄國的崩潰）向我們表明，它其實一直未能從手術的震驚中真正恢復過來。

瓦西里勒教堂圓形屋頂
攝影 俄國 當代

瓦西里教堂坐落在克里姆林宮牆外，是為紀念1552年「恐怖的伊凡」勝利占領喀山而建立。有8個獨立的小教堂組合成，高低錯落，環繞在聖壇四周。傳說伊凡為了使不再有更富麗的建築出於其右，在竣工時弄瞎了所有參與的建築師。

彼得大帝
德拉羅盧 油畫
1838年

彼得大帝成功地用「休克療法」將古老的俄羅斯帶入了「現代化」。在這幅著名的肖像畫中，面相暴烈的彼得一手持劍、一手拿著世界地圖，顯然這位君主擁有和需要的就是這兩樣：世界眼光和鐵血手腕。

CHAPTER 47

俄國與瑞典之爭

為了爭奪東北歐的霸主地位，俄國與瑞典發生了多次戰爭。

西元1698年，沙皇彼得啟程前往歐洲，開始了他的第一次西歐之行。他取道柏林，前往當時工商業最發達的荷蘭和英格蘭。當他還是個小孩子時，彼得在父親的鄉間池塘裡用自製的小船划水，曾差點被淹死；對水與生俱來的熱情在餘生的歷程裡一直伴隨著彼得。在現實中，這種熱情透過他執著地為俄羅斯這個內陸國家開闢一條通向廣闊海洋的道路而充分表現了出來。

當這位嚴厲而不受歡迎的青年統治者在海外考察期間，一群聚集在莫斯科的舊習俗擁護者們密謀瓦解他的改革。皇室衛隊斯特萊爾茨騎兵團突然發動叛亂，迫使彼得全速趕回國內。他自任最高行政官，將斯特萊爾茨處以絞刑後碎屍萬段，並將全團成員統統處死。叛亂的首犯，彼得的姐姐索菲亞被關進了一座修道院。這樣一來，彼得憑著毫不留情的鐵腕手段大大穩固了自己的政

彼得的剪鬚運動

插圖畫 17世紀

　　俄國人把剪鬍子視為違背上帝的罪孽，但彼得大帝則深信鬍鬚是落後的標誌。彼得的「剪鬚運動」迅速波及全國，為了緩和因此產生的衝突，彼得允許透過上繳高額稅款以保住鬍鬚。

權。1716年，當彼得第二次前往西歐時，相同的事件再度發生了。這次，帶頭作亂的是彼得半瘋癲的兒子阿利克西斯，彼得被迫又一次匆匆從國外趕回。阿利克西斯被活活打死在囚禁他的牢房裡，其餘拜占廷傳統的舊友們則艱辛地跋涉幾千英里，被流放到他們的最後的目的地——西伯利亞的一座鉛礦，在此終老餘生。從此，再也沒有發生過對他不滿的暴動。一直到他死去為止，他得以放手推進其改革。

我們很難按編年順序列出一張沙皇推行改革的清單。他雷厲風行，大刀闊斧，並且不依照任何章法。他火速地頒佈各種法令，僅僅是記錄下來都很困難。彼得彷彿覺得，在此之前發生的一切事情都是全盤錯誤的。所以，必須盡可能在最快的時間裡把整個俄國徹底糾正過來。他的工作確實卓有成效，到死去時，彼得成功地為俄羅斯留下了一支20萬人、訓練有素的陸軍和一支擁有50艘戰艦的海軍。舊的政府體制在一夜間被清除得乾乾淨淨。國家杜馬，即老的貴族議會被解散，取而代之的是沙皇身邊的一個由國家官員組成的諮詢委員會，也被稱為參議院。

俄羅斯被劃分為八大行政區域，即行

聖彼得堡
油畫 俄國 18世紀

當彼得1703年開始修建聖彼得堡時，這裡還是一片
惡臭的沼澤，四周環繞著茂密的森林，野狼和熊四處覓
食。他徵召了無數的勞工在此服役，幾萬人在修建中死
去。在1725年，彼得死時，這裡已經成為了北歐最大、最
輝煌的城市。到18世紀中期，這幅畫中的聖彼得堡儼然
是一個遊覽勝地了。

省。全國各地都在大興土木，修築道路，建
造城鎮。工廠被紛紛設立在最能取悅陛下
的地方，根本不考慮是否接近原材料的產
地。多條運河在開挖之中，東部山脈的礦藏
也得到了開發。在這片充斥文盲和愚昧的
土地上，中小學普遍建立起來，高等教育機
構、大學、醫院及職業培訓學校也如雨後春
筍般出現，為新俄羅斯培養急需的專業技
術人才。荷蘭造船工程師及來自世界各地

的商人和工匠被吸引到俄羅斯定居，印刷
廠紛紛設立，不過所有出版的書籍必須由
嚴厲的皇家官員事先審查。一部新法典面
世了，對社會各階級必須擔負的責任做出
了詳盡的規定。民法與刑法體系也被建立
起來，並印刷成多冊的叢書出版。老式俄羅
斯服裝被明令取締，帝國警察手持剪刀守
候在每一個鄉村路口，一夜間將長髮披
肩、鬍子滿臉的俄羅斯山民變成面容乾淨、
修飾一新的文明西歐人。

　　在宗教事務上，沙皇絕不容忍旁人分
享權力。在歐洲出現過的教皇與皇帝對立
的情形，根本不可能發生於彼得大帝所在
的俄羅斯。1721年，彼得自任俄羅斯教會的
首腦，莫斯科大主教一職被廢除，宗教會議
作為處理國教一切事務的最高權力機構出

現在俄羅斯人的宗教生活中。

不過，舊俄羅斯的傳統勢力在莫斯科還擁有頑固的立足點，必須繞過這一障礙，改革才能取得完全的成效。沙皇決定將政府遷到一個新首都，建設新都的地址被選在波羅的海沿岸不宜人居的沼澤地帶。1703年，彼得開始改造這片土地，40萬農民花費數年時間艱苦施工，為這座平空而起的帝國城市打好了地基。瑞典人對俄國發動攻擊，企圖摧毀這座雛形中的城市。惡劣的生活條件再加上疾病蔓延，使得成千上萬參與築城的農民死去，但工程仍頑強繼續著。歷經一個個寒暑，一座完全出於人工和個人意志的城市終於在波羅的海邊矗立起來。1712年，它正式被宣佈為「帝國首都」。又過了十幾年，它已擁有7.5萬居民。每年2次氾濫的涅瓦河水將該城淹沒在一片泥漿之中，但彼得無可動搖的堅強意志戰勝了大自然，堤壩和運河被修建起來，洪水不再危害城市。當彼得於1725年告別人世時，聖彼得堡已經成為北歐最大、最輝煌的城市。

一個危險對手的突然間崛起當然會使它的鄰居們感到極大的不安和壓力。從彼得這方面來說，他也長期注視著他的波羅的海對手瑞典王國的一舉一動。1654年，30年戰爭的英雄瑞典國王古斯塔夫·阿道爾豐斯的獨生女克莉斯蒂娜宣佈放棄王位，前往羅馬去虔誠侍奉天主。古斯塔夫的一個新教徒侄子（查理十世）從瓦薩王朝末代女王手裡繼承了王位。在查理十世和查理十一世的精心治理下，新王朝將瑞典王國帶向了一個興旺繁榮的高峰。不過在

1697年，查理十一世因病猝死，繼承他王位的是年僅15歲的小男孩查理十二世。

這是北歐諸國期待已久的大好機會。在17世紀發生的激烈宗教戰爭中，瑞典靠犧牲鄰居們的利益獨自坐大，現在是鄰邦們上門索債的時候了。大戰迅速爆發，一方是由俄國、波蘭、丹麥、薩克森組成的聯盟，另一方是孤軍苦戰的瑞典。1700年11月，著名的納爾瓦戰役被打響。彼得麾下缺乏訓練的新軍遭到了查理率領的瑞典軍隊毀滅性的打擊。查理是那個年代最偉大的軍事天才之一。在擊敗彼得後，他迅速掉轉矛頭去迎擊其他敵人，不給他們絲毫喘息的機會。在接下來的9年裡，他長驅直入，一路燒殺砍焚，摧毀了波蘭、薩克森、丹麥及波羅的海各省的大量城鎮村莊。此時，彼得卻在遙遠的俄羅斯養精蓄銳，加緊操練他的士兵。

結果在1709年的波爾塔瓦戰役中，俄國人一舉擊潰了精疲力竭的瑞典軍隊。面對慘敗，查理並不氣餒，他依然是歷史舞台上的一個高度形象化的人物，一個帶有浪漫色彩的傳奇英雄，不過他勞而無功的復仇行動卻把自己的國家一步步引向了毀滅。1718年，查理因意外事故或被刺身亡（具體情形不詳）。到1721年簽定尼斯特茲城和約時，瑞典除繼續保留芬蘭外，喪失了此前在波羅的海地區擁有的全部領土。彼得苦心締造的新俄羅斯帝國終於成為北歐地區的第一強國。不過，有一個新對手正在悄然崛起之中，它就是德意志地區的普魯士帝國。

CHAPTER 48

普魯士的崛起

在日耳曼北部的荒寒地區，一個名為普魯士的國家突然崛起。

普魯士的歷史，是一部歐洲邊疆地區的變遷史。早在西元9世紀，查理曼大帝即致力將舊有的文明中心從地中海地區向歐洲東北部的荒僻地區轉移。他的法蘭克士兵依靠武力，使得歐洲的邊界一步步向越來越遠的東方推移。他們從異教的斯拉夫人和立陶宛人手裡奪取了許多土地。這些土地大部分位於波羅的海與喀爾巴阡山之間的平原地帶。法蘭克人不太經意地管理著這些邊遠地區，猶如美國在尚未立國前管理它的中西部領土一樣。

邊境的勃蘭登堡省最初是由查理曼一手設立的，目的是防禦野蠻的撒克遜部落襲擊他的東部領土。定居在這一地區的斯拉夫人分支──文德人在10世紀被法蘭克人征服。文德人原先的集市勃蘭納博後來成為了以此命名的勃蘭登堡省的中心。

在11到14世紀裡，一系列貴族家族作為帝國總督管理著這個邊境省分。最後在15世紀，霍亨索倫家族異軍突起，成為了勃蘭登堡的選帝侯。他們苦心經營，開始將這個貧瘠荒涼的邊疆地區一步步改造成現代世界最精幹、管理最有效率的帝國之一。

剛被歐洲列強及美利堅合眾國趕下歷史舞台的霍亨索倫家族（指第一次世界大戰德國戰敗，霍亨索倫家族的德意志皇帝退位），原本來自德國南部地區，家族出身非常低微。西元12世紀，霍亨索倫家族的弗雷德里克藉由一樁幸運的婚姻，爬上了勃蘭登堡城守將的職位，邁出了飛黃騰達的第一步。從此，他的子孫們利用一切機會增強自己的勢力。經過幾個世紀的苦心攀爬與巧取豪奪，霍亨索倫家族居然當上了選帝侯。選帝侯即授予那些有權當選舊日耳曼帝國皇帝的王公貴族們的名號。在宗教改革時期，他們站在新教徒陣營，到17世紀早期，霍亨索倫家族已經成為北日耳曼最有權勢的王侯之一。

在悲慘的30年戰爭期間，新教徒和天主教徒以相同的狂熱多次劫掠了勃蘭登堡與普魯士。不過在選帝侯弗雷德里克·威廉的悉心統治下，普魯士不僅迅速治癒了戰爭創傷，並且聰明地調動

起國內一切經濟與智慧的力量，很快建立起一個人盡其材、物盡其用的新國家。

現代普魯士是一個個人抱負與願望完全和社會整體利益融為一體的國家。它的創立要歸功於弗雷德里克大帝之父——弗雷德里克·威廉一世。此人是一個埋頭苦幹、節儉勤勉的普魯士軍士，熱愛庸俗的酒吧故事及氣味濃烈的荷蘭煙草，而對一切華麗服飾和女人氣的花邊羽毛（特別是來自法國的）懷有深厚的敵意。他只有一個信念，即恪盡職守。他對自己嚴厲，對下屬們的軟弱行徑也絕不寬容，無論此人是將軍還是士兵。他和兒子弗雷德里克的關係雖說不上勢同水火，但至少也是不融洽的。粗魯氣質的父親與感情細膩、溫文爾雅的兒子格格不入。兒子喜歡法國式的禮儀，熱愛文學、哲學、音樂，而這些都被父親視作為女人氣的表現而加以嚴厲申斥。終於，兩種迥異的性情間爆發了嚴重衝突。弗雷德里克在試圖逃往英國途中被截回，受到軍事法庭的審判。最痛苦的是，弗雷德里克還被迫目睹了幫助他出逃的好友被斬首的全部過程。爾後，作為懲罰的一部分，這位年輕王子被遣送到外省的某個小要塞，在那裡學習日後做一個國王所應掌握的種種治國之道。這也算是因禍得福。當弗雷德里克於1740年登基後，他對於如何治理國家已經成竹在胸。從一個貧家孩子的出生證明到複雜無比的國家年度預算的細枝末節，他都瞭如指掌。

作為一名作者，特別是在他寫作的《反馬基雅維里》一書裡面，弗雷德里克對這位古佛羅倫斯歷史學家的政治觀念表

弗雷德里克大帝
肖像畫 普魯士 18世紀

在繪製這幅肖像畫時，弗雷德里克大帝已到暮年，長期的軍旅生活使他渾身病痛。他在74歲時因冒雨檢閱部隊而感染風寒病故。這位終身如同戰士一般生活著的君王，卻有著深厚的音樂和繪畫修養。也許就是從他開始，冷酷殺戮和對藝術的熱愛，構成了德國軍人的典型氣質。

示了反對和輕蔑。馬基雅維里曾教導他的王侯學生們：為了國家的利益，在必要的時候完全可以運用撒謊和欺詐的手段。可在弗雷德里克心目中，理想的君主應該是人民的第一公僕，他贊成的是以路易十四為榜樣的開明君主專制。不過在現實中，弗雷德里克雖然夜以繼日地每天為人民工作長達20小時，但他卻容不得身邊有任何顧問。他的大臣們無非是一些高級書記員，普魯士是他的個人財產，完全憑他自己的意志施行管理，並且，絕不能容許任何事情干涉國家的利益。

1740年，奧地利皇帝查理六世去世。老皇帝生前曾用寫在一張羊皮紙上的白紙黑字確立了一項嚴正的條約，試圖保護他唯一的女兒瑪利亞‧泰利莎的合法地位。不過，他剛被安葬進哈布斯堡王族的祖墳還沒多久，弗雷德里克的普魯士軍隊就已浩浩蕩蕩開向奧地利邊境，佔領了西里西亞地區。普魯士宣稱，根據某項古老的權利，他們有權佔領西里西亞（甚至整個歐洲中部地區），但這些權利無疑是年代久遠且令人懷疑的。經過多場激烈的戰鬥，弗雷德里克完全吞併了西里西亞。有好幾次，弗雷德里克面臨被擊敗的邊緣，可他在自己新獲得的土地上堅持了下來，打退了奧地利軍隊的所有反擊。

全歐洲都為這個新興強國的突然崛起而深感震驚。在18世紀，日耳曼本來是一個已經敗於宗教戰爭，不被任何人看重的弱小民族。弗雷德里克憑著和彼得大帝相似的意志與精力，使普魯士赫然屹立於世人面前，讓以往的輕蔑一變而為深深的畏懼之情。普魯士的國內事務被治理得井井有條，臣民們沒有絲毫抱怨的理由。以往為赤字所苦的國庫現在逐年盈餘。古老的酷刑被廢除，司法體系正在進一步完善之中。優良的道路、優良的學校、優良的工廠，再加上謹慎清白的細心管理，一切都使人們覺得為國家付出是完全值得的。他們的錢被用在了刀口上，他們的回報也是確實可

見的。

歷經幾個世紀的風風雨雨，一直被法國、奧地利、瑞典、丹麥及波蘭諸國當成爭霸戰場的德國，在普魯士光輝榜樣的感召之下，終於開始重拾自信。而這一切都應歸功於那個身形瘦小、長著勾鼻，成天制服不離身的小老頭。他的面容裡帶著天生的信心與蔑視，對他的鄰邦們說了許多滑稽可笑、但著實令人不快的言語。他在18世紀的外交領域主導了一連串的鬼把戲，竭盡毀謗造謠之能事而全然罔顧最起碼的事實，他要的只是謊言帶來的一點點利益。他雖然寫下了那本《反馬基雅維里》，可他的行動完全是兩碼子事。1786年，他終於大限到來。朋友們全都離他而去，他也沒有子女。他一個人孤獨地死去，身邊只有一個僕人和幾條狗。他愛這些狗甚於愛人類，用他自己的話說，狗永遠知道感恩圖報，並且忠實於牠們的朋友。

CHAPTER 49

重商主義

那些新興的民族國家和王朝是如何使自己發財致富的？

我們已經看見在16、17世紀裡，那些我們至今生活其中的現代國家是如何發展成形的。它們的起源在各個方面來說都是截然不同的，有的是某個國王精心努力的成果，有的則源於偶然，另有一些則是因有利的地理邊界造就的。不過一旦建立起來，它們都無一例外地努力加強自己的內部管理，並試圖對國際事務施加最大限度的影響。當然，所有這些都需要花費大量的金錢。中世紀的國家缺乏強有力的中央集權，它們的生存無法依賴於一個富有的國庫。國王從皇家領地上取得歲收，而國王和國家所需的神聖勞役，則由封建主們自己出錢。在現代的中央集權國家裡，情況卻要複雜得多。老派且不計酬勞的高尚的騎士精神消失了，取而代之的是國家雇傭的政府官員。要維持陸軍、海軍和國內的行政管理體系，其花費往往以百萬計，隨之而來的問題就是——這筆錢該從何而來呢？

在中世紀，黃金和白銀是稀有商品。正如我此前給你講過的，中世紀普通人通常一生都未看見過金幣是什麼模樣，只有居住在大城市的居民才對銀幣司空見慣。美洲的發現以及隨之對秘魯銀礦的開放改變了這一切。貿易中心從地中海地區轉移到大西洋沿岸。老的義大利「商業城市」如熱那亞、威尼斯，喪失了它們經濟上的重要性。新的「商業國家」興起了，黃金和白銀不再成為普通人眼中的神秘之物。

經由西班牙、葡萄牙、英國、荷蘭，貴金屬開始源源不斷地流入歐洲。16世紀歐洲各國擁有一批自己的政治經濟學研究

繁忙的地上與地下生活

波西米亞 1490年

畫面描繪的是庫特納霍拉城市的生活，以及城市中銀礦的開採情形。在中世紀，黃金和白銀是稀有的商品，美洲的發現和對秘魯銀礦的開發則改變了這一切。

THE
STORY
OF
MANKIND

被尊為國家保護神的10世紀的老國王，到了此時期也遍身銀氣，應和著「國富」理論的黃金和白銀才是實際財富的觀點。國庫和銀行裡擁有最多金銀現金的國家，便是最強大的國家，可以統治世界。這種「重商主義」得到了當時歐洲各國毫無保留的認同。

者，他們提出了一個「國富」理論。在他們看來，這個理論不僅完全正確，並且對他們各自的國家都具有最大利益。他們認為，黃金和白銀是實際的財富。因此，國庫和銀行裡擁有最多金銀現金的國家便是最富有的國家。而錢可以武裝甚至購買軍隊，因此最富有的國家當然就是最強大的國家，可以統治世界。

我們把這種理論稱為「重商主義」。它得到了當時歐洲各國毫無保留的接受，就像早期的天主教徒接受奇蹟的存在或現在的美國人相信關稅的魔力一樣。在現實中，重商主義按以下程序操作：為得到最大限度的貴金屬儲備，一個國家必須在出口貿易上爭取盡可能多的盈餘。如果你對鄰邦的出口超出鄰邦對你的出口，它就會欠你的錢，因而不得不將它的黃金付給你抵償債務。因此，你獲利而它損失。作為這種信念的結果，17世紀裡幾乎每一個國家都採取下列經濟政策：

一、盡可能地獲取大量貴重金屬（金、銀）。

二、鼓勵對外貿易優先於發展國內貿易。

三、儘量支援那些將原材料加工成可供出口的製造品的工廠。

四、鼓勵生育，因為工廠需要大量的勞工，而一個農業社會不能提供足夠的勞動力。

五、國家監督貿易與生產的過程，若有必要，可時加以干涉。

在16世紀，查理五世接受了這種「重商主義」理論（當時還是一種全新的觀念），並把它引入到自己統治的歐洲廣大地域。英國女王伊麗莎白也仿效這種作法，法國的波旁王朝，尤其路易十四更是這一教條的狂熱擁護者。他的財政大臣柯爾伯特成為重商主義的「先知」與指路燈，全歐洲都滿懷景仰地尋求他的指導。

在克倫威爾執政時代，整個對外政策其實就是對重商主義不折不扣地貫徹。它實際上是針對英國的富有對手荷蘭而定的，因為承運大部分歐洲日常商品的荷蘭船主們具有某種自由貿易的傾向，這是必須不惜一切代價加以摧毀的。

很容易理解，這樣一種體系對歐洲的

海外殖民地會造成多麼大的災難性影響。處於重商主義籠罩下的殖民地，無非是黃金、白銀、香料的源源不斷地出產地，只能為著宗主國的利益而實施開發。亞洲、美洲、非洲的貴金屬以及這些熱帶國家的原材料，完全被碰巧佔據它們的歐洲國家所壟斷。外人不得進入這些管轄地，也不允許當地人和懸掛外國國旗的商船進行貿易。

毫無疑問，重商主義刺激了某些從未有過製造業的國家的工業發展。它幫助這些國家建起道路，開挖運河，為運輸創造更有利的條件。它迫使工人掌握更熟練的技巧，讓商人擁有更高的社會地位，同時削弱了貴族地主的勢力。

不過在另一方面，它也導致了巨大的災難。它使得殖民地居民成為了最無恥、最殘酷剝削的犧牲品。它使宗主國的普通人民面臨更可怕的生存環境。它在很大程度上助長了世界變成一個充滿火藥味的大兵營，將地球分割成一小塊一小塊的領土和屬地，每一塊都只盯著自己的直接利益，隨時想方設法要摧毀鄰居們的勢力，將它們的金銀攫為己有。它使得擁有財富成為一件無比重要的事情，將「有錢」變成了每一個普通人至高無上、汲汲營求的目標。經濟制度也像外科手術和婦女時裝一樣隨時勢變遷。到19世紀的時候，重商主義終於被拋棄，人們開始擁護一個開放而競爭的自由經濟體系。至少我瞭解的情況是這樣。

道路的建造
佛蘭德人手稿
15世紀

為使遠處的商人方便來此，工人們正在城外建造公路的情景被記錄在了這幅畫。「重商主義」也刺激了一些從未有過製造業的國家的工業發展，為建路、開河提供了條件。

CHAPTER 50

美國革命

後來者居上

為了講述方便，我們必須回溯幾個世紀，重複一下歐洲各國爭奪殖民地戰爭的早期歷史。

在30年戰爭期間及戰爭結束後，有許多歐洲國家以民族或王朝利益為基礎重新建立起來。這就意味著：那些由本國商人和商船貿易公司的資本所支援起來的統治者們，必須為本國商人的利益繼續發動戰爭，在亞洲、非洲、美洲攫取更多的殖民地。

西班牙人和葡萄牙人最早探索了印度洋和太平洋地區。過了100多年的時間，英國人和荷蘭人才如夢初醒，奮起投入這一利潤無窮的競技場。事實證明，這對後來者反而是一個優勢。最初的開創工作不僅艱苦危險，而且耗資甚費，好在已經由別人完成了。更有利的是，早期的航海探險家們由於慣常採用暴力手段，使自己在亞洲、美洲、非洲的土著居民那裡變得惡名昭彰，難怪遲到一步的英國人和荷蘭人會受到朋友甚至救世主般的歡迎。但我不能負責任地說？這兩個國家就比先到者高尚多少。不過他們首先是商人，他們從不讓傳教的考慮因素干涉他們正常的生意。總的說來，所有歐洲人在第一次與弱小民族打交道時，往往都表現得異常野蠻，而英國人和荷蘭人的高明之處在於他們知道在什麼時候適可而止。只要能源源不斷地得到香氣四溢的胡椒、光燦耀眼的金銀和適當的稅收，他們倒是很願意讓土著居民隨心所欲地生活。

因此，他們沒費多大力氣便在世界上資源最富饒的地區站穩了腳。但這一目的剛剛達到，雙方便開始為爭奪更多的領地而大打出手。有一點非常奇怪，爭奪殖民地的戰爭從來不會在殖民地本土上交鋒，而總是發生在3000英里外的海上，由對陣雙

方的海軍來解決問題。這是古代和現代戰爭中一個最有趣的規律（也是歷史上為數極少的至今仍站得住腳的規律之一），即「控制了海洋的國家最終也能控制陸地」。到目前為止，這條法則依然有效。也許現代飛機的出現能改變這種狀況。不過在18世紀，作戰雙方沒有飛行器，因此英國海軍最終為不列顛帝國贏得了幅員遼闊的美洲、印度及非洲殖民地。

17世紀發生在英國與荷蘭之間的系列戰爭，現在已經引不起我們多大的興趣，我不想在此詳述。它像所有實力太過懸殊的戰爭一樣，平淡無奇地以強者最終獲勝作為收場。不過英國與法國（它的另一重要對手）的戰爭對我們理解這段歷史倒更具重要意義。在天下無敵的英國皇家海軍最終擊敗法國艦隊之前，雙方在北美大陸展開了大大小小的多次前哨戰。對於這片遼闊

富饒的國土，英國人和法國人同時宣稱已經發現的一切東西及有待被白種人犀利目光發現的更多東西，將全部歸自己所有。1497年，卡波特在美洲北部登陸；27年之後，喬萬尼·韋拉扎諾拜訪了同一片海岸。卡波特懸掛英國國旗，韋拉扎諾扛著法國國旗。因此，英國和法國都宣佈自己是整個北美大陸的主人。

英法北美之爭

17世紀，10個小規模的英國殖民地在緬因州與卡羅萊納之間建立起來。當時的殖民者通常是一些不信奉英國國教的特殊教派的難民們，譬如1620年來到新英格蘭的新教徒和1681年定居於賓西法尼亞的貴格會教徒。他們形成了一些小型拓荒者社

清教徒的航行

房龍 手繪圖

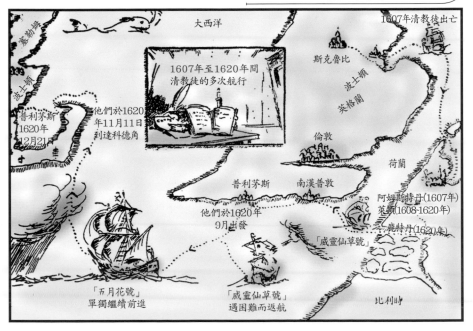

巴黎條約的簽定

諷刺畫 法國 18世紀

畫中的怪異面孔和長尾巴的侍者都是地獄中魔鬼的象徵，在這代表著貪婪和掠奪。經過了七年的戰爭，到1763年，英、法兩國終於簽訂了《巴黎條約》。

的防線，將大西洋沿岸的英國殖民地和幅員遼闊的北美腹地攔腰隔斷。

英國頒發給許多殖民公司的、授予它們「從東岸到西岸全部土地」的土地許可證，面臨著成為一紙空文的危險。文件上寫得非常美妙，但在現實中，大不列顛的領地只能延伸到法蘭西要塞前便戛然而止了。要突破這條防線當然是有可能的，可這需要花費大量的人力和金錢，並引發一系列可怕的邊境戰爭（當後來戰爭真的爆發時，英法雙方都藉助當地印第安部落的武士殘酷謀殺自己的白人鄰居）。

只要斯圖亞特王朝繼續統治著英格蘭，英法之間就沒有發生戰爭的危險。為建立自己的君主專制統治，斯圖亞特王朝需要波旁王朝的鼎力相助。不過到1689年，當最後一位斯圖亞特王室成員從不列顛的土地上消失，英國國王換成了路易十四最頑強的敵人——荷蘭執政威廉。從此開始，一直到1763年簽定巴黎條約，英法兩國為爭奪印度與北美殖民地的所有權展開了長期激戰。

正如我此前說過的，英國海軍在這些大大小小的戰爭中總是能不斷擊敗法國海軍。法屬殖民地被切斷了與母國的聯繫，紛

區，地點通常位於緊靠海岸的地帶。受迫害的人們在此聚集，建立起自己的新家園，在遠離王權監督與干涉的自由空氣中，過著比以往幸福得多的生活。

可另一方面，法國的殖民地卻一直是受國王嚴密控制的皇家屬地。法國嚴格禁止胡格諾教徒或新教徒進入這些殖民地，以防他們向印第安人傳播危險有害的新教教義或妨礙誠實的耶穌會傳教士的神聖工作。因此，相對於鄰居兼對手的法國殖民地來說，英格蘭殖民地無疑奠基於更健康、更紮實的基礎之上。英國殖民地是島國中產階級慣常蓬勃的商業能量的恰當體現，而法國的北美據點裡住著的卻是一批漂洋過海、千里迢迢來服皇家「苦役」的倒楣蛋。他們日夜思念著巴黎舒適的夜生活，總是爭取任何可能的機會快快返回法國。

不過從政治上說，英國殖民地的狀況是遠遠不能令人滿意的。在16世紀，法國人已經發現了聖勞倫斯河口。從大湖地區，他們又一路向南跋涉，終於到達了密西西比地區，沿墨西哥灣建立起數個要塞。經過一個世紀的探索，一條由60個法國要塞構成

紛紛落入英國人的手裡。到巴黎和約簽定時，整個北美大陸變成了英國人的囊中之物。卡蒂蘭①、尚普林②、拉塞里③、馬奎特④等一代代法國探險家辛苦工作的心血全都付之東流了。

獨立宣言

在英國人奪取的這一大片北美土地上，只是很小一部分有人定居。它從美國東海岸的北部一直向南延伸，形成一條窄窄的帶子。北部的麻薩諸塞生活著1620年到達此地的清教徒們（他們在信仰問題上絕不寬容，無論是英國的國教還是荷蘭的喀爾文教義都不能讓他們感覺幸福）；再往南，是卡羅萊納和維吉尼亞（一塊純粹為牟取利潤而專門種植煙草的地區）。不過有一點必須指出，在這片天高雲淡、空氣清新的新土地上生活著的拓荒者們，他們與其國內同胞的性情截然不同。在孤獨無助的曠野荒原中，他們學會了自力更生和特立

獨行。他們是一批刻苦耐勞、精力充沛的先驅者的驕傲子孫，血管裡流動著堅韌旺盛的生存本能。在那個年代，懶漢和閒人是不會冒著生命危險漂洋過海的。以前在自己的祖國，種種的限制、壓抑和迫害使得殖民者們呼吸不到自由的空氣，使得他們的生活變成了鬱鬱寡歡的一潭死水，現在，他們決意要做自己的主人，按自己喜歡的方式行事。而英國的統治階級似乎無法理解這一點。官方對殖民者大為不滿，而殖民者們仍時時感到官方的掣肘，不免暗暗滋生出對英國政府的怨恨來。

怨恨只能引發更多的衝突，但沒有必要在此詳述衝突發生的細節，也沒有必要再扼腕長嘆一次：如果當時在位的是一位比喬治三世聰明一些的國王，或者喬治不是那麼放任他的首相——懶散冷漠的諾思勳爵，局面也許是可以挽回的。事實就是，當北美殖民者意識到和平談判不能解決問

註① 法國航海家（1491～1557年），曾三次赴美探險。
註② 法國探險家（1567～1635年），法屬加拿大首任總督。
註③ 法國探險家（1634～1687年），曾在北美探險，為促進皮毛貿易在大湖區建立要塞。
註④ 法國探險家（1637～1675年），是天主教耶穌會傳教士。

征戰中的華盛頓
約翰・杜魯布林
油畫 美國 18世紀

喬治・華盛頓在普林斯頓戰役中，正筆直地坐在馬背上，他的神情像手中的劍一樣堅毅地指向勝利。

題時，他們便拿起了武器；因為不願意做順民，他們便選擇做叛亂份子。這是需要很大勇氣的，因為一旦被喬治國王的德國雇傭兵俘獲（按當時一個有趣的習俗，條頓王公們經常將整團的士兵出租給出價最高的競標者），他們將面臨死刑的懲罰。

英格蘭與其北美殖民地之間的戰爭一共持續了7年，在大部分之間裡，反叛者似乎完全看不到勝利的希望。有一大批殖民者，特別是城市居民，他們依然效忠於國王。他們傾向於妥協，很樂意發出求和的呼聲。但因為有華盛頓和他的偉大人格，殖民者們的獨立事業才得以堅持下去。

在一小部分勇敢者的強力配合下，華盛頓指揮著他裝備奇差但頑強無比的軍隊，不斷地打擊國王的勢力。一次又一次，他的軍隊瀕臨徹底失敗的邊緣，可他的謀略總能在最後關頭扭轉戰局。他的士兵總是饑腸轆轆，得不到足夠的給養，冬天缺少鞋和大衣，被迫蜷縮在寒風刺骨的壕溝裡，瑟瑟發抖。不過他們對自己領袖的信任毫不動搖，一直堅持到最後勝利的來臨。

不過，除了華盛頓指揮的一系列精彩戰役以及去歐洲遊說法國政府和阿姆斯特丹銀行家的班傑明·富蘭克林所取得的外交勝利外，還有發生在革命初期的更為有趣的事情。當時，來自不同殖民地的代表們齊集費城，共商革命大計。那是獨立戰爭發生的第一年，整船整船的戰爭物資正從不列顛群島源源不斷抵達，北美沿海地帶的大部分重要城鎮都還控制在英國人手中。在此危急的時刻，只有那些真正深信其事業的正義性的人們，才有勇氣走在一起，接受於1776年6月和7月做出那個歷史性的決定。

1776年6月，來自佛吉尼亞的理查德·亨利·李向大陸會

美國獨立戰爭之主要事件

拿大

加

魁北克

蒙特利爾

安大略湖

新阿姆斯特丹1614年

新斯科金

柏格征的選區

向普蘭湖

哈利法克斯

蒂康德羅佳

列克星敦
波士頓

薩拉托卡

華盛頓
將英
趕出
波士頓

列克敦之役：1775年4月19日華盛頓所率美洲殖民地軍圍困波士頓。從1775年7月至1776年3月17日，英軍退出波士頓，移師紐約，華盛頓士臨其後。

哈得遜河

紐約

英軍北部戰場失利後，於1776年9月15日佔領紐約，但不能擊破華盛頓之軍隊。一支從加拿大來的民軍切為兩路。但這些部隊不善於曠野作戰，結果柏格因與他的全體部隊於1777年10月17日在薩拉托卡附近投降。

華盛頓軍隊的困境

菲林斯頓特
柏格因登拉德爾非亞

1776年7月4日
宣布獨立

巴爾的摩

華盛頓
戰敗渡
威廉斯

約克敦

中部戰場失利後，英軍開向南方於1780年5月20日佔領查爾斯敦，康沃利斯率部在維吉尼亞的約克頓投降，結束這次遠征。戰事宣告結束。

查爾斯敦

在柏格因投降後，法國於1778年2月6日承認了美國，並於1778年6月份遣法國艦隊（載兵4000人）到達。

美國獨立戰爭之主要事件

房龍 手繪圖

議提議：「這些聯合起來的殖民地有權是自由而獨立的州，它們理應解除對英國王室的全部效忠，因而它們與大不列顛帝國間的一切政治聯繫也不復存在。」

這項提案由麻塞諸薩的約翰·亞當斯附議，於7月2日正式實施。1776年7月4日，大陸會議正式發表了《獨立宣言》。該宣言出自湯馬斯·傑佛遜的手筆。他為人嚴謹，精通政治學，擅長政府管理，注定將成為美國名垂青史的著名總統之一。

《獨立宣言》發表的消息傳到歐洲後，接踵而至的是殖民地人民的最終勝利及1787年通過著名憲法（美國的第一部成文憲法）的消息。這一連串的事件引起歐洲人極大的震驚與關注。在歐洲，高度中央集權的王朝制度隨17世紀的宗教戰爭建立起來後，此時已達到了權力的頂峰。國王的一處處宮殿越建越大，顯出不可一世的宏偉與豪華，可陛下的城市卻被迅速滋生的貧民窟所包圍，這些貧民窟中的人們生活在絕望與無助之中，已經顯露出動亂的徵兆。

而上等階層——貴族與職業人員，也開始懷疑現存社會的經濟和政治制度。北美殖民者的勝利正好向他們表明了：一些在幾天前看起來還是不可能的事情，其實是完全可能做到的。

根據一位詩人的說法，揭開萊克星頓戰役的槍聲「響徹了全球」。這當然有些誇張，至少中國人、日本人、俄羅斯人（更別提澳大利亞人和夏威夷人，他們剛剛為庫克船長重新發現，但不久就因庫克製造了麻煩而殺死了他）根本就沒聽見。不過，這槍聲確實越過了大西洋，正好落在歐洲不滿現狀的火藥桶中。它在法國引起了驚天動地的大爆炸，深深震動了從聖彼得堡到馬德里的整個歐洲，把舊的國家制度與外交政策埋葬在民主的磚塊之下。

法國大革命

偉大的法國革命向世界宣示了自由、平等、博愛的原則

「簡單生活」的樂趣

當我們談到「革命」時，我們最好先解釋一下「革命」一詞所包含的意義。根據一位偉大的俄國作家的說法（俄國人對這方面是深有體會的），革命就是「在短短數年之內，迅猛地推翻過去幾個世紀以來根深蒂固的舊制度。這些制度一度曾顯得那麼天經地義、那麼不可動搖，甚至連最激進的改革者也不敢搖動筆桿去攻擊它們。然而經過一次革命，那些迄今為止構成一個國家舊有的社會、宗教、政治與經濟的根基，在短時期內便土崩瓦解了。」

在18世紀，當古老的文明開始腐朽變質，法國就發生了這樣一場革命。經過路易十四長達72年的專制統治，法國國王成為了一切，甚至國家本身。以前曾為封建國家忠實服務的貴族階層現在被解除了所有職責，整天無所事事，最終淪為凡爾賽宮廷浮華生活的點綴品。

可是，這個18世紀的法國卻一直靠著天文數字的金錢來維持開銷。這筆錢完全來自於形形色色的稅收，不幸的是，法國國王的權勢又無法強人到使貴族和神職人員也分擔稅收的地少。這樣一來，巨大的稅務負擔便完全落到了這個國家的農業人口身上。當時的法國農民住在透風漏雨的茅屋棚戶裡，過著困頓勞苦的生活。隨著與莊園主們過往的密切聯繫一去不返，他們現在成為了冷酷無能的土地代理人的犧牲品，生存環境每況愈下，好收成只是意味著更多的賦稅，自己一點好處也留不下。他們還有什麼理由要辛勤勞作，去榨乾身體的最後一分勞力呢？因此，他們便大著膽子荒廢農事。

這樣一來，我們便看到以下畫面：一位法國君主在一片空虛的浮華裝飾中，穿過皇宮裡一間接一間的宏偉大廳，身後習慣性地尾隨著一群趨炎附勢、想為自己謀個好差事的阿諛吹捧的貴族。所有這些人全部靠剝削生活慘如牲畜的農民生活，這是一副

路易十六上斷頭台的紀念盤

製作於法國大革命時期

令人非常不快的圖景，沒有一絲一毫的誇張。我們必須記住，所謂的「天朝舊制」從來都存在陰暗的另一面，這是難以避免的。

　　一個與貴族階層有著密切關係的富裕的中產階級（通常的聯姻方法是某個富有銀行家的女兒嫁給某個窮男爵的兒子），再加上一個吸納了全法蘭西所有魅力人物的宮廷，他們齊力將優雅精緻的生活藝術帶向了前所未有的高峰。翩翩儀態和風情萬種的社交談話成為了上層社會最流行的時尚。由於這個國家最傑出的頭腦沒機會在政治經濟的問題上施展才華，他們便只能悠閒度日，把時間耗費在最抽象的空談之上，而這顯然是浪費資源。

　　由於思想方式和個人行為方面的時尚如同時裝一樣容易走向極端，很自然的，那個年代最矯揉造作的「社會精英」們會對他們想像中的「簡單生活」也衍生出極大的興趣來。於是，法國（及其殖民地與屬國）的絕對擁有者與無可質疑的主人──法國國王與王后，再加上　大群溜鬚拍馬的廷臣們，他們穿上擠奶女工和牧童的服裝，住進一些滑稽可笑的鄉村小屋裡，像健康淳

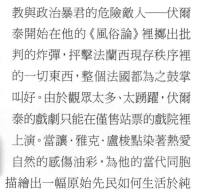

伏爾泰像

讓·安托萬·烏東
大理石雕像 1781年

烏東的雕刻很容易讓我們瞭
解到作品的人物風貌。這個理 鬥
士的面貌中帶著諷刺與嘲笑的才智
和洞察毫末的穎慧。

樸的古希臘人一樣嬉戲遊樂，充分體驗「簡單生活」的樂趣。簇擁在國王與王后周圍的，有宮廷弄臣的長袖善舞與詼諧滑稽，有宮廷樂師演奏的輕快活潑的小步舞曲，有宮廷理髮師精心設計的昂貴而造作的新奇髮型。最後純粹出於無所事事和極端的煩悶，這個繞著凡爾賽宮（路易十四為逃避喧囂吵雜的巴黎而在市郊修建的一所大「舞台」）旋轉的小圈子裡的人們開始一個勁兒地談論起那些與他們的生活距離最遠、最無關的話題來，如同一個挨餓的人只知道談論麵包和美餐、一個飽食終日的人只關心哲學一樣。

「社會批評」的焰火

當勇氣十足的老哲學家、劇作家、歷史家、小說家及所有宗教與政治暴君的危險敵人——伏爾泰開始在他的《風俗論》裡擲出批判的炸彈，抨擊法蘭西現存秩序裡的一切東西，整個法國都為之鼓掌叫好。由於觀眾太多、太踴躍，伏爾泰的戲劇只能在僅售站票的戲院裡上演。當讓·雅克·盧梭點染著熱愛自然的感傷油彩，為他的當代同胞描繪出一幅原始先民如何生活於純真和快樂之中的美妙畫面（像對兒童一樣，盧梭對原始人的生活也毫無瞭解，可他卻被公認為自然與兒童教育方面的權威），所有法國人都傾心不已。於是在這片「朕即國家」的土地上，人們帶著同樣的饑渴捧讀盧梭的《社會契約論》，並為他「重返主權在民，而國王僅僅是人民公僕的幸福時代」的呼籲，流下感動而辛酸的熱淚。

偉大的孟德斯鳩也出版了他的《波斯人信札》。在這本書裡，兩個思維敏銳、觀察力非凡的波斯旅行者揭開了當代法國社會黑白顛倒的實質，並嘲笑了上至國王下至陛下的600個糕點師傅在內的 切事物。這本小冊子很快地風行起來，在短時間內連出四版，並為孟德斯鳩下一本著作《論法的精神》招來了成千上萬的讀者。書中，一位虛構的男爵將優秀的英國政治制度與法國的現行體制進行了細緻比較，大力宣揚以行政、立法、司法三權分立的進步制度取代法國的絕對君主專制。當巴黎出版商布雷東宣佈，他將邀請狄德羅、德朗貝爾、蒂爾戈及其

讓·雅克·盧梭

1750年，38歲的盧梭出版了《論科學和藝術》，從而一舉成名。他提出的「自由、平等、博愛」成了法國大革命的戰鬥口號。在這幅盧梭的肖像畫中，可以看出這位年輕的才俊，也免不了依照當時的時尚描眉、畫唇、撲粉、戴假髮。

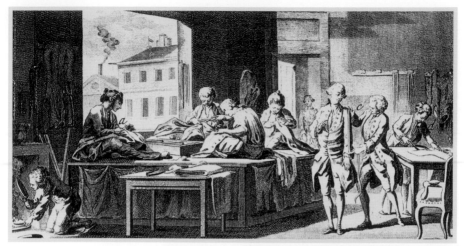

《百科全書》插圖
法國 18世紀

這是由丹尼斯·狄德羅主編的《百科全書》中的一幅插圖,畫面中一個法國裁縫正熱情的為年輕顧客量尺寸。裁縫店中有序而忙碌的情景,也顯示著法國社會的絢麗與浮華。

他一系列傑出作者,合作編寫一本「包羅所有新思想、新科學、新知識」的百科全書時,來自公眾的反應相當熱烈。22年過後,當28卷百科全書的最後一卷也付諸發行時,警察方面姍姍來遲的干預已無法壓制公眾對此書的熱情。它對整個法國社會所做的重要但異常危險的評論,已經廣泛地傳佈開來。

在這裡,我想給你們一個小小的告誡,當你閱讀某本描寫法國人革命的小說或觀看某部有關的戲劇和電影時,你會很容易得到一個印象:即這次革命完全是一幫來自巴黎貧民窟的烏合之眾們所為,不過事實並非如此。雖然革命的舞台上通常站滿了烏合之眾的身影,但他們通常是在那些中產階級專業份子的鼓動與領導下而衝鋒的,這些人將饑渴盲目的大眾當成是他們威力無比的盟軍。然而,引發革命的基本思想最初是由少數幾個擁有傑出智慧的人物提出的。一開始,他們被引薦到舊貴族們迷人的客廳,為膩煩透頂的女士先生們

展示智慧與奇思異想的火花,作為新鮮的娛樂。這些賞心悅目但危險無比的客人們玩起了「社會批評」的焰火,幾粒火星不小心從與這座大房子一樣老舊腐朽的地板裂縫裡掉了下去,不幸落到了堆滿陳穀子爛芝麻的地下室,引起了火苗。這時,驚起了一片救火的呼聲。屋主儘管對世上的一切事物都倍感興趣,可就是沒學會如何管理他的產業。由於他不懂得如何撲滅火苗,所以火勢蔓延開來,導致整座建築都被吞噬在熊熊大火之中。這就是我們所說的法國大革命。

為敘述方便,我們可以將法國革命分為兩個階段。從1789到1791年,昂人們還或多或少努力為法國引入君主立憲制度的階段。這種嘗試最終失敗了,部分是因為國王

就是人們常說的德・奧爾納男爵，他剛滿六十出頭，是一個正處於迅速消失之中的貴族精英階層的傑出代表人物。作為一名成功的外省總督兼能力出眾的業餘政治經濟學家，他確實用盡了自己的一切力量來挽救危局。不幸的是，他無法創造奇蹟。由於再也不可能從衣衫襤褸、面有菜色的農民身上榨取更多的稅收，因此必須讓從未出過一個子兒的貴族與神職人員也為國家財政盡一點必要的義務了。不過，此舉也使得蒂爾戈淪為了凡爾賽宮最招獸憎的人物。更糟的是，可憐的財政大臣還不得不面對皇后瑪麗・安東奈特的敵意。這位女士對任何膽敢在她的聽力範圍內提到「節儉」這個可惡字眼的人們，都一一報以冷若冰霜的怒容。很快地，蒂爾戈便為自己贏得了「不切實際的幻想家」和「理論教授」的綽號，自己的官位當然也岌岌可危。1776年，他被迫辭去了財政大臣的職務。

緊接「理論教授」的是一個講求實際的生意人，這位工作勤勉、任勞任怨的瑞士人名為內克爾，透過做糧食投機生意以及

本人的愚蠢和缺乏誠信，部分是由於局勢的發展已經無人能夠控制。

從1792到1799年，出現了一個共和國第一次嘗試建立一個民主政治制度努力。不過，法國大革命最後以暴力的形式爆發出來，這是多年的騷動和許多真心實意的改革嘗試統統付諸流水的結果。

理論教授、生意人和討巧家

當法國背負起40億法郎的鉅額債務，國庫空空如也、面臨倒閉的邊緣，並且再沒有一項新的稅目可以用來增加收入，連好國王路易（他是一位靈巧的鎖匠和優秀獵手，可極其缺乏政治才華）也模糊地感覺到，應該是做點什麼來補救的時候了。於是，他召見了蒂爾戈，任命他為自己的首席財政大臣。安尼・羅伯特・雅克・蒂爾戈也

與人合夥創辦一家國際銀行而大發橫財。他野心勃勃的妻子趕鴨子上架，硬把他推上這個他能力所不及的政府寶座，以便為她的寶貝女兒謀取更好的攀爬之階。後來，他的女兒真的嫁給了瑞士駐巴黎大使德·斯特爾男爵，成為19世紀初期文化界的風雲人物。

和蒂爾戈一樣，內克爾帶著極大的熱情投入了工作。1781年，他遞交了一份關於法國財政狀況的詳細回顧。可路易十六除了被這份複雜的報告弄得滿頭霧水外，便再未能明白更多的事情。他剛剛派遣了一支軍隊去北美，幫助當地的殖民者反抗他們共同的敵人——英國。事實證明，這次遠征耗資之巨超出所有人的意料。國王要求內克爾弄到急需的資金，可是他非但沒捧著大把現金來覲見陛下，反倒呈上了另一份充斥著更多統計數字的枯燥報告。更有甚者，他居然也開始用起「必要的節儉」之類的討厭字眼來了，這意味著他作為財政大臣的日子也所剩無幾了。1781年，他因「工作無能」被國王解職。

在「理論教授」和講求實際的「生意人」相繼下台後，接著登場的是一位伶俐討巧、極其使人愉快的人物。他向所有人許諾，只要他們信任他無懈可擊的完美政策，他保證每月付給每個人百分之百的回報。此君就是查理·亞歷山大·德·卡洛納，一個一心只想飛黃騰達的官員。他靠著自己的工廠和不擇手段的撒謊欺瞞，在仕途上混得一帆風順。他發現國家已經債台高築，可他是一個聰明人，不願意得罪人。於是，他發明了一個簡便迅速的補救辦法：借新債還舊債，拆東牆補西牆。這個作法並不新鮮，可它帶來的立竿見影的後果卻無疑是災難性的。在不到三年的短短時間內，又有8億法郎添加到法國的總債務上。可這位魅力非凡的財政大臣似乎從不知道擔心為何物，他依舊彬彬有禮笑容可掬，總是在國王與可愛的王后陛下的每一項開支要求上欣然簽上自己的大名。要知道，王后年輕時在維也納[1]便養成了花錢海派的習性，此時此刻要她節儉是

路易十六肖像畫
A·F·卡蘭特 19世紀

雖然身著加冕禮服的路易十六也是氣度非凡，但與他將要面臨的結局卻是大相逕庭。那國庫空虛、債台高築、災情嚴重、餓殍滿地的全線危機之中，路易十六一如既往的渾然不覺。

THE
STORY
OF
MANKIND

不太實際的。

最後，甚至連對國王一直忠心耿耿的巴黎議會（一個高級的司法機構而非立法機構）也無法坐視局勢發展下去，決定要做點事情了。而卡洛納還一心想再借八千萬法郎的外債。那是一個特別糟糕的年景，糧食欠收，饑餓與悲慘的生活在法國的鄉村地區蔓延，如果再不採取明智的措施，法國將完全破產。國王一如既往地對局勢的嚴重性渾然不覺。徵詢人民代表的意見難道不是一個好主意嗎？自從1614年被取消以來，全國性的三級會議就從來沒召開過。不過，以路易十六典型的優柔寡斷，他拒絕走得太遠。

為平息公眾的不滿，路易十六在1787年召開了一個知名人士的集會。這僅僅意味著全國的顯貴們齊聚一堂，在絕不觸犯封建地主和神職人員的免稅特權的前提下，討論該做點什麼，能做點什麼？要指望這個社會階層為屬於另一些社會階層的悲苦同胞們的利益，做出政治和經濟上的自殺行為，這顯然是不現實的。最後，與會的127名知名人士斷然拒絕放棄他們的任何一項古老特權，於是大街上饑腸轆轆的群眾便要求重新任命他們信任的內克爾做財政大臣。顯貴們說「不」，街頭的人們就開始砸碎玻璃並做出其他種種不像樣的事情來。知名人士逃跑了，卡洛納隨之也被解職。

隨後紅衣主教洛梅尼·德·布里昂納，一個平庸無奇的傢伙，被任命為新的財政大臣。迫於饑餓民眾的暴動威脅，路易十六只得同意「儘量可行地」迅速召開三級會議。這一含糊其辭的允諾當然不能使任何人滿意。

三級會議

近一個世紀以來，法國從沒出現過這麼饑饉難熬的嚴冬，莊稼不是被洪水沖毀，就是完全凍死在地裡，普羅旺斯省的所有橄欖樹幾乎死絕了。雖然有私人救濟在試圖盡一點微薄之力，可面對1800萬嗷嗷待哺的饑民，這點救濟實在是杯水車薪。全國各地都發生了哄搶糧食和麵包的騷亂。在一代人之前，這些騷動本來可以靠軍隊的武力鎮壓下去，但是，新的哲學思想現在已經結出碩果，人們開始意識到，靠槍桿來對付饑餓的腸胃將是完全無效的。況且，士兵們同樣來自於群眾，他們對於國王的忠誠是否繼續可靠呢？在此危急關頭，國王必須做出明確的決斷來挽回民眾對國王的信心，可路易再次猶豫不決。

在外省的許多地區，新思想的追隨者們紛紛建立起一些獨立的共和國。在忠實的中產階級中間，也此起彼落地響起了「沒有代表權便拒不交稅」的呼聲（這一口號是四分之一世紀前由北美殖

18世紀三級會議代表的簽字

民者首先喊出的）。法蘭西面臨全國性大混亂的局面。為緩和民眾的不滿，挽回王室聲譽，政府出人意料地突然取消了以往異常嚴厲的出版審查制度。一時間，一股鋪天蓋地的印刷品如洪流般席捲了法國。每一個人，不管地位高低，都在批評別人或被別人批評。超過2000種形形色色的小冊子被一起拋售到市面上。洛梅尼·德·布里昂納在一片斥責與叫罵聲中黯然下台，內克爾被緊急召回，重任財政大臣，盡可能地安撫這場全國性的精神騷動。消息傳出之後，巴黎股市暴漲了30%。在普遍的樂觀情緒下，人民暫緩了對專制王權的最後判決。1789年5月，三級會議即將召開，全法蘭西最傑出的頭腦將匯聚一堂，這肯定能迅速解決所有問題，將古老的法蘭西王國重新建設成健康幸福的樂園。

有一種普遍的思想認為，人民的集體智慧能夠解決所有的難題。這種看法不僅是錯誤的，而且往往引來災難性的結局。特別在一段極其關鍵的時間裡，它反而束縛了所有個人能力的發揮。內克爾不僅未能將政府權力牢牢控制在自己手裡，反而讓一切順其自然。此後，在關於何為改造舊王國的最佳方案上，又爆發了一場激烈的論爭。在法國各地，警察的權力被大大削弱了，巴黎郊區的居民們在職業煽動家的領導之下，開始意識到自己的力量。他們公然扮演起在動盪不安的歲月中本屬於自己的角色來——革命的領袖們在不能通過立法途徑達到目的時所運用的野蠻暴力。

作為對農民和中產階級的讓步之舉，內克爾同意他們在三級會議裡獲得雙倍名額的代表權。關於這一問題，西厄耶神父寫作了一本著名的小冊子《何為第三等級？》。他最終得出的結論是，第三等級（對中產階級的另一稱呼）應該代表著一切。他們過去什麼也不是，現在則希望獲得應有的地位。他的書表達了當時關心國家利益的大多數人們的情感。

最後，選舉在難以想像的混亂狀態下開始了。待到結果公佈，一共有308名神職人員代表、285名貴族代表和621名第三等級代表將要收拾行裝前往凡爾賽宮。不過，第三等級還將攜帶額外的行李，即被稱為「紀要」的長篇報告，內容寫的是他們的選民所申訴的種種抱怨與冤情。舞台終於準備就緒，為拯救古老法國的最後一幕大戲即將開場上演了。

1789年5月5日，三級會議在凡爾賽宮召開。國王情緒很不好，常常想發脾氣。神職人員和貴族們也公開放話，說他們不願意放棄任何一項神聖的權力。國王命令三個等級的代表在不同的房間裡開會，討論他們各自的冤苦。第三等級的代表們拒絕執行陛下的旨意。1789年6月20日，他們在一個網球場（為這個非法會議所匆忙佈置的會場）莊嚴宣誓，他們堅持要求

所有三個等級，即神職人員、貴族和第三等級應該在一起開會，並將他們的決定通知了陛下。國王最終屈服了。

作為「國民會議」，三級會議開始討論法蘭西王國的國家體制。國王大發雷霆，可旋即又猶豫不決，他宣稱寧死也不會放棄自己的絕對君權。隨後，他便出去打獵了，把對國家大事的所有煩惱焦慮統統拋擲腦後。等陛下滿載著獵物歸來，他又讓步了。按照陛下的神聖習慣，他總是喜歡選擇錯誤的時間用錯誤的方法來做一件正確的事情。當人民吵吵嚷嚷，提出A要求時，國王對他們嚴加斥責，不給他們任何好果子吃。之後，當陛下的宮殿被一大群喧聲震天的窮人包圍，國王便投降了，答應給人民要求的東西。不過此時，人民提出的已經是A要求加上B要求。這樣為時已晚的情形一演再演。當陛下正準備屈服於自己熱愛的人民，在同意A要求及B要求的文件上簽上自己的大名時，人民又不樂意了。他們威脅說，除非陛下答應A要求加B要求加C要求，否則便殺死他全家。就這樣，人民的要求從一個單詞開始，一項項增加，直到寫滿整頁白紙，直到陛下糊裡糊塗地上了斷頭台。

雅各賓黨與國王之死

很不幸的是，習慣於緩慢行動的陛下總是比情勢的發展落後半拍。他從來不能

處死路易十六的斷頭台
法國 1793年

國王被處斬首，路易十六不是唯一的一個也不是第一個，但卻是最著名的一個。他雖然宣稱寧死也不會放棄自己的絕對君權，但歷史的車輪已然走到了立憲的門前。

攻克巴士底監獄
克勞德·肖萊 1789年

巴士底監獄這個作為法國君主專制權利象徵的固若金湯的堡壘，偶然間，像一個笑話一樣被一群平民攻克了。這也許是一個湊巧行為，不過法國此時的混亂和頹勢也已無法挽回了。

意識到這一點，直到他將自己高貴的頭顱擱放在斷頭台上時，他仍覺得自己是一個飽受迫害與虐待的人。他傾盡自己可憐而有限的能力來關愛自己的臣民，可這些傢伙回報他的卻是天底下最不公正、最沒良心的對待。他至死也不明白自己錯在哪裡？

我經常告誡你們，對歷史追問「假如」那是毫無意義的。我們也許能夠隨隨便便地說：「假如」路易十六是一個精力充沛一些、心腸狠毒一些的人，那麼法國的君主專制也許會繼續生存下去，但國王並不僅僅是孤身一人，「即便」他擁有拿破崙般的冷酷無情、橫掃千軍的力量，在那個急風暴雨的年代，他的生涯也很可能因其妻子的行為而被斷送。王后瑪麗·安東奈特是奧地利皇太后瑪利亞·特利莎的女兒。她的身上綜合了在那個時代最專制的中世紀宮廷長大的年輕姑娘所具有的全部美德與惡習，她

的行動常常使路易的處境雪上加霜。

面對三級會議的威脅，瑪麗·安東奈特決定採取行動，策劃了一個反革命陰謀。內克爾被突然解職，忠於國王的軍隊也收到秘令，開始向巴黎開拔。當消息傳開，憤怒的人民開始猛攻巴士底監獄。1789年7月14日，起義的人們搗毀了這座熟悉且倍遭憎恨的政治犯監獄。它曾經是君主專制暴政的一個象徵，但現在只是用作關押小偷和輕微刑事犯的城市拘押所。許多貴族預感形勢不妙，紛紛出逃國外，但國王仍和平常一樣若無其事。在巴士底監獄被攻佔那天，他悠哉遊哉地去皇家林苑打了一天獵，

THE
STORY
OF
MANKIND

立場問題

宣傳畫 法國大革命時期

這幅大革命時期廣泛張貼的宣傳畫是對人們的警告，意在提醒人們「立場站在哪邊」的問題。當時頭戴紅色羊毛帽是表示支援革命。

最後載著幾頭獵獲的母鹿，心滿意足地回到了凡爾賽。

8月4日，國民議會開始投入運轉。在巴黎群眾的強烈呼聲之下，國民議會廢除了王室、貴族及神職人員的一切特權。8月27

革命恐怖來到了

版畫 法國 18世紀

這幅畫中描繪了由丹東和羅伯斯庇爾領導的小型公安委員會施行的刑罰。使用絞架和刀劍已經太過麻煩，拆房、縱火也不如用火槍甚至火炮利落，於是如畫面右下角所繪，曾經的糧倉變成了現成的投屍坑。

日，發表了著名的《人權宣言》，即第一部法國憲法的序言。到目前為止，局面還在控制之中，但王室依然未能從中記取教訓。人民普遍懷疑國王會再次密謀，妄圖阻撓這些改革措施。結果在10月5日，巴黎發生了第二次暴動，並波及到凡爾賽，一直到人們將國王帶回巴黎市內的宮殿，騷亂才稍微平息下來。人們不放心路易待在凡爾賽，他們要求能隨時監視他，以便控制他與在維也納、馬德里及歐洲其他王室親戚們的秘密聯繫。

與此同時，國民會議在米拉波的領導下，開始整頓混亂的局勢。米拉波是一位貴族，後來成為了第三等級的領袖。不幸的是，沒等他能夠挽救國王的地位，他便於1791年4月2日去世了。他的死使路易開始真正為自己的性命擔憂起來。6月21日傍晚，國王悄然出逃，不過國民自衛軍從一枚硬幣的頭像上辨認出了他，在瓦雷內村附近將他的馬車截住。路易被灰溜溜地送回了巴黎。

1791年9月，法國第一部憲法通過，完成使命的國民議會成員便各自回家了。1791年10月1日，立法會議召開，繼續國民議會未完成的工作。在這群新聚集起來的立法會議代表中，有許多是激進的革命黨人。其中最大膽、最廣為人知的一個派別是雅各賓黨，因其常常在古老的雅各賓修道院舉行政治聚會而得名。這些年輕人（他們中的大部分屬於專業人員）喜歡發表慷慨激昂、充滿暴力色彩的演說。當報紙將這些演說傳到柏林與維也納，普魯士國王和奧地利皇帝便決定採取行動，以拯救他們的好兄弟、

好姐妹們的性命。當時，列強們正忙於瓜分波蘭。那裡的不同政治派別相互傾軋，自相殘殺，使整個國家成為了一塊任何人都可以分一杯羹的肥肉。不過在爭奪波蘭之餘，歐洲的國王和皇帝們還是設法派出了一支軍隊去入侵法國，試圖解救路易十六。

於是，整個法國突然陷入了一股普遍的恐慌之中。多年饑餓與痛苦所累積的仇恨，此時達到了可怕的高峰。巴黎的民眾對國王居住的杜伊勒里宮發動了猛攻，忠於王室的瑞士衛隊拼死保衛他們的主子，可一生猶豫不決的路易此時又臨陣退縮了。當衝擊王宮的人潮正要開始退卻，國王卻發出了「停止射擊」的命令。灌飽了廉價酒精的民眾，趁著血液裡的酒精的作用，在震天的喧囂聲中衝進王宮，將瑞士衛隊的士兵斬盡殺絕。隨後，他們在會議大廳裡捉住了路易，立即剝奪他的王位，將他關進丹普爾老城堡。昔日高高在上的國王，如今淪為了階下囚。

奧地利和普魯士軍隊在繼續推進，恐慌變成了歇斯底里，使善良的男人女人們變成了兇殘的野獸。1792年9月的第1個星期，民眾衝進監獄，殺死了所有的在押囚

馬拉之死
雅克・路易・大衛
1793年

作為馬拉的朋友，畫家大衛一直積極投身法國革命，他也是馬拉死後第一批趕到現場的人之一。大衛在悲憤和對朋友的巨大緬懷中描繪了「馬拉之死」。生活中的馬拉是一位相貌頗為醜陋的政治家，因皮膚嚴重感染不得不經常洗澡。大衛在此把他描繪成為了英俊的聖徒，足見其對革命的熱誠。

犯。政府聽任暴民們為所欲為，不加一點點干涉。由丹東領導的雅各賓黨人心裡都非常清楚，這場危機不是以革命的徹底勝利告終，就是以為首者的人頭落地收場。只有採取最極端、最野蠻的方式，才能拯救自己的性命於危局之中。1792年9月21日，立法會議閉會，成立了一個新的國民公會，其成員幾乎全部是激進的革命者。路易被正式控以最高叛國罪，在國民公會面前受到審判。他被判罪名成立，並以361票對360票的表決結果（決定路易命運的額外1票，是由他的表兄奧爾良公爵所投）判處死刑。1793年1月21日，路易平靜而不失尊嚴地走上了斷頭台。他至死也沒瞭解導致所有這些流血與騷亂的原因，他太高傲，也不屑於向旁人請教。

隨後，雅各賓黨將矛頭轉向國民公會中一個較溫和的派別——吉倫特黨人。其成員大部分來自於南部的吉倫特地區，他們也因此得名。一個特別革命法庭成立，21名領頭的吉倫特黨人被判處死刑，其餘成員紛紛被迫自殺。他們都是一些誠實能幹的人，只是過於理性、過於溫和，難以在恐怖的歲月中苟全性命。

1793年10月，雅各賓黨人宣佈「在和平恢復以前」，暫停憲法的實施。由丹東和羅伯斯庇爾領導的一個小型「公安委員會」接管了一切權力。基督信仰與西元舊曆被廢除，一個「理性的時代」（托馬斯・潘恩在美國革命期間曾大力宣揚的）帶著它的「革命恐怖」，終於蒞臨人世。在1年多的時間裡，善良的、邪惡的、中立的人們被大批屠殺，死於「革命恐怖」的人數平均高達每天70～80人。

國王的專制統治被徹底摧毀了，取而代之的是少數人的暴政。他們對民主懷著如此深厚的熱愛，以致不能不殺死那些與他們觀點相悖的人。法蘭西被變成了一所屠宰場，人人自危，相互猜疑，幾名老國民議會的成員自知將成為斷頭台的下一批候選者。出於純粹的恐懼，他們最終聯合起來反抗已經將自己的大部分同伴處死的羅伯斯庇爾。這位「唯一真正的民主戰士」試圖自殺，但沒能成功。人們草草包紮好他受傷的下顎，將他拖上了斷頭台。1794年6月27日（根據奇特的革命新曆，這一天是第2年的熱月9日），恐怖統治宣告結束，全巴黎市民如釋重負地歡欣舞蹈。

不過，法蘭西所面臨的危險形勢，使政府必須控制在少數幾個強有力的人物手中，直到革命的諸多敵人被徹底驅逐出法國的本土。當衣衫襤褸、饑腸轆轆的革命軍隊在萊茵、義大利、比利時、埃及等各條戰線浴血奮戰，擊敗大革命的每一個兇險敵人時，一個由五人組成的督政府成立了。他們統治了法國四年，之後，大權轉移到一個

名為拿破崙·波拿巴的天才將軍手裡，他在1799年擔任了法國的「第一執政」。此後的15年，古老的歐洲大陸變成了一個前所未有的政治實驗室。

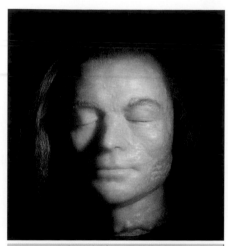

馬克西米連·羅伯斯庇爾
蠟像 杜桑德夫人

1794年7月28日，大恐怖的主要策劃者羅伯斯庇爾本人也被推上了斷頭台。這位「唯一真正的民主鬥士」試圖自殺，但未能成功。人們草草地包紮了他的傷口，便將他拖上了斷頭台。

斷頭台下的人頭
蠟像

在杜桑德夫人蠟像館，至今仍陳列著複製的大革命時斷頭台下的著名人物和頭顱。

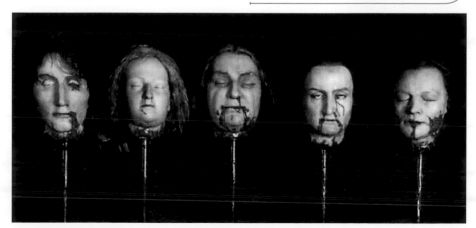

拿破崙

拿破崙

野心是他的動力

　　拿破崙生於1769年，是卡洛·瑪利亞·波拿巴的第三個兒子。老卡洛身為科西嘉島阿佳肖克市的一位誠實的公證員，名聲向來不錯。他娶了個好妻子，叫萊蒂西亞·拉莫莉諾。事實上，拿破崙並非法國公民，而是一個道地的義大利人。他所出生的科西嘉島曾先後是古希臘、迦太基及古羅馬帝國在地中海的殖民地。多年來，科西嘉人為爭取獨立而頑強奮戰。一開始，他們努力想擺脫熱那亞人的統治，不過18世紀中期以後，他們鬥爭的對象變成了法國。法國曾在科西嘉人反抗熱那亞的戰鬥中慨然施以援手，後來為了自己的利益又將該島據為己有。

　　在頭20年的生涯中，年輕的拿破崙是位堅定的科西嘉愛國者——科西嘉的「辛·費納①」成員之一，一心期盼著將自己熱愛的祖國從法國令人痛恨的枷鎖中解放出來。不過法國大革命出人意料地滿足了科西嘉人的種種訴求，因此在布里納軍事學院接受完良好的單日訓練後，拿破崙逐漸將自己的精力轉移到為收養他的國家服務之上。儘管他法語說得很笨拙，既未學會正確的拼寫，也始終去不掉口音裡濃濃的義大利腔，但他最終成為了一名法國人。直到有一天，他終於變成了一切法蘭西優秀德行的最高表率。一直到今天，他仍然被視為高盧天才的象徵。

　　拿破崙是那種典型的一夜成名、平步青雲的偉人。他的全部政治與軍事生涯加起來還不到20年。可就是在這段短短的時間裡，他指揮的戰爭、贏得的勝利、征戰的路程、征服的土地、犧牲的人命、推行的革命，不僅將歐洲大地攪得天翻地覆，也大大地超越了歷史上的任何人，連偉大的亞歷山大大帝和成吉思汗也不能與他比擬。

拿破崙的帽子和勳章
18世紀

　　刻有拿破崙頭像的勳章被下令授予為國家利益英勇奮鬥的人們，而不分等級。這雖使高級軍官不滿，卻激起了人們的讚賞之情。拿破崙曾經頒授了3萬多枚這樣的獎章。圖中這一枚是他授予自己的。

註① 1805年由亞瑟·格利費斯創建的愛爾蘭民族運組織。

1814年法國戰役
麥松尼埃 法國 1815～1891年

這一年，聯軍攻入法國，拿破崙正在走向最後的失敗。這幅畫中他的將領們都已精神疲憊，儘管顯出憂慮但拿破崙依舊充滿信心。他的全部政治與軍事生涯加起來還不到20年，但他指揮的戰爭、贏得的勝利、征戰的路程、征服的土地、推行的革命，乃至犧牲的人數，均稱得上史無前例。

　　拿破崙身材矮小，早年健康狀況不佳。他相貌平平，乍見之下難以給人留下深刻的印象。一直到他輝煌的高峰，每當不得不出席某些盛大的社交場合時，他的儀態舉止仍顯得非常笨拙。他沒有高貴的門第、顯赫的出身或家庭留下的大筆財富可以沾光。他白手起家，完全憑著自己的努力向上爬。在其青年時代的大部分歲月裡，他窮困潦倒，常常吃了上頓沒下頓，被迫為得到幾塊額外的硬幣而煞費苦心。

　　他在文學方面天分極少。有一次參加里昂學院舉辦的有獎作文競賽，他的文章在16名候選人中排名第15位，即倒數第2。不過憑著對自己的命運和輝煌前程的不可動搖的信念，他克服了這一切出身、外貌及天資上的困難。野心是他生命中的主要動力，他對自我的堅強信念、他對簽署在信件上以及在他匆匆建起的宮殿裡的大小裝飾物上反覆出現的那個大寫字母「N」的崇拜、他要使「拿破崙」成為世界上僅次於上帝的重要名字的絕對意志，這些強烈的慾望加在一起，將他帶上了歷史上從未有人達到過的榮譽峰頂。

從不感恩的天才

　　當他還是一個領半餉的陸軍中尉時，年輕的拿破崙·波拿巴就非常喜歡古希臘歷史學家普盧塔克所寫的《名人傳》。不過，他從未打算追趕這些古代英雄們所樹立的崇高的德行標準。他似乎完全缺乏使人類有別於獸類的那些深思熟慮、為他人著想的細膩情感，很難精確斷言他一生中

在「貝列洛風」號上的拿破崙
油畫 奧恰得森 英國 1832～1910年

拿破崙的起家,在於他和他的士兵們都是「自由、平等、博愛」的民主信念的傳道者。畫面左邊的就是他的7個元帥、將軍和官員。他們在失去純正信仰的年代,用這似是而非又極具煽動力的理論,引得成百萬的人們鬥志昂揚地浴血奮戰,丟掉性命也在所不惜。但在擁有足夠的權利時,他便首先放棄了這些信念,本來,它也只是用來做武器的。

註② Creole,通常指出生於美洲的歐洲人及其後裔,也指這些人與黑人的混血兒,以及路易斯女那人。
註③ 位於拉丁美洲向風群島的中部,1635年淪為法國殖民地。

是不是還愛過除自己之外的任何人。他對母親倒是溫文有禮,不過萊蒂西亞本身就具有高貴女性的風度與作風,並且像所有義大利母親一樣,她很懂得如何管治自己的一大群孩子,從而贏得他們應有的尊重。有幾年時間,拿破崙確實愛過他美麗的克里奧爾②妻子約瑟芬。約瑟芬的父親是馬提尼克③的一名法國官員,丈夫為德·博阿

爾納斯子爵。博阿爾納斯在指揮一次對普魯士軍隊的戰役失敗後,被羅伯斯庇爾處死,約瑟芬便成了寡婦,後來嫁給拿破崙。不過因約瑟芬不能給當上皇帝的拿破崙陛下留下子嗣,拿破崙便決定和她離婚,另娶了奧地利皇帝的年輕貌美的女兒。在拿破崙眼裡,這次婚姻是一樁不錯的政治交易。

在圍攻土倫的著名戰役中,身為一個炮兵連指揮官的年輕拿破崙一舉成名。戰鬥之暇,拿破崙還悉心研究了馬基雅維里的著作。他顯然聽從了這位佛羅倫斯政治家的建議。在此後的政治生涯中,如果違背承諾對他有利時,他就毫不猶豫地食言。在他的個人字典裡,從來找不到「感恩圖報」這個字眼。不過很公平的,他也從不指望別人對他感恩。他完全漠視人類的痛苦。在1798年的埃及戰役中,他本來答應留戰俘們一條性命,但旋即將他們全部處死。在敘利亞,當他發現不可能將傷兵們運

上船隻時，便默許手下將他們悄悄殺死。他命令一個懷有偏見的軍事法庭判處昂西恩公爵死刑，在完全沒有法律根據情況下將他槍殺，唯一的理由就是「必須給波旁王朝一個警告」。他下令將那些為祖國獨立而戰的被俘德國軍官就地槍決，毫不憐憫他們反抗的高尚動機。當蒂羅爾英雄安德烈斯‧霍費爾經過英勇抵抗，最終落入法軍之手時，拿破崙竟將他當成普通的叛徒處死了。

　　簡而言之，當我們真正研究拿破崙的性格時，我們就能理解到為什麼那些焦慮的英國母親在驅趕孩子們入睡時會說：「如果你們再不聽話，專拿小孩當早餐的波拿巴就要來捉你們了！」無論對這位奇特的暴君說上多少令人不快的壞話，彷彿都

沒個盡頭。比如他可以極度仔細地監管軍隊的所有部門，卻唯獨忽略了醫療服務；比如因為不能忍受士兵們發出的汗臭，他一個勁兒地往身上噴灑科隆香水，以至於將自己的制服都毀了等等。這樣的壞事甚至可以沒完沒了的說下去，但說過之後，我不得不承認自己懷有某種潛伏的懷疑之情。

　　現在，我舒舒服服坐在一張堆滿書本的寫字台旁，一隻眼睛留心著打字機，另一隻眼睛盯著我的愛貓利科麗絲──牠正在

1808年5月3日
戈雅 西班牙 油畫 1814年

　　深夜，在馬德里皇宮附近的太子山旁，法國士兵正一批一批地處決西班牙起義者。拿破崙稱帝後，於1808年5月進軍西班牙馬德，西班牙人民堅定地反抗招致了瘋狂的鎮壓。畫家戈雅親眼目睹了這一切，他以深厚的同情和憤怒，再現了侵略者野蠻的暴行。

跟我的複寫紙較勁兒。此時此刻，我正在寫著：拿破崙皇帝是一個至為可鄙的人物。不過，如果這時我碰巧往窗外的第七大道望去，假如大街上熙來攘往的載重卡車和小汽車的引擎戛然而止，隨著一陣威武雄沉的鼓聲，我看見一個小個子穿著他破舊磨損的綠色軍裝，騎著白馬走在紐約的大街上。那麼，天知道會發生什麼事！可我擔心，我多半會不顧一切地拋下我的書本、我

的貓、我的公寓以及我所有的一切東西去追隨他，一直跟他到任何他領我去的地方。我自己的祖父就這樣做了，天知道他並非生來就是一個英雄。成百萬人們的祖父也跟著這個騎白馬的小個子走了他們不能得到任何回報，他們也不希求任何回報。他們歡天喜地、鬥志昂揚地追隨這個科西嘉人，為他浴血奮戰，缺胳膊少條腿，甚至丟掉性命也在所不惜。他將他們帶到離家數千英里的地方，讓他們冒著俄國人、英國人、西班牙人、義大利人、奧地利人的漫天炮火衝鋒陷陣，在死亡中痛苦掙扎時雙眼仍平靜凝視著天空。

假如你要我對此做出解釋，我確實無言以對。我只能猜出其中的一個原因——拿破崙是一位最偉大的演員，而整個歐洲大

法軍汜涉別列齊納河
水彩畫 1812年

沙皇亞歷山大為反拿破崙同盟的勝利，贏得了關鍵的戰役，使法軍不得不在冬季汜渡。數萬人密不透風地擠滿了河岸，等候著從兩座浮橋通過；大量的軍用物資被拋在一邊準備銷毀，齊腋深的水中漂浮著的死屍比冰塊還多。法軍有4萬人渡過了別列齊納河，有2.5萬人死在了那裡。

陸都是他施展才華的舞台。無論在任何時候、任何情形下，他總能精確地做出最能打動觀眾的姿態，他總能說出最能觸動聽眾的言辭。無論是在埃及的荒漠，站在獅身人面像和金字塔前，還是在露水潤濕的義大利草原上對著士兵們演講，他的姿態、他的言語都一樣富有感染力。無論在怎樣的困境他都是控制者，牢牢把握著局勢。甚至到了自己生命的盡頭，他已經淪為大西洋無盡波濤中一個岩石荒島上的流放者，一個任憑庸俗可憎的英國總督擺佈的垂死病人，拿破崙依然把持著舞台的中心。

滑鐵盧慘敗之後，除為數很少的幾個可靠的朋友，再沒人見過這位偉大的皇帝。歐洲人都知道他被流放到聖赫拿島上，他們知道有一支英國警衛部隊夜以繼日地嚴密看守著他。他們還知道另有一支英國艦隊在嚴密監視著在朗伍德農場上看守皇帝的那支警衛部隊。不過，無論是朋友還是敵人，他們都無法忘記他的形象。當疾病與絕望最終奪去他的生命時，他平靜的雙眼仍然注視著整個世界。即便到了今天，他在法國人的生活中，依然像一百年前那樣是一股強大的力量。那時，人們哪怕僅僅看一眼這個面色灰黃的小個子，就會出於興奮或恐懼而昏倒過去。他在神聖的克里姆林宮餵養過他的馬匹，他對教皇和世上最有權勢的大人物們頤指氣使，就像對待自己的僕役。

莫斯科大火與滑鐵盧

即便只對他的生涯勾勒一個簡單的輪廓，就需要好幾卷書的容量。要想講清楚

他對法國所做的巨大政治變革、他頒佈的後來為大多數歐洲國家採納的新法典，以及他在公眾場合數不勝數的積極作為，寫幾千頁都嫌不夠。不過，我能用幾句話來解釋清楚，為什麼他的前半生如此成功而最後十年卻一敗塗地。從1789到1804年，拿破崙是法國革命的偉人領導者，他之所以能夠一一將奧地利、義大利、英國、俄國打得潰不成軍，原因在於他和他的士兵們那時都是「自由、平等、博愛」這些民主新信仰的熱切傳道者，是王室貴族的敵人，是人民大眾的朋友。

可是在1804年，拿破崙自封為法蘭西的世襲皇帝，派人請教皇庇護七世來為他加冕，正如法蘭克人的查理曼大帝在西元800年請利奧三世為他加冕，做了日耳曼皇帝一樣。這一情景有著無盡的誘惑反覆出現在拿破崙眼前，使他渴望著重溫舊夢。

一旦坐上了王位，原來的革命首領搖身一變，成為哈布斯堡君主的失敗翻版。拿破崙忘記了他的精神之母——雅各賓政治俱樂部。他非但不再是被壓迫人民的保護者，反而變成了一切壓迫者、一切暴君的首領。他的行刑隊時刻都磨刀霍霍，準備槍殺那些膽敢違抗皇帝的神聖意志的人們。當神聖羅馬帝國憂傷的遺跡於1806年被掃進歷史的垃圾堆，當古羅馬榮耀的最後殘餘被一個義大利農民的孫子徹底摧毀時，沒有人為它一掬同情之淚。可當拿破崙的軍隊入侵西班牙，逼迫西班牙人民承認一個他們鄙視厭惡的國王，並大肆屠殺仍然忠於舊主的馬德里市民時，公眾輿論便開始反對過去那個馬倫戈、奧斯特利茨及

THE
STORY
OF
MANKIND

滑鐵盧戰役
油畫 19世紀

　　這幅畫場景雖然宏大、開闊，畫家對細節的描寫更是令人信服。畫面左邊，拿破崙身著白色戎裝、下騎白馬正要離開，他的部下從後趕上，緊張地伸手似乎要攔阻，拿破崙卻沈穩地將手一擺。這一瞬間就永遠地留了下來，作為歷史的印記。

其他上百場戰役的偉大英雄了。這時，只是到了這時，當拿破崙從革命的英雄變成舊制度所有邪惡品行的化身時，英國才得以播種迅速擴散的仇恨種子，使所有誠實正直的人民變成法蘭西新皇帝的敵人。

　　當英國的報紙開始報導法國大革命陰森恐怖的某些細節時，英國人便對之深感厭惡。在一個世紀前的查理一世統治時期，他們也曾發動過自己的「光榮革命」。可相對於法國革命翻天覆地的動盪，英國的革命不過是一次郊遊般簡單輕鬆的事件。在普通的英國老百姓眼裡，雅各賓黨人不啻於殺人不眨眼的魔頭，而拿破崙更是群魔之首，人人得而誅之。從1798年開始，英國艦隊便牢牢封鎖了法國港口，破壞了拿破崙經埃及入侵印度的計劃，使他在經歷尼羅河沿岸一系列的輝煌勝利之後，不得不面對一次屈辱的大撤退。最後到1805年，英國人終於等來了戰勝拿破崙的契機。

　　在西班牙西南海岸靠近特拉法爾角的地方，內爾森將軍徹底摧毀了拿破崙的艦隊，使法國海軍一蹶不振，拿破崙從此被困在陸地。即便如此，如果他能把握時局，接受歐洲列強提出的不失顏面的和平條件，拿破崙仍然可以舒服地坐穩自己的歐洲霸

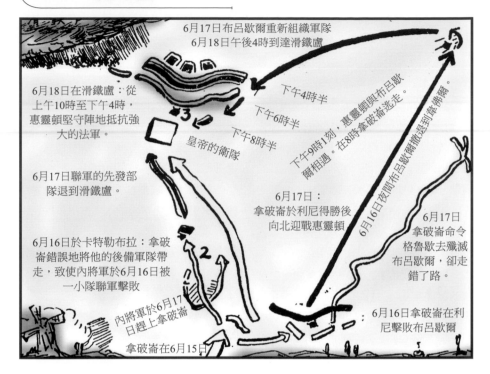

6月17日布呂歇爾重新組織軍隊
6月18日午後4時到達滑鐵盧

6月18日在滑鐵盧：從上午10時至下午4時，惠靈頓堅守陣地抵抗強大的法軍。

下午4時半

下午6時半

下午8時半

下午9時1刻，惠靈頓與布呂歇爾相遇。在8時拿破崙逃走。

6月16日夜間布呂歇爾撤退到韋佛爾。

皇帝的衛隊

6月17日聯軍的先發部隊退到滑鐵盧。

6月17日：拿破崙於利尼得勝後向北迎戰惠靈頓

6月16日於卡特勒布拉：拿破崙錯誤地將他的後備軍隊帶走，致使內將軍於6月16日被一小隊聯軍擊敗

6月17日拿破崙命令格魯歇去殲滅布呂歇爾，卻走錯了路。

內將軍於6月17日趕上拿破崙

6月16日拿破崙在利尼擊敗布呂歇爾

拿破崙在6月15日

主的位子。可惜拿破崙被自身的榮耀沖昏了頭腦，他不能容忍任何對手，不允許任何人與他平起平坐。於是，他把仇恨轉向了俄羅斯——那片有著源源不竭的炮灰的神秘廣大國土。

只要俄羅斯還處在凱瑟琳女皇半瘋癲的兒子保羅一世的統治之下，拿破崙就很懂得該怎麼對付俄國。可是保羅的脾氣變得越來越難以捉摸，以致被激怒的臣屬們被迫謀殺了他，免得所有人都被流放到西伯利亞的鉛礦場。繼任保羅的是他的兒子亞歷山大沙皇。亞歷山大並未分享父親對這位法國篡位者的好感，而是將他視為

人類的公敵與永遠的和平破壞者。他是一位虔誠的人，相信自己是上帝挑選的解放者，負有將世界從邪惡的科西嘉詛咒中解脫出來的責任。他毅然加入了普魯士、英格蘭、奧地利組成的反拿破崙同盟，卻慘遭失敗。他嘗試了五次，五次都以失敗告終。1812年，他再度辱罵了拿破崙，氣得這位法國皇帝兩眼發黑，發誓要打到莫斯科去簽定城下之盟。於是，從西班牙、德國、荷蘭、義大利等廣大的歐洲地域，一支支不情願的部隊被迫向遙遠的北方開拔，去為偉人皇帝受傷的尊嚴進行以牙還牙的報復。

接下來的故事現在已經盡人皆知。經

過兩個月漫長而艱苦的進軍，拿破崙終於抵達了俄羅斯的首都，並在神聖的克里姆林宮建立起他的司令部。可他攻佔的只是一座空城。1812年9月15日深夜，莫斯科突然發出衝天的火光。大火一直燃燒了4個晝夜，到第5日傍晚，拿破崙不得不下達了撤退的命令。兩星期之後，大雪紛紛揚揚地下起來，厚厚的積雪覆蓋了森林和原野。法軍在雪片和泥濘中艱難跋涉，直到11月26日才抵達別列齊納河。這時，俄軍開始了猛烈的反擊。哥薩克騎兵團團包圍了潰不成軍的「皇帝軍隊」，痛加砍殺。法軍損失慘重，直到12月中旬才有第一批衣衫襤褸、軍容不整的倖存者出現在德國東部的城市。

隨後，即將發生反叛的謠言如火如荼地傳播開來。「是時候了！」歐洲人說道，「把我們從無法忍受的法蘭西枷鎖下解放出來的日子已經到了！」他們紛紛將一支支在法國間諜無所不在的監視下精心隱藏好的滑膛槍拿出來，做好了戰鬥的準備。不過未等他們弄清楚到底發生了什麼事情，拿破崙帶著一支生力軍返回了。原來皇帝陛下離開了潰敗的軍隊，乘坐自己的輕便雪橇秘密奔回了巴黎。他發出最後的徵召軍隊的命令，以便保衛神聖的法蘭西領土免遭外國的入侵。

一大批16、17歲的孩子跟隨著他去東邊迎擊反法聯軍。1813年10月16、17、18日，恐怖的萊比錫戰役打響了。整整3天，身穿綠色軍服和藍色軍服的兩大幫男孩殊死拼

殺，直到鮮血染紅了埃爾斯特河水。10月17日下午，源源不斷湧來的俄國後備部隊突破了法軍的防線，拿破崙丟下部隊逃跑了。

他返回巴黎，宣佈讓位於他的幼子但反法聯軍堅持由已故的路易十六的弟弟路易十八繼承法國的王位。在哥薩克騎兵和普魯士槍騎兵的前呼後擁之下，兩眼無神的波旁王子勝利地進入了巴黎。

至於拿破崙，他成了地中海厄爾巴小島上的君主。他在那裡將他的馬童們組織成一支微型軍隊，在棋盤上演練一場場戰役。

「兩個擲彈兵」

不過當拿破崙離開法國，法國人就開始緬懷過去，意識到他們失去了多麼寶貴的東西。在過去20年，儘管付出了高昂的代價，可那畢竟是一個充滿了光榮與夢想的年代。那時的巴黎是世界之都，是輝煌的中心，而失去了拿破崙，法國和巴黎便成了二流的平庸之地。肥胖的波旁國王在流放期間不學無術、毫無長進，很快就使巴黎人對他的懶惰與庸俗望而生厭了。

1815年3月1日，反法同盟的代表們正準備著手清理被大革命搞亂的歐洲版圖時，拿破崙卻突然在戛納登陸了。在不到一星期的時間裡，法國軍隊拋棄了波旁王室，紛紛前往南方去向他們的「小個子」表示效忠。拿破崙直奔巴黎，於3月21日抵達。這一次，他變得謹慎多了，發出求和的呼籲，可盟軍堅持要用戰爭來回答他，整個歐洲都起來反對這個「背信棄義的科西嘉人」。皇帝迅速揮師北上，力爭在敵人們集結起來

之前將他們各個擊破。不過如今的拿破崙已經不復當年之勇，他不時患病，動不動就感覺疲勞。當他本應打起十二分的精神指揮他的先發部隊發動奇襲時，他卻躺下睡覺了。另外，他也失去了許多對他忠心耿耿的老將軍，他們都先他而去了。

6月初，他的軍隊進入比利時。同月16日，他擊敗了布呂歇爾率領的普魯士軍隊，不過一名下屬的將軍並未遵照命令將退卻中的普魯士部隊徹底殲滅。

兩天後，拿破崙在滑鐵盧與惠靈頓統率的軍隊遭遇。到下午2點鐘，法軍看起來似乎即將贏得戰役的勝利。3點鐘的時候，一股煙塵出現在東方的地平線上，拿破崙以為那是自己的騎兵部隊，此時他們應該擊敗了英國軍隊，前來接應他。到4點的時候，他才搞清楚真正的情形，原來是老布呂歇爾咆哮怒罵，驅趕著筋疲力竭的部隊投入戰鬥。此舉打亂了拿破崙衛隊的陣腳，他已經沒有剩下的預備部隊了。他吩咐部下盡可能保住性命，自己又一次先逃跑了。

他第二次讓位於他的兒子。到他逃離厄爾巴島剛好100天的時候，他再次離岸而去。他打算去美國。在1803年，僅僅為了一首歌，他將法國殖民地聖路易斯安那（當時正處於被英國佔領的危險之中）賣給了年輕的美利堅合眾國。所以他說：「美國人會感激我，他們會給我一小片土地和一座棲身的房子，讓我在那裡平靜地安度晚年。」可強大的英國艦隊監視著所有的法國港口，夾在盟國的陸軍和英國的海軍之間，拿破崙進退維谷，別無選擇。普魯士人打算槍斃他，看起來，英國人可能會稍微大度一

THE
STORY
OF
MANKIND

點。拿破崙在羅什福特焦急等待著，期望局勢能有所轉機。最終，在滑鐵盧戰役1個月後，拿破崙收到了法國新政府的命令，限他24小時內離開法國的土地。這位永遠的悲劇英雄只好給英國攝政王（國王喬治三世精神失常被關進了瘋人院）寫信，告知陛下他準備「將自己像狄密斯托克斯④一樣交託到敵人手上，希望在對手的歡迎壁爐旁找到一塊溫暖的地方……」。

6月15日，拿破崙登上英國戰艦「貝勒羅豐」號，將自己的佩劍交給霍瑟姆海軍上將。在普利茅斯港，他被轉送到「諾森伯蘭」號上，開往他最後的流放地——聖赫拿島。在這裡，他度過了生命中的最後7個年頭，他試著撰寫自己的回憶錄，他和看守人員爭吵，他不斷地沉入對往昔的回憶之中。非常奇怪的是，他又回到了（至少在他的想像中）他原來出發的地方，他憶起自己為革命艱難作戰的歲月。他試圖說服自己相信，他一直都是「自由、平等、博愛」這些偉大原則的真正朋友，它們由那些衣衫襤褸的國民議會的士兵們傳到了整個世界，他只是喜歡講述自己作為總司令和首席執政的生涯，很少提及帝國。有時，他會想起他的兒子賴希施坦特公爵，他熱愛的小鷹。現在，「小鷹」住在維也納，被他的哈布斯堡表兄們當成一文不值的「窮親戚」勉強接待。想當初，這些表兄們的父輩只要一聽到拿破崙的名字，就會嚇得渾身顫抖。當臨終之際，他正帶領著他的軍隊走向勝利，他發出一生中的最後一道命令，讓米歇爾·內⑤率領衛隊出擊。然後，他永遠停止了呼吸。

不過，如果你想為他的奇特一生尋求解釋，如果你真希望弄清楚為何一個人能僅憑其超人的意志如此之久地統治如此之多的人，請你一定不要去閱讀他的傳記。這些書的作者要不就對他滿懷厭憎，要不就是熱愛他到無以復加的崇拜者。你也許能從這些書籍中瞭解到許多事實，可比起僵硬的歷史事實，有時候，你更需要去「感覺歷史」。在你有機會聽到那首名為「兩個擲彈兵」的歌曲之前，千萬別去讀那些形形色色的書籍。這首歌的歌詞是由生活在拿破崙時代的偉大德國詩人海涅創作的，作曲者是著名的音樂家舒曼。當拿破崙去維也納朝見他的奧地利岳父時，舒曼曾站在很近的地方，親眼目睹過這位德國的敵人。這下子你清楚了，這首歌是出自兩位有充分理由憎恨這位暴君的藝術家之手。

去聽聽這首歌吧！聽完之後閉上眼睛回味片刻，然後你也許能體會到一千本歷史書都不能告訴你的東西。

註④ 西元前5世紀左右古雅典執政官，實行民主改革，擴建海軍，大敗波斯艦隊，遭貴族指控叛國，逃往波斯。

註⑤ 法國大將（1769～1815年），以驍勇善戰著稱，曾參加拿破崙的歷次戰爭，被路易十八封為貴族，波旁王朝第二次復辟後被處死。

CHAPTER 53

神聖同盟

當拿破崙最終被流放至聖赫拿島,那些屢戰屢敗於這位「可惡的科西嘉人」手下的歐洲統治者們便齊聚維也納,試圖消除法國大革命帶來的多項變革。

華爾滋與小步舞

　　歐洲各國的皇帝國王、公爵首相、特命全權大臣以及一般的大使總督主教們,還有緊隨他們身後的大群秘書、僕役和聽差,他們的工作日程曾因可怕的科西嘉人的突然重返(如今,他只能整日在聖赫拿島的烈日下昏昏欲睡了)而被粗暴打斷。現在,他們紛紛返回自己的工作崗位,為適當地慶祝勝利,舉行了各種晚餐會、花園酒會和舞會。在舞會上,追逐潮流的人士跳起了令人吃驚的新式「華爾滋」舞,引起了那些仍在懷念小步舞時代的女士先生們的竊竊非議。

　　在整整一代人的時間裡,他們處於惶恐不安的引退狀態。當危險終於過去,談起革命期間所遭受的種種痛苦與磨難,他們不免洋洋灑灑、振振有辭,有著滿腹的苦水想要傾吐。他們期望撈回損失在可惡的雅各賓黨人手裡的每一個子兒。這些不值一提的野蠻革命者居然敢處死上帝所封的國王,還自作主張地廢除假

> **維也納和會**
> 諷刺畫 1814年
>
> 　　這幅作品以簡單的幾個肢體語言就體現了維也納會議的全部資訊:和會達成協定的宴樂場所;與會者的各懷心機;分別代表的奧地利、普魯士、俄羅斯、英國各勢力團體在此和會中的既得利益,或志得意滿或虛榮在心;以及畫面最右邊跳蚤一樣加進來的法國代表查爾斯·塔列蘭的急切等等,淋漓盡致。

印有馬賽曲的歌單

法國 18世紀

「馬賽曲」是大革命時代誕生在斯特拉斯堡的歌曲，由一支回應革命政府號召的馬賽義勇軍傳到巴黎，後來它便成了法蘭西共和國的國歌。

髮，拿巴黎貧民窟的破爛馬褲來取代凡爾賽宮廷式樣優雅的短褲。

你們一定會覺得滑稽，因為我竟會提到這樣一些瑣細無聊的小事。不過，著名的維也納會議就是由一長串荒唐可笑的議程構成的。有關「短褲與長褲」的問題吸引了與會代表們長達數月之久的興趣，相形之下，薩克森的未來安排或西班牙問題的最終解決方案反倒成了無甚緊要的細枝末節。普魯士國王陛下走得最遠，他特意訂製了一條短褲，以便向公眾顯示陛下對一切

革命事物的極度蔑視。

另一位德國君主在表現他對革命的仇恨方面也不甘落後，他嚴正頒佈了一條敕令：凡是在那位法國篡位者統治期間繳納過稅款的屬民，必須重新向自己的合法統治者繳納這些稅款。因為當他們在遭受科西嘉魔王的無情擺佈時，他們的國王正在遙遠的角落裡默默地愛著他們。就這樣，維也納會議上的荒唐事情一件接著一件。直到有人氣得喘不過氣來，疾呼道：「看在上帝的份上，老百姓為什麼不抗議、不反抗呢？」是啊，為什麼不反抗呢？因為人民已經被戰爭和革命弄得筋疲力竭，他們完全絕望了，根本不在乎下一步會發生什麼事，或者由誰在哪裡及如何統治他們。只要能得到和平，就謝天謝地了。戰爭、革命、改革這些字眼已經耗盡了他們的全部精力，使他們感到疲憊和厭倦。

上世紀80年代，人人都曾圍著自由之樹歡舞。王公們熱情擁抱他們的廚子，公爵夫人拉著她們的僕役跳起了卡馬尼奧拉舞（法國革命期間流行的舞蹈），他們真誠的相信，一個自由、平等、博愛的新紀元已經降臨這個充滿邪惡的人世，一切將重新開始。不過伴隨新紀元而來的，是造訪他們客廳的革命委員，以及跟隨他身後的十幾個衣衫襤褸、饑腸轆轆的士兵。他們佔滿了客廳的沙發，坐在主人的餐桌前大吃大喝。等造訪已畢，革命委員返回巴黎向政府報告，「被解放國家」的人民是如何熱情接受法國人民奉獻給友好鄰居們的自由憲法時，他們還順手牽走了主人家傳的銀製食具。

當他們聽說有一個叫「波拿巴」或「邦拿巴」的青年軍官將槍口對準暴民，鎮壓了巴黎發生的最後一陣革命騷亂時，他們不免長長地吁了一口氣。為了安寧，犧牲一點自由、平等、博愛也是可以接受的。可沒過多久，這位「波拿巴」或「邦拿巴」就成了法蘭西共和國三位執政官之一，後來又做了唯一的執政，最後終於變成法蘭西皇帝。由於他比此前的任何統治者都更為強大、更有效率，他的手難免伸得很長，管得過寬，毫不憐憫地壓迫著他可憐的屬民們。他強征他們的男孩子入伍，他把他們漂亮的女兒嫁給手下的將軍，他奪走他們的油畫古董去充實私藏。他將歐洲變成一個大兵營，犧牲掉整整一代青年人的性命。

現在，他終於被送到大西洋裡的聖赫拿孤島。人們（除了少數職業軍人）只剩一個願望：讓他們不受打擾地安靜過日子。曾幾何時，他們被允許自治，選舉自己的市長、市議員和法官，可這套體制在實踐中卻慘告失敗。新統治者不僅毫無經驗，且言行放肆，在舊傷之上又添了許多新痕。出於純粹的絕望，人們轉向舊制度的代理人。他們說：「你們像過去一樣統治我們吧。告訴我們欠你多少錢，我們照單全付。其他的請高抬貴手，我們正忙於修復自由時期的創傷。」

操縱維也納會議的大人物們，他們當然會盡力滿足人們祈求和平、安寧的渴望。會議的主要成果是神聖同盟的締結，它使警察機構變成國家事務的主要力量。對那些膽敢對國家政策提出任何批評的人士，動輒施以最嚴厲的懲罰。

逃跑的梅特涅
諷刺畫 19世紀

這幅畫是在表現梅特涅倉皇出逃維也納，他的匹諾曹式的尖鼻子說明了民眾對他是說謊者的看法。1848年的歐洲革命爆發，使他親眼目睹了自己苦心炮製的所有政策被人民扔進了垃圾堆。他才發現自己成為了人民的公敵。

歐洲終於得到了和平，然而是籠罩在墓地之上的死氣沉沉的和平。

維也納三巨頭

出席維也納會議的三位重要人物分別是俄國的亞歷山大沙皇、代表奧地利哈布斯堡家族的梅特涅首相，及前奧頓地區主教塔萊朗。在歷次法國政府危機四伏的動盪中，塔萊朗完全憑自己的精明狡猾，奇跡般地生存了下來。現在他代表法國來到奧地利首都，試圖盡可能地挽救遭拿破崙墜

拒絕

諷刺畫 德國 1848年

　　受壓抑的民族主義空前高漲，這也使得歐洲革命更加具有蓬勃生機。畫面中所繪的德皇威廉正極力地在軍方的支援下把民主浪潮拒於門外。而另一方面，人民爭取自由的鬥爭也在如火如荼地進行。右頁圖是3月18日的戰鬥中，一名柏林的學生試圖把革命大旗插上巴黎聖母院的鐘樓而捐軀的場景。

炭的千瘡百孔的法國。就像打油詩裡描寫的快活青年對旁人的白眼渾然不覺般，塔萊朗這位不速之客闖到了宴會上開心地吃喝說笑，彷彿他真是被邀請的上賓。事實上，他做得非常成功。不久之後，他便大搖大擺地坐上了主位，用他妙趣橫生的故事為嘉賓們助興，以自己的迷人風度贏得了大眾的好感。

　　在他抵達維也納的前一天，塔萊朗瞭解到盟國已分裂成兩個敵對的陣營。一方是妄圖吞併波蘭的俄國和想要佔領薩克森的普魯士；另一方是想制止兼併的奧地利與英國。但無論讓普魯士還是俄國獲得主宰歐洲的霸主地位，都會有損於英奧兩國的利益。塔萊朗憑藉高超的外交手腕和騎牆作法，遊刃於兩派之間。由於他的努力，法國人民得以免遭其他歐洲人在王室手下

所受的十年壓迫。他在會議上爭辯道：法國人民的作為其實是毫無選擇的，是「科西嘉惡魔」強迫他們按自己的旨意行事。現在篡位者已一去不返，路易十八登上了王位。塔萊朗請求說：「給他一次機會吧！」而盟國正樂於看到一位合法君主端坐在革命國家的王位上，便慨然讓步了。波旁王朝終於得到機會，但卻以過於充分的利用，以至15年後再度被趕下台。

　　維也納三巨頭中的另一位是奧地利首相梅特涅，哈布斯堡外交政策的首席制定者，全名文策爾·洛塔爾·梅特涅——溫斯堡親王。正如其名所顯示的，他是一位大莊園主，風度翩翩的漂亮紳士，家財億萬且能幹異常。不過，他屬於與城市和農莊裡揮汗如雨的平民大眾相隔一千英里的那個封閉社會的產兒。青年時代，梅特涅曾在斯特拉斯堡大學求學，當時正值法國大革命爆發。斯特拉斯堡是「馬賽曲」的誕生地，雅各賓黨人的活動中心。在梅特涅的憂傷記憶裡，青年時代愉快的社交生活被粗暴打斷了，一群才能平平的市民被突然召去從事他們並不勝任的工作，暴民們通宵歡慶以謀殺無辜生命所換來的新自由的曙光。可梅特涅卻沒能看到人民大眾的真摯熱情，他也沒看到當婦女和兒童將麵包和水塞給衣衫襤褸的國民自衛軍，目送他們穿過城市，去前線為法蘭西祖國光榮獻身時，他們眼裡所閃爍的希望和神采。

　　大革命的一切給這位年輕的奧地利人留下的只是滿心厭惡。它太野蠻，太不文明。如果真的需要一場戰鬥，那也應該由穿著漂亮制服的年輕人，騎上裝配精緻鞍具

的高頭大馬，衝過田野去體面的廝殺。可將整個國家變成一個發散惡臭的軍營，把流浪漢一夜之間提拔為將軍，這不僅愚蠢，而且邪惡。他常常會對在數不清的奧地利大小公爵們輪流提供的小型晚餐會上遇到的法國外交官說：「看看吧，你們那些精緻的思想都帶來了什麼？你們喊著要自由、平等、博愛，可最終得到的是拿破崙。如果你們不胡思亂想，滿足現行制度，你們的情況會比現在好多少啊！」隨後，他就會闡述自己那套關於「維持穩定」的政見。他竭力宣揚重返大革命前舊制度的正常狀態，那時人人幸福，也沒人胡說什麼「天賦人權或人人生而平等」。他的態度是真誠的，他意志堅強、才能卓越，極善於說服他人，因此他也成了一切革命思想最危險的敵人。梅特涅一直活到1859年，他親眼目睹了1848年的歐洲革命將自己苦心炮製的政策掃進歷史垃圾堆，遭到徹底的失敗。突然間，他發現自己變成了全歐洲最招憎恨的傢伙，好幾次面臨被憤怒的市民私刑處死的危險。不過直到生命的盡頭，他依然認為自己做的都是正確有益的。

他一直相信，比之危險的自由，人民寧願要和平，他則盡己所能地將最符合人民利益的東西賜予了他們。公正地看，我們不得不說他所全力構建的世界和平是相當成功的。列強們有40年時間沒自相殘殺，緊掐對方的脖子。直到1854年，俄國、英國、法國、義大利、土耳其為爭奪克里米亞爆發了一場大戰，和平局面才被打破。這麼長的和平時期至少在歐洲大陸上是創紀錄的。

這個「華爾茲」會議上的第三位英雄

是亞歷山大皇帝。他是在其祖母，即著名的凱瑟琳女皇的宮中長大的。除了這位精明的老婦人教給他將俄羅斯的榮耀視為生命中最重要的事情外，他還有一位瑞士籍的私人教師，一位伏爾泰和盧梭的狂熱崇拜者。教師極力向他的幼小心靈灌輸熱愛全人類的思想。就這樣，待亞歷山大長大後，他的身上奇怪地混合了自私的暴君與感傷的革命者兩種氣質，使他常常陷於自我衝突的痛苦之中。在他瘋癲的父親保羅一世在位期間，亞歷山大倍受屈辱，他被迫親眼目睹了拿破崙戰場上的大屠殺，以及俄軍淒慘的潰敗。後來時來運轉，他的軍隊為盟國贏得了勝利，俄羅斯從荒僻的邊陲之國搖身而為歐洲的救世主，這個偉大民族的沙皇也被奉為神明，人們指望他醫治世間的所有創傷。

可亞歷山大本人卻不夠聰明，他不像塔萊朗和梅特涅那樣深諳人性，對外交這

犧牲
版畫 1848年

一奇妙的遊戲也玩得不夠精熟。當然，亞歷山大愛慕虛榮（在某些情形下誰又能不愛呢），喜歡群眾的掌聲與歡呼。很快地，他便成為維也納會議主要的「焦點和吸引力的泉源」，而梅特涅、塔萊朗、卡斯雷爾（精明幹練的英國代表）則悄悄繞桌而坐，一邊愜意地吃著匈牙利甜酒，一邊決定著具體該做的事情。他們需要俄國，因此對亞歷山大畢恭畢敬。不過亞歷山大本人越少參與實質性工作，他們就越高興。他們甚至對亞歷山大提出的組織「神聖同盟」的計劃大加贊同，好讓他全心投入，自己則可以放手處理緊急的事情。

亞歷山大喜歡社交，經常出席各種各樣的晚會，會見形形色色的人物。在這些場合，沙皇顯得既輕鬆又快活，不過他的性格中還有截然不同的另一面。他努力想忘掉某些難以忘卻的事情。1801年3月23日夜，他焦急地坐在聖彼得堡聖米歇爾宮的一間房間裡，等待著他父親退位的消息。可保羅拒絕簽署那些喝得醉醺醺的官員強塞到他桌前的文件。官員們一怒之下，用圍巾纏住老沙皇的脖子，將他活活勒死了。隨後他們下樓去告訴亞歷山大，他已經成為所有俄羅斯國土的皇帝。

亞歷山大生性敏感，這個恐怖夜晚的記憶一直糾纏在他腦海揮之不去。他曾經在法國哲學家們的偉大思想中受過薰陶，這些人相信的不是上帝而是人類的理性。不過，單單理性並不足以解脫處於心靈困境中的沙皇，他開始出現幻聽幻視，感覺到形形色色的形象和聲音從他身邊飄過。他試圖找到一條途徑，使自己不安的良心平靜下來。他變得異常虔誠，對神秘主義發生了興趣。神秘主義即對神秘和未知世界的奇特崇拜和熱愛，它的淵源與底比斯、巴比倫的神廟一樣久遠。

神秘的女先知

大革命期間過度膨脹、過度焦灼的情感以一種奇怪的方式影響了人們的性格。經歷了20年恐懼與焦慮折磨的男男女女，都變得有些神經兮兮。每聽到門鈴聲響，他們會驚跳起來，因為這響聲可能意味著：他們唯一的兒子「光榮戰死」了。革命期間所大肆宣揚的「兄弟之愛」或「自由」等等觀念，在飽受痛苦煎熬的農民耳裡，無非是一些意義空洞的口號。他們願抓住任何能救其脫離苦海的東西，使他們重拾面對生活的勇氣。在痛苦與悲傷中，他們輕易讓一大幫騙子得了手。這些人偽裝成先知的樣子，四處傳播他們從《啟示錄》的某些晦澀章節裡挖出來的新奇教義。

1814年，已多次占卜問靈的亞歷山大聽說了一個新的女先知的事情。據說她預言世界末日即將到來，正敦促人們及早悔悟。此人就是馮·克呂德納男爵夫人。這位俄國女人的丈夫是保羅沙皇時代的一名外交官。有關她的年齡和聲譽，眾人議論紛紛，可都不確定。聽說她把丈夫的錢財揮霍一空，還因種種桃色事件使他顏面盡失。她過著異常輕挑放蕩的生活，最終身心崩潰，一度處於精神失常的狀態。後來，因目睹一位朋友的突然死亡，她皈依了宗教，從此厭棄了生活中的一切快樂。她向一位鞋匠懺悔自己從前的罪惡。這位鞋匠是一

位虔誠的摩拉維亞兄弟會成員，也是被1415年的康斯坦斯宗教會議處以火刑的老宗教改革家胡斯的信徒。

接下來的十年，克呂德納待在德國，一心一意地從事勸說王公貴族們「皈依」宗教的工作。感化歐洲的救世主亞歷山大皇帝，使他認識到自己犯下的錯誤，這是男爵夫人平生最大的志願。而亞歷山大正處於憂傷之中，任何能給他一線慰藉的人，他都樂意聽聽他們的開解。會面很快被安排妥。1815年6月4日傍晚，男爵夫人被帶進沙皇的營帳。當她第一眼看見這位大人物時，他正在讀自己隨身攜帶的《聖經》。我們搞不清楚男爵夫人究竟對亞歷山大說了些什麼，可當她三小時後離開時，陛下滿面淚容，發誓說：「他的靈魂終於得到了安寧。」從那天開始，男爵夫人便成了沙皇忠實的夥伴及靈魂的導師。她隨他去巴黎，然後又到維也納。當亞歷山大不出席舞會的時候，他就參加克呂德納夫人的祈禱會。

你也許會問，我為什麼要如此詳細地跟你們講述這個離奇的故事？難道19世紀的種種社會變革不比一個精神失衡的女人的生涯更具重要性嗎？忘掉這個女人不是更好嗎？當然是這樣的。不過這個世界上已經有夠多的歷史書，它們能精確而詳盡地告訴你那些歷史大事，而我希望你們從歷史中瞭解到比一連串的歷史事實稍微多一些的東西。我要你們帶著一顆毫無偏見的心靈去接近歷史、觸摸歷史，絕不要僅僅滿足於「何時何地發生了什麼」這樣簡單的陳述。去發掘隱藏在每個行為下面的動機，而後你對世界的瞭解就會更上一層，你也將更有機會去幫助別人。歸根究柢，這才是唯一真正令人滿意的生活方式。

兩個不幸男女的共同作品

我不希望你把「神聖同盟」僅僅視為1815年簽署，現在勉強保存在國家檔案館中早被廢棄和遺忘的一紙空文。它也許已被遺忘，可它絕非對我們今天的生活毫無影響。神聖同盟直接導致了門羅主義的產生，而門羅主義與普通美國人的生活有著顯著的關聯。所以，我希望你們瞭解這一文

女先知
吉恩・德維爾
粉筆畫 1892年

她的臉是罪惡與懺悔的奇妙結合；她的眼睛如同盲人，但卻似乎能看透宇宙和未來；她是溫和的，同時又十分神經質；她掌握著人類的知識（書本），也掌握著人類和主聯繫的方式。女先知的形象自古有之，但卻少有如德維爾筆下的神韻。事實上，這幅畫的模特兒是一位名叫斯圖亞特・梅麗爾的女詩人。

件如何碰巧出現，以及隱藏在這一重申基
督教對責任的忠誠奉獻的宣言背後的真實
動機。

　　一個是遭受了可怕精神打擊、試圖撫
平靈魂不安的不幸男子，另一個是虛度半
生、容顏盡毀，只能靠自命為一種新奇教義
的先知來滿足虛榮心與慾望的野心勃勃的
女人，他們倆的古怪結合造就了「神聖同
盟」，它是兩個不幸男女的共同作品。這些
細節並不是什麼天大的秘密，只是如今才
由我洩露出來的。像卡斯雷爾、梅特涅、塔
萊朗這等清醒理智的人物，他們當然知道
這位多愁善感的男爵夫人能力有限。梅特
涅可以輕而易舉地把她打發回德國，給神
通廣大的帝國警察局首腦寫一紙便條就能
解決問題。

　　可法國、英國、奧地利正需要俄羅斯
的善意，他們不敢觸怒亞歷山大。他們容忍
這位愚蠢的老女人，因為他們不得不克制

自己的脾氣。雖然他們全都認為神聖同盟
是純粹的胡說八道，甚至不值得為它浪費
紙張，可當沙皇向他們朗誦以《聖經》為基
礎創作的《人類皆兄弟》的潦草初稿時，他
們只能耐心地傾聽。這是創建神聖同盟試
圖達到的目的，簽字國必須申明「在管理各
自國家的事務，及處理與別國政府的外交
關係時，應以神聖宗教的誠條，即基督的公
正、仁慈、和平為唯一指導。這不僅適用於
個人，且應對各國的議會產生直接的影響，
並作為加強人類制度、改進人類缺陷的唯
一途徑，體現在政府行動的各個步驟中」。爾
後，他們還相互承諾將保持聯合，「本著一
種真正牢不可破的兄弟關係，彼此以同胞
相待，在任何情況、任何地點相互施以援
手。」等等。

　　最後，雖一個字也沒讀懂，奧地利皇
帝還是在「神聖同盟」誓約上簽署了自己的
大名。法國的波旁王室也簽了字，時勢使它
非常需要拿破崙舊敵的友誼。普魯士國王
也加入了，他迫切希望亞歷山大支援他的
「大普魯士」計劃。當然，受俄國擺佈的所
有歐洲小國都簽了字，它們別無選擇。英國

拒絕簽字，因為卡斯雷爾認為該條約不過是一些空話。教皇沒有簽字，他對一個希臘東正教徒和一個新教徒來插手他的事務甚為憤恨。土耳其蘇丹當然沒簽，因為他對盟約上說的東西一無所知。

而歐洲的老百姓不久後就不得不正視這一條約的存在。隱藏在神聖同盟一大堆空洞詞句背後的，是梅特涅糾集起來的五國盟軍。這些軍隊可不是鬧著玩的，他們的存在無疑在警告世人，歐洲的和平是不容所謂的自由主義者攪擾的。這些自由主義者被視為喬裝打扮的雅各賓黨，他們唯一的目的就是使歐洲重返大革命的動亂年代。歐洲人對1812、1813、1814和1815年的偉大解放戰爭的熱情開始慢慢消逝，隨之而來的是對幸福生活的真誠企盼。在戰爭中首當其衝的士兵也希望和平，他們變成了和平的宣講者。

不過，人們並不需要神聖同盟和列強會議賜予他們的那種和平。他們驚呼自己被欺騙，被出賣了，可他們小心翼翼，以免自己的話傳到秘密警察的耳裡。對革命的反動是成功的，策劃這一反動的人真誠相信其作為有益於人類福祉。可動機雖然良好，一樣令人難以忍受。它不僅製造了大量不必要的痛苦，而且大大阻礙了政治改革的正常進程。

CHAPTER 54

強大的反動勢力

他們以壓制新思想來維持一個不被打擾的和平世界，他們使秘密警察成為最有權勢的國家機構。不久，所有國家的監獄都人滿為患，那些宣稱老百姓有權按自己心意進行自治的人們受到迫害。

清掃法蘭西「禍水」

要完全清除拿破崙洪水所帶來的禍害幾乎是不可能的。古老的防線被一掃而空，歷經幾十朝代的宮殿被毀壞到無法居住的程度，其他的王宮則以不幸鄰居的損失為代價，拼命擴張地盤，好把革命時期的損失彌補回來。革命的洪水退去之後，留下許多形形色色、奇奇怪怪的革命教義的殘餘，強行清除它們勢必給整個社會帶來風險，不過維也納會議的政治工程師們將自己的力量發揮到極限，以下是他們取得的種種「成就」。

多年以來，法國一直是世界和平的「禍害」，人們不免對這個國家有些本能的恐懼感。雖然波旁王朝借塔萊朗之口允諾以後會好好治理國家，但「百日政變」卻教會歐洲國家，一旦拿破崙第二次脫逃將會出現什麼可怕的情況，於是它們開始未雨綢繆，防患於未然，荷蘭共和國被改為王國，比利時變成這個新尼德蘭土國的一部分（由於比利時沒有參加16世紀荷蘭人爭取獨立的戰爭，它一直屬於哈布斯堡王朝的領地之一，開始由西班牙統治，後又歸屬奧地利）。無論是新教徒控制的北方，還是天主教徒主導的南方，沒人需要這種人為的聯合，但也沒人提出反對意見。它似乎有利於歐洲的和平，那就勉強接受吧，這就是當時的主要考慮！

波蘭人對未來懷有極大的憧憬，因為他們的亞當·查多伊斯基王子不僅身為亞歷山大沙皇的密友，而且在整個反拿破崙戰爭及維也納會議期間一直擔任沙皇的常務顧問，他們有理由期望更多東西。但波蘭被劃為俄國的半獨立屬地，由亞歷山大出任國王，這種解決辦法引起波蘭人民極大的憤怒，導致了後來的三次革命。

黑夜（右頁圖）
愛德華·孟克
油畫 挪威 1891年

19世紀中後期是一個民族主義和國家主義空前高漲的時期，整個世界都處於獨立的躁動中。這是1905年挪威獨立王國建立前夕，畫家描繪的一組有關黑夜的作品之一。奧斯陸街頭這些遊逛的孤獨者的身影和驚揚的眼神，以及對比強烈的蒼白臉孔，記錄著當時的情形。

丹麥一直追隨拿破崙，是他最忠誠的盟友，相對地，它也受到了極為嚴厲的懲罰。七年前，一支英國艦隊駛到了卡特加特附近海域，在沒有宣戰或發出任何警告的情況下，炮轟了哥本哈根，並掠走所有丹麥軍艦，以免它們為拿破崙所用。維也納會議則採取了進一步的懲罰措施。它將挪威從丹麥劃出（前者從1397年的卡爾麥條約簽署，一直與丹麥聯合），將它交給瑞典的查爾斯十四世，作為他背叛拿破崙的獎賞。想當初，還是拿破崙幫助查爾斯走上王位的。非常離奇的是，這位瑞典國王原是一名法國將軍，本名貝納道特。他作為拿破崙的副官長來到瑞典，當霍倫斯坦－戈多普王朝的末代統治者去世，身後未留下子嗣，好客的瑞典人就請貝納道特登上了王位。從1815至1844年，他盡心盡力統治著這個收養他的國家（儘管他從未學會瑞典語）。他是個聰明人，治國有方，贏得了他的瑞典子民和挪威子民的共同尊重，可他也不能將兩種截然不同的歷史與天性調和起來，這兩個斯堪地納維亞國家的聯合體是一個無法挽救的失敗。1905年，挪威以一種最平和有序的方式，建立起一個獨立的王國，而瑞典也樂得祝願挪威「前途順利」，明智地讓它走自己的道路。

義大利人自文藝復興以來一直飽受入侵者的蹂躪，他們對波拿巴將軍寄予厚望，可做了皇帝的拿破崙卻讓他們大失所望。非但沒有一個統一的新義大利出現在望眼欲穿的人民眼前，它反而被劃分為一系列小公國、公爵領地、小共和國及教皇國。教

皇國在整個義大利半島（除那不勒斯外）治理得最為糟糕，人們生活極其悲慘。維也納會議廢除了幾個拿破崙建立的小共和國，在它們的地域上恢復老的公國建制，分別獎賞給哈布斯堡家族幾個有功的男女。

可憐的西班牙人發動過反抗拿破崙的偉大民族起義，為效忠他們的國王犧牲了寶貴的鮮血可當維也納會議允許國王陛下返回其領地時，西班牙人等來的卻是嚴厲的懲罰。斐迪南七世是一位心胸邪惡的暴君，他流亡生活的最後4年是在拿破崙的監獄中度過的。為打發坐牢時光，他給自己心愛的守護聖像編織了一件又一件外套。而他慶祝自己回歸的方式卻是恢復殘酷的宗教法庭和刑房，兩者本是在革命期間被廢除掉的。此人是一個令人厭惡的傢伙，不但其人民，連他的4個妻子也同樣鄙視他，可神聖同盟卻堅持要維護他的合法王位，正直的西班牙人民為清除邪惡的暴君及建立一個立憲王國的所有努力，最後都以屠殺和流血而告終。

自1807年王室成員逃到巴西的殖民地起，葡萄牙便一直處於沒有國王的狀態。在1808至1814的半島戰爭期間，該國一直被惠靈頓的軍隊用作後勤補給基地。1815年後，葡萄牙繼續做了幾年英國的行省，直到布拉岡札王室重返王位。一位布拉岡札成員被留在里約熱內盧當了巴西皇帝，這是美洲大陸唯一的帝國，居然維持了好多年，直到1889年巴西建立共和國時才壽終正寢。

在東歐並未採取任何措施來改善斯拉夫人和希臘人的悲慘處境，他們依然是土耳其蘇丹的屬民。1804年，一位叫布蘭克·

喬治（卡拉喬戈維奇王朝的奠基人）的塞爾維亞養豬人發動反抗土耳其人的起義，被敵人擊敗，最後被他自以為是朋友的另一塞爾維亞領袖殺害。殺害他的人名為米洛歇·奧布倫諾維奇，後來成為塞爾維亞奧布倫諾維奇王朝的創始人。就這樣，土耳其人得以繼續在巴爾幹半島橫行無阻，理所當然地做著主人。

希臘人喪失獨立已經整整2000年了。他們先後受到過馬其頓人、羅馬人、威尼斯人、土耳其人的奴役。現在，他們寄望自己的同胞——科孚人①卡波德·伊斯特里亞。他跟波蘭的查多伊斯基同為亞歷山大最親密的私人朋友，也許他能為希臘人爭取點什麼。可惜維也納會議對希臘人的要求根本不感興趣，它滿腦子想著的只是如何讓所有「合法」的君主，不管是基督教的、伊斯蘭教的或其他教的，分別保住各自的王位。因此，希臘人什麼也沒盼到。

日耳曼的笑柄

維也納曾議犯下的最後的、也可能是最大的錯誤，就是對德國問題的處理。宗教改革和30年戰爭不僅完全摧毀了這個國家的繁榮與財富，而且將它變成了一盤毫無希望的政治散沙。它分裂成兩三個王國、四五個大公國、許多個公爵領地以及數百個侯爵領地、男爵領地、選帝侯領地、自由市和自由村，由一些只在歌舞喜劇裡才能見到的千奇百怪的統治者分別治理著。弗雷德里克大帝為改變這一狀態，創立了強大的普魯士，但這個國家在他死後便衰落了。

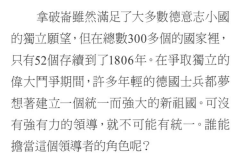

日耳曼大會
版畫 德國 19世紀

維也納會議建立了一個由38個主權國家組成的新日耳曼同盟，德國似乎也有了自己的政府，但他們並沒有執行權、沒有章程，也沒有錢。這是一次在聖彼得大教堂召開的議會，分別代表各自集團利益的人們擁擠一堂，成為烏合之眾。

註① 希臘西北部地區。

拿破崙雖然滿足了大多數德意志小國的獨立願望，但在總數300多個的國家裡，只有52個存續到了1806年。在爭取獨立的偉大鬥爭期間，許多年輕的德國士兵都夢想著建立一個統一而強大的新祖國。可沒有強有力的領導，就不可能有統一。誰能擔當這個領導者的角色呢？

在講德語的地區一共有5個王國，其中兩個是奧地利與普魯士，他們各自擁有上帝恩許的神聖國王，而其他3個國家，巴伐利亞、薩克森和溫特堡的國王卻是拿破崙恩許的。由於他們一度都做過法蘭西皇帝陛下的忠實走狗，在其他德國人眼裡，他們的愛國信譽不免要大打折扣。

維也納會議建立了一個由38個主權國家組成的新日耳曼同盟，將其置於前奧地利國王，現在的奧地利皇帝陛下的領導之下。這種臨時性的解決方案不能讓任何人滿意。確實，一次日耳曼大會在古老的加冕典禮的城市法蘭克福召開了，目的是討論「共同政策及重大事務」。可38名分別體現38種不同利益的代表們齊聚一室，做出任何決定都需要全票通過（一項曾在上個世紀毀掉強大波蘭帝國的荒唐的國會形

式）。這使得本次著名的日耳曼大會很快便淪為了歐洲人的笑柄，使這個古老帝國的治國政策變得越來越像我們上世紀四、五十年代的中美洲鄰居。

這對於為民族理想犧牲一切的德國人來說，無疑是一個巨大的侮辱。可維也納會議是不屑於考慮「屬民」們的個人情感的，它很快就停止了有關德國問題的爭論。

密探時代

有人反對嗎？當然有。當最初對拿破崙的仇恨情感平息下來，當人們對反拿破崙戰爭的巨大熱情開始退卻，當人們開始充分意識到藉「維護和平與穩定」之名所行的種種罪惡時，他們便開始低聲抱怨了，他們甚至威脅要進行公開的反抗。可他們能做什麼呢？他們只不過是手無寸鐵的平民，完全處於無權無位的弱勢。何況，他們正面對著世界上前所未有的最殘酷無情且極富效率的警察體系，處處受到嚴密監控，只好任人擺佈了。

維也納會議的參與者們真誠地相信，「法國大革命的思想是導致前拿破崙皇帝犯下篡位罪行的根源」。他們覺得將所謂

「法國思想」的追隨者們消滅乾淨，是順應天意民心的神聖之舉，就像宗教戰爭時的西班牙國王菲利普二世一邊無情地燒死新教徒或絞殺摩爾人，一邊覺得他的殘酷作為只不過是服從自己良心的召喚一樣。在16世紀初期，教皇擁有隨心所欲統治自己屬民的神聖權利，任何不承認這種權利的人都會被視為「異端」，誅殺他是所有忠誠市民應盡的責任。而到了19世紀初的歐洲大陸，輪到那些不相信國王有權按自己及首相認為合適的方式統治他的屬民的人變成了「異端」，所有忠實的市民都有責任向最近的警察局檢舉他，讓他受到應有的懲罰。

有一點必須指出，1815年的歐洲統治者們已經從拿破崙那裡學到了「統治效率」的技巧，因此當他們從事起反異端工作時，比1517年做得漂亮多了。1815至1860年是一個屬於政治密探的「偉大」時代，間諜無處不在，他們出入王公貴族的宮殿，他們深入到最下層的低級客店，他們透過鑰匙孔窺探內閣會議的過程，他們偷聽在市政公園透氣、散步的人們的閒談。他們警戒著海關和邊境，以免任何沒有持有正式護照的不法份子滲入。他們檢查所有的包裹行李，嚴防每一本可能帶有危害「法蘭西思想」的書籍流入皇帝陛下的領土。他們和大學生一起坐在演講大廳，任何膽敢對現存秩序提出質疑的教授，馬上便會大禍臨頭。他們悄悄跟在上教堂的兒童身後盯梢，免得他們逃學。

密探們的許多工作都得到了教士的大力協助。在大革命期間，教會的損失異常慘重，它的財產被沒收充公，一些教士被殺害，更有甚者，當公安委員會於1793年10月廢除對上帝禮拜儀式時，受伏爾泰、盧梭和其他法國哲學家無神論思想薰陶的那代年輕人，竟然圍著「理性的祭壇」歡歌笑舞。教士與貴族們一起度過了漫長的流亡生涯。現在，他們隨盟軍士兵一起重歸故里，帶著一種報復的心情積極投入了工作。

甚至連耶穌會也於1814年回來了，繼續他們教育年輕一代獻身上帝的工作。在反擊教會敵人的戰鬥中，它做得非常成功。在世界的各個角落，耶穌會的「教區」紛紛建立起來，向當地人傳播天主教的福音，不過它們很快發展成一個正式的貿易公司，並不斷干涉當地政府的內部事務。在葡萄牙偉大的改革家——首相馬奎斯·德·龐博爾執政時期，耶穌會曾一度被逐出葡萄牙領土，但在1773年，應歐洲主要天主教國家的要求，教皇克萊門特十四世取消了這項禁令。現在，他們回到了工作中，循循善誘地對商人們的兒女講解「順從」和「熱愛合法君主」的道理，以免他們將來遇上類似瑪麗·安東奈特被送上斷頭台這類情形時，會發出竊竊的笑聲。

在普魯士這樣的新教國家裡面，情形也好不了多少。1812年的偉大愛國領袖們，還有號召對篡位者發起神聖反抗的詩人作家們，他們如今被貼上了「煽動家」的標籤，成了威脅現存秩序的危險份子。他們的住房被搜查，他們的信件受到檢查，他們必須每隔一段時間到警察局報到一次，匯報自己的所作所為。普魯士教官把沖天的怒火發洩到年輕一代身上，極其嚴厲地管

教他們。在古老的瓦特堡，當一群青年學生以一種喧鬧卻無害的方式慶祝宗教改革三百周年時，普魯士當局竟將其視為一場迫在眉睫的革命前兆。當一名誠實卻不夠機伶的神學院學生魯莽地殺死了一個被派到德國執行任務的俄國間諜，普魯士各大學立即被置於警察的監管之下，並且不經任何形式的審訊，教授們便紛紛被關進監獄或遭到解雇。

當然，俄國在實施這些反革命行動方面做得更過分，也更荒謬。亞歷山大已經從他突發的虔誠狂熱中解脫出來，逐漸患上了慢性憂鬱症。他終於明白了自己有限的能力，意識到他在維也納會議上淪為了梅特涅和克呂德納男爵夫人的犧牲品。他變得日益討厭西方，開始變成一位名副其實的俄羅斯統治者。而俄羅斯的真正利益其實存在於那個曾經給斯拉夫人上過最初一課的聖城君士坦丁堡。隨著年齡日長，亞歷山大工作努力，他取得的成就也越少。當他端坐於自己的書房時，他的大臣們正努力將整個俄羅斯變成一個刺刀林立的兵營。

這絕非一副美妙的畫面。也許，我該縮短對這個大反動時期的描述。但是，如果能讓你們對這個時期產生徹底的瞭解，那也是一件好事。要知道，這種阻礙歷史進步、扭轉歷史時鐘的嘗試，已經不是第一次了，但結果無非是螳臂擋車。

鎮壓
安德烈·德芳貝 油畫 法國 1902年

這是一幅作者幻化出的作品，但警察鎮壓民眾的場景卻十分逼真，教人觸目驚心。作品取景於巴黎的蒙馬特大道，以路燈為軸心，擴散成一個圓，整裝的警察和狂奔的民眾形成對峙，大規模的衝突也許就在一時。

THE
STORY
OF
MANKIND

CHAPTER 55

民族獨立

不過，民族獨立的熱情如此強大，難以用反動的方式摧毀。
南美洲人首先揭竿而起，反抗維也納會議的反動措施。緊隨
其後的是希臘人、比利時人、西班牙人及其他許多歐洲弱小
民族，為19世紀譜寫了許多獨立戰爭的篇章。

民族情感

埃及神廟上的來客
馬克西姆‧杜岡 攝影
1850年

拿破崙遠征埃及最偉大的功績，便是開啟了對古老埃及的考古發現。東方遠古的輝煌讓西方人震驚不已，並由此引發了貫穿19世紀的考古和旅遊狂熱。圖為19世紀一位法國攝影家杜岡拍攝的阿布‧辛拜勒神廟，一位埃及嚮導正坐在著名的拉美西斯二世的巨大石像上。法國作家福樓拜在拍攝時與攝影家同行，這位《包法利夫人》的作者自稱對埃及的神廟深惡痛絕。

假設我們說：「如果維也納會議採取了這樣那樣的措施，而非採用那樣這樣的措施，那19世紀的歐洲歷史就會是另一個樣子。」也許吧，但這樣說是毫無意義的。要知道，參加維也納會議的是一群剛剛經歷了法國大革命，對過去20年的恐怖與持續不斷的戰亂記憶猶新的人們。他們聚集在一起的目的就是確保歐洲的「和平與穩定」，他們認為這正是人民需要和嚮往的。他們是我們所說的「反動人士」，他們真心認為人民大眾是管理不好自己的。他們朝著一個似乎最能保證歐洲長治久安的方向，重新安排了歐洲地圖，雖然他們最終失敗了，但並非出於任何有惡意的用心。總的說來，他們都屬於舊式外交學校畢業的老派人物，念念不忘自己青年時代和平安寧的幸福生活，因此盼望著重回「過去的好時光」。可他們沒有意識到，許多革命思想已經在歐洲人民心中牢牢地紮下根來。這是一個不幸，但還算不上罪惡。不過法國革命將一件事情不僅教給了歐洲，同時也教給了美洲，那就是人民擁有「民族自決」的權利。

拿破崙從未敬畏過任何事，也沒有尊重過任何人，所以在對待民族感情和愛國熱忱方面，他顯得極端地冷酷無情。可在革命早期，一些革命將領卻宣揚過一種新信條：「民族並不受政治區劃的限制，與圓顱骨或闊鼻梁也沒多大關係。民族是一種發自內心和靈魂的感

情。」因此當他們向法國兒童宣講法蘭西的偉大時，他們也鼓勵西班牙人、荷蘭人、義大利人做同樣的事情。不久之後，這些盧梭的信徒、深信原始人的優越天性的人們便開始挖掘過去，穿過封建城堡的廢墟，發現他們偉大種族最久遠的屍骨，而他們則自愧為這些偉大祖先的孱弱子孫。

19世紀上半期是一個考古發現的偉大時代。世界各地的歷史學家都忙著出版中世紀的散佚篇章和中世紀初期的編年史。在每一個國家，歷史發現的結果往往都新生出一陣陣對古老祖國的自豪感，這些感情的萌生大部分是基於對歷史事實的錯誤解釋。不過在現實政治中，事實是否真實並不重要，重要的是人們願不願意相信它是真的。而在大多數國家，國王和人民都堅信其偉大祖先的至高榮耀。可維也納會議無

視人們的情感。大人物們以幾個王朝的最大利益為出發點，重新劃分了歐洲版圖，並且將「民族感情」與其他危險的「法國革命教義」一道，統統列入了禁書目錄。

不過歷史對於所有會議都一視同仁地予以無情嘲弄。出於某種原因（它可能是一條歷史法則，但至今仍未引起歷史學家的重視），「民族」對於人類社會的穩定發展似乎是必須的，任何阻擋這股潮流的嘗試，最終都將像梅特涅試圖阻止人們自由思考一樣，以慘敗收場。

南美革命和門羅宣言

有意思的是，民族獨立的大火是從遠離歐洲的南美開始點燃的。在漫長的拿破崙戰爭期間，西班牙人無暇他顧，南美大陸的西屬殖民地經歷了一段相對獨立的時

THE
STORY
OF
MANKIND

期。當西班牙國王淪為拿破崙的階下囚，南美殖民地的人民依然效忠於他，而拒絕承認1808年被其兄任命為西班牙新國王的約瑟夫·波拿巴。

事實上，唯一深受法國大革命影響、發生劇烈動盪的南美殖民地是哥倫布首航到達的海地島。1791年，出於一陣突發的博愛與兄弟之情，法國國民公會宣佈給予海地的黑人兄弟之前只被他們的白種主人享有的一切權利。可他們的後悔與他們的衝動來得一樣快，法國人很快又宣佈收回先前的承諾，這導致了海地黑人領袖杜桑維爾與拿破崙的內弟勒克萊爾將軍之間多年的殘酷戰爭。1801年，杜桑維爾應邀和勒克萊爾見面，商討議和條件。法國人鄭重地向他保證，絕不利用和談的機會加害他。杜桑維爾相信了白人，結果被帶上一艘法

國軍艦，不久便死於一所法國的監獄。可海地黑人最終贏得了獨立，並建立起自己的共和國。這樣，當第一位偉大的南美愛國者試圖將自己的國家從西班牙的枷鎖中解放出來時，海地黑人給予了他極大的幫助。

西蒙·玻利瓦爾1783年生於委內瑞拉的加拉加斯城，曾在西班牙接受教育。在大革命時代，他到訪過巴黎，親眼目睹了當時革命政府的運作狀況。在美國逗留一段時間後，玻利瓦爾返回家鄉。當時，委內瑞拉人民對母國西班牙的不滿情緒正如野火般蔓延，爭取民族獨立的反抗浪潮此起彼伏。1811年，委內瑞拉正式宣佈脫離西班牙獨立，玻利瓦爾也成為革命將領之一。不到兩個月，起義失敗了，玻利瓦爾不得不出逃他鄉。

在接下來的5年裡，玻利瓦爾獨力領導著這項岌岌可危、似乎注定無法成功的事業。他將自己的全部財產捐獻給革命，不過，若非得到海地總統的大力支持，他的最後一次遠征是不可能獲得勝利的。從委內瑞拉，爭取獨立的起義烈火迅速蔓延到整個南美大陸，使西班牙殖民者疲於應付。很顯然的，西班牙是不可能憑一己之力將所有反

智利之旅
皮特·舒米特梅耶 插圖 1824年

智利剛獲得獨立，人們在酒館外面揮舞頭巾，跳著蘇格蘭雙人舞以示慶賀。智利和許多南美洲國家一樣，先前都是西班牙的殖民地，但他們所得到的獨立，並非如舞蹈一樣令人歡欣。對大部分拉丁美洲國家而言，解放給他們帶來的是分裂和獨裁。

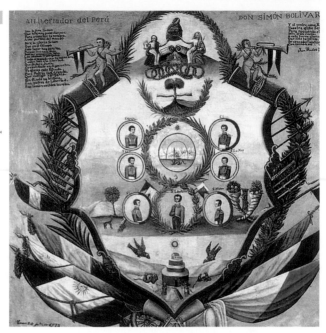

叛——鎮壓的，必須緊急求助於神聖同盟。

這一形勢使英國深感擔憂。如今，英格蘭船隊已取代荷蘭人，成為全世界最主要的海上承運商。他們正急切期盼著從南美人的獨立浪潮中牟取暴利，因此，英國人希望美國出面干涉神聖同盟的行動。可是美國參議院並沒有這樣的計劃，就是在眾議院裡，也有許多人不贊成插手西班牙的事務。

正在此時，英國內閣發生人事變動。輝格黨被踢出局，由托利黨人上台組閣。精明幹練、善使外交手腕的喬治·坎寧擔任了國務大臣，他發出暗示，如果美國政府願意出面反對「神聖同盟」鎮壓西屬南美殖民地起義的計劃，那麼英國將非常樂於以自己的全部海上力量支援美國。就這樣，在1823年12月2日，門羅總統對國會發表了著名的宣言：「美國將把神聖同盟一方在西半球的任何擴張企圖，視為對自身和平與安全的威脅。」他還進一步警告說：「美國政府將把神聖同盟這樣的舉動看作是對美國不友好行為的具體表現。」4周以後，英國報章刊載了「門羅主義」的全文，這就迫使神聖同盟的成員們在幫助西班牙與得罪美國之間做出抉擇。

梅特涅退縮了。從個人來說，他倒很樂意冒觸怒美國的危險（自1812年失敗的美英戰爭後，美國的陸海軍一直不被重視），不過坎寧滿含威脅的態度以及歐洲大陸自身存在的麻煩使他不得不謹慎從事。於是，擬議中的遠征被無限期擱置了，南美及墨西哥最終獲得了獨立。

拜倫的希臘

至於在歐洲大陸，騷動來得迅猛而激烈。1820年，神聖同盟派遣法國軍隊進入西班牙充當和平警察的角色。不久之後，當義大利「燒炭黨」（由燒炭工人組織的秘密會社）為統一的義大利大做宣傳，並最終發動

THE
STORY
OF
MANKIND

了一場反抗那不勒斯統治者斐迪南的起義時，奧地利軍隊又被派駐義大利，執行同樣的「和平」使命。

俄羅斯也傳來了壞消息，亞歷山大沙皇的去世引發了聖彼得堡的一場革命。因為起義發生在十二月，所以也被稱為「十二月黨人起義」。這場短暫的流血鬥爭最後導致大批優秀的俄羅斯愛國者被絞殺或流放西伯利亞。他們只不過不滿於亞歷山大晚年的反動統治，希望在俄羅斯建立一個立憲政府。

更糟糕的情況接踵而至。在艾刻斯拉夏佩依、在特波洛、在萊巴赫，最後在維羅納，梅特涅召開了一系列會議，試圖得到歐洲各宮廷繼續支援其政策的保證。各國的代表們一如既往地準時到達這些風景宜人的海濱勝地（它們是奧地利首相度夏避暑的常地），共商「穩定」歐洲的大計。他們一如既往地承諾全力鎮壓起義，可每個人對能夠取得成功都心中沒底。人民的情緒開始變得越來越騷動不寧，尤其是在法國，國王的處境岌岌可危。

不過，真正的麻煩是從巴爾幹半島開始的，這裡自古以來就是蠻族入侵西歐的門戶。起義最先發生在摩爾達維亞，該地原為古羅馬達契亞行省，於西元3世紀脫離了帝國。從那時開始，摩爾達維亞就成了一塊如亞特蘭提斯（傳說大西洋中一塊沉沒的大陸）一般的「失落的國土」。當地人民仍舊講古羅馬語言，自命為羅馬人，將他們的國家也稱為羅馬尼亞。1821年，一位年輕的希臘人亞歷山大·易普息蘭梯王子發動了一場反抗土耳其人的起義。他告訴自己的

追隨者，俄國會支援他們的鬥爭。不過梅特涅的特急信使不久後便風塵僕僕地奔行於前往聖彼得堡的大道，為俄羅斯統治者捎去了首相先生的資訊。沙皇完全為奧地利人關於維護「和平與穩定」的觀點所說服，最終拒絕對羅馬尼亞人施以援手。易普息蘭梯被迫逃亡奧地利，淪為奧地利監獄的囚徒達7年之久。

在1821這個多事之秋，希臘也發生了針對土耳其人的暴亂。從1815年開始，一個秘密的希臘愛國者團體便一直在籌備起義。他們出其不意地在摩里亞（古伯羅奔尼撒）扯起獨立大旗，將當地的土耳其駐軍驅逐了出去。土耳其人以慣常的方式進行報復，他們逮捕了君士坦丁堡的希臘大主教，並在1821年復活節那天，將這位許多希臘和俄羅斯人心目中的教皇處以絞刑，被同時處死的還有多位東正教主教。為了以牙還牙，希臘人屠殺了摩里亞首府特里波利的所有穆斯林，而土耳其人也不甘示弱地襲擊了希俄斯島，殺死2.5萬名東正教徒，並將4.5萬人賣到亞洲與埃及去做奴隸。

希臘人向歐洲各國宮廷發出了求援的呼聲，可梅特涅卻大說希臘人的壞話，稱他們是「自食其果」（我並非使用雙關語，而是直接引用首相殿下對俄國沙皇所說的話：「暴亂的烈火應該任其在文明的範圍外自生自滅」）。歐洲通往希臘的邊界被關閉，阻止各國的志願者前往援救為自由而戰的希臘人民。應土耳其的要求，一支埃及部隊登陸摩里亞。不久之後，土耳其的旗幟又飄揚在古雅典要塞特里波利的上空。埃

及軍隊以「土耳其方式」維持著當地的治安，而梅特涅密切注視著局勢的發展，靜待這一「擾亂歐洲和平的舉動」變成陳年往事的那一天。

可英國人又一次打亂了梅特涅的如意算盤。英格蘭最偉大之處並不在於它龐大的殖民地，它令人羨慕的財富或者它天下無敵的海軍，而是它為數眾多的獨立市民以及他們心中暗藏的英雄主義情結。英國人向來遵紀守法，因為他們懂得尊重他人的權利是文明社會與野蠻社會區別的標誌，不過，他們卻不承認別人有權干涉自己的思想自由。如果他們認為在某件事情上政府做錯了，他們便毫不猶豫地站出來，大聲說出自己的觀點，而他們所指責的政府也懂得尊重他自由表達的權力，並會全力保護他們免遭大眾的迫害。自蘇格拉底時代開始，大眾便喜歡迫害那些在思想、智慧及勇氣上超越他們的傑出個人。只要世界上存在著某項正義的事業，無論相距多遙遠，無論多勢單力孤，總會有一群英國人成為這項事業的熱切支持者。總的來說，英國人民與生活在其他國家的人民沒什麼兩樣，他們緊盯手邊的事務，為日常生計忙個不停，很少將時間和精力浪費在不切實際的「娛樂性冒險」上。不過對那些敢於拋下一切去為亞洲或非洲的卑賤人民而戰的「古怪」鄰居，他們卻會抱以相當的敬慕。若這個鄰居不幸戰死異鄉，他們會為他舉行莊嚴盛大的葬禮，並以他為榜樣教育自己的孩子們勇氣與騎士精神的真諦。

甚至就連神聖同盟無所不在的密探也動搖不了這種根深蒂固的民族特性。1824

拜倫像
英國 19世紀

詩人身穿的是阿爾巴尼亞的民族服裝，以示對民族獨立的支援。他自己也於1824年參加了援助希臘人民的獨立戰爭。

年，偉大的拜倫勳爵揚起帆船的風帆，駛往南方去援助希臘人民。這位年輕的英國富家子弟曾以自己的詩歌打動過全歐洲的男男女女，使他們一掬同情的熱淚。三個月後，消息傳遍全歐洲：他們的英雄死在了邁索隆吉這最後一塊希臘營地。詩人英雄式的死亡喚醒了歐洲人的激情與想像力，在所有歐洲國家，人們都自發成立了援助希臘人的團體。美國革命的老英雄拉斐特在法國為希臘人的事業四處奔走呼籲。巴伐利亞國王派遣了數百名官兵去希臘。金錢和補給源源不斷地運到邁索隆吉，支援正在那裡挨餓的起義者。

在英國，約翰·坎寧挫敗神聖同盟干

THE
STORY
OF
MANKIND

自由引導人民
德拉克洛瓦 油畫 法國 19世紀

1830年7月，查理十世下令封閉報刊、取消出版自由、解散議會等，引起巴黎人民的強烈不滿。26日敕令一經頒佈，史稱的七月革命便爆發了。畫面中象徵著自由的女性形象，頭戴法國大革命時期的小紅帽，左手握槍，右手舉著三色旗，正在呼喚和引導起義者衝鋒。她的左邊是揮舞著手槍的少年，右邊是戴著高筒帽子的大學生，後面是高舉軍刀的工人，革命的力量從漫天的硝煙中衝出，踏過死屍前行。

涉南美革命的企圖後，當上了英國首相。現在，他看到了打擊梅特涅的又一次良機。英國與俄羅斯的艦隊早在地中海待命，政府不敢繼續壓制人民支援希臘起義者的熱情，派出了軍艦。法國自十字軍東征後便一直自詡為基督教信仰的捍衛者，它的艦隊也不甘落後地出現在希臘海面。1827年10月20日，英、俄、法三國的軍艦襲擊了納瓦里諾灣的土耳其艦隊，將之徹底摧毀。在歐洲，從來沒有哪場戰役的消息受到過公眾如此熱烈的歡迎。西歐和俄國人民在國內深受壓抑的自由渴望，透過在想像中參與希臘人民的起義事業得到了極大的安慰。1829年，希臘和歐洲人民的努力得到了回報。希臘正式宣佈獨立，而梅特涅反動的「穩定」政策又一次破產了。

如果我試圖在短短一章裡向你們詳述發生在各國的民族獨立鬥爭，這肯定是不可能的。關於這一主題，已經出版過大量優秀的書籍。我之所以用一定篇幅來描述希臘人民的起義，是因為面對維也納會議苦心經營用來「維持歐洲穩定」的反動陣營，它是第一次成功的突防。雖然壓迫的堡壘依然存在，雖然梅特涅等人還在繼續發號施令，但終結的日子已經不遠了。

還得等18年

在法國，波旁王朝完全無視文明戰爭理應遵循的規則和法律，大力推行著令人窒息的警察統治。乍看上去，這套體系幾乎達到了牢不可破的地步。當路易十八於1824年去世時，可憐的法國人民已經飽受了9年「和平生活」的折磨。事實證明，屈辱的「和平」甚至比帝國時代的10年戰爭還要悲慘。現在路易消失了，繼位的是他的兄弟查理十世。

路易所屬的著名的波旁家族，他們儘管不學無術，記仇心卻大得出奇。路易永遠記得他的兄弟被送上斷頭台的消息傳到哈姆的那天早晨，他既恐懼又悲憤。這一幕一直縈繞在他的腦海裡，時時提醒他：一個不能認清形勢的君主會遭到如何的下場。可查理卻正好相反，他是一個在未滿20歲時就已欠下5000萬巨債的花花公子，不僅記不住任何教訓，而且最終也不打算有所長進。當他一接替哥哥做了法國國王，便迅速建立起一個「為教士所治、為教士所有、為教士所享」的新政府（這一評論是由非激進自由主義者的惠靈頓公爵提出，查理的胡作非為可見一斑）。可以說，他的統治方式甚至使最敬重既成法律和秩序的友人也深感厭惡。當查理試圖壓制敢於批評政府的自由派報紙，並解散了支援新聞界的國會時，他的日子已經所剩無幾了。

1830年7月27日夜，巴黎爆發了一場革命。同月30日，國王逃往海岸，乘船去英國，一齣「15年的著名鬧劇」就以這樣狼狽的方式草草收場了，波旁家族從此被徹底趕下了法國王位。他們的愚蠢實在無可救

藥。此時，法國本可重新建立一個共和制政府，但這樣的行動是梅特涅不能容忍的。

歐洲的形勢已經到了危險的邊緣。一簇反叛的火花越出法國邊境，點燃了另一個充滿民族衝突的火藥桶。維也納會議強行將荷蘭與比利時合併，可這個新尼德蘭王國從一開始就是一大敗筆。比利時人與荷蘭人少有共同之處，他們的國王奧蘭治的威廉（「沉默者威廉」的一個叔叔的後裔）雖然也算是個工作刻苦、為政勤奮的統治者，可他太缺乏必要的策略與靈活性，不能使兩個心懷怨意的民族和睦相處。法國爆發革命後，大批逃難的天主教士湧入比利時，身為新教徒的威廉無論想做點什麼

尼古拉一世像
俄國 1825年

尼古拉一世的繼位遭到十二月黨人的反對，後者發了起義，但很快就被鎮壓。尼古拉在位時，向外大面積擴張領土，鞏固在西伯利亞的統治；向內瘋狂鎮壓叛亂，並且親自審問起義者。

來緩解局勢，都會立即被眾多激憤的臣民指為「爭取天主教自由」的新一次企圖，受到眾口同聲的攔阻。8月25日，布魯塞爾爆發了反對荷蘭當局的群眾暴動。兩個月後，比利時正式宣佈獨立，推舉維多利亞女王的舅舅，即科堡的利奧波德為他們的新國王。兩個本不該合在一起的國家就此分道揚鑣。不過自此之後，它們倒能像體面的鄰居一樣，彼此和睦相處。

在那個年代，歐洲只有幾條里程不長的鐵路，消息的傳播還很緩慢。不過當法國和比利時革命者取得成功的消息到達波蘭，立刻引發了波蘭人與他們的俄國統治者之間的激烈摩擦，並最終導致了一場可怕的戰爭。一年之後，戰爭以俄國人的徹底勝利而告終，他們以惡名昭著的俄國方式，「重建了維斯拉河①沿岸地區的秩序」。尼古拉一世於1825年繼任他的哥哥亞歷山大成為俄國沙皇，他堅信自己的家族擁有統治波蘭的神聖權利。成千上萬逃到西歐的波蘭難民以親身的磨難證明了神聖同盟的「兄弟之情」在神聖沙皇那裡不只是一紙空文。

義大利同樣進入了一個多事之秋。帕爾馬女公爵瑪麗·路易絲曾經是拿破崙的妻子，不過當滑鐵盧戰敗之後，她離棄了他。在一陣突發的革命浪潮中，她被趕出了自己的國家。而在教皇國裡，情緒激昂的人民嘗試建立一個共和國。可是當奧地利軍隊開進了羅馬城後，一切依然照舊，梅特涅繼續端坐在哈布斯堡王朝的外交大臣官邸——普拉茨宮，秘密警察重返工作崗位，「和平」被緊緊地維護著。又過了18年後，人們才再度發動了一場更為成功的革命，徹底將歐洲從維也納會議的可惡遺產中解放出來。

註① Vistula River，波蘭最大的河流，流經華沙、克拉科夫等。

歐洲革命的風向標

率先舉事的又是法國。法國是歐洲的革命風向標，任何起義的徵兆都首先由此地顯露出來。繼任查理十世擔任法國國王的是路易·菲利普，著名的奧爾良公爵的兒子。奧爾良公爵支援雅各賓黨，曾對其表兄國王的死刑判決投下了至關重要的贊成票。他在早期的法國大革命中扮演過重要角色，博得了「平等的菲利普」這一綽號。最終，當羅伯斯庇爾打算清理革命陣營，肅清所有「叛徒」（這是他對所有持不同意見

法國國王路易·菲利普肖像
19世紀

者的稱呼）時，奧爾良公爵被處死，他的兒子也被迫逃離革命軍隊。從此，年輕的路易·菲利普浪跡四方，在瑞士當過中學教師，還花過好幾年時間致力於探索美國的「遠西」地區。拿破崙垮台後，菲利普回到巴黎。比起愚不可及的波旁表兄們，他顯得聰明多了。他是一個生活簡樸的人，常常往腋下夾著一把紅雨傘去巴黎的公園散步。像天底下所有的好父親一樣，他的身後總是跟著一大群歡天喜地的小孩子。可惜法國已經過了需要國王的時代，但路易·菲利普卻始終未能理解這一點，直到1848年2月24日清晨，一大幫群眾吵吵嚷嚷地湧進杜伊勒里宮，粗魯地趕走了菲利普陛下，宣佈法蘭西為共和國。

　　當巴黎發生革命的消息傳到維也納，梅特涅漫不經心地評論說：這只不過是「1793年鬧劇」的重演，其結果無非是迫使盟軍再度進駐巴黎，終止這場煩人的「革命演出」罷了。可僅僅只過去了兩個星期，他自己的奧地利首都也爆發了公開的起義。梅特涅躲開憤怒的民眾，從普拉茨宮的後門悄悄溜走了。奧皇斐迪南被迫賦予臣

民們一部憲法，它包含的大部分內容都是梅特涅在過去33年裡盡心竭力加以壓制的那些革命原則。

　　這一次，全歐洲都感覺到了革命的震動。匈牙利毅然宣佈獨立，在路易斯·科蘇特的領導下，展開了反抗哈布斯堡王朝的戰爭。這場勢力懸殊的戰爭持續了一年多，最後，沙皇尼古拉一世的軍隊越過喀爾巴阡山，鎮壓了起義者，終於使匈牙利保全了君主統治。隨後，哈布斯堡王室設立起一個特別軍事法庭，絞死了大部分他們無法在公開戰場上擊敗的匈牙利愛國者。

　　至於義大利，西西里島趕走了自己的波旁國王，宣佈脫離那不勒斯獨立。在教皇國，首相羅西被謀殺，教皇倉皇出逃。第二年，教皇率領著一支法國軍隊重返自己的國土，從此，法軍不得不一直留在羅馬，防範臣民們隨時可能對陛下發動的襲擊。直到1870年普法戰爭爆發的時候，這支軍隊

THE
STORY
OF
MANKIND

被緊急召回去對付普魯士人，而羅馬最終成為了義大利的首都。在半島北部，米蘭和威尼斯在撒丁國王阿爾伯特的大力支持下，起而反抗自己的奧地利主子。可老拉德茨基率領著一支強大的奧地利軍隊挺進波河平原，在庫拉多札和諾瓦拉兩地擊敗了撒丁軍隊。阿爾伯特被迫讓位給兒子維克多·伊曼紐爾。幾年之後，伊曼紐爾終於成為了統一的義大利王國的第一任國王。

在德國，1848年歐洲革命的震波引發了一場聲勢浩大的全國性示威，人們高聲籲求政治統一，建立一個議會制政府。巴伐利亞國王由於將大量的時間與金錢浪費在一位偽裝成西班牙舞蹈家的愛爾蘭女士身上（該女士名為洛拉·蒙特茨，死後葬在紐約的波特公墓），最終被一群憤怒的大學生趕下了台。在普魯士，尊貴的國王被迫站在街頭巷中的戰爭死難者的靈柩前，向這些不幸的抗議者脫帽致哀，並承諾組建一個立憲制政府。1849年3月，來自全德各地區的550名代表聚集在古老的法蘭克福召開國會大會，代表們推舉普魯士國王弗雷德里克·威廉做統一的德意志德國的皇帝。

可不久之後，風向彷彿又轉了。昏庸無能的奧地利皇帝斐迪南讓位給他的姪子弗朗西斯·約瑟夫。訓練有素的奧地利軍隊依然忠實於他們的戰爭主子。劊子手們忙個不停，一個勁兒地往革命者脖子上勒著絞索。哈布斯堡家族素來有一種奇特的偷雞摸狗的天性，他們再度站穩腳步，並迅速增強了自己控制東西歐局勢的能力。他們以精明圓滑的外交手腕大玩國家間的政治遊戲，利用其他日耳曼國家的嫉妒心阻止了普魯士王升任帝國的皇帝。在其接連失敗的漫長磨難中，哈布斯堡家族學會了忍耐的價值。他們懂得如何靜待時機。當政治上極不成熟的自由主義者們正起勁地大談特談，深深陶醉於自己激昂動人的演講時，奧地利人卻在悄悄調兵遣將，準備著致命的一擊。最終，他們突然解散了法蘭克福國會，重建起虛有其表的舊日耳曼聯盟，因為它正是苦心憂慮的維也納會議試圖強加給整個德意志世界的。

在出席這個奇特國會

義大利的革命
插圖畫 1848年

這幅畫表現了西西里起義者攻進巴勒摩的情景，在三色旗的揮舞下，大炮已經開了進來，教士的驚慌和大量的刀槍都表明起義者已經控制了局勢。

的一大群不諳世事的愛國者中，有一位心機深沉的普魯士鄉紳，他不動聲色地觀察著整個吵吵嚷嚷的會議，自己甚少說話，但把一切熟記在心。此人名為俾斯麥，他是一位厭惡空談，崇尚行動的強人，他深知（其實每一個熱愛行動的人都知道）滔滔的演說最終成就不了任何事情。他有著自己獨特的愛國方式。俾斯麥屬於那種老式外交學校的畢業生，高明且世故，他不僅能在外交上輕易矇騙對手，就是在散步、喝酒、騎馬方面，也同樣遠勝他們。

俾斯麥堅信，要使德意志成功躋身歐洲列強之林，必須由一個統一而強大的日耳曼國家來取代目前由許多小國組成的鬆散聯盟。出於根深蒂固的封建效忠思想，他支援自己服務的霍亨索倫家族，而非昏聵平庸的哈布斯堡家族做這個新德國的統治者。為達到這一目的，他必須先清除奧地利對德意志世界的強大影響力。於是，他開始

為施行這一痛苦的外科手術進行著必要的準備。

拿破崙三世的無能

與此同時，義大利已經成功地解決了自己的問題，擺脫其深受憎恨的奧地利主子。義大利的統一工程是由三位傑出人士攜手完成的，他們分別是加福爾、馬志尼和加里波第。三人之中，加福爾這位配戴鋼絲邊近視眼鏡的建築工程師，扮演的是一位思想縝密的政治領航員角色。為躲避奧地利警察無所不在的追捕，馬志尼在歐洲各國的陰暗閣樓裡度過了大部分歲月。他充

THE
STORY
OF
MANKIND

畫中的國王極力想表現出自己是普魯士武士國王的理想化身。他出生時就受了傷的左手被畫師巧妙的隱藏了起來。這幅簡直就是戰爭宣言的肖像畫完成的時間，恰巧就是威廉被迫辭職的同年。

分發揮個人的演講才華，出任激發民眾熱情的首席煽動家。而加里波第和他那群穿紅襯衣的粗魯騎士們則負責喚起義大利人狂放的想像力與形象感。

馬志尼與加里波第本是共和制政府的忠實信徒，可加福爾主張君主立憲。由於兩個同伴都承認加福爾在把握政治方向上高人一籌的能力，他們便犧牲為自己熱愛的祖國謀取更大幸福的雄心，接受加福爾更為現實的主張。

就像俾斯麥支援他所效忠的霍亨索倫家族一樣，加福爾傾向於義大利的撒丁王族，他以極大的耐心和高明的手腕，一步步引誘撒丁國王，直至陛下最終能擔當起領導整個義大利民族的重責。歐洲其他地區的動盪局勢為加福爾的偉大計劃助上了一臂之力，其中，為義大利統一貢獻最多的，莫過於它最信任的（常常也是最不可信任的）老鄰居法國。

1852年10月，在這個總是騷動不安的國家裡，執政的共和政府突然不出意料地垮台了。前荷蘭國王路易斯·波拿巴的兒子，那位偉大叔叔（拿破崙）的小侄子拿破崙三世重建起帝國，並自封為「得到上帝恩許和人民擁戴的」皇帝。

這位年輕人曾在德國接受教育，因此他的法語中帶著一股刺耳的條頓腔，如同他威風一世的拿破崙叔叔一生都未擺脫自己著名的義大利口音一樣。他竭力運用著拿破崙的聲望和傳統來穩固自己的地位，不過他樹敵太多，對能否順利戴上已經準備就序的王冠，心中不免缺乏自信。誠然，

在克里米亞一處不毛之地的山谷，如同石頭一樣遍佈著炮彈——這便是克里米亞戰爭為世人留下的最鮮明的印象之一。這張最早的戰爭照片的作者是英國人羅傑·芬頓，當時他動用了整整一架馬車裝載笨重的攝影器材，拍攝了大約300張有關克里米亞戰爭的照片。

他贏得了英國維多利亞女王的好感，可是女王畢竟是一位不夠出色且極易被奉承話打動的老好人，想討她的歡心算不上一件難事。至於其他的歐洲君主，他們總是以一種令人屈辱的高傲態度面對滿臉諛笑的法國皇帝。他們夜以繼日、朝思暮想的無非是如何設計出一些有創意的新方法，來表現他們對這位一夜暴發的「好兄弟」的深刻蔑視。

因此，拿破崙三世不得不尋找一個打破敵意的辦法，無論通是透施恩還是加威。他知道，對於「榮譽」的渴望仍深深駐留在法國人心間。既然他無論如何都得為自己的王位賭上一把，那不如進行一場豪賭，將整個帝國的命運押上去。恰值此時，俄國對土耳其發動的攻擊為他找到了藉口。在隨之而來的克里米亞戰爭中，法國與英國站在土耳其蘇丹一邊，共同對抗俄國的沙皇。這是一樁代價高昂但所得甚微的冒險，無論對俄國、英國、法國，都談不上收穫了多少榮耀或尊嚴。

不過克里米亞戰爭還是做了一件好事，它使得撒丁國王有機會站在勝利者這一邊。當戰爭結束後，加福爾便能夠堂而皇之地向英法兩國索取回報。

在充分利用國際局勢，使撒丁王國得到歐洲列強更多的重視之後，聰明的義大利人加福爾在1859年6月又挑起了一場與奧地利的戰爭。他以有爭議的薩伏伊地區和確實屬於義大利的尼斯城作為交換條件，換取了拿破崙三世的支援。法義聯軍接連在馬戈塔和索爾費里諾擊敗了奧地利軍隊，幾個前奧地利省分及公國被併入了統一的義大利王國，佛羅倫斯成為了這個新義大利的首都。到1870年，駐守在羅馬的那支法國軍隊被緊急召回去對付普魯士人。他們前腳剛離開，義大利人後腳就踏進了這座永恆的名城。撒丁王族隨之入主了老奎里納宮——一位古代教皇在康士坦丁大帝浴室的廢墟上修建起來的行宮。

於是，教皇只好渡過台伯河，躲進了梵蒂岡的高牆大院之中。自那位古代教皇於1377年從流放地阿維尼翁返回之後，這裡便一直是他的不少繼任者的居所。教皇陛下大聲抗議義大利人公開搶奪其領地的專橫行為，並向那些同情他的忠誠天主教徒們發出了許許多多的籲告信。但是，應和他的人數很少，並且還在不斷減少之中。因為人們普遍得出了一個共識：一旦教皇從世俗的國家事務中解脫出來，他便能將更多的時間與精力放在解決困擾當代人

THE
STORY
OF
MANKIND

奧托‧馮‧俾斯麥像
19世紀

這個頗有心機、高明並且世故的普魯士鄉紳，運用他所學習的老式外交和鐵腕，為德國的統一貢獻卓著。

在來福槍的射程內

雅姆·蒂索 油畫1869年

在1850～1860年之間發明的來福槍和圓錐形子彈為現代戰爭和世界格局帶來了最深刻、最直接的革命影響。圖為一位19世紀60年代的英國女子正在演射新獲得的來福槍。前所未有的射擊準確度，使得來福槍一出現就引發了歐洲上流社會收藏和把玩的時尚。在1870年的普法戰爭中，法國軍隊就裝備了新式的來福槍，他們比普魯士人的槍們上匯射擊的射往遠得多，法國人的失敗顯然與武器無關。

俾斯麥「三部曲」

不過德國問題依然懸而未決，時時帶來新的動盪。事實證明，它是所有問題中最棘手的一個。1848年革命的失敗導致了大規模的人口遷移，大批精力充沛、思維活躍的德國人都流失了。這些年輕人移民去美國、巴西及亞非的新興殖民地重新開始生活，他們未竟的事業由另一批氣質截然不同的德國人接手。

繼全德國會垮台及自由主義者建立一個統一國家的努力失敗之後，在法蘭克福又召開了一個新議會。其中代表普魯士利益的是我們在前幾頁講到過的馮·奧托·俾斯麥。現在，他已獲得了普魯士國王的充分信任，這是他大展宏圖所需的一切條件，至於普魯士議會或人民的意見，他根本不放在心上。他曾親眼目睹過自由主義者的失敗，深知若想擺脫奧地利的干擾，必須發動一場戰爭，於是，他悄悄著手加強普魯士的軍隊。州議會被他的高壓手段激怒，拒絕向他提供必要的資金，可俾斯麥根本不屑討論這個問題。他拋開議會自行其事，用普魯士皮爾斯家族及國王提供的金錢來擴展軍備戰。隨後，他開始四處尋找一項用以激發所有德國人愛國熱情的民族事業。最後，他終於找到了。

在德國北部有兩個公國——石勒蘇益格與荷爾施泰因，它們自中世紀起便是麻煩不斷的是非之地。兩個國家都住著一定數量的丹麥人和德國人，雖然一直由丹麥國王統治，可又不屬於丹麥的領土，而這種奇怪的情形導致了無窮無盡的紛爭。我不是故意在此提出這個早被遺忘的問題，最

的精神問題上。擺脫歐洲政客們瑣細的紛爭，教皇反而獲得了一種新的尊嚴，這明顯對教會事業大有助益。從此，羅馬天主教會成為了一股推進社會與信仰進步的國際力量，並且能夠比大多數新教教派更為明智地估量當代社會所面臨的種種經濟問題。

維也納會議將整個義大利半島變為一個奧地利省分的企圖就這樣流產了。

近簽署的凡爾賽和約似乎已徹底解決了它。不過在當時，荷爾施泰因的德國人高聲抱怨丹麥人的虐待，而石勒蘇益格的丹麥人則拼命維護他們的丹麥傳統。一時間，整個歐洲都在談論這個話題。當德國男聲合唱團和體操協會還在傾聽催人淚下的「被遺棄兄弟」的演說，當許多內閣人臣還在試圖調查當地究竟發生了什麼事情時，普魯士已經動員它的軍隊去「收復失去的國土」。作為日耳曼聯盟的傳統領袖，奧地利當然不允許普魯士在如此重大的問題上單獨行動。哈布斯堡的士兵也被調動起來，和普魯士軍隊一道殺入了丹麥的國土。丹麥人進行了異常頑強的抵抗，無奈勢單力孤，奧德聯軍最終佔領了石勒蘇益格與荷爾施泰因。

隨後，俾斯麥開始著手他大德意志計劃的第二個步驟。他利用分贓戰利品的機會，挑起與奧地利的激烈爭吵。哈布斯堡家族一頭栽進了俾斯麥設好的陷阱。俾斯麥及其將軍們締造的新型普魯士軍隊侵入波布米亞，在不到六個星期的時間裡，最後一支戰鬥力尚存的奧地利軍隊也在薩多瓦和柯尼格拉茨全軍覆沒了。通向維也納的大道從此

敞開，只待普軍進入。不過俾斯麥不想把事情做得太過分，他在歐洲政治舞台的馳騁極需一位新朋友的相助。他向戰敗的哈布斯堡家族開出非常體面的議和方案，讓他們放棄日耳曼聯盟的領袖角色。不過對那些幫助奧地利的德意志小國，俾斯麥沒有一點心慈手軟，他一口氣將它們全部併入了普魯士。就這樣，大部分的德意志北方小國組成了一個新的組織，即所謂的北日耳曼聯盟。得勝的普魯士當仁不讓地成為了德意志民族的非正式領袖。

面對俾斯麥一連串疾如閃電的擴張與

槍決馬克西米安皇帝
馬奈 油畫 1867年

1867年6月，被拿破崙三世拋棄的墨西哥皇帝馬克西米安，遭到墨西哥共和軍的捕獲和槍決。印象派大師馬奈根據新聞報導和照片，以極具新聞特點的冷靜客觀手法和細部表現，描繪了馬克西米安（戴大圓帽者）和他的兩位將軍被槍決的瞬間。這一事件被認為是法國的恥辱，國內一時間充滿了批評拿破崙三世的聲音。

吞併，歐洲人吃驚得喘不過氣來。英國顯得漠不關心，但法國人卻流露出不滿之意。拿破崙三世對人民的控制已經出現鬆動的跡象，而克里米亞戰爭耗資巨大，傷亡慘重，什麼也沒撈到。

1863年，拿破崙三世進行了第二次冒險行動。他派出軍隊，試圖將一位名為馬克西米安的奧地利大公強加給墨西哥人民做他們的皇帝，可當美國內戰因北方的勝利而告終時，拿破崙先前的努力便全部付之東流了。華盛頓政府迫使法軍撤出墨西哥，使墨西哥人有機會肅清敵人，最終槍斃了不受歡迎的外國皇帝。

面對糟糕的局勢，拿破崙三世必須再找機會為自己的皇冠塗上一層榮耀的油彩，才能穩定國人的情緒。北日耳曼聯盟正蒸蒸日上，看來用不了幾年，便會成為法蘭西的危險對手。因此，法國皇帝覺得發動一場對德戰爭於其王朝是大有益處的，於是他開始尋找開戰的藉口，而在飽受革命之苦的西班牙，正好出現了一個機會。

當時，西班牙王位碰巧空缺，正期待著繼承人。本來，王位先被許給了一支信奉天主教的霍亨索倫家族旁系。由於法國的反對，霍亨索倫們便禮貌地放棄了。不過此時的拿破崙三世已顯出患病的跡象，深受他的漂亮妻子歐仁妮·德·蒙蒂約的枕邊語影響。歐仁妮是一位西班牙紳士的愛女，其祖父威廉·基爾克帕特里克是駐盛產葡萄的馬拉加的一位美國領事。儘管天性聰明，可像當時大多數西班牙婦女一樣，她接受的教育極其糟糕。她完全受到一幫宗教顧問的擺佈，而這些人對普魯士的新

教徒國王深為憎惡。「要大膽！」皇后對她的丈夫如是說道，可她卻省略了這句著名的普魯士格言的後半句。它告誡英雄們：「要大膽，但絕不要莽撞。」對自己的軍隊深有信心的拿破崙三世寫信給普魯士國王，要求國王向他保證「國王本人絕不允許再有一位霍亨索倫王族的候選人競逐西班牙王位」。由於霍亨索倫家族剛剛放棄了這一榮耀，提出這一要求完全是多餘的，俾斯麥如此照會了法國政府，可拿破崙三世仍不甘心。

拿破崙三世諷刺畫
19世紀

　　拿破崙三世在戰爭期間已變成人民眼中的食人鷹魔。他在位期間的統治地位已經有所動搖，為了穩固政權所發動的普法戰爭，卻使法國成了普魯士的俘虜。

時間是1870年，威廉國王正在埃姆斯的度假地游泳。一天，一位法國外交官覲見了國王，試圖舊話重提，可國王愉快地回答說：今天天氣真好，西班牙問題已經解決了，對這個議題沒必要浪費更多的口舌。作為一種例行公事，這次會面的談話被整理成報告，透過電報發給負責外交事務的俾斯麥。為普魯士和法國新聞界的方便，俾斯麥對這則消息進行了「編輯加工」。許多人指責他的行為，但俾斯麥托辭說：自古以來，修改官方消息一直是任何文明政府的權利。當這則經過「編輯」的電報發表之後，柏林的善良人們覺得他們留著白鬍鬚的可敬國王受到了矮小自負的法國外交官的無理取鬧，而巴黎的好人們同樣怒氣衝天，認為他們彬彬有禮的外交使節竟在一名普魯士皇家走狗面前碰了一鼻子灰。

就這樣，雙方不約而同地選擇了戰爭。在不到兩個月的時間內，拿破崙三世和他的大部分士兵做了德國人的俘虜。法蘭西第二帝國羞恥地垮台了，隨之建立的第三共和國號召人民做好準備，以打一場抵禦德國入侵者的巴黎保衛戰。巴黎堅守了漫長的五個月，在該城陷落的十天前，普魯士國王在巴黎近郊的凡爾賽宮——它由德國人最危險的敵人路易十四所建，正式宣佈登上德意志皇帝的寶座。一陣轟天齊鳴的槍炮聲告訴饑餓難耐的巴黎市民，一個新的日耳曼帝國

取代了以前老舊弱小的條頓國家聯盟。強大的現代德國出現在了歐洲的政治舞台上。

以這種粗魯草率的方式，德國問題最終獲得了解決。到1871年末，即著名的維也納會議召開56年之後，它所精心建構的全部政治工程已經被徹底消除。梅特涅、亞歷山大、塔萊朗本想賜予歐洲人一個持久穩固的和平，可他們所採用的方法卻招致了無窮無盡的戰爭。緊隨18世紀的「神聖兄弟之情」而來的是一個激烈的民族主義時代，它的影響所及至今還沒有結束。

藍色普魯士
漫畫 德國 19世紀

一個普魯士戰士，好像是俾斯麥的形象，將法國地圖上的阿爾薩斯、洛林兩省用象徵普魯士的藍色油漆覆蓋了。

機器時代

當歐洲人為民族獨立奮力抗爭時,他們所生活的世界也因科學技術的一系列發明而徹底改變。18世紀發明的老式的笨重蒸汽機成為了人類最忠實、最勤苦的僕役。

制鐵工場
門采爾 油畫
德國 1875年

煙霧瀰漫、機輪滾滾,喧囂中鍛鐵發出明亮的光,工人們在超負荷地工作著。畫家透過右下方在用餐、沈思的人物形象,更加突出了勞動的緊張氣氛。

以前的時代

　　人類最大的恩人死於50多萬年以前,牠是一種低眉毛、凹眼睛,長著沈重的下顎和虎牙般堅利牙齒的長毛動物。如果出現在一個現代科學家的聚會上,牠這副尊容肯定不雅觀,但我敢擔保,科學家們會爭先恐後地圍上去,敬牠為自己的主人,因為牠曾用石塊砸開堅果,也曾用長棍撬起巨石。牠發明了人類最早的工具——錘子和撬杠。牠對人類福祉所做的貢獻遠超過此後的任何人,也遠超過與人類共用這個地球的任何動物。

　　從那時開始,人類就透過使用更多的工具來便利自己的生活。當世界上第一只輪子(用一棵老樹製成的圓盤)在西元前10萬年發明出來的時候,它所引起的轟動肯定不亞於幾年前飛行器的問世。

在華盛頓，有一個故事講的是一位上世紀30年代初的專利局長。他建議取消專利局，因為「一切可能發明的東西都已被發明出來」。當第一張風帆升起在木筏上，人們無須划槳、撐篙或拉牽便能從一個地方去到另一個地方的時候，史前世界的人們一定也產生過與這位專利局長類似的想法。

事實上，人類歷史中最有趣的章節之一，就是有關於人們如何想盡辦法讓別人或別的東西替他工作，自己則悠享著閒暇的樂趣，坐在草地上曬太陽、去大岩石上畫畫，或者耐心地將小狼小虎訓練成溫順討巧的寵物。

當然在最早的年代，奴役一個弱小的同類，逼迫他去做那些令人不快的苦累活，這是很容易辦到的事情。古希臘人、古羅馬人和我們一樣，擁有一個聰明的頭腦，可他們卻未能造出有趣的機械，原因之一就是由於奴隸制的普遍存在。當能夠去最近便的市場，以最低價格買到所需的全部奴隸時，你怎能指望一個偉人的數學家會把時間耗費在線繩、滑輪、齒輪等亂糟糟的雜物上，而把自己的屋子弄得煙霧騰騰、鬧鬧轟轟？

在中世紀雖廢除了奴隸制，代之以較為溫和的農奴制，但行會不贊成使用機器，它認為此舉會導致大批行會兄弟丟掉飯碗。另外，中世紀的人們對大量生產的商品不感興趣。裁縫、屠戶和木匠只為滿足他們所在小社區內直接的生活所需而工作，他們不想與同行們競爭，也不願出產超生社區需求的商品。

機器的動力

到文藝復興時期，教會對科學探索的偏見已經不能像以往一樣嚴格強加給世人了，許多人開始投身數學、天文學、物理學及化學的研究。在30年戰爭開始的前兩年，蘇格蘭人約翰·內皮爾出版了一本小冊子，論述對數這一新發現。在戰爭期間，萊比錫的戈特弗雷德·萊布尼茨完善了微積分體系。在結束30年戰爭的威斯特伐利亞條約簽定的前8年，偉大的英國自然科學家牛頓降生，而義大利天文學家伽利略於同年去世。隨著30年戰爭將中歐地區化為一片廢墟的同時，當地突然興起一股「煉金術」熱潮。煉金術是一門源於中世紀的偽科學，人們希望透過它將普通金屬變成黃金。這當然是不可能的。可當煉金術士們躲在自己

牛頓

布萊克 版畫 1795年

在布萊克的這幅單刷版畫上，沒有那顆引起牛頓偉大發現的蘋果，卻把他描繪成了神的樣子，在設計創造世界的藍圖。在牛頓還是學生時，就算明了微積分技巧。1687年出版《自然哲學的數學原理》一書，其中包含了他的三大運動定律，在世界範圍產生著深遠的影響。

1851年世界博覽會展出的英國機器
約瑟夫·納什 石版畫

博覽會是在一幢被命名為「水晶宮」的用金屬和玻璃建造的大廳堂內進行的。「水晶宮」坐落在倫敦的海德公園，在19世紀，它本身就是一個建築和工業的奇蹟。

詭秘陰暗的實驗室裡孜孜操勞時，他們碰巧也產生出一些新想法。這為他們的繼任者——化學家們的日後工作，提供了極大的幫助。

所有這些人的工作合在一起，為世界打下了一個堅實的科學基礎，使複雜機器的發明成為可能。許多精於實幹的人們充分利用這一機會。在中世紀，人們已經開始用木頭製作為數不多的幾種必要的機器，可木頭極易磨損。鐵是一種好得多的材料，可在整個歐洲，只有英格蘭出產鐵礦，於是，英格蘭興起了冶煉業。熔化鐵需要高溫猛火，最初，人們用木材做燃料，可隨著英格蘭的森林被砍伐殆盡，人們開始使用「石炭」（史前森林的化石，即煤）。你知道，煤必須從很深的地面下挖出來，運送到冶煉爐，並且，礦坑必須保持乾燥，防止滲水。

這是當時應待解決的兩大難題。最初，人們可以用馬拉煤，可是要解決抽水的問題不得不使用特別的機器。好幾個發明家為這個難題奔波起來，他們都知道可以

瓦特與蒸汽機

蒸汽機的發明是人類歷史上的又一大創舉，18世紀80年代人們用它來帶動紡織機，這更加引起了經濟與社會生活的重大變革，甚至在世界範圍內深刻地改變了人與人的關係。

藉助蒸汽作新機器的動力。有關「蒸汽機」的構想由來已久，生活在西元前1世紀的英雄亞歷山大，他曾向我們描述過幾種蒸汽推動的機器。文藝復興時期的人們設想過「蒸汽戰車」。與牛頓同時代的渥斯特侯爵在他的一本發明手冊裡，為人們詳細講述過一種蒸汽機。在不久之後的1698年，倫敦的托馬斯·薩弗里為他發明的一種抽水機申請了專利。與此同時，荷蘭人克里斯琴·海更斯正在設法完善一種發動機，其內部用火藥引發連續不斷地爆炸，類似我們今天用汽油內燃機來驅動汽車引擎。

歐洲各地，人們紛紛致力於「蒸汽機」這一迷人構想。法國人丹尼斯·帕平曾是海更斯的密友兼助手，他先後在幾個國家進行過蒸汽機實驗。他發明出蒸汽推動的小貨車和小蹼輪，可正當他雄心勃勃地準備駕著自己的小蒸汽船試航時，船員工會卻擔心這種新「怪物」的出現會搶走船員們的生計，於是向政府提出了控告。帕平的小船被沒收了。他傾盡全部家產從事發明，最後窮困潦倒地死於倫敦。不過當他去世時，另一位名為托馬斯·紐科曼的機械迷正在潛心研究一種氣泵。50年之後，一位格拉斯哥機器製造者詹姆斯·瓦特改進了紐科曼的發明，於1777年向全世界推出了第一部真正具有實用價值的蒸汽機。

社會的變革

不過就在人們爭相研製「熱力機」的那幾個世紀裡，世界政治局勢發生了翻天覆地的變化。英國人取代荷蘭人，成為海上貿易的新霸主和主要的承運商，他們開拓了許多新殖民地，將當地出產的原材料運回英格蘭加工，然後將製成品出口到全世界的各個角落。在十七世紀，北美喬治亞和卡羅萊納的人們開始種植一種出產奇特毛狀物質的新灌木，即所謂的「棉毛」（棉花）。當這種棉毛一採摘下來，便被運往英國，由蘭卡郡的人們織成布匹。起初，這些布匹由工人們在家手工織成。不久後，紡織工藝有了大的改進。1730年，約翰·凱發明出「飛梭」。1770年，詹姆斯·哈格里夫斯為他發明的「紡紗機」申請了專利。一位名為伊利·惠特尼的美國人發明了軋花機，它能夠自動將棉花脫粒，大大提高了加工效率。而以前採用手工脫粒的時候，一個工人每

火車出軌
列文 攝影 英國 1897 年

　　這張像驚險電影劇照的照片，正是英國工業革命的產物——火車肇事的災難場景。極為發達的鐵路改變了人們的地域觀念，成了現代社會的重要標誌。

天才能分揀一磅棉花。最後，理查德·阿克賴特和埃德蒙·卡特賴特發明了水力推動的大型紡織機。到18世紀80年代，當法蘭西三級會議召開，代表們忙於討論那些將徹底變革歐洲政治秩序的重大議題時，人們將瓦特發明的蒸汽機裝在了阿克賴特的紡織機上，用蒸汽機的動力來帶動紡織機工作。這一看似不起眼的創舉引起經濟與社會生活的重大變革，在世界範圍內深刻改變了人與人之間的關係。

蒸汽機車與汽船

一當固定式蒸汽機取得成功後，發明家們馬上將注意力轉向利用機械裝置推動車、船的問題上。瓦特本人曾推出過「蒸汽機車」的研製計劃，不過沒等他來得及完善這一設想，1804年，一輛由理查德·特里維西克製造的火車便載著20噸貨物在威爾士礦區的佩尼達蘭奔馳起來。

與此同時，一位名為羅伯特·福爾頓的美國珠寶商兼肖像畫家正在巴黎四處活動。他試圖說服拿破崙採用他的「鸚鵡螺號」潛水艇以及他發明的汽船，這樣法蘭西海軍便能一舉摧毀英格蘭的海上霸權。

福爾頓的「汽船」設想並不新鮮，它肯定抄襲了康乃狄克州機械天才約翰·菲奇的創意。早在1787年，菲奇建造的小巧汽船便在德拉維爾河上進行了首航，可拿破崙和他的科學顧問們根本不相信這種自動力汽船的可能性。雖然裝配著蘇格蘭引擎的小船正噴著煙霧在塞納河上歡暢來去，可皇帝陛下竟未加留意，以致忽略了利用這一威力無比的武器。要知道，也許它能為

鐵達尼號離開港口
普茨茅斯港 攝影 英國1912年

1912年，當時最巨大的船，46000噸的鐵達尼號駛出港口。它是蒸汽機發明了30年後的最頂峰的產物，但不幸卻在首航中觸冰覆滅。

他報特拉法爾海戰的一箭之仇呢！

失望之餘，福爾頓回到美國。他是一名精於實際的商人，很快便和羅伯特·利文斯頓合夥組織起一家頗為成功的汽船公司。利文斯頓是《獨立宣言》的簽字人之一，當福爾頓在巴黎推銷其發明時，他正擔任當時的美國駐法大使。合夥公司的第一艘汽船「克勒蒙特」號裝配著英國的博爾頓與瓦特製造的引擎，於1807年開通了紐約與奧爾巴尼的定期航班。不久後，它便壟斷了紐約州所有水域的航運業務。

至於可憐的約翰·菲奇，他本來是最早將「蒸汽船」用於商業營運的，最後卻悲慘地死去。當他建造的第五艘螺旋槳汽船不幸被毀時，菲奇已經落到囊中空空、一貧如洗的境地，他的健康也每況愈下。鄰居們無情地嘲笑他，就像100年後人們嘲笑蘭利教授製造的滑稽飛行器一樣。菲奇一直希望為自己的國家開闢一條通往中西部大

河的捷徑，可他的同胞們卻更情願乘平底渡船或徒步旅行。1798年，菲奇於極端絕望之中服毒自殺了。

20年過去，載重1850噸的「薩瓦拉」號汽船以每小時6節（「毛利塔里亞」號只比它快3倍）的速度從薩瓦納駛達利物浦，創造了25天橫渡大西洋的新紀錄。此時此刻，公眾的嘲笑聲終於平息。在對新事物的巨大熱情中，他們又將發明的榮譽安放在錯誤的人頭上。

六年後，英國人喬治·斯蒂文森製造出著名的「移動式引擎」。多年以來，他一直致力於研製一種將原煤從礦區運往冶煉爐和棉花加工廠的機車。現在，他的發明不僅使煤價下跌70%，還使得曼徹斯特與利物浦之間第一條客運線路的開通變為現實。終於，人們能夠以聞所未聞的每小時15英里的高速，呼嘯著從一個城市奔向另一個城市。幾十年過後，火車速度提高到每小時20英里。今天，任何一部運轉良好的廉價福特（上世紀80年代的戴勒姆及內瓦莎小型車的直系後裔）都能將這些「噴氣的比利」遠遠拋在身後。

電的發現與應用

當工程師們正專心致志地琢磨著他們的「熱力機」時，另一群搞「純科學」的科學家們（就是那些每天花14個小時研究「理論性」科學現象的人們，沒有他們，任何機器的進步都不可能）正沿著一條新線索的指引，深入到大自然最秘密與最核心的領域。

2000年前，許多希臘與羅馬哲學家（最著名的有米利都的泰勒斯及普林尼，西元79年爆發的維蘇威火山淹沒了羅馬古城龐貝和赫庫蘭尼姆，連親臨現場觀察的普林尼也不幸罹難）已經察覺到一個奇特的現象：用羊毛摩擦過的琥珀能吸附小片的稻草和羽毛碎屑。中世紀的經院學究們對此神秘的「電」力現象興趣缺缺，研究因此中斷。可文藝復興後不久，英國女王伊麗莎白的私人醫生威廉·吉伯特便寫出他那篇著名的論文——探討磁的特性及表現。在30年戰爭期間，瑪格德堡市長及氣泵的發明者奧托·馮·格里克造出了世界上第一部電動機。在隨後的一個世紀裡，大批科學家投入對電的研究。1795年，至少有三名教授發明了著名的「萊頓瓶」。與此同時，世界聞名的美國天才班傑明·富蘭克林繼

班傑明·托馬斯（他因同情英國而逃離新罕布夏，後被稱為朗福德伯爵）之後，將注意力轉向這一領域。他發現閃電與電火花屬於同一性質的放電現象。此後，到忙碌而成果纍纍的一生走到盡頭，富蘭克林一直在對電進行研究。隨後出現的是伏特和他的「電池」，還有迦瓦尼、戴伊、丹麥教授漢斯·克里斯琴·奧斯武德、安培、阿拉果、法拉第等人人耳熟能詳的名字。他們終其一生，勤奮不懈地探索著電的真正特性。

這些人不計回報地將自己的發現公之於世。薩繆爾·摩爾斯（像福爾頓一樣最初是藝術家）認為，他能利用這種新發現的電流，將資訊從一個城市傳遞到另一個城市。他準備採用銅線和他發明的一個小機器來達成目標。人們對他的想法嗤之以鼻，摩爾斯不得不自己掏錢做實驗，很快便花光了所有積蓄。人們對他的嘲笑聲更猛烈了。摩爾斯請求國會提供幫助，一個特別財務委員會答應為他提供所需的資金。但是，滿腦子政治經的議員們對摩爾斯的天才想法既不理解也無興致，他不得不苦苦等上12年，才最終拿到一小筆國會撥款。隨後，他在紐約和巴爾的摩之間建造了一條「電報線」。1837年，在紐約大學一個人頭湧動的講演廳裡，摩爾斯第一次成功地演示了「電報」。1844年5月24日，人類歷史上第一個長途電報從華盛頓發至巴爾的摩。今天，整個世界佈滿林林總總的電報線，我們將消息從歐洲發到亞洲只需短短幾秒鐘的時間。23年後，亞歷山大·格拉漢姆·貝爾利用電流原理發明了電話。又過去半個世紀，義大利人馬可尼更進一步發明出一套完全不依賴老式線路的無線通信系統。

當新英格蘭人摩爾斯為他的「電報」奔忙之際，約克郡人米切爾·法拉第製造出第一部「發電機」。這部不起眼的小機器完工於1831年，當時的歐洲還處在將維也納會議的美夢徹底顛覆的法國七月革命的巨大震憾之中，沒人留意到這項改變世界的發明。第一部發電機不斷改進，到今天，它已能為我們提供熱力、照明（你知道，愛迪生於1878年發明的小白熾燈泡就是在同世紀四、五十年代英國及法國的實驗基礎上改進而來的）和開動各種機器的動力。如果我的推想沒錯，那麼電動機將很快徹底取代熱力機，就如同更高等、更完善的史前動物取代牠們生存效率低下的鄰居們一樣。

就個人而言（本人對機械一竅不通），我將非常樂於見到這種情形的發生。因為電機由水力驅動，是人類清潔而健康的忠僕。可反觀作為18世紀最大奇蹟的「熱力機」，它原本喧鬧且骯髒，讓我們的地球豎滿無數荒謬可笑的大煙囪，沒日沒夜地傾吐著滾滾的灰塵與煤煙。並且，為源源不斷地用煤來滿足其貪得無厭的胃口，成千上萬的人們不得不費盡艱辛、冒著生命危險向礦坑深處挖掘。這種情景並不美妙。

如果我不是一名必須堅守事實的歷史家，而是可以隨意揮灑想像力的小說家，我將會描寫把最後一部蒸汽機車送進自然歷史博物館，置於恐龍、飛龍及其他已滅絕動物的骨架旁的動人情景。這將是令人倍感愉快的一天。

CHAPTER 57

社會革命

不過，新機器造價昂貴，只有富人們才買得起。舊日在小作坊裡獨立勞作的木匠和鞋匠們被迫出賣勞動，接受大機器擁有者的雇傭。雖然他們掙的錢比過去更多，可他們同時也失去了昔日的自由生活。他們不喜歡這種狀況。

機器帶來的變革

以前，世界上的工作都是由端坐在屋前小作坊裡的獨立勞動者們完成的。他們擁有工具，可以由著性子打罵自己的學徒。只要不違反行會的規定，他們通常能隨心所欲地經營業務。他們過著簡樸的生活，每天必須工作很長時間才能維持生計。不過他們是自己的主人，如果他們某天一早醒來，發現這是一個適合釣魚的好天氣，他們便出外釣魚。沒人對他們說「不許去」。

是機器的使用改變了這一切。事實上，機器無非是放大的工具。一輛以每分鐘1英里的速度載著你飛馳的火車其實就是一雙快腿，一部把沉重鐵板砸平的空氣錘也不過是一副力氣出眾的鐵拳。

儘管我們每個人都能擁有一雙好腿、一副好拳，可是一輛火車、一部空氣錘或一個棉花工廠卻是貴得要命的機械，它們不是個人能夠擁有的。通常，它們由一夥人各出一定的金額購買，然後按投資的比例分享他們的鐵路或棉紡廠賺取的利潤。因此，當機器改進到可以實際使用並營利時，這些大型工具的生產商便開始尋找能夠以現金支付的買主。

在中世紀初期，土地是代表財富的唯一形式，因此只有貴族才被視為有錢人。可是正如我在前面章節告訴你們的，由於當時採用古老的以物易物的制度，以乳牛交換馬、以雞蛋交換蜂蜜，所以貴族們手中的金銀並無多大的用處。到十字軍東征時期，城市的自由民們從東西方間再度復興的貿易中聚斂了大量財富，成為貴族與騎士們的重要對手。

法國大革命徹底摧毀貴族的財富，極大提高了中產階級（即所謂的「布爾喬亞」）的地位。緊隨大革命而來的動盪年月為許多中產階級人士提供了發財致富的好機會，使他們積累了超過自己在世上應得份額的財富。教會的地產被國民公會沒收一空，並悉數拍賣，其中的賄賂數額高得驚人。土地投機商竊取了幾千平方英里的價值不菲的土地。在拿破崙戰爭期間，他們利用自己的資本囤積穀物和軍火以牟取鉅額暴利。到機器時代，他們擁有的財富已經遠遠超出他們日常生活所需，能夠自己開設工廠，並雇傭男女工人為他們操縱機器。

此舉導致數十萬人的生活發生了急劇的變化。在短短幾年內，許多城市的人口成倍增長，以前作為市民們真正「家園」的市中心，如今被粗糙而簡陋的建築團團包圍。這裡就是那些每天在工廠工作11到13個小時的工人們下班後的棲息地，當一聽到汽笛響起，他們又得從這裡趕緊奔回工廠。

在廣大的鄉村地區，人們紛紛傳說著去城裡掙大錢的消息。於是，習慣野外生活的農家子弟們蜂擁到城市。他們在那些通風不暢、滿布煙塵污垢的早期車間裡苦苦掙扎，昔日健康的身體迅速垮掉，最後不是在醫院奄奄一息，就是在貧民院裡悲慘死去。

當然，從農村到工廠的轉變，並非是在毫無反

機器與人
劉易斯·海因 攝影
1920年

在龐大的機器面前，這個氣管裝配工必須彎著腰，以一個固定的角度握扳手，以便不停地檢修每一顆螺釘。表現機器時代工人的艱辛的照片在20世紀初大量出現，用以呼籲社會正視勞動的價值；或表現在機器統治的時代人所面臨的異化。

黑色鄉鎮

康斯坦丁‧莫尼耶 油畫 1893 年

畫面反映了一個工業重鎮的面貌。它曾經是寧靜的鄉村，蒸汽動力製造和加工業的到來，使它成了一個濃煙蔽日的工業中心。

抗的情形下完成的。既然一部機器能抵100個人的工作，那因此失業的其餘99人肯定會心懷怨恨。襲擊工廠、焚燒機器的情形時有發生。可早在17世紀，保險公司就已出現，而廠主們的損失通常總能得到充分的彌補。

經濟觀念的變革

不久後，更新更先進的機器再度安裝就緒，工廠四周圍上了高牆，暴亂隨之停止。在這個充滿蒸汽與鋼鐵的新世界裡，古老的行會根本無法生存。隨著它們如恐龍般接連消失，工人們試圖組織新式的工會。

可廠主們憑藉他們的財富，能對各國的政要施加更大的影響力，他們藉助立法機關通過了禁止組織工會的法律，藉口是它妨礙了工人們的「行動自由」。

請一定不要以為通過這些法律的國會議員們全是些用心險惡的暴君，他們是大革命時代的忠實兒子。這是一個人人談論「自由」的時代，人們甚至常常因鄰居們不夠「熱愛自由」而殺死他們。既然「自由」是人類的最高德行，那就不應由工會來決定會員該工作多長時間、該索取多少報酬。必須保證工人們能隨時「在市場上自由地出售自己的勞動力」，而雇主們也能同樣「自由地」經營他們的工廠。由國家控制全社會工業生產的「重商主義」時代已告終結，新的「自由經濟」觀念認為：國家應該袖手旁觀，讓商業按自己的發展規律運行。

18世紀下半葉不僅是一個知識與政治

社會革命

chapter 37

的懷疑時代，而且舊有的經濟觀念也被更
順應時勢的新觀念所取代。在法國革命發
生的前幾年，路易十六的屢遭挫折的財政
大臣蒂爾戈曾宣告過「自由經濟」的新教
義。他生活在一個被過多繁文縟節、過多
規章制度、過多大小官僚所苦的國家，深知
其中的弊病。「取消這些政府監管」，蒂爾
戈寫道，「讓人民按自己的心意去做，而一
切都會順利運轉的。」不久之後，他著名的
「自由經濟」理論便成為當時的經濟學家
們熱烈呼喊的口號。

　　在同時期的英國，亞當·斯密正在寫作
那本大部頭的《國富論》，為「自由」和「貿
易的天然權利」發出又一輪呼籲。30年後，
當拿破崙倒台，歐洲的反動勢力欣然聚首
維也納時，那個在政治上被拒絕賦予人民
的自由，卻在經濟生活中強加給了歐洲老
百姓。

　　正如我在本章開頭提到的，事實證
明，機器的普遍使用對國家大有好處，使社
會財富迅速增長。機器甚至使英國憑一己
之力就能負擔反拿破崙戰爭的龐大費用。
資本家（那些出錢購買機器的人們）賺取了
難以想像的利潤，他們的野心逐漸滋長，從
而對政治產生出興趣。他們試圖與迄今仍
控制著大多數歐洲政府的土地貴族們比鬥
一番。

　　在英國，國會議員依然按照1265年的
皇家法令選舉產生，大批新興的工業中心
在議會中竟沒有代表。1832年，資本家們設
法通過了修正法案，改革選舉制度，使工廠
主階級獲得了對立法機構的更大影響力。
不過，此舉也引發了成百萬工人的強烈不

倫敦收容所
版畫 1859年

　　這是一幅來自「插圖泰晤士報」的圖片，偌大的房
間裡一排排棺材似的床，只有一個中央火爐供暖。有人在
盥洗，有人在等待登記。如此環境，但畢竟要比街頭好多
了。

滿，因為政府中根本就沒有他們的聲音。工
人們發動了爭取選舉權的運動，他們將自
己的要求寫在一份文件上，即日後廣為人知
的「大憲章」。有關這份憲章的爭論日益激
烈，到1848年歐洲革命爆發時還未停息。由
於害怕爆發一場新的雅各賓黨流血革命，
英國政府召回年逾八旬的惠靈頓公爵指揮
軍隊，並開始徵召志願軍。倫敦處於被封鎖
的狀態，為鎮壓即將到來的革命做好了準
備。

　　最終，憲章運動因其領導者的無能而
自行夭折了，並沒有發生暴力革命。新興的
富裕工廠主階級（我不喜歡鼓吹新社會秩
序的信徒們濫用的「資產階級」一詞）逐漸
加強控制政府的權力，大城市的工業生活
環境繼續蠶食著廣大的牧場和麥地，將它
們變為陰暗擁擠的貧民窟。在每個歐洲城
市走向現代化的路途中，無不伴隨著這些
貧民窟的淒涼注視。

CHAPTER 58

奴隸解放

機器的普遍使用並未如親眼見證鐵路取代驛車的那一代人所預言的——將帶來一個幸福與繁榮的新世紀。人們提出了幾項補救辦法，可收效甚微。

奴隸解放的社會背景

黑人婦女像
伯努瓦斯特夫人 油畫
法國 1800年

畫面中的年輕女子，以右側式古典坐姿面對觀者，坳黑的膚色和古羅馬式的衣裙，加之腰間若隱若現的紅絲帶，更襯托出她高雅的氣質。讓黑人成為主角，並且表現得如此高貴、優雅，在19世紀初的西方是絕無僅有的。這幅作品算得上是藝術家的「廢奴宣言」。

1831年，就在第一個修正法案通過前夕，英國傑出的立法家，當代最富實效的政治改革家傑瑞米·本瑟姆在給一位朋友的信中寫道：「要想自己過得舒適就必須讓別人過得舒適，要讓別人過得舒適就必須表現出對他們的熱愛，要想表現出對他們的熱愛就必須真正去愛他們。」傑瑞米是一位誠實的人，他說出了自己認為是真實的東西。他的觀點得到了許多國人的贊同。他們覺得有責任使那些不幸的鄰居們也得到幸福，準備傾盡全力去幫助他們。是啊，到必須採取行動的時候了！

「自由經濟」（蒂爾戈的「自由競爭」）的理想，在那個工業力量仍被中世紀的條條框框縛住手腳的時代本是必要的。可將「行為自由」視為經濟生活的最高準則，導致了非常可怕的情形 工廠的工時長短僅以工人們的體力為限。只要一位女工仍能坐在紡織機前，未因疲勞而暈過去，廠主便可以要求她繼續工作。五、六歲的兒童被送到棉紡廠勞動，以免他們遭遇街頭的危險或沾染上遊手好閒的習性。政府通過了一項法律，強迫窮人的子女去工廠做工，否則將用鐵鏈鎖在機器上以示懲罰。辛苦勞動的回報是他們可以得到足夠的粗食劣菜和豬圈般的過夜之所。常常，他們因極度勞累而在工作時打起盹來。為了讓他們保持清醒，

工廠的工時長短僅以工人們的體力為限，只要一位女工仍能坐在紡織機前，還沒有暈過去，廠主便可以要求她繼續工作。

監工們拿著鞭了四處巡視，遇到有必要讓他們打起精神來幹活時，便抽打他們的指關節。當然，這樣的惡劣環境造成了成千上萬兒童的死亡。這是非常可悲的事情。而雇主也是人，當然有著人人都有的同情心，他們也真誠地希望能取消「童工」制度。可既然人是「自由」的，兒童們同樣也可以「自由」地工作。並且，如果瓊斯先生的工廠不用五、六歲的童工，他的競爭對手斯通先生就會將多餘的小男孩統統招到自己的工廠，瓊斯先生便會遭到破產的打擊。因此，在國會頒佈法令禁止所有雇主使用童工之前，瓊斯先生是不可能單槍匹馬地停用童工的。

可如今的國會已不再是老派土地貴族們的天下了（他們倨傲地打量著暴發戶廠主們，以公開的蔑視之情回敬他們滿滿的錢袋），而轉由來自工業中心的代表們把持。只要法律仍然禁止工人組織工會，情形便不可能好轉。當然，那個時代的智者與道德家們並非對種種可怕的情景視若無睹，

廢奴運動從法律上給了黑人奴隸自由，但最終並沒有解決種族問題。直到20世紀，種族隔離和種族歧視仍然是美國的最大問題之一，20世紀50、60年代聲勢浩大的「民權運動」便由此展開。圖為20世紀30年代被私刑處死的黑人，這種行為當時仍流行於美國南部一些州中。照片中，最殘忍的畫面並不是被吊死的奴隸，而是走過的婦女和站在一邊觀看的孩子們那習以為常的神情。

他們只是沒有辦法。機器以令人震驚的速度征服了世界，要讓它真正變成人類的僕人而非主宰，還需要漫長的時間和許多高尚男女們的共同努力。

歐洲的廢奴運動

很奇怪的是，對這個遍佈世界各國的野蠻雇傭制度發起的第一次衝擊，為的倒是非洲和美洲的黑奴。奴隸制最初是由西班牙人引入美洲大陸的。當時，他們曾嘗試過用印第安人作田莊和礦山的勞工，可一旦脫離了野外的自由生活，印第安人便一個接一個地病倒死去。為使印第安人免遭整體滅絕的危險，一位好心的傳教士建議從非洲運送黑人來做工。黑人身強體健，經得起惡劣的待遇，並且與白人的朝夕相處還可以給他們一個認識基督的機會，使他們能夠拯救自己的靈魂。因此，無論從哪方面考慮，這對仁慈的白人和他們無知愚昧的黑人兄弟來說，都是一個不錯的安排。可隨著機器的大規模使用，棉花的需求量日益增長，黑人們被迫比以往更辛苦地勞動，

像可憐印第安人一樣，他們開始紛紛慘死在監工的虐待之下。

有關這些殘暴行徑的消息傳回歐洲，在許多國家激起了廢奴運動。在英國，威廉‧維爾伯福斯和卡札里‧麥考利（他的兒子是一位偉大的歷史學家，讀過他的英國史，你就能體會到歷史原可以寫得如此妙趣橫生）組織起一個禁止奴隸制度的團體。首先，他們設法通過一項法律，使「奴隸貿易」變成非法。接著在1840年後，所有英屬殖民地都杜絕了奴隸制的存在。在法國，1848年革命使各屬地的奴隸制成為歷史。葡萄牙人於1858年通過了一項法律，承諾在20年內給予所有奴隸自由。荷蘭在1863年正式廢除了奴隸制。同年，沙皇亞歷山大二世也將被強行剝奪了兩個多世紀的自由歸還給他的農奴。

美國的南北戰爭

在美國，奴隸問題引發嚴重危機，最後導致了一場漫長艱苦的內戰。雖然《獨立宣言》開宗明義，寫下了「人人生而平等」的原則，可這條原則對那些長著黑色皮膚、在南部各州種植園內做牛做馬的人們卻是個例外。隨時間推移，北方人對奴隸制度的反感與日俱增，而南方人則聲稱，若取消奴隸勞動，他們便難以繼續維持棉花種植業。將近半個世紀的時間裡，眾議院和參議院一直為此問題激烈爭論著。

北方堅持自己的觀點，南方毫不退讓。當情況發展到無法妥協時，南方各州便威脅要退出聯邦。這是美利堅合眾國史上一個異常危險的時刻，有許多事情都可能

發生，而它們之所以並未發生，主要歸功於一個異常傑出且富於仁愛之心的偉人。

1860年11月6日，自學成才的伊利諾州律師亞伯拉罕‧林肯當選美國總統。林肯屬於強烈反對奴隸制的共和黨人，深明人類奴役的罪惡性質。精明的他知道，北美大陸絕對容不下兩個敵對國家的存在。當南方的一些州退出合眾國，組織起「美國南部聯盟」時，林肯毅然接受了挑戰。北方各州開始徵召志願軍，幾十萬熱血青年回應政府號召，應徵入伍。隨之而來的殘酷戰爭一直持續了4年。南方對戰事準備充分，並在李將軍和傑克遜將軍的出色指揮下，不斷擊敗北軍。爾後，新英格蘭與西部的雄厚工業實力開始發揮決定性影響。一位籍籍無名的北方軍官一鳴驚人，成為了這場偉大廢奴戰爭中的查理‧馬特爾①，他就是格蘭特將軍。他持續地向南軍發起了暴雨般的攻勢，不給對手絲毫喘息。在他的重拳之下，南方苦心經營的防線接二連三地土崩瓦解。1863年初，林肯發表了《解放奴隸宣言》，使所有奴隸重獲自由。1865年4月，李將軍率最後一支驍勇善戰的南軍在阿波馬克托斯向格蘭特投降。幾天後，林肯總統在劇院被一名瘋子②刺殺。不過他的事業已經完成，除仍在西班牙統治之下的古巴以外，奴隸制在文明世界的各個角落都不復存在了。

註① 法蘭克王國墨洛溫王朝的統治者，首相丕平的私生子，732年打敗阿拉伯人，繼而征服勃艮第，重新統一法蘭克王國。因其作戰猛烈而獲得「馬特爾」（「Martel」意為「鐵錘」）的稱號。
註② 指刺殺林肯的布斯。

新思想的嘗試

可正當黑人們享受著日益增長的自由時，歐洲的「自由」工人卻在「自由經濟」的束縛下喘息。事實上，工人大眾（即所謂的無產階級）在極其悲慘的處境中竟沒有整體滅絕，這在許多當代作家和觀察家眼裡不啻於一個奇蹟。他們住著貧民窟骯髒陰暗的房子，吃著難以下嚥的粗劣食物。他們接受一丁點兒僅能應付工作的教育。一旦發生死亡或意外事故，他們的家人將失去所有依靠。可是釀酒業（憑藉它們對立法機構施加的極大影響力）卻一個勁地向他們提供源源不斷地廉價威士卡和杜松子酒，鼓勵他們藉酒消愁。

從上世紀三四十年代開始發生的巨大進步，並非出於一人之力。兩代人的傑出智慧被凝聚起來，努力將世界從機器的突然降臨所造成的災難性後果裡解救出來。他們並不想摧毀整個資本主義體系，這樣做無疑是愚蠢的，因為對部分人積累的財富，若合理運用，完全能使它有益於全人類。不過，對那種認為在擁有產業和財富、可以

馬克思頭像

作為一位思想的巨人，他改變了整個20世紀的面貌。

隨意將工廠關閉而不致挨餓的廠主與不計工資多少都必須接受工作、否則便面臨全家受餓的勞工之間能存在真正平等的觀點，他們也是竭力加以反對的。

他們努力引進了一系列法律，規範工人與工廠主的關係。各國的改革者不斷地取得了勝利。到今天，大多數勞動者已能得到充分的保護：他們的工作時間被減至平均每天8小時的最佳水平；他們的子女被送進學校接受教育，不再像以前一樣去礦坑和梳棉車間工作了。

然而，還有些人面對黑煙滾滾的高大煙囪，傾聽火車夜以繼日地轟鳴，看著被各種剩餘物資塞滿的倉庫，不禁陷入了沈思。他們想問問，這種巨大的能量究竟要把人類引向何方，它的終極目的到底是為了什麼？他們記得，人類曾經在完全沒有貿易和工業競爭的環境中生活了幾十萬年。難道就不能改變現存秩序，取消那種以人類幸福為代價而追逐利潤的競爭制度嗎？

這種觀念——即對一個更美好世界的

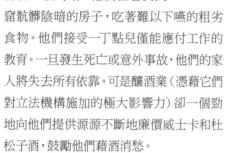

南方的最後防線

康拉德·查普曼
油畫 美國 1861年

在一名孤獨的哨兵的守衛下，一片破舊的南方聯盟旗幟在被摧毀的戰壕掩體上空飄揚。背景上的船隻是派來封鎖南方沿岸的聯邦艦隊，作者正是在它們的炮火中畫下此圖。

模糊懂憬，在許多國家都有萌芽了。在英國，擁有多家紡織廠的羅伯特·歐文建立起一個所謂的「社會主義社區」，並取得了初步成功。不過當歐文死後，他的「新拉納克他的工廠所在地」社區的繁榮便就此告終。法國新聞記者路易斯·布蘭克也曾嘗試在全法國組織「社會主義車間」，可效果很不理想。事實上，越來越多的社會主義知識份子開始認識到，僅憑在常規的工業社會之外組織與世隔絕的小社團是永遠不可能成功的。在提出切實可行的補救措施前，有必要先研究支撐整個工業體系和資本主義社會運行的基本規律。

繼羅伯特·歐文、路易斯·布蘭克、弗朗西斯·傅立葉這些實用社會主義者之後，是卡爾·馬克思和弗里德里希·恩格斯這樣的理論社會主義研究家。兩人之中，馬克思名氣更大。他是一位傑出的學者，曾與家人長期定居德國。馬克思在聽說歐文與布蘭克所做的社會實驗後，開始對勞動、工資及失業等問題產生濃厚的興趣。可他的自由主義思想遭到了德國警察當局的仇視，他被迫逃往布魯塞爾，後輾轉到倫敦，在那裡做了《紐約論壇報》的記者，過著貧窮拮据的生活。

當時，很少有人對他的經濟學著作予以足夠重視。不過在1864年，馬克思組織了第一個國際勞工聯合組織。三年之後，他又出版了著名的《資本論》第一卷。馬克思認為，人類的全部歷史就是「有產者」與「無產者」之間的漫長鬥爭史。機器的引進及大規模使用創造出一個新的社會階級，即資本家。他們利用自己的剩餘財富購買工具，再雇傭工人進行勞動以創造更多的財富，再用這些財富修建更多的工廠，如此循環，永無盡頭。同時，據馬克思的觀點，第三等級（資產階級）將越來越富，而第四等級（無產階級）將越來越窮。因此他大膽預言，這種資本的惡性循環發展到某一天，世界的所有財富將被一個人佔有，而其他人都將淪為他的雇工，仰仗他大發善心過活。

為防止這種情況的發生，馬克思號召所有國家的工人聯合起來，為爭取一系列政治經濟措施而鬥爭。在1848年，即最後一場歐洲偉大的革命發生那一年所發表的《共產黨宣言》中，馬克思曾詳細列舉了這些措施。

這些觀點當然受到官方的深惡痛絕。許多國家（尤其是普魯士）制定了嚴厲的法律，來對付社會主義者。它們授命警察驅散社會主義者的集會，逮捕演說份子。可迫害與鎮壓並不能帶來絲毫益處。對一樁勢單力孤的事業來說，殉道者反而會成為最好的宣傳。在歐洲各地，信仰社會主義的人數越來越多，而且不久人們便清楚了，社會主義者並不打算發動一場暴力革命，只不過是利用他們在各國議會裡日漸成長的勢力來促進勞工階級的利益。社會主義者甚至擔任起內閣大臣，與進步的天主教徒及新教徒一起合作，共同消除工業革命所帶來的危害，把由機器的引進和財富的增長所帶來的利潤更合理地加以分配。

CHAPTER 59

科學的時代

然而，世界還經歷了一場比政治和工業革命更深刻、更重大的變革。在飽受長期迫害之後，科學家們終於贏得了行動的自由。現在，他們試圖探索那些制約宇宙的基本規律。

對科學的偏見

埃及人、巴比倫人、迦勒底人、希臘人、羅馬人，他們都曾對早期科學的模糊觀念及科學研究做出過自己的一份貢獻。可西元4世紀的大遷移摧毀了環地中海地區的古代世界，隨之興起的基督教排斥人類的肉體而重視靈魂，將科學視為人類妄自尊大的表現之一。因為教會認為它試圖窺探屬於全能上帝領域內的神聖事物，與《聖經》宣告的七重死罪具有密切的聯繫。

文藝復興在有限的程度上打破了中世紀的偏見之牆。然而，在16世紀初期取代文藝復興的宗教改革運動對「新文明」的理想卻抱以敵意。科學家們如果膽敢逾越《聖經》所劃下的狹隘界線，他們將再度面臨極刑的威脅。

我們的世界充斥著偉大將軍的塑像，他們躍馬揚鞭，率領歡呼的士兵們奔向輝煌的勝利。可在不少地方，也矗立著一些沈靜而不起眼的大理石碑，默默宣示著某位科學家在此找到了長眠之地。1000年之後，我們可能會以截然不同的方式面對這個問題。那一代幸福的孩子們將僅得尊重科學家驚人的勇氣和難以想像的獻身精神。他們是抽象知識領域的先驅和拓荒者，而正是這些抽象知識使我們的現代世界變成了活生生的現實。

這些科學先驅中的許多人飽受貧困、蔑視和侮辱。他們住在破舊的閣樓，死於陰暗的地牢。他們不敢把名字印在著作的封面上，也不敢在有生之年公開自己的研究結果。常常，他們不得不將手稿偷運到阿姆斯特丹或哈勒姆的某家地下印刷所去秘密出版。當他們暴露在教會的敵意面前，無論天主教徒還是新教徒都不會對他們懷有絲毫同情。佈道者永無休止地以他們為攻擊的主題，並號召教區民眾用暴力去對付這些「異端分子」。

最早出現的達爾文傳記封面

達爾文（1809～1882年）有關物種起源的探討，其意義絕不僅僅限於科學領域，而是帶來了人類思想的一次大的解放。在佛洛研待近半個世紀，他的理論才被廣泛的承認，從而有了於20世紀30年代出版的這本最早的達爾文略傳。

WORLD-MAKERS & WORLD-SHAKERS
A series of short biographies

DARWIN
L. B. Pekin

他們也能這裡那裡地找到幾處避難所。在最具寬容精神的荷蘭，雖然普通市民對這些神秘的科學研究好感極少，但他們不願去干涉別人的思想自由。於是，荷蘭成了自由思想者的一個小型庇護所，法國、英國、德國的哲學家、數學家及物理學家們紛紛來到這裡，享受短暫假期，呼吸一下自由的空氣。

在此前的章節裡，我已經告訴過你13世紀最傑出的天才羅傑·培根如何被迫長年禁筆的事情，以免教會當局再找他的麻煩。500年過後，偉大的哲學《百科全書》的編寫者們仍然處於法國憲兵不間斷的監視之下。又過去半個世紀，達爾文因大膽地質疑《聖經》所描述的創世故事，被所有的佈道壇譴責為人類的公敵。甚至到今天，對那些冒險進入未知科學領域的人們的迫害仍未完全停止。就在我寫作關於科學的這一章時，布萊恩先生正在對群眾大力宣講「達爾文主義的威脅」，並提醒聽眾們去反擊這位偉大的英國博物學家的謬誤。

不過，這些統統是細枝末節。該做的工作最後還是完成了。科學發現與發明創造的最終利益，到頭來依然為同一群大眾所分享，雖然正是他們將這些具有遠見卓識的人們視為不切實際的理想主義者。

科學逐漸被認可

在17世紀，科學家們紛紛將注視的目光投向遼遠的星空，研究我們身處的行星與太陽系的關係。即便如此，教會仍然不贊同這種不正當的好奇心。第一個證明太陽是宇宙中心的可白尼直到臨死前才敢發表

他的著作。伽利略一生中的大部分時間生活在教會的密切監視之下，但他堅持不懈地透過自己的小望遠鏡觀察星空，為伊薩克·牛頓提供了大量的觀察資料。當這位英國數學家日後發現存在於所有落體身上的、被稱為「萬有引力」的有趣習性時，伽利略的觀察對他可是大有助益。

這一定律的發現至少在一段時期內窮盡了人們對天空的興趣，他們開始轉而研究地球。17世紀中期，安東尼·范·利文霍克發明了便於操作的顯微鏡，這使得人們有機會研究導致人類患上多種疾病的「微」生物，為「細菌學」打下了堅實的基礎。多虧有這門科學，在19世紀的最後40年裡，人們陸續發現多種引起疾病的微生物，使這個世界上存在的許多疾病得以消除。顯微鏡還使得地理學家能夠仔細研究不同的岩石 和從地層深處挖掘出來的化石（史前動植物的遺體）。這些研究證明，地球的歷史比「創世紀」

早期的顯微鏡
16世紀

羅伯特·胡克設計的顯微鏡，是由三個排列的透鏡組成，外面包有精美的皮革。當時的顯微技術已經可以觀察到大量的微生物，以及血紅細胞和細菌等，並且出版有《顯微》一書，這本闡述絕好的著作，影響一直到今。

解剖學課

林布蘭 油畫 1632年

在這幅荷蘭繪畫大師林布蘭的繪畫中，17世紀初著名的荷蘭醫師丟爾普教授正在向學生們講授解剖課程。學生們的表情中帶著好奇、畏懼或者多少有些噁心的神情，而教授的面孔卻令人感到理智和堅強平靜的內心。1534年，比利時醫生安德雷·維薩留斯出版了標誌現代解剖學誕生的《論人體的結構》一書，但他的觀點卻遭到了從教會到社會大眾的猛烈攻擊。即使在極富寬容精神的荷蘭，在17世紀才有了公開的解剖學會，解剖的對象也只限於死刑犯的屍體。

（《聖經》第一章）所描述的要久遠得多。1830年，查理·萊爾爵士出版了他的《地質學原理》。它否認了《聖經》講述的創世故事，並對地球緩慢的發展過程做出了一番更為有趣的描述。

與此同時，拉普拉斯正在研究一種有關宇宙形成的新學說，它認為地球不過是生出行星來的浩瀚星雲中的一塊小斑點而已。此外，還有邦森與基希霍夫在透過分光鏡觀測我們的好鄰居太陽的化學構成，而首先注意到它表面的奇異斑點（太陽耀斑）的是老伽利略。

同時，在與天主教和新教國家的神職當局進行過一場艱苦卓絕的鬥爭後，解剖學家與生理學家最終獲得了解剖屍體的許可。他們終於能夠以對於我們的身體器官及特性的正確知識來趕走中世紀江湖醫生的胡猜臆測了。

自人類開始遙望星空，思索為什麼星星會待在天上，幾十萬年的時間緩慢逝去。而在不到一代人的時間裡（從1810到1840年），科學的各學科的進步遠超過了此前幾十萬年的總和。對於那些在舊式教育下長大的人們來說，這肯定是一個非常可悲的

沈著的實驗

愛迪生的合作夥伴尼古拉·特斯拉是一個十分有天賦的美國人。這幅照片中的他在1200萬伏電壓的放電爆鳴下，沈著地指揮著實驗。這次實驗是歷史上美國最高電壓的實驗。

科學的時代

chapter 59

年代。我們可以理解他們對拉馬克和達爾文等人懷有的恨意。雖然此二人並未明確宣告，人類是「猴子的後裔」（我們的祖父輩慣常將其當成人身攻擊來痛加控訴），可他們確實暗示了驕傲的人類是由長長的一系列祖先進化而來，其家族的源頭可以追溯到我們行星的最早居民——水母。

主宰19世紀的興旺發達的中產階級建立起自己充滿尊嚴的世界。他們欣然使用著煤氣、電燈，以及偉大科學發現所帶來的全部實用成果。可那些純粹的研究者，那些致力於「科學理論」（沒有這些理論任何進步都不可能取得）的人們卻飽受懷疑。直

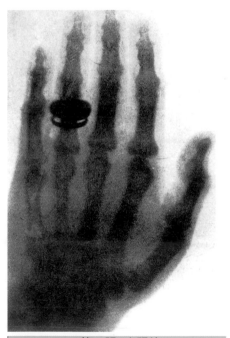

第一張X光照片
倫琴 攝影 1895年

這是有史以來第一張X光照片，可以清晰地看到指骨以及無名指上的戒指。拍攝於1895年11月1日的這張照片證明瞭X光的存在，倫琴因此於1901年獲得第一屆諾貝爾物理學獎。

到前不久，他們的貢獻才最終被承認。今天，以往將財富捐獻出來修建教堂的富人們開始捐資修建大型實驗室。在這些寂靜的戰場裡面，一些沈默寡言的人們正在與人類隱蔽的敵人進行著殊死搏鬥。時常，他們為未來的人們能享受到更幸福健康的生活，甚至犧牲掉了自己的生命。

事實上，許多曾被認作是「上帝所為」而無法治癒的疾病，現在已被證明僅僅是出於我們自身的無知與疏忽。今天的每一個兒童都知道，只要注意喝清潔的飲水，就能避免感染傷寒。可醫生們是在歷經多年努力之後，才使得人們相信這一簡單事實。對口腔細菌的研究，使我們有可能預防蛀牙。如果非拔掉一顆壞牙不可，我們無非是深吸一口長氣，然後高高興興去找牙醫。1846年，美國報紙報導了利用「乙醚」進行無痛手術的新聞，歐洲的人們不禁對這一消息大搖其頭。在他們看來，人類居然試圖逃脫所有生物都必須承受的「疼痛」，此舉近乎對上帝意志的公然違背。此後又經過了多年，在外科手術中使用乙醚和氯仿才被普遍接受。

追求進步的戰役畢竟打贏了。偏見之牆上的裂口越來越大，隨著時間的流逝，古代的愚昧之石終於土崩瓦解，一個新的、更幸福的社會制度的追求者們衝出了包圍圈。可突然之間，他們發現自己面前又橫亙著一道新的障礙。在舊時代的廢墟中，另一座反動堡壘矗立了起來。為摧毀這最後一道防線，成千上萬的人們在未來的日子裡奉獻了自己的生命。

THE
STORY
OF
MANKIND

CHAPTER 60

藝術

藝術的源起

　　若一個嬰孩身體十分健康,他吃飽睡足後,就會哼哼出一首小曲,向世界宣示他是多麼幸福,而在成人耳裡,這些哼哼聲毫無意義。它聽起來像是「咕嘟,咕嘟,咕咕咕咕⋯⋯」。可對嬰兒來說,這就是完美的音樂,是他對藝術的最初貢獻。

　　一旦他(或她)長大一點,能夠坐起身子,捏泥餅的時代便開始了。這些泥餅當然引不起成人多大的興趣。這個世界上有成百上千萬的嬰孩,他們同時捏了百上千萬的泥餅。可對小寶貝們說來,這代表他們邁向藝術的歡樂王國的又一次嘗試。現在,小嬰孩變成雕塑家了。

　　到三、四歲的時候,小孩的雙手開始服從腦子的使喚,他便成了一名畫家。快樂的媽媽給他一盒彩色畫筆,不久之後,每一張紙片上便佈滿了奇怪的筆劃,有的歪歪斜斜,有的彎彎曲曲,分別代表房子呀、馬呀、可怕的海戰,等等。

　　可沒過多久,這種盡情「創作」的幸福時期便告一段落。學校生活開始了,孩子們的大部分時間被功課填得滿滿的。生活的事

岩壁畫
法國　約西元前30000年

　　長著漂亮得有些誇張的角的鹿,奔跑在拉斯考克斯岩壁之上。彩色的岩畫並不多見,但它足以說明,當時的洞穴藝術家們,就已經學會了用有色的土和石頭調和成顏料,以表達他們的美感經驗。

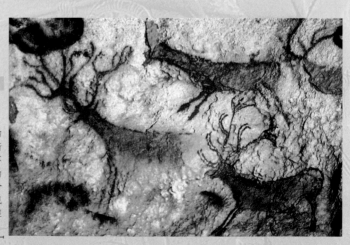

情，更準確地說是「謀生」的事情，變成了每個小男孩小女孩生命中的頭等大事。在背誦乘法表和學習法語不規則動詞的過去式之餘，孩子們很少有時間來從事「藝術」，除非這種不求現實回報，僅僅出於純粹的快樂而創造某種東西的欲望非常強烈。等待這孩子長大成人後，他會完全忘掉自己生命的頭5年是主要獻身於藝術的。

靈魂之愛
吉恩・德維爾
蛋彩畫 1900年

颶風般的糾纏，無法遏制的燃燒——道只能是從靈魂中昇騰出的愛。正是這種愛，令從古至今的人類創造了藝術。

民族的經歷跟小孩子相似。當穴居人逃脫了漫長冰河期的種種致命危險，將家園整頓就緒，他便開始創作一些自己覺得美麗的東西，雖然這些東西對他與叢林猛獸的搏鬥並無什麼實際的幫助。他在岩洞四壁畫上許多他捕獵過的大象和鹿的圖案，他還把石頭砍削成自己覺得最迷人的女人的粗糙形象。

當埃及人、巴比倫人、波斯人以及其他東方民族沿尼羅河和幼發拉底河兩岸建立起自己的小國，他們便開始為他們的國王修築華美的宮殿，為他們的女人製作亮麗的首飾，並種植奇花異草、用五彩斑斕的色彩來裝點他們的花園。

我們的祖先是來自遙遠中亞草原的遊牧民族，也是熱愛自由生活的獵人與戰士。他們譜寫過許多歌謠來讚頌部族領袖的偉大功績，還發明了一種詩歌形式，一直流傳至今。1000年後，當他們在希臘安身立足，建立起自己的「城邦」，他們又修建古樸莊嚴的神廟、製作雕塑、創作悲劇和喜劇，並發展一切他們能想出的藝術形式，以表達心中的歡樂和悲傷。

羅馬人和他們的迦太基對手一樣，由於忙於治理其他民族與經商賺錢，而對「既無用處又無利潤」的精神冒險不感興趣。儘管他們征服過大半個世界，修築了無以記數的道路橋樑，可他們的藝術卻是整個從希臘照搬過來的。他們創造出幾種實用的建築形式，滿足了當時的實際需要。不過，他們的雕塑，他們的歷史，他們的鑲嵌工藝，他們的詩歌，統統是希臘原作的拉丁翻版。如若缺乏那種模糊而難以定義的、世人稱之為「個性」的素質，便不可能產生出好的藝術。而羅馬世界正好是不相信「個性」的。帝國需要的是訓練有素的士兵和精明高效的商人，像寫作詩歌或畫畫這些玩意兒只好留給外國人去做了。

隨後是「黑暗時期」的來臨。野蠻的日耳曼部族就像闖進西歐瓷器店的一頭狂暴的公牛。他不理解的東西對他毫無用處。1921年的標準來講，他拿起印著漂亮封面女郎的通俗雜誌愛不釋手，反倒將自己繼承的林布蘭名畫隨手扔進垃圾箱。不久，他的見識增長了一些，想彌補自己幾年前造成的損失，可垃圾箱已經不見蹤影，林布蘭的名畫再也找不回來。

中世紀宗教藝術

不過到這個時期，他自己從東方帶來的藝術得到發展，成長為非常優美的「中世紀藝術」，補償了他過去的無知與疏忽。至少就歐洲北部來說，所謂的「中世紀藝術」主要是一種日耳曼精神的產品，少有借用希臘和拉丁藝術，與埃及和亞述的古老藝術形式則完全無關，更不用提印度和中國了（對於那個時代的人們來說，二者是根本不存在的）。事實上，北方日耳曼民族極少受他們南方鄰居們的影響，以至他們自己發展的建築完全不被義大利人理解，受到十足而徹底的蔑視。

你們肯定聽說過「哥德式」這個詞。你多半會把它與一座細細的尖頂直插雲霄的美麗古教堂的畫面聯繫起來。可這個詞的真正涵義到底是什麼呢？

它其實意味著「不文明的」、「野蠻的」東西——某種出自「不開化的哥德人」之手的事物。在南方人眼裡，哥德人是一個粗野的落後民族，對古典藝術的既定規則毫無崇敬之心。他們只知道造起一些「恐怖的現代建築」去滿足自己的低級趣味，而根本看不見古羅馬廣場和雅典衛城所樹立的崇高典範。

可在好多個世紀裡，這種哥德式建築形式卻是藝術真情的最高表現，一直激勵著整個北部歐洲大陸的人民。讀過前面的章節，你一定記得中世紀晚期的人們是如何生活的。他們是「城市」的「市民」，而在古拉丁語裡，「城市」即「部落」的意思。事實上，這些住在其高大城牆與寬深護城河之內的善良自由民們是名副其實的部落成員，憑藉著整個城市的互助制度，有難同當，有福共享。

在古希臘和古羅馬的城市，廟宇坐落

飛垛

這是建於1209年的保吉爾斯教堂的外牆飛垛，「飛垛」是用以支撐屋脊的建築構件，它使得哥德式建築的屋脊更加堅固。

在市場上，那裡是市民生活的中心。在中世紀，教堂，即上帝之屋，成了新的中心。我們現代的新教徒僅僅每周去一次教堂，待上幾小時，我們很難體會中世紀的教堂對一個社區的重要意義。那時，當你出生還不到一星期，便被送到教堂受洗。在兒童時代，你常常去教堂聽講《聖經》中的神聖故事。後來你成了這所教堂的會眾。假如你足夠有錢，你便為自己建一座小教堂，裡面供奉自己家族的守護聖人。作為當時最神聖的建築，教堂在所有白天及大部分夜晚都對公眾開放。從某種意義上講，它類似一個現代的俱樂部，為市內的所有居民享用。你很可能在教堂與自己心愛的姑娘一見鍾情，她日後做了你的新娘，在高高的祭壇前與你誓約相守終身。最後，當你走到生命的終點，你會被安葬在這座熟悉建築的石塊下。你的孩子、孩子的孩子會不斷走過你的墳墓，直到末日審判來臨的那天。

由於中世紀教堂不僅僅是「上帝之屋」，還是一切日常生活的真正中心，因此它的式樣應當不同於此前所有的人工建築物。埃及人、希臘人、羅馬人的神廟僅僅是一個供奉地方性神祇的殿堂，並且祭司們也不需要在奧塞西斯、宙斯或丘比特①的塑像前佈道，因此用不著能容納大量公眾的內部空間。在古代地中海地區，各民族的一切宗教活動都在露天舉行。可陰濕寒冷的歐洲北部，天氣總是惡劣，大部分宗教活動因而必須在教堂的屋頂下進行。

在許多個世紀裡，建築師們孜孜探索著如何建造足夠空間的建築物的問題。羅馬的建築傳統告訴他們，要砌沉重的石牆，必須配以小窗，以免牆體承受不住自身重量而垮塌。可到了12世紀，十字軍東征開始之後，歐洲的建築師們見識到穆斯林建築師造出的清真寺穹頂。受此啟發，他們構想出一種新風格，使歐洲人第一次有機會造出適合當時頻繁的宗教生活所需的建築。稍後，他們在被義大利人輕蔑地指為「哥德式」或「野蠻的」建築的基礎上，進一步發展這種奇特的風格。他們發明出一種由「肋骨」支撐的拱頂。可這樣一個拱頂如果太重的話，很容易壓垮牆壁，箇中的道理就如同一張兒童搖椅坐上了一個300磅重的大胖子，肯定會被壓垮。為解決這一難題，一些法國建築師開始用「扶垛」加固牆體。扶垛不過是砌在邊上的大堆石塊，以支援撐住屋頂的牆體。後來，為進一步保證屋頂的安全，建築師們又發明了所謂的「飛垛」來支撐屋脊。

這種新的建築法允許開大窗戶。在12世紀，玻璃還是非常珍稀的奢侈品，私人建築少有安裝玻璃窗，有時連貴族們的城堡也四壁洞開。這就是當時的房子裡面穿堂風長年不斷，而人們在室內也和室外一樣穿毛皮衣服的原因。

THE
STORY
OF
MANKIND

幸運的是，古地中海人民熟悉的製作彩色玻璃的工藝並未完全失傳，此時又復興起來。不久之後，哥德式教堂的窗戶上便出現了用小塊鮮豔的彩色玻璃拼成的《聖經》故事，以長長的鉛框固定起來。

就這樣，明亮輝煌的上帝新屋裡，擠

註① 分別指埃及、希臘、羅馬的主神。奧塞利斯，是古埃及的冥神和鬼判，可生育和繁殖的女神伊希斯的丈夫和兄弟。

濕壁畫易褪色、剝落的特點，使得人們無緣再睹大量優秀的古代繪畫。圖為藝術大師波提且利在15世紀晚期為佛羅倫斯的雷米別墅所繪製的一副濕壁畫，表現一位年輕女子正在接受維納斯和美惠三女神的禮物。這幅畫在1882年被羅浮宮收藏時已面目全非，經過繁雜的修復，才恢復成如今的模樣，但仍然充滿了難看的修補痕跡。

滿了如饑似渴的信眾，使信仰顯得「真切動人」的技藝，於此達到了無人能及的高峰。為打造這「上帝之屋」和「人間天堂」，人們不吝代價，不惜工夫，力求讓它盡善盡美。雕塑們自羅馬帝國毀滅後便長期處於失業狀態，此時又小心謹慎地重返工作。正門、廊柱、扶垛與飛簷上，滿滿地刻著上帝和聖人們的形象。繡工們也盡心投入工作，繡出華麗的掛毯裝飾教堂四壁。珠寶匠更是貢獻自己的絕藝來裝點祭壇，使它擔得起人們最虔誠的崇拜。畫家們也傾力以赴，可因為找不到適當的作畫材料，這些可憐

的人們只能扼腕長歎。

這又引出了一段故事。

在基督教初創時期，羅馬人用小塊彩色玻璃拼成圖案，以此裝點他們的廟宇房屋的牆和地。可這種鑲嵌工藝掌握起來異常困難，同時使畫家們難以表達自己的情感。所有嘗試過用彩色積木進行創作的兒童，都體會過與這些畫家相同的感受。因此，鑲嵌工藝在中世紀便失傳了，只在俄羅斯一地保存下來。在君士坦丁堡陷落後，拜占廷的鑲嵌畫家紛紛逃往俄羅斯避難，得以繼續用彩色玻璃裝飾東政教教堂的四壁，直到布爾什維克革命後不再有新教堂投入修建為止。

繪畫的黃金時代

當然，中世紀的畫師們可以用熟石膏水調製顏料，在教堂牆上做畫。這種「新鮮石膏」畫法（通常稱為「濕壁畫法」）在數

個世紀裡非常流行。到今天，它就像手稿中的微型風景畫一樣罕見。幾百個現代城市畫家中，恐怕只有一兩個能夠成功調製這種顏料。可在中世紀，沒有其它更好的調配材料，因此畫家們成為濕壁畫工是別無選擇的事情。這種調料法存在著一個致命的缺陷。往往用不了幾年，要麼石膏從牆壁上脫落，要麼濕氣浸損了畫面，就像濕氣會浸損我們的壁紙一樣。人們試驗了各種各樣的素材來取代石膏水。他們嘗試過用酒、醋、蜂蜜、粘蛋青等來調製顏料，可是效果都不令人滿意。試驗一直持續了1000多年。中世紀畫家能夠很成功地在羊皮紙上做畫，可一旦要在大塊的木料或石塊上做畫，顏料就會發黏，這使他們一籌莫展。

在15世紀上半葉，這一困擾畫家們多年的難題終於被南尼德蘭地區的揚‧范艾克與胡伯特‧范艾克解決。這對著名的弗蘭芒兄弟將顏料調以特製的油，使他們能夠在木料、帆布、石頭或其他任何材質的底版上做畫。

不過此時，中世紀初期的宗教熱情已成為過眼雲煙，富裕的城市自由民接替主教大人們成為了藝術的新恩主。為了謀生，於是藝術家們開始為這些世俗的雇主工作，給國王們、大公們、富裕的銀行家們繪製肖像。沒多久新的油畫法風靡整個歐洲，幾乎每個國家都興起了一個特定的畫派，以它們創作的肖像畫和風景畫反映當地人民獨有的藝術趣味。

比如在西班牙，有貝拉斯克斯在描繪宮廷小丑、皇家掛毯廠的紡織女工及其它關於國土和宮廷的形形色色的人物與主題。在荷蘭，林布蘭、弗朗斯‧海爾斯及弗美爾卻在描畫商人家中的倉房、他邋遢不堪的妻子與健康肥胖的孩子，還有給他帶來巨大財富的船隻。義大利則是另一番氣象，由於教皇陛下是藝術最主要的保護人，米開朗基羅和柯雷喬仍在全力刻畫著聖母與聖人的形象。在貴族有錢有勢的英格蘭和國王高於一切的法國，藝術家們則傾心描繪著擔任政府要職的高官顯貴和與陛下過從甚密的可愛女士們。

戲劇與音樂

因教會的衰微及一個新社會階級的崛起給繪畫帶來的巨大變化，同時也反映在所有其他形式的藝術中。印刷術的發明，使得作家們有可能通過為大眾寫作而贏取極

彩色玻璃畫
聖夏佩爾小教堂 巴黎 1239年

中世紀一批優秀的玻璃畫工匠用傳統的地中海地區的土工藝，製作了精美的玻璃花窗，彩色玻璃拼成各個《聖經》的人物、故事，並用長長的鉛框固定起來，既解決了教堂的通風保暖問題，又使得建築色彩豐富多樣。這是哥德式的特徵之一。

大的聲名。不過，有錢買得起新書的，並非那種整夜閒坐在家或望著天花板發呆的人。發財致富的市民們需要娛樂。中世紀的區區幾個吟遊詩人已經不能滿足人們對消遣的巨大胃口。從早期希臘城邦迄今，2000多年過去了，職業劇作家終於再次找到了發揮長才的時候。在中世紀，戲劇僅僅是某些宗教慶典的捧場角色。13和14世紀的悲劇講的都是耶穌的受難故事。可在16世紀，世俗的劇場終於出現。誠然，在開始時職業劇作家和演員們的地位並不高。威廉·莎士比亞曾被視為某種類似馬戲班成員的角色，以他的悲劇和喜劇為鄰人逗樂解悶。不過當這位大師於1616年去世時，他開始贏得國人的敬重，而戲劇演員也不再是必須受警察監視的可疑角色了。

與莎士比亞同時代的還有洛佩·德·維加。這位創作力非凡的西班牙人一生中共寫出了400部宗教劇和超過1800部的世俗

劇，是一位受到教皇稱許的高貴人物。一個世紀之後，法國人莫里哀不可思議的喜劇才華竟為他贏得了路易十四的友誼。

從此，戲劇日益受到群眾的熱愛。今天，「劇院」已經成為任何一座治理有條的城市必不可少的風景之一，而電影中的「默劇」已經深入到最不起眼的小鄉村。

然而，還有一種最受歡迎的藝術，那就是音樂。大部分古老的藝術形式都需要大量的技巧訓練才能掌握。想要我們笨拙的雙手聽從大腦的使喚，將腦海中的形象準確再現於畫布或大理石上，這需要年復一年的苦工。為學習如何表演或怎樣寫出一部好小說，有些人甚至花費了一生的時間。對作為接受者的公眾來說，要想欣賞繪畫、小說或雕塑的精妙，同樣需要接受大量的訓練。可只要不是聾子，幾乎任何人都能跟唱某支曲子，或從音樂裡享受到一定的樂趣。中世紀的人們雖然聽到少量音樂，可它們全是宗教音樂。聖歌必須嚴格遵守一定的節奏與和聲法則，很快便令人感到單調。另外，聖歌也不適合在人街和集市上唱頌。

文藝復興改變了這一情況。音樂再度成為人們的知心朋友，陪著他們一起歡樂，一起憂傷。

埃及人、巴比倫人及古代猶太人都曾是偉大的音樂愛好者，他們甚至能將不同

莎士比亞時代的劇院
插圖畫 17世紀

16世紀剛出現的世俗的劇場，上演著莎士比亞傑出的戲劇。因為樓下的站票票價只相當於一個倫敦普通工人周薪的十二分之一，普通勞動階層得以湧入劇場觀賞戲劇。

的樂器組合成正規的樂隊。可希臘人對這些野蠻的異域噪音大皺眉頭。他們喜歡聆聽別人朗誦荷馬或平達的莊嚴詩歌。朗誦中，他們允許用里拉（古希臘的一種豎琴，所有絃樂器裡最簡陋的一種）伴奏，不過這也僅僅是在不致激起眾怒的情況下才敢使用。可羅馬人正相反，他們喜歡在晚餐和聚會中伴以管弦樂。他們發明出我們沿用至今（當然經過了改進）的大部分樂器。早期的教會鄙視羅馬音樂，因為它帶有太多剛被摧毀的異教世界的邪惡氣息。由全體教徒頌唱的幾首聖歌，這便是三、四世紀的所有主教們音樂忍耐力的極限。由於教徒們在沒有樂器伴奏的情況下，容易走調，因此教會特許使用風琴伴奏。這是一種西元2世紀的發明，由一組排簫和一對風箱構成。

接下來是大遷徙時代。最後一批羅馬音樂家要麼死於兵荒，要麼淪為走村串巷的流浪藝人，在大街上表演，像現代渡船上的豎琴手一樣討幾個小錢維生。到中世紀晚期，一個更世俗化的文明在城市裡復興了，這導致了對音樂家的新需求。一些如羊角號一類的樂器，本來是用作戰爭和狩獵中的訊號聯絡的，此時經過改進，已經能奏出舞廳或宴會廳裡的心曠神怡的樂音。有一種在弓上安上馬鬃毛為弦的老式吉他，它是所有弦樂器裡面最古老的一種，其歷史可以追溯到古代埃及和亞述。到中世紀晚期，這種六弦樂器發展成我們現代的四弦小提琴，並在18世紀的斯特拉迪瓦利及其他義大利小提琴製作家手裡，達到完美境界。

最後，現代鋼琴終於出現了。它是所有樂器裡流傳最廣的一種，曾跟隨熱愛音樂的人們進入叢林荒野或格陵蘭的冰天雪地。所有鍵盤樂器的始祖本來是風琴。當風琴樂手演奏時，需要另一個人在旁拉動風箱（好在這項工作如今已由電力來完成）。因此，當時的音樂家試圖找到一種簡便而不受環境影響的

詩人和繆斯
摩羅 油畫 1870年

古希臘詩人赫西奧德（西元前8世紀）與掌管文藝的女神繆斯如同一對情侶。藉由這種人神合一的親密關係，古代藝術的天籟之音至今仍令人嚮往。

管風琴

管風琴是西元2世紀的發明，是由排簫和風箱組成。從它誕生以來就是為了教堂的聖樂服務的。

THE
STORY
OF
MANKIND

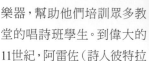
樂器,幫助他們培訓眾多教堂的唱詩班學生。到偉大的11世紀,阿雷佐(詩人彼特拉克②的誕生地)的一個名為奎多的本尼迪克派僧侶發明了樂音注釋體系,一直沿用至今。就在同一世紀的某一時期,當人們對音樂的興趣日益增長,第一件鍵弦合一的樂器誕生了。它發出的叮叮噹當的聲音,想必和現代每一家玩具店出售的兒童鋼琴的聲音相似。在維也納,中世紀的流浪音樂家們(他們曾被劃為騙子和打牌作弊一類的人)於1288年組織了第一個獨立的音樂家行會。小小的一弦琴被改進成現代斯坦威鋼琴的前身,當時通稱為「擊弦古鋼琴」(因為它配有琴鍵)。它從奧地利傳入義大利後被改進成「斯皮內特」,即小型豎式鋼琴。其得名源自它的發明者——威尼斯人喬萬尼·斯皮內蒂。最後,在18世紀的1709至1720年間,巴爾托洛梅·克里斯托福里發明出一種能同時奏出強音(piano)和弱音(forte)的鋼琴。這種樂器幾經改進就變成了我們的現代鋼琴。

這樣,世界上第一次有了一種能在幾年內掌握的便於演奏的樂器。它不像豎琴和提琴一樣需要不斷調音,而且擁有比中世紀的大號、單簧管、長號和雙簧管更悅耳動人的音色。如同留聲機使成百上千萬的人們迷上音樂一樣,早期鋼琴的出現使音樂知識在更廣的社會圈子裡普及。音樂家從四處流浪的「吟遊詩人」,搖身而為社區中倍受尊敬的成員。後來,音樂被引入到戲劇演出中,由此誕生出我們的現代歌劇。

最初,只有少數非常富有的王公貴族才請得起「歌劇團」,可隨著人們對這一娛樂的興趣日漸增加,許多城市紛紛建起自己的歌劇院。先是義大利人,後是德國人的歌劇使所有公眾在劇院分享到無盡的樂趣,只有少數極為嚴格的基督教教派仍對這一新藝術抱有深刻的懷疑態度,認為歌劇造成的過分歡樂有損靈魂的健康。

到18世紀中期,歐洲的音樂生活蓬勃熱烈。此時,產生了一位最偉大的音樂家。他名叫約翰·塞巴斯蒂安·巴哈,是萊比錫市托馬斯教堂的一位淳樸的風琴師。他為各種樂器創作的許多音樂,從喜劇歌曲、流行舞曲到最莊嚴的聖歌和讚美詩,為我們全部的現代音樂奠定了基礎。當他於1750年去世時,莫札特繼承他的事業。他創作出充滿純粹歡樂的樂曲,常常讓我們聯想起由節奏與和聲織就的美麗花邊。接著是路德維西·馮·貝多芬,一個充滿悲劇性的偉人。他給我們帶來現代交響樂,卻無緣親耳聆聽自己最偉大的作品,因為貧困歲月的一場感冒導致了他的兩耳失聰。

貝多芬親歷了法國大革命時代。滿懷著對一個新的輝煌時代的憧憬,他把一首

自己創作的交響樂獻給拿破崙。可當貝多芬於1827年告別人世時，昔日叱吒風雲的拿破崙已垂垂病死，令人熱血沸騰的法國大革命早成過眼雲煙。而蒸汽機平地驚雷般地降臨人間，使整個世界充滿著一種與《第三交響樂》所營造的夢境全然不同的聲音。

事實上，蒸汽、鋼鐵、煤和大工廠構成的世界新秩序根本不需要油畫、雕塑、詩歌及音樂。舊日的藝術保護人，中世紀與17、18世紀的主教們、王公們、商人們已經一去不返。工業世界的新貴們忙於掙錢，受過的教育又少，根本沒有心思去理會蝕刻畫、奏鳴曲或象牙雕刻品這類東西，更別提那些專注於創造這些東西而對社會毫無實際用處的人們了。工廠裡的工人們整日淹沒在機器的轟鳴中，到頭來也喪失了對他們的農民祖先發明的長笛或提琴樂曲的鑑賞力。藝術淪為新工業時代飽受白眼的繼子，與現實生活徹底隔離了。幸存下來的一些繪畫，無非是在博物館裡苟延殘喘。音樂則變成一小撮「批評家」的專利，他們將它帶離普通人的家庭，送進虛有其表的音樂廳。

可儘管非常緩慢，藝術還是逐漸找回了自己。人們終於開始意識到，林布蘭、貝多芬和羅丹才是本民族真正的先知與領袖，而一個缺少了藝術和歡樂的世界，就如同一所失去兒童呀呀笑語的托兒所。

註② 1304-1374，義大利詩人、學者、歐洲文藝復興時期的主要代表，著有愛情詩《情詩集》及描述第二次布匿戰爭的史詩《非洲》。

客廳音樂會
雅姆・蒂索 油畫 1875年

到近代，藝術逐漸成為上流社會裝點客廳的炫耀品，藝術家成功的關鍵也變成了是否能遇到顯貴且「識貨」的「保護人」。不可否認，這樣的組合幾乎製造了所有的高雅藝術品。這幅畫表現的是一場英國維多利亞時代的家庭音樂會。上流社會的男女在如雲的賓客面前表現自己的演奏技藝，是在整個歐洲盛行了幾百年的傳統娛樂方式。

CHAPTER 61

殖民擴張與戰爭

敘述歷史的原則

　　如果早知寫一部世界歷史如此困難，我是不會貿然接受這項工作的。當然，任何人若具備足夠的耐心與勤奮，樂意花上五、六年時間泡在圖書館充滿黴味和塵土的書堆裡面，他都能編出一本大部頭的歷史書，並巨細無遺地搜羅進在每個世紀、每塊土地上發生的重大事件。可這並非本書的宗旨。出版商希望出版一部富於節奏感的歷史，其中的故事在精神抖擻地躍進而不是蝸牛般的緩慢爬行。現在，當這本書行將完成時，我發現有些章節生動流暢，有些章節卻如同在逝去歲月的枯燥沙漠裡艱難跋涉，時而毫無進展，時而過分沈溺於行動與傳奇的爵士樂。我不喜歡這樣。我建議毀掉整部手稿，從頭寫過，可出版商不同意。

　　作為解決難題的第二個方法，我將打出的手稿帶給幾位仁慈的朋友，請他們閱讀之後，幫忙提一些有益的建議。可這種經歷同樣令人失望。每個人都有自己的偏見、喜好與至愛。他們全都想知道，為什麼我竟敢在某處刪掉他們最喜歡的國家、最崇敬的政治家，抑或是最傾心的罪犯。對他們中的某些人來說，拿破崙和成吉思汗是應該受到最高讚美的偉人。而在我看來，二者比起喬治·華盛頓、居斯塔夫·瓦薩、漢摩拉比、林肯及其他十幾個人物遠為遜色。這些人更有理由被大書特書一番，可限於篇幅，我只能寥寥幾筆帶過。至於成吉思汗，我只承認他是大規模屠殺方面的天才，因此我不打算為他做更多的宣傳。

　　「到目前為止你幹得很棒，」另一個批評家說道，「不過你考慮到清教徒問題嗎？我們正在慶祝他們抵達普利茅斯300周年。他們應該占更多的篇幅。」我的回答是，如果我寫的是一部美國史，那麼清教徒肯定會佔據頭12章的一半篇幅。可本書是一部「人類的歷史」，而清教徒登陸普利茅斯的事件①直到好幾個世紀以後才獲得了國際性的重要地位。並且，美利堅合眾國最初是由13個州

註① 1620年第一批清教徒乘「五月花號」在此登陸。
註② 克羅馬農人：史前居住於歐洲大陸的古高加索人種，1868年發現於法國南部克羅馬農山洞。

殖民擴張與戰爭 *chapter 61*

而非單單一個州組建的；並且，美國頭20年歷史中那些最傑出的人物大多來自佛吉尼亞、賓西法尼亞、尼維斯島，而非來自麻塞諸塞。因此，用一頁的篇幅和一幅地圖來講述清教徒的故事，理應讓他們滿意了。

接著是史前期專家的質問。憑著霸王龍的赫赫威名，為什麼我就不能多講講生活在恐龍時期的那些可敬可歎的克羅馬農人②呢？要知道他們在十萬年前就發展出了高度的文明！

是的，為什麼沒提他們呢？原因很簡單。我並不像某些最著名的人類學家那樣驚歎於原始初民的完美。盧梭和一些18世紀的哲學家創出「高貴的野蠻人」一說，他們構想了這麼一群生活在天地初開時的幸福境界中的人類。我們的現代科學家把這些被我們的祖父輩深深熱愛的「高貴的野蠻人」扔到一邊，代之以法蘭西谷地的「輝煌的野蠻人」。他們在35000年前結束了矮眉毛、低程度的尼安德人及其他日耳曼鄰居的野蠻生活方式，並向我們展示了克羅馬農人繪製的大象和雕刻的人像。於是，我們向他們投以莫大的讚美。

我並非覺得科學家們有什麼錯。可我認為，我們對這一時期的瞭解還遠遠不夠，要想精確、描述早期的歐洲社會是非常困難的，所以我寧願閉口不談某些事情而不願冒信口胡說的危險。

另外還有一些批評者，他們乾脆就指責我不公平。為什麼我不提愛爾蘭、保加利亞、暹羅（泰國的舊稱），卻硬把荷蘭、冰島、瑞士這樣的國家拉扯進來？我回答說，本人並未將任何國家硬拉進來。它們因當時當地的時勢變化而自然呈現，我根本無法將之排除在外。為讓自己的觀點能更被理解，請允許我申明這本歷史書在選擇那些積極成員時所考慮的依據。

原則只有一條，即「某個國家或個人是否發明出一個新觀念或實施一個創造性的行為，從而影響到歷史的進程。」這並非個人好惡的問題。它憑據的是冷靜地、幾乎是數學般精確的判斷。在歷史上，從未有哪個種族扮演過比蒙古人更形象化、更富傳奇性的角色，可同時也沒有哪個種族比蒙古人對人類成就或知識進步的貢獻更小。同樣的，荷蘭共和國的歷史之所以有趣，並非因為德·魯伊特的水兵曾在泰晤士河中釣魚，而是由於這個北海泥岸邊上的小國曾經為一大批對各式各樣不受歡迎的問題抱有各式各樣古怪看法的各式各樣的奇特人物提供過友善的避難所。

亞述國王提拉華·毗列色的一生充滿了戲劇性事件，可對我們來說，他也可能根本就沒有存在過。確實，全盛時期的雅典或佛羅倫斯，其人口僅相當於堪薩斯城的十分之一。可如果這兩個地中海小城中的任何一個不存在，我們目前的文明就會全然是另一番模樣。而對於堪薩斯城這個位於密蘇里河畔的大都會，卻很難說上同樣的中聽話（我謹此向懷安特縣的好人們致以誠摯的歉意）。

由於本人的觀點非常個人化，請允許我講述另一事實。

當我們準備去看醫生的時候，我們必須先搞清楚他到底是外科醫生、門診醫生、順勢療法醫生或者信仰療法醫生，因為

我們想知道他會從哪個角度為我們診病。我們在為自己選擇歷史學家時，也該像選擇醫生一樣仔細。我們常常想，「好呀，歷史就是歷史」，於是抓起一本歷史書就讀。可是一個在蘇格蘭偏僻鄉村、受長老會教派家庭嚴格教養長大的作者，和一個從兒童時代就被領去聽不相信任何魔鬼存在的羅伯特·英格索爾的精彩講演的鄰居，他們會以截然不同的方式看待人類關係中的每一個問題。到一定的時候，兩個人都會忘記他們早年的訓練，從此不再踏足教堂或講演廳。可這些早年的印象會一直跟隨他們，在他們所寫、所說或所做中無可避免地流露出來。

在本書的前言中，我曾告訴你本人並非一位完美無缺的歷史嚮導。現在本書將近尾聲，我樂意重申這一告誡。我生長並受教於一個老派的自由主義氣氛的家庭，每日薰陶的是達爾文及其他19世紀科學先驅們的思想。在兒童時代，我碰巧跟我的一位舅舅度過大量的時光，而他收藏了16世紀偉大的法國散文家蒙田的全部著作。因為我生在鹿特丹，在高達市念書，這使我熟悉

了埃拉斯穆斯③。出於某種自己也弄不清楚的原因，這位「寬容」的偉大宣講者征服了並不寬容的本人。後來，我發現了阿爾托·法朗士，而我與英語的第一次邂逅是偶然看到一本薩克雷的《亨利·艾司芒德》。這部小說給我留下的深刻印象超過任何一本英語著作。

如果我出生在一個歡樂的美國中西部城市，我也許會對童年聽過的讚美詩懷著某種感情。可我對音樂的最初記憶要追溯到童年的那個午後，我母親第一次帶我去聽巴哈的賦格曲。這位偉大的新教音樂大師以其數學般的完美深深地打動了我，以至一當我聽到祈禱會上平庸無奇的讚美詩，就無法不生出一種倍受折磨的感覺。

如果我出生在義大利，打小就沐浴在阿爾諾山谷溫暖和煦的陽光中，我也會熱愛色彩絢麗、光線明亮的畫作。可我現在對它們之所以無動於衷，那是因為我最初的藝術印象得自於一個天氣陰沈的國度。那裡少有的陽光一旦刺破雲層，以某種近于嚴酷的姿態照射在雨水浸透的土地上，一切就會呈現出光明與黑暗的強烈對比。

我特意申明這些事實，好讓你們瞭解本書作者的個人偏見。這樣你們也許能更好地理解他的觀點。

殖民擴張競賽

說過這段簡短但必要的離題話後，讓我們回到最後50年的歷史上。這段時期發生了許多事情，但少有在當時是至關重要的。大多數強國不再是單純的政治體，它們還變成了大型企業，它們修築鐵路；開闢並資助通往世界各地的輪船航線；設立電報線路，將不同的屬地聯為一體。並且，它們穩步擴充著在各大陸的殖民地。每一塊能夠染指的非洲或亞洲土地都被宣佈為某個強國所有。法國成為阿爾及利亞，馬達加斯加、安南（今越南）及東京灣（今北部灣）的主人。德國聲稱對西南及東部非洲的一些地區擁有所有權。它不僅在喀麥隆、新幾內亞、及許多太平洋島嶼上建立了定居點，還以幾個傳教士被殺為藉口強佔了中國黃海邊上的膠州灣。義大利人試圖在阿比尼西亞（衣索比亞）碰碰運氣，結果被尼格斯（衣索比亞國王）的黑人士兵打得落花流水，只好從土耳其蘇丹手裡奪取了北非的的黎波里聊以自慰。俄國佔領整個西伯利亞後，進一步侵佔中國的旅順港。日本在1895年的甲午戰爭中擊敗中國，強佔了台灣，1905年又將整個朝鮮國變成自己的殖民地。1883年，世界上空前強大的殖民帝國英國開始著手「保護」埃及。這個歷史悠久的文明古國曾長期遭受世界的冷落，但

塞西爾·羅茲的野心
霍勒斯·尼古拉斯
攝影 1901年

作為一位郊區牧師的兒子，英國人塞西爾·羅茲算得上是英國殖民擴張時期單槍匹馬的「英雄」。羅茲在南非靠開採鑽石發了財，建立了控制世界鑽石業90％業務的戴比爾斯鑽石帝國。但他的野心遠不在此，甚至英國人都認為「他不僅想讓整個地球都為英國所有，更想把月球納入英國的統治範圍。」左頁圖為塞西爾·羅茲位於非洲的鑽石工場，黑人工人下班時會被勒令脫光衣服接受檢查。左圖為有關塞西爾的漫畫。

註③埃拉斯穆斯：荷蘭人文主義者，北方文藝復興運動的重要人物，著有《愚人頌》。

註④塞西爾·羅茲（1853～1902）：英國政治家、金融家，在南非擁有鑽石礦及金礦。

從1886年蘇伊士運河開通之後，它便一直處於外國侵略的威脅之下。英國卓有成效地實施著自己的「保護」計劃，同時攫取巨大的物質利益。在接下來的30年裡，英國發動了一系列殖民戰爭。1902年，經過3年苦戰，它征服了德瓦士蘭和奧蘭治自由邦這兩個獨立的布林共和國。與此同時，它還鼓勵野心勃勃的殖民者塞西爾·羅茲④為一個巨大的非洲聯邦壘好基礎。這個國家從非洲南部的好望角一直延伸到尼羅河口，巨細無靡地將所有尚無歐洲主人的島嶼和地區收入囊中。

1885年，精明的比利時國王利奧波德利用探險家亨利·斯坦利的發現，建立了剛果自由邦。最初，這塊幅員遼闊的赤道帝國施行著「絕對君主專制」。經多年的糟糕統治後，比利時人將其吞併，作為自己的殖民地（1908年），並廢除了這位肆無忌憚的利

THE
STORY
OF
MANKIND

爵士的收穫
攝影 19世紀末

英國的亨利爵士曾在英屬殖民地烏干達和西印度擔任總督。他在統治的同時似乎更熱衷於做獵人，結果年輕時幾乎「打遍了非洲的獵物」。圖為爵士（中坐者）在攝影機前炫耀他的狩獵戰果。這張洋洋得意的照片恐怕還提供瞭解釋非洲珍稀野生動物滅絕的線索。

奧波德陛下一直容忍的種種濫用權力的可怕行為。只要能獲得象牙與天然橡膠，陛下可是顧不上土著居民的命運的。

至於美利堅合眾國，他們已經擁有那麼多的土地，擴展領土的慾望並不強烈。不過西班牙人在古巴（西班牙在西半球的最後一塊領地）的殘酷統治，事實上迫使華盛頓政府採取行動。經過一場短暫而平淡無奇的戰爭，西班牙人被趕出了古巴、波多黎各及菲律賓，後兩者則變成了美國的殖民地。

世界經濟的這種發展是非常自然的。英國、法國、德國的工廠數量的迅速增加，需要不斷增長的原材料產地。不斷膨脹的歐洲勞工，也要求穩定地擴大食品的供應。到處都在呼籲開闢更多更豐富的市場；發現更容易開採的煤礦、鐵礦、橡膠種植園和油田；增加小麥和穀物的供應。

在那些正計劃開通維多利亞湖的汽船航線或修築山東鐵路的人們看來，發生在歐洲大陸的單純政治事件已經變得無關緊要。他們知道歐洲仍然留有許多問題極待解決，可他們不想為此操心。出於純粹的冷漠或疏忽，他們為子孫們留下了一筆充滿仇恨與痛苦的可怕遺產。自好多個世紀以來，歐洲東南角的巴爾幹半島一直是殺戮與流血之地。在19世紀70年代期間，塞爾維亞、保加利亞、蒙特內哥羅⑤及羅馬尼亞的人民再次為爭取自由揭竿而起，而土耳其人（在許多西方列強的支援下）則極力鎮壓起義。

1876年，保加利亞在經歷一段極其殘暴的屠殺後，俄國人民終於忍無可忍。俄羅斯政府被迫出面干涉，就像麥金利總統不得不出兵古巴，制止惠勒將軍的行刑隊在哈瓦那的暴行。1877年4月，俄國軍隊越過多瑙河，風捲殘雲般地拿下希普卡要塞。接著，他們攻克普內瓦那，長驅向南，一直打到君士坦丁堡的城門下。土耳其緊急向英

國求援，許多英國人譴責政府站在土耳其蘇丹一邊，可迪斯雷利決定出面干涉。他剛剛把維多利亞女王扶上印度女皇的寶座，由於憎恨俄國人殘酷鎮壓境內的猶太人，他對土耳其人反倒抱有好感。俄國被迫於1878年簽署聖斯蒂芬諾和約，巴爾幹問題則留給同年6、7月的柏林會議去解決。

這次著名的會議完全由迪斯雷利一手操控。面對這位留著油光發亮的捲髮、態度高傲卻又具有一種玩世不恭的幽默感和出色的恭維本領的睿智老人，甚至連以強硬著稱的俾斯麥都不禁畏懼三分。在柏林，這位英國首相細心看護著他的土耳其盟友的利益。蒙特內哥羅、塞爾維亞、羅馬尼亞被承認為獨立的王國。保加利亞獲得半獨立地位，由沙皇亞歷山大二世的侄子、巴騰堡的亞歷山大親王擔任統治者。然而，由於英國過分關心土耳其蘇丹的命運——其領地是大英帝國防範野心勃勃的俄國進一步入侵的安全屏障，這幾個國家均未獲得機會充分發展自己的政治和經濟。

更糟的是，柏林會議允許奧地利從土耳其手中奪走波斯尼亞及黑塞哥維那，作為哈布斯堡王朝的領地加以統治。誠然，

奧地利人的工作做得非常出色。這兩塊長期被忽視的地區被管理得井井有條，不遜於任何大英殖民地。可這裡聚居著大批的塞爾維亞人，早年曾是斯蒂芬·杜什漢創建的大塞爾維亞帝國的一部分。在14世紀初期，杜什漢成功抵禦過土耳其人，使西歐免遭入侵。當時的帝國首府烏斯庫勃在哥倫布發現新大陸前150年前就已經是塞爾維亞人的文明中心。昔日的光榮牢牢地駐留在塞爾維亞人心中，誰又能忘記呢？他們憎恨奧地利人在這兩個省份的存在。他們覺得從傳統的各方面權利來說，兩地應該是他們自己的領土。

1914年6月28日，奧地利王儲斐迪南在波士尼亞首都薩拉耶弗被暗殺。刺客是一名塞爾維亞學生，他的行動出於純粹的愛國動機。不過，這次可怕的災難——它是引發第一次世界大戰的雖非唯一卻是直接的導火線，並不能歸咎於那個狂熱的塞爾維亞學生或其他的奧地利受害者。其根源還得追溯到柏林會議的時代，那時的歐洲忙於物質文明的建設，而忽略了老巴爾幹半島上一個被遺忘的古老民族的渴望與夢想。

註⑤ 即南斯拉夫成員共和國黑山的音譯。

抓獲刺客
攝影 1914年

一名狂熱的塞爾維亞愛國者刺殺了奧匈帝國的王儲，這一事件直接引爆了在殖民競賽中分贓不平的歐洲。這幅照片記錄了這個學生被圍在警察中間，幾乎是被提著押解走的情景。

CHAPTER 62

一個嶄新的世界

世界大戰其實是為建立一個新的、更美好的世界所進行的鬥爭

註① 1743～1794，法國哲學
　　家、數學家，法國大革
　　命時期立法會議中的
　　吉倫特派，主要著作為
　　《人類精神進步歷史
　　概觀》。

註② 指第一次世界大戰。

新世界的鬥士

奧羅茲科
濕壁畫 1933年

基督帶著渾身的傷口，
自己砍斷了十字架。這位墨
西哥畫家筆下的基督，更像
新時代中大無畏的革命鬥
士。希臘廊柱、佛像以及鋼
鐵和大炮——所有這些古代
和現代文明的象徵，都變成
了這位革命者所摧毀的對
象。這幅壁畫的原名叫「靈
魂的現代變遷」，它宣告了一
個革命和摧毀的世紀已經拉
開序幕。

法國大革命以後

　　在那一小群應對法國大革命的爆發負責的狂熱倡導者中，德·孔多塞侯爵①是人格最高尚的人物之一。他為窮苦和不幸人們的事業獻出了自己的生命。他還是德·朗貝爾和狄德羅編纂《百科全書》時的主要助手之一。在大革命爆發的最初幾年，他一直是國民公會裡的溫和派首領。

　　當國王和保皇分子的叛國陰謀使得激進分子有機會控制政府並大肆屠殺反對派人士的時候，孔多塞侯爵的寬容、仁慈和堅定使他淪為了受懷疑的對象。孔多塞被宣佈為「不受法律保護的人」，可以任由每一個真正的愛國者隨心所欲地處置。他的朋友願意冒著生命危險藏匿他，可孔多塞拒絕接受朋友們的犧牲。他偷偷逃出巴黎，試圖回到老家，那裡也許是安全的。接連三個夜晚，他餐風露宿，衣衫襤褸，身上被劃得傷痕累累。最後，他走進一家鄉村小客店要些東西吃。警惕的鄉民搜查了他，找出一本他隨身攜帶的古拉丁詩人賀拉斯的詩集。這證明他們的囚犯是一個出身高貴的人，而在一個所有受過教育的人們都被視為革命之敵的時代，他是不應該出現在馬路上的。鄉民們將孔多塞捆綁起來，塞住他的嘴，將他扔進鄉村拘押所。第二天早晨，當士兵們趕來把他押回巴黎斬首時，孔多塞已經死了。

　　這個人為人類的幸福獻出了一切，卻落得如此悲慘的下場，他本來是完全有理由憎惡人類的。可他寫過一段話，到今天仍然與130年前一樣鏗鏘在耳。我把它們抄錄在下，以饗讀者。

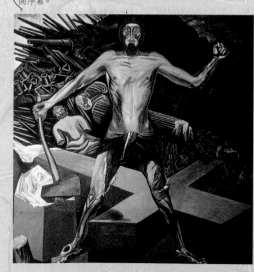

一個嶄新的世界

chapter 62

「自然賦予人類無限的希望。現在,人類掙脫枷鎖,並以堅定的步伐向真理、德性、幸福的大道邁進的情景,給哲學家提供了一幅光明的前景,使他從至今仍在荼毒這個世界的種種錯誤、謬行和不公中超拔出來,得到莫大的安慰。」

我們身處的世界剛經歷了一場劇烈的痛苦②,與之相比,法國大革命不過是一次偶然事件。人們感受到巨大的震驚與幻滅之情,它撲滅了成百上千萬人心中最後一線希望之火。他們也曾為人類進步高唱讚歌,可隨著他們的和平祈禱而來的,卻是4年殘酷無比的戰爭。因此,他們不禁要自問:「值得嗎?我們為尚未超越穴居階段的人類所付出的種種艱辛和勞役,這些究竟是不是值得?」

答案只有一個。

那就是「值得」。

第一次世界大戰無疑是一場可怕的災難,可它並不意味著世界末日。正相反,它開啟了一個新的時代。

關於歷史的闡釋

要寫一部關於古希臘、古羅馬或中世紀的歷史是非常容易的。在那個早被遺忘

自由的嚮往
攝影 19世紀末

人們在埃利斯島與曼哈頓隔水相望,憧憬著自由新世界的人們振臂歡呼。19世紀末到20世紀初,歐洲移民大量湧入美國。對他們來說,此時的美國意味著自由、財富和遠離戰爭。

的歷史舞台上扮演角色的演員們已經逝去,我們可以冷靜地評判他們。在台下鼓掌吶喊的觀眾也已風流雲散,我們的批評不會傷害到他們的情感。

可要真實地描述當代發生的事件卻是異常困難的。那些困擾著與我們共度一生的人們的種種難題,同時也是我們自己的難題。它們或者傷害我們太深,或者取悅我

製造炮彈的婦女
戴維‧麥克利倫
攝影 1915年

一次大戰中因為大量青壯年男性被送往前線，婦
人為此加入了從業人軍，甚至大量從事傳統上只有男
人幹的重體力工作。圖為大批英國婦女在製造炮彈外
殼的工廠中幹活，人們給她們起了一個綽號：「金絲
雀」——因為長期與化學品接觸，她們的臉都變成了
黃色。19世紀開始蓬勃發展的女權運動一直在要求婦
女工作的權利，但直到一戰中由於勞動力奇缺，才使
得婦女們走上了就業崗位。

們太過，讓我們難以用一種寫作歷史所必
須的公正態度進行敘述。可歷史並非宣傳，
應該做到公正。無論如何，我還是要告訴你
們為什麼我同意可憐的孔多塞對美好明天
所持有的堅定信念。

　　此前，我曾不斷提醒你們要警惕所謂
的歷史時代劃分法所造成的錯誤印象，即
人類的歷史截然分為前後4個階段：古代、
中世紀、文藝復興和宗教改革及現代，而最
後一個階段的稱謂是最具危險性的。「現
代」一詞彷彿在暗示我們，20世紀的人們
正處於人類進步的頂點。50年前，以格萊斯
頓為首的英國自由主義者們認為，讓工人
享有與其雇主同等政治權利的第二次「改
革法案」，建立一個名符其實的議會制民

註③ 指第一次世界大戰。
註④ 法蘭西第三共和國總統（1913-1920在任）。第一次
　　世界大戰期間保持民族團結，堅持進行戰爭，戰後
　　命法軍進入魯爾，迫使德國償付賠償，穩定法郎，
　　實行金本位。

主政府的問題已經得到徹底解決。當迪斯雷利與他的保守派朋友批評此舉是「暗夜中的瞎闖」時，他們回答說：「不。」他們對自己的事業深具信心，並相信從今往後，社會各個階級將通力合作，使他們共同的政府朝著良性的方向發展。此後發生過許多不盡人意的事情，而一些依然在世的自由主義者也終於開始意識到當年的過分樂觀。

對於任何歷史問題，都沒有一個絕對的答案。

每一代人都必須重新奮鬥，否則就會像史前那些懶惰動物一樣滅絕。

一旦你掌握了這一偉大的真理，你將獲得一種新的、更寬廣的看待生活的視野。然後，你不妨更進一步，設想你處於西元一萬年時你的子孫們的位置。他們同樣要學習歷史，可他們對於我們用文字記錄下來的短短4000年的行動與思想將作何看待呢？他們會把拿破崙當成是與亞述征服者提拉華·毗列色同時代的人物，還可能把他同成吉思汗或馬其頓的亞歷山大混為一談。剛結束的這場世界大戰③會被他們誤為羅馬與迦太基為爭奪地中海霸權所進行的長達128年的商業戰爭。而在他們眼裡，19世紀的巴爾幹爭端（塞爾維亞、保加利亞、希臘及蒙特內哥羅為爭取自由的戰爭）就像是大遷徙時代的混亂狀態的延續。他們會看著不久前才毀於德國炮火的蘭姆斯教堂的照片，如同我們打量250年前在土耳其與威尼斯的戰爭中被毀的雅典衛城的照片。他們會把我們時代許多人對死亡的恐懼視為一種小孩般的迷信，因為對一個遲

至1692年還對女巫施以火刑的幼稚種族來說，這樣說法是毫不為過的。甚至連我們引以為榮的醫院、實驗室、手術室，在他們看來也不過是稍加改進的中世紀煉金術士和江湖醫生的工作坊而已。

原因非常簡單。我們所謂的現代人其實並不「現代」。止相反，我們仍然屬於穴居人的最後一代不肖子孫。新時代的地基剛剛在昨天奠定。只有當人類有勇氣質疑所有現存事物，並以「知識與理解」作為創造一個更理性、更寬容的共同社會的基礎時，人類才第一次有機會變得真正「文明」起來。第一次世界大戰正是這個新世界「成長中的陣痛」。

在未來的很長一段時間內，人們會寫出大量的書籍來證明，是這個或那個人導致了這場戰爭。社會主義者會出版成卷的著作來譴責「資本家」們為「商業利益」而發動了戰爭。資本家們則反駁道，他們在戰爭中失去的遠遠多於他們的所得——他們的子女站在衝鋒的第一梯隊，浴血奮戰，長眠沙場。他們還會證明，各個國家的銀行家是如何為阻止戰爭的爆發而傾盡全力。法國歷史學家會歷數德國人犯下的種種罪行，從查理曼大帝時代一直到威廉·霍亨索倫統治時期。德國歷史學家同樣會還以顏色，痛斥從查理曼時代到布思加雷④首相執政時期的法蘭西暴行。如此，他們便能心滿意足地將「導致戰爭」的責任推到另一方頭上。而各國的政治家們，無論已故還是健在，他們無不迫不及待地奔向打字機，傾訴他們如何盡力避免敵意，而邪惡的敵手又如何迫使自己捲入戰爭等等。

THE
STORY
OF
MANKIND

再過100年，歷史學家將不再理睬這些歉意和託辭，他將看透外表下面的真實動機。他會明白，個人的野心、個人的邪惡或個人的貪婪與戰爭的最終爆發關係甚微。造成這一切災難的最初錯誤，其實早在我們的科學家忙著創造一個鋼與鐵、化學與電力的新世界時就已經種下了。他們忘記了人類的理智比諺語中的烏龜還要緩慢、比出名的樹懶還要怠惰，往往落後於那一小群充滿勇氣的先驅者。

披著羊皮的祖魯人⑤依然是祖魯人。一隻被訓練得會騎自行車、會抽煙管的狗依然是狗。而一個駕著1921年新款羅爾斯·羅伊斯汽車、心智卻停留在16世紀的商人依然不過是16世紀的商人。

如果你還不明白這一道理，請再讀一遍。到某個時候，它會在你的頭腦裡變得清晰起來，能向你解釋這最後6年所發生的許多事情。

也許我該給你舉另一個更熟悉的例子來說明我的意思。在電影院裡，笑話和滑稽的解說詞常常映在銀幕上。下一次進影院的時候，你注意觀察一下觀眾的反應。一些人似乎很快就領會了這些詞句，哈哈大笑起來。他們用了不超過1秒的時間。還有一些人慢一些，他們要花上20～30秒才笑出聲來。最後，還有那些理解力有限的男男女女，他們要在聰明的觀眾開始解譯下一段字幕時，才對上一段若有所悟。正如我要向你們說明的，人類的生活也是如此。

在前面的章節裡，我已經告訴過你們，羅馬帝國的觀念在最後一位羅馬皇帝死後依然在人們的心裡延續了1000年。它導致大量的「仿製羅馬帝國」的建立。它還使得羅馬主教有機會成為整個教會的首腦，因為他們正好代表著羅馬的世界強權這個觀念。它驅使許多原本善良無辜的蠻族酋長捲入一種充滿犯罪和無休止殺戮的生涯，因為他們終生籠罩在「羅馬」一詞的神奇魔力之下。所有這些人，無論教皇、皇帝或普通戰士，他們與我們本無區別。可他們生活在一個羅馬傳統籠罩下的世界，而傳統是某種活生生的東西，長留在一代接一代人們心間。所以，他們殫精竭慮，耗費終生，為一個放到今天連10個支持者也找不到的事業而戰。

在另一章裡，我還告訴過你們，規模空前的宗教戰爭是如何在宗教改革出現一個多世紀後發生的。如果你將關於30年戰爭那一章和有關發明創造的章節進行比較，就會發現這場血腥的大屠殺正好發生在第一台笨拙的蒸汽機撲撲地噴著白煙，在許多法國、德國、英國科學家的實驗室裡問世的時候。可全世界對這種奇特的機器毫不理會，依然沉浸在那些龐大而空洞的神學爭執中。可放到今天，它們除了引起連天的哈欠，再也激發不起別的什麼情感了。

對19、20世紀歐洲的描述

情形就是這樣。1000年後，歷史學家會用同樣的詞句來描述19世紀的歐洲。他們會發現當大部分人們致力於可怕的民族戰爭時，在他們身邊的各實驗室裡，卻有著一些對政治不感興趣的人們正埋頭工作，一心思量著如何從大自然緊守的口中掏出

一個嶄新的世界 chapter 62

註⑤ 後住在南非納塔爾的民族。

哭泣的女人
畢卡索 1937年

　　它具有一種可惡的力量：刺目的黃色、綠色和令人厭煩的紅色、病態的白色，以及邪惡的紫色，扭結在一起，進行著毫不留情的搏鬥。儘管此畫是對哭泣的女人的詆毀，但更多人卻認為它體現了戰爭——世界的、非人性的戰爭。

這個男孩將屬於死亡

攝影 1915年

一個父親死於戰場的兩歲男孩正在滑稽地模仿打仗。照片中的男孩名叫喬治,當他的父親查理爵士在法國陣亡後,英國的瑪麗王后將其墳墓的照片寄給了查理的父親蘭斯頓爵士。對戰爭心灰意冷的祖父不失幽默地將這張照片回敬給王后。他想提醒王后,只要有戰爭,這個男孩總有一天將屬於死亡。蘭斯頓的反戰沈思在當時引起了一場大爭論,因為當時人們信奉的是:「為和平而戰是正義的。」正因為如此,這張照片得以在資料中保存下來,成為對戰爭進行反思的象徵。

一些秘密的答案。

現在,你們將逐漸領會這番話的用意。在不到一代人的時間裡,工程師、科學家、化學家已經讓歐洲、美洲及亞洲遍佈他們發明的大型機器、電報、飛行器和煤焦油產品。他們創造的新世界大大縮短了時空的距離。他們發明出各式各樣的新產品,又盡力將它們改進得價廉物美,使幾乎每一個家庭都能負擔。我已經為你們講過了這些,可是重復一遍毫不為過。

為讓不斷增加的工廠持續運轉,已經成為土地主的工廠主們需要源源不斷的原材料及煤的供應。特別是煤。可同時,大部分人的思維還停留在16、17世紀,依然固守著將國家視為一個王朝或政治組織的舊觀念。這一笨拙的中世紀體制突然面臨一大堆機械和工業世界的高度現代化的難題,難免手忙腳亂。它根據幾個世紀前制定的遊戲規則盡力而為。各國分別創建了龐大的陸軍和海軍,用以在遙遠的大陸爭奪殖民地。哪裡尚有一小塊無主的土地,哪裡就會冒出一塊新的英國、法國、德國或俄羅斯的殖民地。若當地居民反抗,便屠殺他們。不過他們大多不反抗。只要他們不阻撓鑽石礦、煤礦、油田或橡膠園的開發,他們便被允許過和平安寧的生活,並能從外國佔領者那裡分享一些利益。

有時,剛好有兩個正在尋找原料的國家同時看中了同一塊土地。於是,戰爭便爆發了。15年前,俄國與日本為爭奪中國的土地就曾兵戎相見。不過這樣的衝突畢竟屬於例外,沒人真正願意打仗。事實上,大規模使用士兵、軍艦、潛艇進行相互殺戮的觀念,已開始讓20世紀初的人們感到荒謬。他們僅僅將暴力的觀念與多年前不受限制的君權和汲汲鑽營的王朝聯繫在一起。每天,他們在報紙上讀到更多的發明,或看到一組組英國、美國、德國的科學家們親密無間地攜手合作,投身於某項醫學或天文學的重大進步。他們生活在一個人人忙於商業、貿易和工業的世界。可只有少數人覺察到,國家(人們抱以某些共同理想的巨大共同體)制度的發展遠遠落後於時代。

他們試圖警告旁人，可旁人只專注於自己眼前的事務。

結語

我已經用了太多的比喻，請原諒我再用一個。埃及人、希臘人、羅馬人、威尼斯人以及17世紀商業冒險家們的「國家之船」（這個古老而可信的比喻永遠這麼生動和具體），它們是由乾燥適宜的木材建造的堅固船隻，並由熟悉船員和船隻性能的領導者指揮，而且，他們瞭解祖先傳下的航海術的局限。

隨後到來的是鋼鐵與機器的新世紀。先是船體的一部分，後來是整個國家之船都全然變樣了。它的體積增大許多，風帆被換成蒸汽機，客艙的條件大為改觀，然而是更多的人被迫下到鍋爐艙去。雖然環境更加安全，報酬也不斷增加，可就像以前操縱帆船索具的危險活動一樣，鍋爐艙的工作並不讓人舒心。最後不知不覺地，古老的木船變成了煥然一新的現代遠洋輪可船長和船員還是同一幫人。照100年前的舊法，他們被任命或被選舉來操控船隻，可他們使用的卻是15世紀的老式航海術，他們的船艙內懸掛的是路易十四和弗雷德里克大帝時代的航海圖和信號旗。總而言之，他們（雖然不是他們自己的過錯）完全不能勝任。

國際政治的海洋並不遼闊，當眾多帝國與殖民地的船隻在這片狹窄海域中相互競逐時，注定會發生事故。事故確實發生了。如果你冒險經過那片海域，你仍能看到船隻的殘骸。

這個故事的寓意很簡單。當今的世界迫切需要能擔負起新責任的領導者。他們具備遠見和膽識，能清醒意識到我們的航程才剛剛開始，並掌握一套全新的航海藝術。

他們將經過多年的學徒階段，必須排除種種反對和阻撓才能奮鬥到領導者的位置。當他們抵達指揮塔時，也許嫉妒的船員會叛變，殺死他們。不過有一天，一個將船隻安全帶進港灣的人物終將出現，他將是時代的英雄。

THE
STORY
OF
MANKIND

混亂

翁貝托・波屈尼
油畫 1911年

　　嘈雜的喧嚷被紛繁的色彩帶進，強烈的視覺衝擊引起一種眩暈感。街頭的全部生活和雜訊，以窗外的運動和現實存在物的形式，一時間洶湧而入。似乎井然有序的世界正突然變得混亂無章、擁塞不堪。

CHAPTER 63

從來如此

「我越是思索我們生活中的問題，我越堅信我們應選擇『諷刺和憐憫』作為我們的陪審團與法官，就像古代埃及人為其死者向女神伊西斯和內夫帝斯①祈求一樣。」

「幽默和憐憫是最好的顧問，前者以微笑讓生活愉悅，後者用淚水使生活純潔。」

「我所祈求的幽默並非殘忍的女神。她從不嘲笑愛與美；她溫柔仁慈；她的微笑消除了我們的敵意。正是她教會了我們譏笑無賴與傻瓜，而如果沒有她，也許我們會軟弱到去鄙視和憎恨他們。」

我引用偉大法國作家法朗士的這些睿智言辭，作為給你們的臨別贈言。

希望

喬治·F·瓦茲 油畫 19世紀

在人類所居住的星球上，「希望」總是被蒙蔽著眼睛，但她卻一直是一個美麗的存在，並用若隱若現的琴聲伴隨著人類的前進。

註① 古埃及的一對喪儀女神。

關於20世紀的「斷代史」

黃利 著

1998年，印度和巴基斯坦這兩個敵對國家先後爆炸了原子彈。這是希臘雅典的和平主義者在巴基斯坦大使館外遊行示威，抗議核子試驗對地球環境的破壞。

不得不興起的環保

　　19世紀的人類學家，記錄過一位印地安酋長的話：「地球並不屬於人類，而人類卻屬於地球。」在20世紀，迅速惡化的全球環境使類似的警告變成了迫在眉睫的危機。19世紀以來不斷推進的工業化、1907年發明的塑膠等化學製品、在20世紀中期開始廣泛使用的農用殺蟲劑、汽車的普及等等，這一切為提高「人類生活品質」而帶來的發明並不全是好事。世界還來不及普及「現代化」，便已經嘗到了大量物種滅絕、氣候失常、大氣河流污染之類的惡果。1962年，瑞秋·卡森出版了小說《寂靜的春天》，用細膩的筆調描繪了一幅生物滅絕，春天死寂的恐怖情景。這本書使普通人意識到「人類也是生態平衡的一部分」，從而掀起了現代環保運動，世界各國從此才出現了各種環保組織和法案，以挽救已經脆弱的地球生態。

1900年前

　　正如「網際網路」、「生物工程」注定將成為21世紀的關鍵字一樣，「20世紀」其實在上個世紀中早已開始。

　　1867年出版的《資本論》已將馬克思演變為一種主義。這種主義將20世紀的世界一分為二，並成為主導20世紀社會制度和國際局勢演變的靈魂。

　　雖然直到20世紀20年代講進化論還可能觸犯法律，但1859年出版的《物種起源》早已成為資本主義思想的救星。暴力或「弱肉強食法則」因為達爾文關於「自然選擇、適者生存」的理論而在道德上有了關鍵性的認可。思想的解放使20世紀剩下的問題僅僅是技術上的問題。

　　這兩種19世紀的「異端邪說」為20世紀的主要信仰奠定了理論基礎，新世紀的行動方案已盡收眼底，就是：科學技術領域的不斷突破，與深入到各個方面的思想解放運動。

無處不在的新聞

　　著名記者法拉奇應該是新聞史上一個里程碑式的人物，因為她為新聞確立了一種咄咄逼人的模式——我有權力提問，你有責任回答。從1607年便開始出現的新聞，在20世紀顯然已不再扮演單純的紀錄者角色：它可以推行改革；可以操縱公眾的注意力，從而影響政治或社會問題；它還可以介入和改變一些人事物的命運，將他們變成所謂的「公眾事件」或「公眾人物」；它顯然也能在需要麻煩的時候製造一些麻煩。你可以在20世紀的新聞中同時找到勇氣、自由、尊嚴、卑劣、猥瑣之類的品質，但最重要的是，新聞確實已經變成了人類生活中無處不在的東西。

攝影／安東尼・斯各札
2000年

　　上百噸的死魚漂浮在巴西里約熱內盧城邊的湖岸上。它們均死於由於污染和水溫過熱造成的缺氧。

1900年代

THE
STORY
OF
MANKIND

　　佛洛伊德發表了《夢的解析》、普朗克提出量子論、馬可尼發射的無線電碼橫跨了大西洋、畢卡索舉辦了首次畫展、邱吉爾當選下議院議員開始步入政壇。

　　僅僅在最初的兩年，20世紀已迫不及待地道出了它的未來和主角。與此同時，一些決定的開始正在接連發生。它們包括：飛行器上天，柯達的輕巧相機發售，美國宣佈採用金本位制，連鎖零售店出現，女權主義者開始為得到選舉權而拼命……

　　20世紀開始的10年裡充滿了理想主義激動人心的力量，它試圖為整個世紀鋪平道路、指明方向。

1910年代

　　這是一個思想跟不上形勢的十年。人們還在為哈雷彗星到來而恐慌,愛因斯坦已發表了廣義相對論;飛機和飛艇尚未改變玩具般的外型,就成了第一次世界大戰戰場上致命的攻擊武器;人類機器工業的奇跡鐵達尼號下沉了,夢幻工業的奇跡好萊塢正在奠基;在努力了81年後美國婦女終於爭來了投票權,而裙擺上升到膝蓋附近的巴黎新裝卻立刻招致美國人的極大義憤。

　　此時,歐洲正忙於彈壓聲勢浩大的工人運動,同一個歐洲還不得不忙於進行相互間的戰爭。這場戰爭中被殺死的人數和他們的死亡方式都令人不寒而慄:在這場戰爭中大面積使用了各種恐怖的摧毀性武器,以在4年間平均每天5600人的陣亡速度,標示了人類戰爭也已進入殘酷的現代化行列。由一戰導致的直接後果足以震撼一個世紀:幾乎不被世界注意的俄國工人轉眼間便建立了一個全新的社會制度。掌握了生產資料的勞動者們以驚人的速度讓一個農業大國實現了現代化,直到幾十年後人們才能發現它所付出的沈重代價。

獨立的潮流

老牌的殖民帝國在20世紀走到了窮途末路，反殖民統治的鬥爭從世紀初開始，一直延續了半個多世紀。1947年，印度的獨立標誌了英國這個世界上曾經最強大的帝國開始沒落。到1997年英國最後一塊重要的殖民地香港回歸中國時，曾經深受帝國主義掠奪的亞、非、拉各國已經全部實現了獨立。不過，殖民統治的終結並不意味著美麗新世界的開始，對大多數前殖民地國家來說，要擺脫貧窮、動亂、內戰甚至暴政，還需要漫長的努力。

攝影／瑪格麗特‧B‧懷特
1946年

為抵制英貨，甘地自己學會了用手搖紡機紡線織布。這個身材瘦小的印度人有著驚人的口才和個人魅力，就是他帶領億萬印度人用「非暴力不合作」的策略，結束了大英帝國的長達200年的殖民統治。

攝影／帕斯卡‧古約特 1994年

一位盧安達胡圖族女孩正迷失在萬屍叢中。這是1994年盧安達種族大屠殺中的一幕。歐洲殖民者統治的方式之一，就是在殖民地激化種族矛盾。當殖民者撤離後，權力真空往往往致使剛獨立的國家陷入劇烈的種族衝突。盧安達的圖西人與胡圖人的種族衝突就是由已經撤離的比利時殖民者一手造成的。

1920年代

寫過《新教倫理與資本主義精神》的德國人馬克斯‧韋伯在1920年代的頭一年去世了，而禁欲的資本主義似乎正隨他而去。

德國第一流的新聞畫報《仕女》首次登出了露膝模特兒，有人為此寫文章歡呼：「我感謝我的時代，它讓我看到了女人的腿……這是一次真正的革命。」

有許多「革命」走得更遠，達達主義和超現實主義之類的玩意兒成了藝術界的焦點，獲得巨大的歡呼和同樣大的厭惡。與此同時，一班印象派大師連同卡夫卡‧爾克之類的「老人」，正知趣地相繼去世。

雖然報上已經常有希特勒、墨索里尼的小新聞，但總的來說1920年代是急於擺脫過去的輕鬆年代。爵士樂四處奏響，剛創刊的《讀者文摘》登出的第一篇文章是「如何保持年輕的心態」。

1927年，平均每6個美國人已擁有一輛汽車。幾乎沒有人想到，1929年的股市災難會在一夜間將這十年的愉快輕鬆抹去。

攝影／伊索夫‧尚戈
2000年

在1993年紐約一年一度的馬拉松長跑賽上，5萬名參賽者跑過了世界上最長的委韋拉紮諾大橋。

過度商業化使得體育醜聞層出不窮。圖為在2000年的非洲杯決賽中，被賄賂事件激怒的球迷除些發生球場暴動，裁判在軍警保護下才得以全身而退。

全球的節日

自1896年第一屆現代奧運會在雅典舉行後，一個體育的新紀元就拉開了序幕。體育在20世紀被提高到了一個空前的高度（也許只有古代希臘人的競技狂熱可以與之相比），變成了一種文化、一類精神的代表。奧運會和世界性的各項錦標賽，使得體育變成了全人類共同參與和關注的重大事件。於是在20世紀，體育可以是外交，戲劇性地改變著國家之間的關係；體育也可以在一夜間改變人的命運。最重要的是，一個龐大的體育產業在這個世紀形成了，儘管不是所有人都喜歡體育中的商業氣息。但無論怎

 # 1930年代

30年代是以崩潰開始的，惡性的失業率和通貨膨脹，宣告著自由資本主義的崩潰。

在越來越多的人躲進好萊塢電影的同時，另一些人則熱衷於修建摩天大廈以鼓舞並不存在的鬥志。30年代基本上是逃避的時代，以至於整個世界都普遍缺乏對時局的關注，這顯然足以讓幾個野心勃勃的帝國變得更加放肆。

西班牙一直在打仗，並在它的國土上最終剷除了民主。早無民主可言的軸心國們則開始在它們的鄰居中間肆無忌憚、得寸進尺。

30年代也是以崩潰結束的，整個世界在又一場瘋狂的戰爭中全面崩潰。

樣，在體育精神的號召下，20世紀的人類比以往任何時候都更加注重運動和健身，參與和觀賞體育競賽也確實為人類提供了很多前所未有的樂趣。

屠殺的現代化

20世紀上半葉，死於戰爭的人口已超過過去任何世紀的總和，毫無疑問這是世紀初才開始開動的現代化戰爭機器的戰果。伴隨著兩次大戰後冷戰的陰霾，研製屠殺工具竟然變成了一種超級競賽，以至於龐大的武器工業足以讓一個國家暴富，也可以拖垮一個帝國。1989年前蘇聯解體，當時前蘇聯和美國至少積聚了6萬枚核彈頭，而這些武器足以把地球毀滅許多次。

攝影／邁克·尼爾森
1991年

1991年1月，美國的航空母艦正穿過蘇伊士運河的狹窄水道進入紅海，上面運載的F-14戰鬥機在即將開始的海灣戰爭中將整個伊拉克炸得毫無回擊能力。

1940年代

20世紀以來一直被歡呼的現代化，在這場戰爭中獲得了最完美的體現和發揮。其結果是創造了有史以來最經典的戰場場面和最大規模的屠殺情景。

彷彿轟炸、掃射、航空母艦、細菌毒氣，都還不足以證明科學和進步的力量，這場戰爭最終引爆了原子彈。於是塵埃落定，留下比死還深的沈寂，惟有好事的時裝界立刻推出了比基尼。

與原子彈幾乎同時引爆的還有金賽的性學報告，這個調查了5300名白人男子的報告給多數人留下的印象是：性的問題根本不是問題。

但英國卻遭遇了比戰爭還痛苦的問題，當它最珍視的殖民地印度脫離了它的統治宣佈永遠獨立時，這個世界上最強大的帝國便開始了地位 搖的快速過程。在東方，另一個長期被帝國主義者們奴役的古老國家終於建立了人民自己的政權，這就是中華人民共和國。歷史顯然已翻開了新的一頁。

剛問世的體積龐大的電子電腦並未引起轟 ，以至於存在主義者們不曾注意過這種能帶來真正異化的機器。存在主義在這10年如同美國大兵一樣風行，因為人們開始不明白這個世界究竟是怎麼回事了。

北京的兒童正
在遊樂園中遊戲，
因為嚴格實施的計
劃生育政策，這些
孩子基本上是家中
的獨生子（女）。

節制生育的權利

　　有史以來，絕大多數人類從未想過或被禁止節制生育。1914年，一位名叫瑪格麗特·桑格的美國護士發表了《婦女的反抗》這篇文章，冒著被控「猥褻罪」的危險提出了「做不做母親完全是自願的」、「不提心吊膽地過性生活」之類劃時代的主張。「人應該有控制生育的自由」從此變成了整個世紀的努力方向。50年代末發明的口服避孕藥，進一步改變了人類的性觀念和生育觀念，成為節制生育的有力保證。應該感謝桑格這樣的先驅者，他們的努力使得已經面臨人口爆炸的地球有了控制人口的希望，並使得包括中國在內的人口大國開始實施理智的計劃生育政策。

1950年代

　　這個10年彌漫著偏執和瘋狂的氣氛。

　　原子彈和氫彈的爆炸聲此起彼伏，仿佛為了進一步說明爆炸的意義。1954年科學家宣佈宇宙也是在爆炸中形成的。蘇聯和美國接下來將賽場搬到了發射架上，雖然美國在衛星和火箭發射中總是慢半拍，但好歹它們總算分別將一隻狗和兩隻猴子送上了天。

　　這也是電視直播深入生活的年代，女王的加冕禮和好萊塢明星的婚禮都可以讓全球人民「現場」觀賞——當然絕大多數觀眾是西方「自我感覺生活幸福」的中產階級，他們對戰後普遍增長的社會福利和美式式的郊外社區生活心滿意足，對恐怖的冷戰宣傳和甜蜜的偶像明星都執迷不悟。到1957年電視似乎已走得太遠，這一年，英國人直播了整個分娩過程。這引發了一場爭論，也宣告了一個新的時代已經開始。在這個時代，電視和其他新聞媒體已擁有了操縱世界的權力。

太空時代

冷戰加速了太空探索的昂貴競爭。1961年前
蘇聯將第一位太空人送進太空、1969年美國太空
人登月，是人類進入太空時代的標誌。

1984年美國太空人首次實現了人類在太空中
自由行走的夢。

1960年代

也許永遠不會有哪一個時期將會比1960年代更充滿激情和活力。這是一個領袖們極盡個人風格的年代：毛澤東、瓦格納征服了西方青年的心；甘迺迪似乎具有魔法般的魅力；戴高樂喜歡在所有事情上和美國的意見相左；赫魯雪夫覺得只配用拳頭和鞋跟來對付聯合國大會的桌子。

但最具風格的還是青年一代。他們迅速普及了父輩們聞所未聞的東西，將高深莫測的思想和青春期的騷動結合在了一起。全世界每一個角落的青年似乎都聽到了統一行動的命令。他們信仰的是革命，他們的目的就是砸爛一切老傢夥們喜歡的東西。

這是一個想什麼都行、幹什麼都可以的年代。柏林圍牆修起來了，史達林的女兒投奔了西方；100噸的原子彈太小了，蘇聯爆炸了1億噸的氫彈；人類的智力已經能將人送上太空和月亮，海洋科學家竟然宣佈在地球上存在比人的智商更高的生物，那就是海豚。

這是一個極端熱衷於集會、遊行、人群擁擠的年代，民權運動、女權運動、文化大革命、環保組織、反戰遊行……幾乎所有的運 都有同樣的形式和聲勢。

1969年，首次設立的諾貝爾經濟學獎授予了兩位從事計量經濟學研究的經濟學家。即使以1960年代的想象力也很少有人想到，正是這年獲獎的經濟理論，造就了日後興風作浪的金融市場和索羅斯們。

THE
STORY
OF
MANKIND

偶像製造業

電影的發明使得製造大眾偶像立刻成為一個可以獲得暴利的產業，接下來的流行音樂、體育和時裝界最終都變成了時代偶像的生產線。在20世紀，「上帝死了」，但人們找到了同樣具有崇拜和安慰功能的娛樂明星。在如今的世界裡，偶像們提供著審美標準和生活方式，規定了大眾文化的走向，他們還有責任讓娛樂新聞業的畫面或版面更加漂亮（或出格），以便為無聊的人群提供源源不斷的話題。

搖滾偶像無疑是20世紀後期青少年文化的直接締造者，當然他們的影響並不總是局限在令人頭痛的社會問題上。這場觀者如潮的音樂會，是1985年搖滾明星們在美國甘迺迪體育中心舉行的名叫《四海一家》的演唱會為衣索比亞饑民所作的義演。

1970年代

如果説1960年代的革命還主要是一種信仰，到1970年代就變成了不折不扣的暴力。傾向抒情的學生被真正的恐怖分子所代替，一切都開始來真的。

劫機、綁架、爆炸充斥著這10年的電視和報紙：阿拉伯人在歐洲大開殺戒、北愛爾蘭人和英國勢不兩立、美國人忙著綁架和幹掉自己人，甚至剛上任的福特總統，在一個月內就連遭兩名女殺手的輪番攻擊；義大利人將自己的總理綁架折磨致死；伊朗人乾脆將美國大使館一鍋端平。就連從沒有聽説過的南摩鹿加恐怖分子，為了要求脫離印尼獨立，竟也不遠千里跑到荷蘭去劫持火車和小學生。

仿佛這樣的恐怖還不夠。1976年，美國普林斯頓大學的一名本科生公開宣佈，自己通過學校圖書館的資料，僅需2000美元和4個月時間就能造出一顆原子彈。雖然他承認這顆原子彈的威力只有爆炸廣島那顆的三分之一，但有關專家還是煞有其事地證實了他的設計具有可行。

時尚的暴力

時裝出現在1400年的歐洲，據說它從一開始就是上層社會為鞏固階級劃分而玩的把戲。從那時起，服裝便與時間和周期發生了緊密的聯繫。20世紀以來，以時裝為代表的時尚潮流不再是上層社會的專利，特別是在具有反叛意味的青少年文化大行其道以來，時尚變成了社會生活的重要部分，時尚的標準也因此更迅速也更幼稚。在一個特定的時期，對全世界的時尚人群而言，不僅是服飾、身材和姿態需隨時尚而動，甚至語言及思想都必須在時尚中趨同。「是否入時」是一個近乎暴力的標準，既可以用來區分人群，也足以讓全球一體化。「追求自我」是20世紀的主要信仰，也是時尚界最愛用的一個詞——這才是真正的幽默和諷刺。

在20世紀末發達國家備受人口急劇肥胖化困擾的同時，時尚界偏偏惡作劇般推出了骨瘦如柴的時尚風潮，這使得減肥業成為一個巨大的盈利產業。圖為巴黎胖人們組成的俱樂部，雖然她們喊出了「我們也有權利肥胖」的口號，但俱樂部的主要活動仍是減肥。

1980年代

一位19歲的西德青年駕著一架簡陋的飛機，越過蘇聯密不透風的空中防禦網，降落在莫斯科的紅場上。他說做這番驚世之舉是為了和戈巴契夫對話。這番解釋並不比他的行為稀奇，因為「對話」是80年代最流行的辭彙。

「對話」意味著傳統的強勢已對挑戰感到力不從心，因此在渴望溫和的氣氛下卻充滿殺機。這10年在政治上對話的結果是蘇聯和東歐幾乎在一夜之間轉制；經濟上對話的結果是美國起碼在製造業上丟失霸主地位。

如果說豐田和通用合作在美國生產小汽車，還是美國人對日本人講求品質和效率的讚賞；那麼日本人買下洛克菲勒中心之類的著名地，想得到的決不僅僅是讚譽。

很多這個世紀建立的權威都在動搖。《華盛頓郵報》一篇描寫8歲男孩染上海洛因毒癮的報導得了普立茲新聞獎，但馬上被揭露是虛構的，類似的虛構還有德國《明星》畫報上登出的希特勒日記。這還不算是權力過度的新聞業自毀程的最壞例子。

許多締造這個世紀文化的人，在這10年尸陸續下葬。他們中有薩特、卡拉揚、亨利·米勒、希區考克等。新的文化勢力則正在表現他們對主流世界的影響力：一群搖滾歌星證明他們不但能帶領青少年，還能為非洲災民募捐，也能用10個小時不間斷的演唱會，聲援關在監獄的南非民主鬥士。

與死亡的競賽

　　1928年，青黴素的發現使得大量過去被認為無藥可治的傳染病，在全球範圍內逐漸得到了控制，從而使20世紀人類的平均壽命大幅度提高。但人類與死亡的競賽並沒有因此而結束，癌症變得更加氾濫、一些「超級病菌」開始變得窮兇極惡。20世紀後期才發現的愛滋病已蔓延成了一個全球性的重大問題，這種來源詭異的病毒主要靠泛濫的性和毒品迅速傳播，為人類帶來了極度無助的死亡方式。

全球化

　　全球化並不是從這個世紀開始的，但卻在這個世紀變成了真正的潮流和現實。通訊、交通的現代化為20世紀的全球化提供了強有力的保證。好萊塢、麥當勞為全球化的生活提供了範本。跨國公司在全球製造產品、攻佔市場和收穫利潤。經濟全球化本質上是發達國家和跨國公司的利潤最大化。在勞動力低廉的地區設廠，固然可以解決落後國家一部分人的就業問題，但廉價的國際產品卻同時造成了落後國家更大面積的破產和失業。為此，在20世紀「優質產品、優質服務、優質生活」全球化的同時，貧富差距卻變得更大。

攝影／吉納德・朱利安
1993年

　　1993年的國際愛滋病日（12月1日），反愛滋病組織將一個巨大的保險套套在了巴黎協和廣場的方尖碑上，以此來宣傳保險套在預防愛滋病傳播中的作用。

窮人的原子彈

有人形象地將恐怖主義稱為「窮人的原子彈」，主要針對平民的恐怖主義固然可憎，但它確實又是一些絕路上的弱勢群體唯一能引起注意的武器。從世紀初崛起的北愛爾蘭共和軍，到世紀末的本·拉丹，政治、宗教或民族衝突中的絕望群體終於演變成了20世紀咄咄逼人的恐怖主義組織。劫持、爆炸、施毒是他們的主要武器，全球化的媒體是他們發表宣言的工具。20世紀的恐怖主義也經歷了劇烈的變遷，早期的恐怖主義通常的目標是推翻殖民統治或資本主義制度，他們所謀求的是改變世界；而到20世紀末，恐怖分子則大多是宗教狂熱者或目標不明確的反政府組織，他們一般只想給對手造成最大程度的傷害。在全球化的今天，美國自然是恐怖主義者的攻擊目標，自認財富分配不公、文明受到排擠的人，都需要找美國出氣。

攝影／邁克·威爾斯 1980年

一隻烏干達兒童的手，放在了保養得很好的西方傳教士的手中。1980年，非洲恐怖的饑荒與富裕的西方會面了。在這隻自願前來援助非洲的西方人手上，可以看到這個世界貧富的差距，甚至有可能比人與猩猩的差距還大。

1990年代

也許一個世紀的結束理應伴隨著清算，在90年代，聲討和揭發的聲音顯得異常激憤。美國人在揭發總統；英國人在清查皇室；昔日的獨裁者在異國也難逃受審；在風行的環境問題上，檢討的則是全人類的過失。人們在一個世紀的最後幾年都渴望洗淨道德上的汙點，彷彿這樣就能留下一個清白的世紀。

英國最富有的一個海外殖民地回歸了中國，世紀初最強大的一班帝國已徹底消失。它們曾用槍炮、資本和技術維持的世界一體化，如今換了美國以幾乎同樣的東西來維持。雖說多元化已經成了全球共同的口號和悲壯的努力，但在世界的某些地方，想拒絕現代化、美國化，常常還需動用恐怖主義。

這些基本上都是老話，新的話題是複製人、轉基因、電腦網路、全球金融危機。對於習慣20世紀生活方式的人來說，多少已感覺到了落伍的壓力，這很正常，因為在很多方面，21世紀已經開始。

中英文人名地名對照表

前言

聖勞倫斯教堂　（Old Saint Lawrence 鹿特丹的一所大教堂）

鹿特丹　（Rotterdam 荷蘭位於萊茵河入海口的海港城市）

奧蘭治親王　（Prince of Orange 宗教戰爭時帶領荷蘭新教徒抗擊西班牙人）

萊頓　（Leyden 荷蘭城市）

梅茲河　（Meuse river 荷蘭的一條河流）

德爾夫斜塔　（leaning tower of Delft 荷蘭的一座斜塔）

沈默者威廉　（William the Silent 即奧蘭治親王）

格羅特斯　（Grotius 1583-1645，荷蘭學者）艾拉斯穆斯（Erasmus 宗教改革時期荷蘭學者）

第二章

俾格米人　（pygmies 非洲土著）

第四章

埃及　（Egypt 北非國家）
尼羅河　（Nile river 埃及主要河流）
羅塞塔河　（Rosetta river 尼羅河河口）
尼羅河三角洲　（Nile Delta）
商博良　（Champollion 1790-1832，法國人，發現羅塞塔石碑的法國軍官）

第五章

雷米人　（Remi 埃及人自稱）
奧塞利斯　（Osiris 埃及大神）
艾西斯　（Isis 奧塞里斯之妻）
胡夫法老　（Khufu Pharaohs 埃及法老，最大的胡夫金字塔的建造者）

第六章

希克索斯人　（Hyksos 阿拉伯種族之一，曾統治埃及）

希伯來人　（Hebrews 即猶太人）
歌珊地　（Goshen 猶太人在埃及的居所）
底比斯　（Thebes 古埃及城市）
亞述　（Assyria 亞洲古國之一）
沙達納帕盧斯　（Sardanapalus 亞述之王）
托勒密　（Ptolemies 西元前323至西元30年的埃及王朝）
賽伊斯　（Sais 埃及古城，位於尼羅河三角洲）
甘比西斯　（Cambyses 波斯國王）
克麗奧佩特拉　（Cleopatra 69-30 B.C. 埃及托勒密王朝的末代女王）
奧古斯都　（Augustus 63 B.C.-A.D.14凱撒的外甥，羅馬帝國第一任皇帝）

第七章

美索不達米亞　（Mesopotamia 兩河流域，今伊拉克的古稱）
舊約　（Old Tesement）
幼發拉底河　（Euphrates river 發源於今土耳其境內，向東南方流入波斯灣，經過現在的敘利亞和伊拉克。）

克拉蘇	（Crassus 羅馬政治家）
卡梯林	（Catiline 羅馬青年貴族）
高盧	（Gaul 法國地區古稱）
法那西斯	（Pharnaces 米特拉達特斯的兒子）
屋大維	（Octavian 凱撒的侄子，後稱為奧古斯都）
安東尼	（Antony 羅馬將軍）
瓦祿	（Varus 屋大維手下的將軍，死于條頓人之手）
約瑟夫	（Joseph the Carpenter 瑪利亞的丈夫）
瑪利亞	（Mary 耶穌的母親）
伯利恆	（Bethlehem 敘利亞城市，耶穌的誕生地）

第二十四章

約書亞	（Joshua 希臘人對耶穌的稱呼）
拿撒勒	（Nazareth 巴勒斯坦地名）
埃斯庫拉庇俄司·卡爾蒂拉斯	（Asculapius 古羅馬外科醫生）
以弗所	（Ephesus 地名）
彌賽亞	（Messiah 救世主）
各各他	（Golgotha 耶穌被處死的小山）
提庇留	（Tiberius 古羅馬皇帝）
彼拉多	（Pilatus 羅馬駐猶太人地區的總督）
加利利海	（the sea of Galilee）
耶穌	（Jesus 基督）
斯多葛	（Stoics 古希臘哲學家）

第二十五章

君士坦丁堡	（Constantinople 拜占庭王國首都）
匈奴人	（Huns 亞洲遊牧民族）
哥德人	（Goths 日耳曼人的一支）
馬恩河	（Marne 法國境內河流）
瓦倫斯	（Valens 西羅馬帝國皇帝，對抗哥德人入侵時戰亡）
阿拉里克	（Alaric 西哥德國王）
勃艮第人	（Burgundians）
法蘭克人	（Franks 日耳曼蠻族部落的一支）

拉維納	（Ravenna 義大利東北部城市，又譯拉溫那）
鄂多薩	（Odoacer 434?-493，日耳曼雇傭兵隊長，476年推翻西羅馬帝國，至493年間統治義大利）
羅慕洛·奧古斯塔斯	（Romulus Augustulus 西羅馬帝國最後一個皇帝）
西奧多里克	（Theodoric 454?-526，義大利東哥德國王）
撒克遜人	（Saxons 日耳曼蠻族部落的一支）
斯拉夫人	（Slaves 印歐語系的一支）
阿瓦人	（Avars）
帕維亞	（Pavia 義大利城市）
拜占廷	（Byzantium 古羅馬城市，今伊斯坦堡）

第二十六章

朱比特	（Jupiter 古羅馬的主神，希臘神話中的宙斯）
密涅瓦	（Minerva 智慧和武勇女神，希臘神話中的雅典娜）
尼普頓	（Neptune 海神，希臘神話中的波塞頓）
查士丁尼	（Justinian 東羅馬帝國皇帝）
聖索非亞大教堂	（church of Saint Sophia）
格利高里	（Gregory 羅馬教宗）
聖彼得大教堂	（church of Saint Peter 位羅馬之教堂）
土耳其人	（Turks）
帕利奧洛格	（Paleologue 東羅馬帝國最後一位皇帝）
尼古拉二世	（Nicholas II 1868-1918，俄國末代皇帝，於俄國二月革命中退位，十月革命後被槍決）

第二十七章

穆罕默德	（Mohammed 回教先知）
阿哈默德	（Ahmed 穆罕默德原名）
阿拉	（Allah 回教真主）

阿拉米爾人　（Arameans 阿拉伯人一支，屬閃米特種族）
迦勒底人　（Chaldeans 阿拉伯人一支，屬閃米特種族）
阿布達拉　（Abdallah 穆罕默德的父親）
阿米娜　（Aminah 穆罕默德的母親）
麥加　（Mecca 穆罕默德的家鄉）
加百利　（Gabriel 大天使）
查迪雅　（Chadija 穆罕默德的妻子）
麥迪那　（Medina 穆罕默德出逃的地方）
阿布·伯克爾　（Abu Bekr 穆罕默德的學生與岳父，繼承穆罕默德為穆斯林首領）
奧瑪爾　（Omar 阿布·伯克爾的繼承者）
大馬士革　（Damascus第一個伊斯蘭帝國的首都）
阿利　（Ali 穆罕默德的女婿，後因教義衝突被殺）
法蒂瑪　（Fatima 穆罕默德的女兒）
哈里發　（Caliph 穆斯林「領袖」，相當於「法老」）
巴格達　（Bagdad 今伊拉克首都）
泰里克　（Tarik 穆斯林將軍，率軍進攻歐洲）
波爾多　（Bordeaux 法國西南地區）
圖爾　（Tours 法國地名）
普瓦捷　（Poitiers 法國地名，歐洲人在此擊敗穆斯林）
查理·馬泰爾　（Charles Martel 法蘭克首領，率軍擊敗了穆斯林）
阿布德·艾爾·拉赫曼（Abd-ar-Rahman 穆斯林首領，建立科爾多瓦國）
科爾多瓦　（Cordova 穆斯林在西班牙建立的國家，有稱摩爾國）
茅利塔尼亞　（Mauretania 西非國家）
摩洛哥　（Morocco 北非國家，與西班牙對望）
格拉納達　（Granada 穆斯林在西班牙的據點之一）

第二十八章

查理曼　（Charlemagne 統一歐洲的法蘭克皇帝，也稱查理曼大帝）
墨羅維西　（Merovech 法蘭克人早期的皇帝）
克洛維斯　（Clovis 法蘭克人的皇帝）
丕平　（Pepin 法蘭克宮相，後被教會加冕為皇帝）
蔡爾特里克　（Childeric 墨羅溫王朝的末代國君）
博尼費斯　（Boniface 為丕平加冕的傳教士）
羅蘭　（Roland 著名英雄騎士，為掩護查理曼撤退而犧牲）
利奧三世　（Leo III 為查理曼加冕的教皇）
巴斯克人　（Basques 西班牙北部的蠻族）
拉特蘭宮　（Lateran Palace 古代教皇的行宮）
凡爾登　（Verdun 法國地名）
日耳曼尼　（Germania 羅馬人對日耳曼人地區的稱呼）
條頓森林　（Teutoburg Wood 西元九年，羅馬軍隊在此全軍覆沒於日耳曼人）
德意志　（Deutschland 德國舊稱）奧托（Otto 神聖羅馬帝國皇帝）
利奧八世　（Leo VIII 為奧托加冕的教皇）

第二十九章

北歐人　（Norseman）
丹麥　（Denmark 北歐國家）
瑞典　（Sweden 北歐國家）
挪威　（Norway 北歐國家）
荷蘭　（Holland 北歐國家）
維京人　（Vikings 北歐海盜的稱呼）
羅洛　（Rollo 原為維京海盜，後成為諾曼第大公，其子孫成為英國國王）
諾曼第　（Normandy 法國地名）
盎格魯人　（Angles 日耳曼蠻族之一）
撒克遜人　（Saxons 日耳曼蠻族之一）
克努特王國　（the kingdom of Cnut）

第三十章

喀爾巴阡山　（the Carpathian mountains 歐洲中東部，起於捷克北部，止於羅馬尼亞中部）
匈奴人　（Huns 四～五世紀侵入歐洲的亞洲遊牧民族）
匈牙利人　（Hungarians）

斯拉夫人　（Slavs 印歐語族的一支）

韃靼人　（Tartars 蒙古人）

第三十一章

亞瑟王　（Arthur 英國國王）

朗斯洛特　（Lancelot 亞瑟王的圓桌騎士，尋找聖杯的英雄）

堂吉訶德　（Don Quixote de la Mancha 塞萬提斯小說中的主角）

福奇谷　（Valley Forge 美國獨立戰爭中的地點）

戈登　（Gordon 英國將軍，曾侵略中國，後在喀土穆戰死）

喀土穆　（Khartoum 蘇丹首都）

第三十二章

伊斯坎達爾　（Iskander 印度人對亞歷山大大帝的稱呼）

亨利四世　（Henry IV 日耳曼皇帝，與教會發生衝突）

格利高里七世　（Gregory VII 羅馬教皇，亨利四世的對頭）

希爾布蘭德　（Hildebrand 格利高里七世的原名）

托斯卡納　（Tuscany 義大利地名）

沃爾姆斯　（Worms 德國地名，經常在此召開宗教會議）

卡薩諾　（Canossa 義大利地名）

霍亨施陶芬　（Hohenstaufen 古代德國王族）

薩勒諾　（Salerno 義大利地名）

弗里德里希　（Frederick of Hohenstaufen 神聖羅馬帝國皇帝之一，與教皇對抗）

弗里德里希二世　（Frederick II，弗里德里希的兒子）

聖路易　（Saint Louis 著名的法國國王）

安如的查理　（Charles of Anjou 聖路易的兄弟）

康拉德五世　（Conrad V 霍亨施陶芬家族的最後一位神聖羅馬帝國皇帝）

魯道夫　（Rudolph of Hapsburg 哈布斯堡家族的神聖羅馬帝國皇帝）

第三十三章

章聖海倫娜教堂（church of Saint Helena 位於君士坦丁堡）

塞爾柱人　（Seljuks 土耳其人的別稱）

阿曆克西斯　（Alexis 土耳其入侵基督教聖地時期的東羅馬皇帝）

烏爾班二世　（Urban II 發動十字軍東征的教皇）

克萊蒙特　（Clermont 法國地名，在此召開過發動十字軍東征的宗教會議）

隱士彼得　（Peter the Hermit第一次十字軍運動的領袖之一）

窮漢瓦爾特　（Walter-without-a-Cent 第一次十字軍運動的領袖之一）

布隆的戈德弗雷　（Godfrey of Bouillon第二次十字軍的將領之一）

羅伯特　（Robert 諾曼第大公，第二次十字軍的將領之一）

法蘭德斯　（Flanders 歐洲西部地區）

熱那亞　（Genoa 義大利城市）

威尼斯　（Venice 義大利城市）

地中海　（Mediterranean 位歐亞非間世界最大的陸間海）

亞美尼亞　（Armenia 小亞細亞與 海之間的一古王國，現分屬俄羅斯、土耳其）

賽普勒斯　（Cyprus地中海東部一島嶼）

羅德島　（Rhodes 愛琴海東南部希臘的一個島嶼）

第三十四章

朗斯洛特　（Lancelot 尋找聖杯的騎士之一）

帕爾齊法爾　（Parsifal 尋找聖杯的騎士之一）

布倫納山口　（Brenner Pass 穿越阿爾卑斯山的關口）

倫巴德人　（Lombards）

隆哥巴德人　（Longobards）

梅迪奇　（Medici 著名的佛羅倫斯銀行家）

第三十五章

獅心王查理　（Richard the Lion Hearted 英國國王，

THE
STORY
OF
MANKIND

羅斯托克	（Rostock 德國城市）	約翰‧威克利夫	（John Wycliffe 宗教改革家）
但丁	（Dante 1265-1321，義大利詩人，著有《神曲》）	聖女貞德	（Joan of Arc 帶領法國人對抗英國人的女子，後被封為聖女）
喬托	（Giotto di Bondone 1266?-1337，中世紀義大利文藝復興時期畫家、雕塑家和建築家）	勃艮第	（Burgundy 法國地區）
		阿維尼翁	（Avignon 義大利城市）
聖方濟	（St.Francis 中世紀聖人）	馬基雅維里	（Macchiavelli 佛羅倫斯政治家）
奎爾夫	（Guelphs 佛羅倫斯黨派之一）	拉斐爾	（Rafael 文藝復興時期畫家）
吉伯林	（Ghibellines 佛羅倫斯黨派之一）	安吉利訶	（Angelico 文藝復興時期畫家）
貝阿特里斯	（Beatrice 但丁青年時代的戀人）	達芬奇	（Leonardo da Vinci 文藝復興時期畫家）
維吉爾	（Virgil古羅馬詩人）	梅因茲	（Mainz 德國城市）
撒旦	（Lucifer 魔鬼）	古騰堡	（Johann Gutenberg 發明活字印刷術的德國人）
彼特拉克	（Petrarca 文藝復興時期義大利抒情詩人）	埃爾達斯	（Aldus 15-16世紀義大利印刷出版業名人）
蒙彼利埃	（Montpellier 法國城市）		
阿雷佐	（Arezzo 義大利小鎮 彼特拉克誕生地）	埃提安	（Etienne 16-17世紀法國一個出版商和學者家族）
弗蘭德斯	（Flanders 比利時古稱）	普拉丁	（Plantin）
列日	（Liege 比利時城市）	安特衛普	（Antwerp 比利時城市）
薄伽丘	（Boccaccio 文藝復興時期小說家）	伏羅本	（Froben 15-16世紀瑞士印刷商）
奧維德	（Ovid 古羅馬文學家）	柏拉圖	（Plato 古羅馬哲學家）
盧克萊修	（Lucretius 古羅馬文學家）	賀拉斯	（Horace 古羅馬文學家）
蘇門答臘	（Sumatra 印尼島嶼）	普利尼	（Pliny 古羅馬文學家）
博斯普魯斯	（Bosphorus 土耳其海峽）		

伊曼紐爾‧克里索羅拉斯
（Emmanuel Chrysolras 東羅馬使節，希臘語學者）

薩佛納洛拉	（Savonarola 文藝復興時期佛羅倫斯教士，反對文藝復興）
梵蒂岡	（Vatican 羅馬教宗宮廷）

第三十九章

聖阿格尼斯山	（Mount St.Agnes）
湯瑪斯兄弟	（Brother Thomas 著名隱修士，《效仿基督》的作者）
德文特	（Deventer 荷蘭城市）
科隆	（Cologne 德國城市）
布拉格	（Prague 捷克首都）
波西米亞	（Bohemia 捷克舊稱）
約翰尼斯‧胡斯	（Johannes Huss 宗教改革家，後被教會燒死）

第四十章

雅法	（Jaffe 巴勒斯坦地區城市）
波羅兄弟	（Polo brothers）
馬可波羅	（Marco Polo 波羅兄弟的兒子）
蒙古	（Mongolian）
古中國	（Cathay 中國的蒙古語古稱）
吉潘古	（Zipangu 日本的義大利語稱呼）
麥哲倫	（Magellan 1480?-1521，葡萄牙航海家，首次環球航行，太平洋的命名者）
塞維利亞	（Seville 西班牙港口城市）
阿姆斯特丹	（Amsterdam 荷蘭海港城市）
巴達維亞	（Batavia 雅加達的舊稱）
哥倫布	（Columbus 發現美洲大陸的人）
達伽馬	（Vasco da Gama 葡萄牙航海家）
林布蘭	（Rembrandt 荷蘭畫家）
大西洋	（Atlantic）
葡萄牙	（Portugal 位於伊比利半島國家）

（Sebastian del Cano 麥哲倫死後繼續指揮船隊）

澳大利亞　（Australia 世界五大洲之一；澳大利亞聯邦）

亞歷山大六世　（Alexander VI 教皇，為西班牙和葡萄牙平分世界殖民地）

格林威治　（Greenwich，英國地名，零度經線的起點）

利奧爾托　（Rialto 威尼斯的金融中心）

第四十一章

佛陀　（Buddha 釋迦牟尼的尊稱）

孔子　（Confucius 古中國思想家、哲學家、教育家）

阿里曼　（Ahriman 印度神話中的凶神）

奧爾穆茲德　（Ormuzd 印度神話中的善神）

薩多達那　（Suddhodana 佛陀的父親）

薩基亞斯　（Sakiyas 古印度國家，悉達多為其王子）

瑪哈瑪亞　（Maha Maya 佛陀的母親）

悉達多　（Siddhartha 佛陀原名）

查納　（Channa 悉達多的僕人）

雅蘇達拉　（Yasodhara 悉達多的表妹及妻子）

婆羅西摩　（Brahma 印度神話中的大神）

溫蒂亞山　（Vindhya Mountains 悉達多修行的地方）

恆河　（Ganges River 印度境內河流）

老子　（Lao-Tse 古中國哲學家）

第四十二章

馬丁・路德　（Martin Luther 1483-1546，德國宗教改革家，基督教新教路德派創始人）

聖巴瑟洛繆　（Saint Bartholomew 法國天主教徒屠殺新教徒的紀念日）

查理五世　（Charles V 宗教改革時期的歐洲統治者）

弗蘭芒人　（Fleming 荷蘭裔比利時人的舊稱）

維也納　（Vienna 奧地利首都）

比利時　（Belgium 西歐國家）

因斯布魯克　（Innsbruck 奧地利城市）

弗蘭得斯　（Flanders 比利時舊稱）

傑拉德・傑拉德佐　（Gerard Gerardzoon 荷蘭學者艾拉斯穆斯的原名）

威登堡　（Wittenberg 德國城市）

利奧五世　（Leo X 教皇，恢復贖罪券的銷售）

薩克森　（Saxony 德國地名）

約翰・特茲爾　（Johan Tetzel 德國教士，其銷售贖罪券的手法引起德國人不滿）

烏利奇・馮・胡頓　（Ulrich von Hutten 路德的擁護者）

第四十三章

喀爾文　（Calvin 1509-64，出生於法國的瑞士神學家、宗教改革家）

伽利略　（Galileo 1564-1642，義大利哲學家）

日內瓦　（Geneva 瑞士城市）

邁克爾・塞維圖斯　（Michael Serbetus 著名解剖學家，被喀爾文燒死）

貝塞留斯　（Vesalius 著名解剖學家）

洛約拉　（Ignatius de Loyola 耶穌會創始人）

菲力浦　（Philip 查理五世的兒子，西班牙國王）

尼德蘭　（Netherland 荷蘭舊稱）

阿爾巴大公　（Duke of Alba 菲力浦派往荷蘭鎮壓新教徒的將領）

海牙　（Hague 荷蘭城市）

愛爾蘭　（Ireland 位於不列顛群島之西）

倫敦　（London 英國首都）

范・希姆斯克爾克　（Van Heemskerk 荷蘭船長）

麻六甲　（Malacca 位於馬來半島西岸，馬來西亞境內）

新澤勃拉島　（the island of Nova Zembla）

格魯斯　（Grotius 自由海洋論的提出者）

約翰・塞爾登　（John Selden 領海論的提出者）

錫蘭　（Ceylon 斯里蘭卡舊稱）

新阿姆斯特丹　（Nieuw Amsterdam 紐約舊稱）

亨利・哈德遜　（Henry Hudson 發現紐約者）

威斯特伐利亞　（Westphalia 德國地名，三十年戰爭和約簽定地）

帕拉丁奈特　（Palatinate 德國東部城市）

斐迪南二世　（Ferdinand II 德意志皇帝 引起三十年

中英文人名地名對照表　附錄

納斯比	（Naseby 克倫威爾擊敗查理一世的地方）
愛丁堡	（Edinburgh 蘇格蘭首府）
克倫威爾	（Oliver Cromwell簽署查理一世死刑的眾多人物之一）
普勒斯頓平原	（Preston Pans英格蘭西北部）
查理二世	（Charles II 1630-85，復辟時期的英國國王，查理一世之子，1660-1685年在位，兩次發動對荷蘭的戰爭）輝格黨（the Whigs 英國兩黨之一）
托利黨	（the Tories 英國兩黨之一）
詹姆斯二世	（James II 繼任查理二世的英國國王，後被驅逐）
瑪利亞	（Maria of Modena 詹姆斯二世的妻子）
威廉三世	（William III 荷蘭執政，後被邀作英國國王）
托貝	（Torbay 英國英格蘭南部港口）
內閣	（Cabinet）
安妮	（Anne 繼任威廉三世的英國女王）
喬治一世	（George I 繼任安妮的英國國王）
漢諾威王朝	（House of Hanover 1714-1901的英國王朝）
喬治二世	（George II 英國國王）
羅伯特‧沃波爾	（Robert Walpole 英國著名首相）
喬治三世	（George III 英國國王）

第四十五章

路易十四	（Louis XIV 法國著名國王，開創「路易十四時代」）
馬札蘭	（Mazarin 法國首相）
黎塞留	（Richelieu 紅衣主教，路易十四時代的著名首相）
凡爾賽	（Versailles 法國的宮廷）
瑪利亞‧泰瑜鴿	（Maria Theresa 路易十四的妻子，西班牙菲力浦四世的女兒）
揚‧德維特	（Jan de Witt 荷蘭外交大臣，路易十四的對頭）
尼姆威根	（Nimwegen 法國與荷蘭簽定和約的地方）
里斯維克	（Ryswick 法國與荷蘭簽定和約的地方）
烏德勒支	（Utrecht 法國與英荷簽定和約的地方）

第四十六章

提洛爾人	（Tyrolese）
提洛	（Tyrol）
舒納普斯	（Schnups 探險家，試圖進入俄國未果）
白海	（White Sea 位於俄羅斯北方）
霍爾莫戈里	（Kholmogory 阿爾漢格爾附近村莊）
烏拉山	（Ural mountains 俄羅斯境內歐亞界山）
中亞	（Central Asia 指今哈薩克、吉爾吉斯、塔吉克、土庫曼及烏茲別克等國地區）
涅斯特河	（Dniester river 發源於喀爾巴阡山，經烏克蘭注入黑海）
聶伯河	（Dnieper river 經俄羅斯、白俄羅斯、烏克蘭流入黑海的河流）
內華達	（Nevada 美國州名）涅瓦河（Neva river 俄羅斯西北部河流，注入芬蘭灣）
拉多加湖	（Lake Ladoga 俄羅斯境內湖泊）
沃爾霍夫河	（Volkhov river 俄羅斯境內河流）
伊爾門湖	（Lake Ilmen 俄羅斯境內湖泊）
魯里克	（Rurik 在俄羅斯境內建立斯拉夫小國的北歐人）
基輔	（Kiev 俄羅斯城市）
韃靼	（Tartar 蒙古的別稱）
成吉思汗	（Jenghiz Khan 1162-1227，蒙古帝國「元朝」的創建者）
塔什干	（Tashkent 中亞地名）
布拉哈	（Bokhara 中亞地名）
卡拉卡河	（Kalka river 俄羅斯境內河流）
土耳其斯坦	（Turkenstan 泛指中亞地區）
德米特里‧頓斯科夫	（Mmitry Donskoi 擊敗韃靼人的莫斯科大公）
庫利科夫	（Kulikovo 德米特 婷蹋挾魨腧H的地方）

中英文人名地名對照表 附錄

THE
STORY
OF
MANKIND

喬治三世	（George III 獨立戰爭時期的英國國王）
諾思勳爵	（Lord North 獨立戰爭時期的英國首相）
喬治‧華盛頓	（Washington 美國開國元勳）
班傑明‧富蘭克林	（Benjamin Franklin 1706-1790年，美國著名文學家、科學家、外交家）
費城	（Philadelphia 美國賓州城市，1776年曾在此簽署獨立宣言）
理查‧亨利‧李	（Richard Henry Lee 提出脫離英國議案的代表）
約翰‧亞當斯	（John Adams 附議脫離英國提案的代表）
麻塞諸塞	（Massachusetts 美國州名）
湯瑪斯‧傑佛遜	（Thomas Jefferson 美國總統，獨立宣言的起草人）
列剋星頓	（Lexington 獨立戰爭第一槍打響的地方）
夏威夷	（Hawaii 美國位太平洋中的一州）

第五十一章

伏爾泰	（Voltaire 法國啟蒙時代思想家）
讓‧雅克‧盧梭	（Jean Jacques Rousseau法國啟蒙時代思想家）
孟德斯鳩	（Montesquieu法國啟蒙時代思想家）
布雷東	（Lebreton 巴黎書商，《百科全書》的出版者）
狄德羅	（Messieurs Diderot法國啟蒙時代思想家）
路易十六	（Louis XVI 大革命時期的法國國王，後被處死）
蒂爾戈	（Turgot 法國財政大臣，經濟學家）
瑪麗‧安東奈特	（Marie Antoinette 路易十六的妻子）
內克爾	（Necker 法國財政大臣）
卡洛納	（Calonne 法國財政大臣）
普羅旺斯	（Provence 法國南部地區）
巴士底監獄	（Bastille prison 法國君主專制時期的政治犯監獄）
米拉波	（Mirabeau 法國大革命時期領袖之一）
瓦雷內	（Varennes 巴黎郊外的村莊，路易

	十六於此被截返）
雅各賓黨	（Jacobins 法國革命黨派）
杜伊勒里宮	（Tuileries 法王路易十六皇宮）
吉倫特	（Gironde 法國外省之一）
吉倫特黨	（Girondists 法國國民公國的溫和派）
丹東	（Danton 雅各賓黨首領之一）
羅伯斯庇爾	（Robespierre雅各賓黨首領之一）

第五十二章

拿破崙‧波拿巴	（Napoleon Buonaparte）
卡洛‧瑪利亞‧波拿巴	
	（Carlo Maria Buonaparte 拿破崙的父親）
阿佳肖克	（Ajaccio 拿破崙出生的小鎮）
科西嘉	（Corsica 義大利外島，地中海第四大島）
萊蒂西亞‧拉莫莉諾	
	（Letizia Ramolino 拿破崙的母親）
辛‧費納	（Sinn Feiner 科西嘉愛國組織）
布里納	（Brienne 法國地名）
里昂	（Lyons 法國城市）
普盧塔克	（Plutarch 希臘歷史學家）
克里奧爾	（Creole在美國路易斯安那州出生的法國後裔）
約瑟芬	（Josephine 拿破崙的妻子）
土倫	（Toulon 法國城市）
昂西恩公爵	（Duke of Enghien 被拿破崙處死）
安德列斯‧霍費爾	（Andreas Hofer 反拿破崙的義軍首領）
滑鐵盧	（Waterloo）
聖赫拿島	（island of St.Helena 拿破崙被流放的島嶼）
庇護七世	（Pious VII 為拿破崙加冕的教皇）
馬德里人	（Madrilenes）
馬倫戈	（Marengo 拿破崙著名戰役地點）
奧斯特利茨	（Austerlitz 拿破崙著名戰役地點）
特拉法爾角	（Cape Trafalgar 拿破崙海軍被英國殲滅的地方）
內爾森	（Nelson 英國海軍將領）
保羅一世	（Paul I 俄國沙皇）

中英文人名地名對照表　附錄

THE
STORY
OF
MANKIND

十二月黨人起義	（Dekaberist revolt 俄羅斯的人民革命事件）
摩爾達維亞	（Moldavia 羅馬尼亞地區的舊稱）
亞特蘭提斯	（Atlantis傳說中沉沒的大陸）
羅馬尼亞	（Roumania 南歐國家）
易普息蘭梯	（Alexander Ypsilanti 羅馬尼亞獨立領袖）
摩里亞	（Morea 希臘地名）
特里波利	（Tripolitsa 摩里亞地區的首府）
希俄斯	（Chios 希臘島嶼）
蘇格拉底	（Socrates 古希臘哲學家）
拜倫	（Byron 1788-1824，英國詩人）
邁索隆吉	（Missolonghi 希臘地名，拜倫死去的地方）
納瓦里諾灣	（bay of Navarino 英法海軍擊敗土耳其艦隊的地方）
查理十世	（Charles X 繼承路易十八的法國國王）
布魯塞爾	（Brussels 比利時首都）
維多利亞	（Queen Victora 著名英國女王）
尼古拉一世	（Nicholas the First 繼承亞歷山大的俄國沙皇）
維斯拉河	（Vistula River，波蘭最大的河流）
帕爾馬	（Parma 義大利地名）
利奧波德	（Leopold 比利時國王）
波蘭人	（Poles）
路易·菲力浦	（Louis Philippe 繼任查理十世的法國國王）
杜伊勒里宮	（Tuilleries 法王路易·菲力浦的王宮）
奧爾良公爵	（Duke of Orleans 法國革命期間的著名人物）
路易士·科蘇特	（Louis Kossuth 匈牙利起義領袖）
米蘭	（Milan 義大利北方城市）
撒丁	（Sardinia 義大利地區之一）
阿爾伯特	（Albert 撒丁國王）
維克多·伊曼紐爾	（Vitor Emanuel 阿爾伯特的兒子，第一位義大利國王）
俾斯麥	（Bismarck建立德意志帝國的普魯士政治家）
加福爾	（Cavour 義大利統一運動的領袖之一）
馬志尼	（Mazzini 義大利統一運動的領袖之一）
加里波第	（Garibaldi 義大利統一運動的領袖之一）
拿破崙三世	（Napoleon III 拿破崙的侄子，建立法蘭西第二帝國）
薩伏伊	（Savoy 法國地名，義大利割讓給法國）
尼斯	（Nice 法國城市）
石勒蘇益格	（Schleswig 德國北部與丹麥交界省份）
荷爾施泰因	（Holstein 德國北部與丹麥交界省份）
歐仁妮·德·蒙蒂約	（Eugenie de Montijo 拿破崙三世的妻子）
馬克西米安	（Maximilian 法國人強加給墨西哥的皇帝）
馬拉加	（Malaga 西班牙南部葡萄產地）

第五十六章

約翰·內皮爾	（John Napier 對數發明者）
對數	（logarithms 數學專有名詞）
萊布尼茨	（Gottfried Leibnitz 數學家，微積分發明者）
微積分學	（infinitesimal calculus數學專有名詞）
牛頓	（Newton Sir Isaac，1642-1727，英國數學家、科學家、哲學家）
渥斯特	（Worcester 蒸汽機探索者之一）
湯瑪斯·薩弗里	（Thomas Savery 蒸汽機探索者之一）
海更斯	（Christian Huygens 蒸汽機探索者之一）
鄧尼斯·帕平	（Denis Papin 蒸汽船探索者之一）
湯瑪斯·紐科曼	（Thomas Newcomen 蒸汽機探索者之一）
瓦特	（James Watt 第一台實用蒸汽機的發明者）
格拉斯哥	（Glasgow 英國工業城市）
蘭卡郡	（Lancashire 英國紡織工業城市）

約翰・凱	（John Kay 飛梭的發明名者）
哈格里夫斯	（James Hargreaves 紡織機的發明者）
伊利・惠特尼	（Eli Whitney 軋花機的發明者）
阿克賴特	（Richard Arkwright 水力紡織機的發明者）
卡特賴特	（Edmund Cartwright 水力紡織機的發明者）
理查・特里維西克	（Richard Trevithick 火車的發明者之一）
威爾士	（Wales 英國地名）
羅伯特・福爾頓	（Robert Fulton 蒸汽船的推廣者）
約翰・菲奇	（John Fitch 蒸汽船的發明者，但商業上不成功）
康涅狄克	（Connecticut 美國地名）
羅伯特・利文斯頓	（Robert R. Livingston 福爾頓的合夥人）
伯明罕	（Birmingham 英國工業城市）
奧爾巴尼	（Albany 美國地名）
蘭利	（Professor Langley 飛行器的探索者之一）
利物浦	（Liverpool 英國港口）
喬治・斯蒂文森	（George Stephenson 火車的發明者）
曼徹斯特	（Manchester 英國工業城市）
戴姆勒	（Daimler 汽車品牌）
內瓦莎	（Levassor 汽車品牌）
泰勒斯	（Thales 古希臘哲學家）
米利都	（Milctus 小亞細亞西南海岸，泰勒斯出生地）
普林尼	（Pliny 古羅馬哲學家，死于維蘇威火山爆發）
維蘇威火山	（Vesuvius）
龐貝	（Pompeii 羅馬古城，被維蘇威火山淹沒）
赫庫蘭尼姆	（Herculaneum 羅馬古城，被維蘇威火山淹沒）
威廉・吉伯特	（William Gilbert 磁的探索者）
奧托・馮・格里克	（Otto von Guericke第一台電動機的發明者）
新罕布夏	（New Hampshire 美國地名）
班傑明・湯瑪斯	（Benjamin Thomson 美國名人，因同情英國而逃離新罕布夏）

伏特	（Volta 著名電學家）
迦瓦尼	（Galvani 著名電學家）
戴伊	（Day 著名電學家）
漢斯・克里斯琴・奧斯忒德	（Hans Christian Oersted 著名電學家）
安培	（Ampere 著名電學家）
阿拉果	（Arago 著名電學家）
法拉第	（Faraday 著名電學家，發電機發明者）
摩爾斯	（Samuel 電報發明者）
巴爾的摩	（Baltimore 美國城市）
貝爾	（Alexander Graham Bell 電話發明者）
馬可尼	（Marconi 無線電發明者）

第五十七章

布爾喬亞	（bourgeoisie 中產階級）
亞當・斯密	（Adam Smith 1723~1790，蘇格蘭人，《國富論》作者）

第五十八章

傑瑞米・邊沁	（Jeremy Bentham 1784-1832，英國哲學家，著有《政府論片斷》(1776)、《道德和立法原理導論》(1789)）
威爾伯福斯	（William Wilberforce 英國廢奴運動者）
卡札里・麥考利	（Zachary Macaulay 英國廢奴運動者）
林肯	（Abraham Lincoln 美國總統）
伊利諾州	（Illinois 美國州名，林肯的故鄉）
李	（Lee 南軍著名將領）
傑克遜	（Jackson 南軍著名將領）
查理・馬特爾	（Charles Martel 法蘭克王國墨洛溫王朝的統治者）
格蘭特	（Grant 北軍著名將領）
阿波馬克托斯	（Appomattox 李將軍率部投降的地方）
羅伯特・歐文	（Robert Owen 英國企業家，空想社會

THE
STORY
OF
MANKIND

連環歷史年表 I

史前時代（公元前500,000~6,000年）

冰河時期

公元前4000年　　　埃及的文化　　埃及最初的日曆
建造金字塔

公元前3000年　埃及帝國

公元前2000年　美索不達米亞文化
在埃及的猶太人
住巴比倫的
漢摩拉比
尼尼微城

公元前1000年
特洛伊戰爭
亞該亞人佔領埃及

公元前900年
在巴勒斯坦的猶太王國
猶太的廟宇
希臘城邦國家的開端

連環歷史年表 II

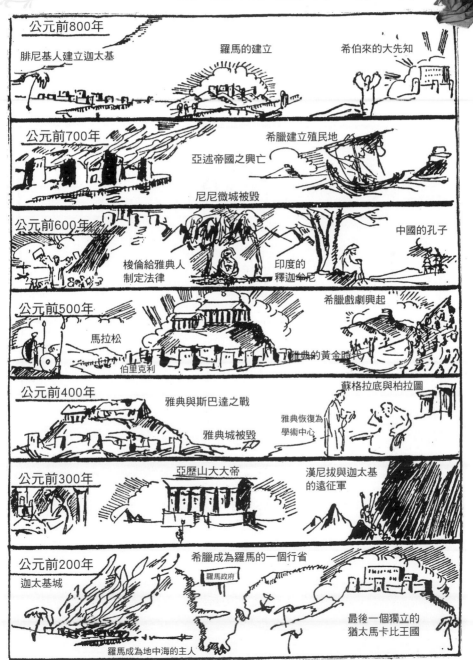

公元前800年
腓尼基人建立迦太基　羅馬的建立　希伯來的大先知

公元前700年
希臘建立殖民地
亞述帝國之興亡
尼尼微城被毀

公元前600年
梭倫給雅典人制定法律　印度的釋迦牟尼　中國的孔子

公元前500年
希臘戲劇興起
馬拉松
伯里克利　雅典的黃金時代

公元前400年
雅典與斯巴達之戰
蘇格拉底與柏拉圖
雅典恢復為學術中心
雅典城被毀

公元前300年
亞歷山大大帝　漢尼拔與迦太基的遠征軍

公元前200年
希臘成為羅馬的一個行省
迦太基城
羅馬政府
羅馬成為地中海的主人
最後一個獨立的猶太馬卡比王國

THE
STORY
OF
MANKIND

公元前100年
羅馬政府
羅馬政府
凱撒征服高盧
龐培征服西亞
凱撒被殺害
奧古斯都成為皇帝

公元1年
基督教傳到歐洲
基督降生
征服英格蘭

公元100年
羅馬帝國統治世界
圖拉真、哈得里安馬卡斯‧奧利歐斯
斯多噶派哲學

公元200年
公元300年
野蠻人襲擊
羅馬帝國

公元400年
聖奧古斯丁開始實行教皇統治
哥特人劫掠羅馬
西羅馬帝國滅亡
撒克遜人在英格蘭

公元500年　黑暗時代
公元600年
在羅馬的廢墟上基督教興起
穆罕默德

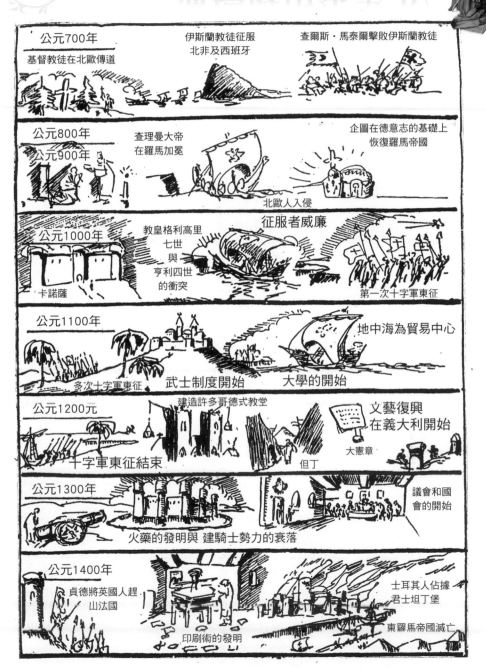

公元700年
基督教徒在北歐傳道

伊斯蘭教徒征服
北非及西班牙

查爾斯・馬泰爾擊敗伊斯蘭教徒

公元800年
公元900年
查理曼大帝
在羅馬加冕

企圖在德意志的基礎上
恢復羅馬帝國

北歐人入侵

公元1000年
教皇格利高里
七世
與
亨利四世
的衝突

征服者威廉

卡諾薩

第一次十字軍東征

公元1100年
地中海為貿易中心

多次十字軍東征　武士制度開始　大學的開始

公元1200元
建造許多哥德式教堂

文藝復興
在義大利開始

十字軍東征結束

大憲章

但丁

公元1300年
議會和國
會的開始

火藥的發明與 建騎士勢力的衰落

公元1400年
貞德將英國人趕
出法國

士耳其人佔據
君士坦丁堡

印刷術的發明

東羅馬帝國滅亡

THE
STORY
OF
MANKIND

連環歷史年表 V

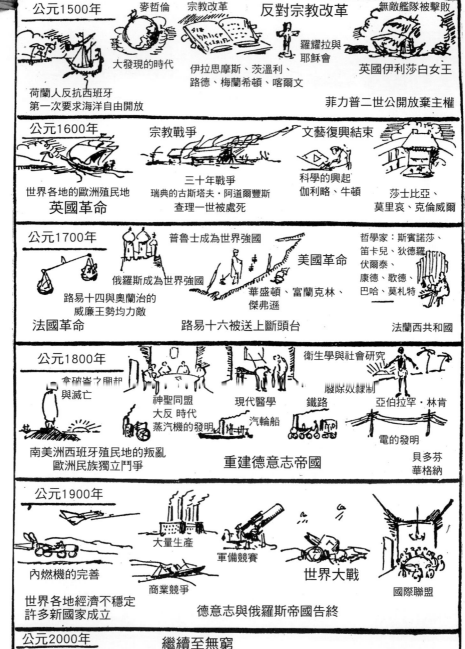

公元1500年

麥哲倫　宗教改革　　反對宗教改革　　　無敵艦隊被擊敗

大發現的時代

羅耀拉與耶穌會

伊拉思摩斯、茨溫利、路德、梅蘭希頓、喀爾文

英國伊利莎白女王

荷蘭人反抗西班牙　第一次要求海洋自由開放　　　　菲力普二世公開放棄主權

公元1600年

宗教戰爭　　文藝復興結束

三十年戰爭　瑞典的古斯塔夫・阿道爾豐斯　查理一世被處死

科學的興起　伽利略、牛頓

莎士比亞、莫里哀、克倫威爾

世界各地的歐洲殖民地　**英國革命**

公元1700年

普魯士成為世界強國　　　哲學家：斯賓諾莎、笛卡兒、狄德羅、伏爾泰、康德、歌德、巴哈、莫札特

俄羅斯成為世界強國　　　美國革命

路易十四與奧蘭治的威廉王勢均力敵　　華盛頓、富蘭克林、傑弗遜

法國革命　路易十六被送上斷頭台　　法蘭西共和國

公元1800年

衛生學與社會研究

拿破崙之興起與滅亡

神聖同盟　大反　時代　現代醫學　鐵路　亞伯拉罕・林肯

蒸汽機的發明　汽輪船

廢除奴隸制

電的發明

南美洲西班牙殖民地的叛亂　歐洲民族獨立鬥爭　　**重建德意志帝國**

貝多芬　華格納

公元1900年

大量生產　軍備競賽　世界大戰

內燃機的完善　商業競爭

國際聯盟

世界各地經濟不穩定　許多新國家成立　　德意志與俄羅斯帝國告終

公元2000年　　繼續至無窮

連環歷史年表　附錄

364

國家圖書館出版品預行編目資料

人類的故事 / 亨德里克‧房龍 著；劉海 譯；
黃利補敘 . — 三版. — 臺中市 ： 好讀，2017.01
面 ； 公分. — （新視界 ；15）
ISBN 978-986-178-325-3 （平裝）

譯自 ： The story of mankind

1‧世界史

711   103008439

好讀出版

新視界 15

人類的故事【新裝珍藏版】

作　　者	亨德里克・房龍
譯　　者	劉　海
補　　敘	黃利
總 編 輯	鄧茵茵
文字編輯	莊銘桓
美術編輯	藝點創意設計

發行所 好讀出版有限公司
台中市407西屯區何厝里19鄰大有街13號
TEL:04-23157795　FAX:04-23144188
http://howdo.morningstar.com.tw
（如對本書編輯或內容有意見，請來電或上網告訴我們）
法律顧問 陳思成律師

戶名：知己圖書股份有限公司
劃撥專線：15062393
服務專線：04-23595819轉230
傳真專線：04-23597123
E-mail：service@morningstar.com.tw
如需詳細出版書目、訂書、歡迎洽詢
晨星網路書店 http://www.morningstar.com.tw

印刷／上好印刷股份有限公司 TEL:04-23150280
三版／2017年1月15日
定價／429元
如有破損或裝訂錯誤，請寄回台中市407工業區30路1號更換（好讀倉儲部收）

Published by How-Do Publishing Co., Ltd.
2017 Printed in Taiwan
All rights reserved.
ISBN 978-986-178-325-3

讀者回函

只要寄回本回函，就能不定時收到晨星出版集團最新電子報及相關優惠活動訊息，並有機會參加抽獎，獲得贈書。因此有電子信箱的讀者，千萬別吝於寫上你的信箱地址

書名：**人類的故事**

姓名：＿＿＿＿＿＿＿ 性別：□男□女 生日：＿＿年 ＿＿月 ＿＿日

教育程度：＿＿＿＿＿＿＿＿＿＿＿＿＿＿＿＿＿＿＿＿＿＿＿

職業：□學生 □教師 □一般職員 □企業主管
　　　□家庭主婦 □自由業 □醫護 □軍警 □其他＿＿＿＿＿＿＿＿＿

電子郵件信箱（e-mail）：＿＿＿＿＿＿＿＿＿＿ 電話：＿＿＿＿＿

聯絡地址：□□□

＿＿＿＿＿＿＿＿＿＿＿＿＿＿＿＿＿＿＿＿＿＿＿＿＿＿

你怎麼發現這本書的？

□書店 □網路書店（哪一個？）＿＿＿＿＿＿＿＿□朋友推薦 □學校選書
□報章雜誌報導 □其他 ＿＿＿＿＿＿＿＿＿＿＿＿＿＿＿＿

買這本書的原因是：＿＿＿＿＿＿＿＿＿＿＿＿＿＿＿＿

□內容題材深得我心 □價格便宜 □封面與內頁設計很優 □其他＿＿＿＿＿

你對這本書還有其他意見嗎？請通通告訴我們：

＿＿＿＿＿＿＿＿＿＿＿＿＿＿＿＿＿＿＿＿＿＿＿＿＿＿

你買過幾本好讀的書？（不包括現在這一本）

□沒買過 □1～5本 □6～10本 □11～20本 □太多了

你希望能如何得到更多好讀的出版訊息？

□常寄電子報 □網站常常更新 □常在報章雜誌上看到好讀新書消息
□我有更棒的想法 ＿＿＿＿＿＿＿＿＿＿＿＿＿＿＿＿＿

最後請推薦五個閱讀同好的姓名與E-mail，讓他們也能收到好讀的近期書訊：

1. ＿＿＿＿＿＿＿＿＿＿＿＿＿＿＿＿＿＿＿＿＿＿＿

2. ＿＿＿＿＿＿＿＿＿＿＿＿＿＿＿＿＿＿＿＿＿＿＿

3. ＿＿＿＿＿＿＿＿＿＿＿＿＿＿＿＿＿＿＿＿＿＿＿

4. ＿＿＿＿＿＿＿＿＿＿＿＿＿＿＿＿＿＿＿＿＿＿＿

5. ＿＿＿＿＿＿＿＿＿＿＿＿＿＿＿＿＿＿＿＿＿＿＿

我們確實接收到你對好讀的心意了，再次感謝你抽空填寫這份回函
請有空時上網或來信與我們交換意見，好讀出版有限公司編輯部同仁感謝你！

好讀的部落格：http://howdo.morningstar.com.tw/

好讀的臉書粉絲團：http://www.facebook.com/howdobooks

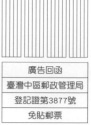

廣告回函
臺灣中區郵政管理局
登記證第3877號
免貼郵票

好讀出版有限公司　編輯部收

407 台中市西屯區何厝里大有街13號

電話：04-23157795-6　傳真：04-23144188

沿虛線對折

購買好讀出版書籍的方法：

一、先請你上晨星網路書店 http://www.morningstar.com.tw 檢索書目
　　或直接在網上購買

二、以郵政劃撥購書：帳號 15060393　戶名：知己圖書股份有限公司
　　並在通信欄中註明你想買的書名與數量

三、大量訂購者可直接以客服專線洽詢，有專人為您服務：
　　客服專線：04-23595819 轉 230　傳真：04-23597123

四、客服信箱：service@morningstar.com.tw